シリーズ
縄文集落の多様性 III

生活・生業

鈴木克彦 編

雄山閣

シリーズ「縄文集落の多様性」の刊行にあたって

　南北に連なる日本列島の豊かな自然環境のもとに形成された縄文時代の集落形成には、地域と年代により多様性があることが知られている。

　集落は、人々が生活を営む過程でくらし易いように人工的に土地や環境を改変して形成されるもので、居住の家だけでなく広場、墓、貯蔵、屋外炉、捨て場など、諸作業あるいは信仰、祭祀儀礼、生業などの生活に必要な諸施設の全体範囲を指す。それらの諸施設は、みな有機的に連携されているものである。当然そこには家族、親族、血縁・地縁集団の社会組織や世界観が存在するだけでなく、社会的な規制、慣習などが反映されている。

　そういった有形、無形の「縄文集落」の全体像を正しく認識するために、これまでわれわれが発掘調査で明らかにしてきた集落を形成する諸要素を、単元的にとりあげて全体で総括的にまとめることとし、下記のとおり企画編集した。

　そのⅠでは、各地域単位に集落形成の主体となる住居および住居群の集落形態と構造を俯瞰するかたちで総論的にまとめ、ⅡからⅣにおいて集落を構成する諸施設を便宜的に分割してテーマ化し、縄文時代における地域の多様な集落形成の特徴を発掘された埋蔵文化財を通して明らかにするものである。そのうえで、執筆者各位には、経験的に考えてきたことや研究成果により地域の文化や社会的な思惟あるいは社会構造などの諸問題を任意にとり上げてもらうことにした。このシリーズが21世紀のスタート時代にふさわしい問題提起となり、新世代の「縄文集落」研究の礎になることを望んでいる。

　なお、本書の企画には前編集長の宮島了誠氏よりご理解とご協力を賜わるとともに、刊行にあたり株式会社雄山閣に対し衷心より感謝の意を表するものである。

（シリーズⅠより）

　Ⅰ　集落の変遷と地域性（既刊）
　Ⅱ　葬墓制（既刊）
　Ⅲ　生活・生業（本書）
　Ⅳ　信仰・祭祀（刊行予定）

凡　例

編集の主旨
1：全国の地域、時期ごとの多様な縄文時代の生活・生業施設の内容が理解できる内容とする。
2：各地域の生活・生業施設研究の現状と課題（第1章）、各時期の変遷と特徴（第2章）を明らかにする。
3：集落における生活・生業に係わる諸施設を分析し、関連する諸問題を任意に取り上げて考察する（第3章）。

編集方針
・地域区分は、任意で行なった。
・関東地方と東海地方に関しては、とくに貝塚を中心に記述した。
・文中の人名は、敬称を省略した。
・用語については、次の事項を統一した。
　①：住居を指す竪穴、竪穴式住居、住居跡、住居址は「住居」に、集落跡、集落址は「集落」に、数量単位について、住居は「軒」、掘立柱建物は「棟」、ほかは「基」とした。
　②：土坑、土壙の用語は、墓と確定できない場合は「土坑」、墓を指す場合は「土壙墓」とした。
・遺跡名には最初に限り都府県名市町村名を記したが、北海道に限り市町村名のみを記した。
・住居、集落の時期表記は、土器型式に基づく場合、例：十腰内1式期と表記した。
・数値は算用数字を用い、単位はm、㎡、kmと記号化して表記した。
・引用・参考文献は、文中に（鈴木 2001）と括弧書きで著者名と西暦発行年を記し、文末には著者姓名、西暦発行年、「論文名」、『掲載誌』または『単行本』を五十音の順に記した。
　また、文中の出典文献の表記は、地方公共団体等（教育委員会、埋蔵文化財センター）の場合、教育委員会等を省略し、例：北海道 2001 と記した。ただし、文献一覧には北海道教育委員会 2001 と記載した。
・遺跡に関連する報告書等の文献は、巻末に都道府県別にまとめた。

シリーズ縄文集落の多様性Ⅲ
生活・生業　目次

刊行にあたって　i
凡例　ii

総論―生活、生業施設に関する諸問題······················〈鈴木克彦〉 1

Ⅰ　北海道の縄文集落の生活と生業······················〈西脇対名夫〉 15
　第1章　北海道の生活・生業施設の研究の現状·················· 15
　第2章　北海道の生活・生業施設の変遷························ 17
　　第1節　草創期〜早期の生活・生業施設　17
　　第2節　前期〜中期の生活・生業施設　24
　　第3節　後期〜晩期の生活・生業施設　33
　第3章　北海道の生活・生業施設のまとめ······················ 41
　　第1節　生活・生業施設に関する諸問題　41
　　第2節　生活・生業施設のまとめ　45

Ⅱ　東北地方北部の縄文集落の生活と生業················〈金子昭彦〉 49
　第1章　東北地方北部の生活・生業施設の研究の現状············ 49
　第2章　東北地方北部の生活・生業施設の変遷·················· 50
　　第1節　草創期〜早期の生活・生業施設　50
　　第2節　前期〜中期の生活・生業施設　55
　　第3節　後期〜晩期の生活・生業施設　60
　第3章　東北地方北部の生活・生業施設のまとめ················ 66

Ⅲ　東北地方南部の縄文集落の生活と生業················〈新井達哉〉 71
　第1章　東北地方南部の生活・生業施設の研究の現状············ 71
　第2章　東北地方南部の生活・生業施設の変遷·················· 72
　　第1節　草創期〜早期の生活・生業施設　72

    第2節　前期～中期の生活・生業施設　74
    第3節　後期～晩期の生活・生業施設　82
    第3章　東北地方南部の生活・生業施設のまとめ･･･････････････　89

Ⅳ　北陸・中央高地の縄文集落の生活と生業
　　･･････････････････････････〈戸田哲也・綿田弘実・前山精明〉93
    第1章　北陸・中央高地の生活・生業施設の研究の現状･･･････････　93
    第2章　北陸・中央高地の生活・生業施設の変遷･･････････････　95
      第1節　北陸地方（新潟県、北陸東部・能登）　95
      第2節　中央高地（長野県・山梨県）　107
      第3節　岐阜・北陸中～西部　119
    第3章　北陸・中央高地の生活・生業施設のまとめ･･･････････　129
      第1節　岐阜県域を中心とした集石土坑の諸問題　129
      第2節　中央高地の諸問題　132

Ⅴ　関東地方の縄文集落と貝塚･････････････････････〈小川岳人〉141
    第1章　関東地方の貝塚研究の現状･････････････････････　141
    第2章　関東地方の貝塚と生活・生業施設の変遷･･･････････　143
      第1節　草創期～早期の貝塚と生活・生業施設　143
      第2節　前期～中期の貝塚と生活・生業施設　147
      第3節　後期～晩期の貝塚と生活・生業施設　158
    第3章　関東地方の貝塚と生活・生業施設のまとめ･･････････　166

Ⅵ　東海地方の縄文集落と貝塚･････････････････････〈川添和暁〉173
    第1章　東海地方の貝塚研究の現状･･････････････････････　173
    第2章　東海地方の貝塚と生活・生業施設の変遷･･･････････　175
      第1節　草創期～早期の貝塚と生活・生業施設　175
      第2節　前期～中期の貝塚と生活・生業施設　177
      第3節　後期～晩期の貝塚と生活・生業施設　179
    第3章　東海地方の貝塚と生活・生業施設のまとめ･･････････　193

第1節　貝塚と生活・生業施設に関する諸問題　193
　　第2節　貝塚と生活・生業施設のまとめ　198

Ⅶ　近畿地方の縄文集落の生活と生業･･････････････････〈松田真一〉201
　第1章　近畿地方の生活・生業施設の研究の現状･･･････････････ 201
　第2章　近畿地方の生活・生業施設の変遷･････････････････････ 203
　　第1節　草創期～早期の生活・生業施設　203
　　第2節　前期～中期の生活・生業施設　207
　　第3節　後期～晩期の生活・生業施設　210
　第3章　近畿地方の生活・生業施設のまとめ･･････････････････ 217
　　第1節　生活・生業施設に関する諸問題　217
　　第2節　生活・生業施設のまとめ　220

Ⅷ　中国・四国地方の縄文集落の生活と生業 ･･･････････〈柳浦俊一〉227
　第1章　中国・四国地方の生活・生業施設の研究の現状･･･････････ 227
　第2章　中国・四国地方の生活・生業施設の変遷･････････････････ 228
　　第1節　草創期～早期の生活・生業施設　228
　　第2節　前期～中期の生活・生業施設　230
　　第3節　後期～晩期の生活・生業施設　232
　第3章　中国・四国地方の生活・生業施設のまとめ･･････････････ 237
　　第1節　住居・貯蔵穴・落し穴・貝塚　237
　　第2節　採集・狩猟・漁労と狩猟・漁労具　241
　　第3節　中国・四国地方の漁労・狩猟　243

Ⅸ　九州地方の縄文集落の生活と生業
　　････････････････〈雨宮瑞生・桒畑光博・金丸武司・相美伊久雄〉247
　第1章　九州地方の生活・生業施設の研究の現状･････････････ 247
　第2章　九州地方の生活・生業施設の変遷･････････････････････ 248
　　第1節　草創期～早期の生活・生業施設　248
　　第2節　前期～中期の生活・生業施設　251

第3節　後期〜晩期の生活・生業施設　254
　第3章　九州地方の生活・生業施設のまとめ･･････････････････260
　　第1節　生活・生業施設に関する諸問題　260
　　第2節　生活・生業施設のまとめ　266

Ⅹ　奄美・沖縄地方の縄文集落の生活と生業············〈盛本　勲〉269
　第1章　奄美・沖縄地方の生活・生業施設の研究の現状··········269
　　第1節　生活・生業の舞台　269
　　第2節　生活・生業施設研究の現状　270
　第2章　奄美・沖縄地方の生活・生業施設の変遷················272
　　第1節　草創期〜早期の生活・生業施設　273
　　第2節　前期〜中期の生活・生業施設　273
　　第3節　後期〜晩期の生活・生業施設　274
　第3章　奄美・沖縄地方の生活・生業施設のまとめ···············283
　　第1節　生活・生業関連施設に関する諸問題　283
　　第2節　生活・生業関連施設のまとめ　285

遺跡関連文献···287
執筆者一覧···323

総論―生活、生業施設に関する諸問題

鈴木　克彦

第1章　生活、生業施設に関する本誌の趣旨

　縄文時代の生活、生業に関する諸施設には、住居、貯蔵、調理などの居住遺構、落し穴、水場(みずば)、魞場(えりば)あるいは土器、石器、玉などの物作りの生業、生産遺構があり、実に多様である。また、四面を海に囲まれた島嶼に施設ではないが生業活動を示す貝塚も多い。それらを通して、日本文化の基層を築いた縄文人の逞しさ、英知を知ることができる。ただし、そういう有形の遺構が人々の生活や社会の全てを表しているわけでなく、背景に人々の精神とか技術、慣習、社会組織など非可視的な無形の文化や社会が存在していることを忘却できない。歴史学としての考古学の目的は、そういう無形の事象を研究することにあり、それは有形の遺構、遺物を通して明らかになることもまた自明である。
　20世紀第四半期に、考古学は今後望めないほど多量な発掘資料を得た。その結果、考古学に民俗・民族誌を応用した業績もある。反面、実証主義を欠く拙速な事例の解釈論に陥っている傾向も見受けられる。
　21世紀の考古学の課題は、過去の解釈論主義を排し有形の事例を体系的に理論化し、無形の事象を実証的に再構築することだと考える。それには基礎的な資料集成を行ない、諸遺構を観察、分析する実証主義と、型式学的、編年学的研究を正道とするオーソドックスな考古学に回帰する必要がある。日本における縄文時代の集落・生業システム研究の資料は、世界一級（羽生 1990）とされている。それらを十分に分析して確かな方法論を確立した上で、世界に発信することが課題である。
　本誌は、縄文時代の生活、生業や社会を考えるための地域単位にみた遺構編である。限られた誌面により多様な諸施設全般を網羅することは不可能なことでもあり、まずは過大な執筆の労を執られた諸兄に感謝の意を表したい。

第2章　生活施設に関する諸問題

第1節　集団、共同体と領域

共同体を構成する最小単位は集落であり（市原 1959）、順に村落、地域社会へと共同体が拡大する。複数の世帯、住居が集合して集落を、複数の集落が集合して村落を形成し、地域社会という生活圏を形成する（図1）。世帯および集落は生産単位であり、生産物は労働単位である住居構成員に分配される。住居には基本的に家族などが住み世帯を形成し、集落は血縁親族や地縁集団、村落は主に地縁集団で構成される。集落は、生活に必要な住居などの諸施設のほかに共用、共同の場や生業の領域を保有している（図1右）。

人々が集落を設営する際には、予め動植物相の環境（生態）を見定め生活に必要な生産力（食料、物資）を確保できる見通しの下に、広大な生業領域を定めてから、領域内の日照、水利などの条件を満たす場所に居住地を決めて住居などを築くであろう。その場合、最も重要なことは生産力、物資の流通、生活情報の確保だけでなく、他の集団との競合を避けて争いが生じないようにし、良き隣人として交流できる互恵社会を築くことであったに違いない。そういう集落には世帯が占有する生活諸施設が構えられ、共同の作業場、広場、信仰祭祀施設、墓域、捨て場などが造られるほか、アイヌ社会のイヲル（泉 1952）のような相互不可侵を原則とする仕来りのある生業占有地と共有地も設定されていたであろう。アイヌ社会の集団は季節的に移動することはあっても、定住

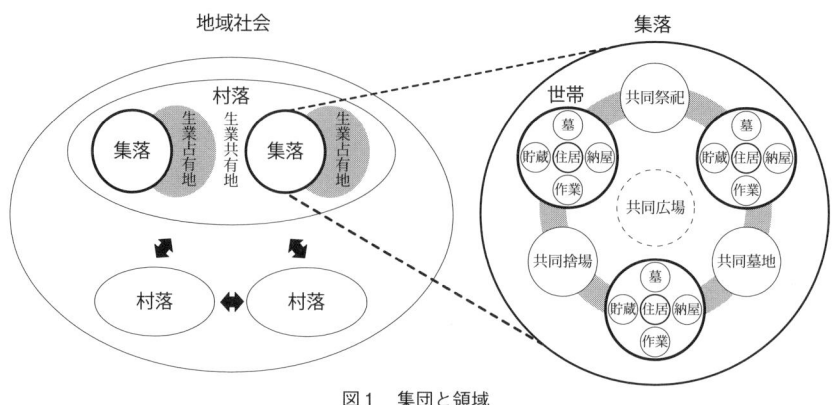

図1　集団と領域

地（コタン）周辺のイヲルで生活、生業する。東北地方北部の地域研究の結果（鈴木 2010）でも、縄文社会にイヲルを擁する狩猟採集経済のアイヌ社会が類推され、マードック（1978）の地域社会の概念にも近い社会構造がみられる。しかし、自然環境に強く影響されやすい狩猟採集社会の定めとして、環境の変化などによる食料、物資の枯渇や衛生上の理由などにより、移動を余儀なくされることも多かったはずである。その集合離散を繰り返し、生活や社会が発展してきたと考えられる。

　そういう縄文社会を考古学や歴史学として明らかにするためには、ジャスト・モーメント（一型式内同時期）の方法論（後藤 1956）と分析が大事であり、それには土器の型式学、編年学的研究がベースになる。仮に集落景観をカメラで写すことができたとしても、社会の組織、構造などが明らかになるわけでも、民族誌が考古学の難題を解決するわけでもない。被写体を解きほぐすために文化・社会人類学、社会学などの方法論の応用が必要であり、そうして理解が深まるであろう。

第2節　居住施設

(1)　住居の形式論

　住居の考古学研究は、優れた著作（淺川編 1998、石野 1975、宮本 1996）があるものの、形式論、形態論、機能論や住居、家、構成員、家族などの用語定義や概念などを議論し、建築学、社会人類学などの異分野の助力を得て学の基礎と体系を再構築する必要がある。

　学史的に住居の形式論は、造り方を示す竪穴式、平地式、高床式は住居形式（関野 1934）、平面形を示す円形、方形住居などは住居型式（八幡 1934）と捉えられてきた。さらに、時期と地域における住居の平面形と付属施設のあり方を捉えようとした住居型（石野 1975）の概念がある。それらは外形の分類であり、土器型式と同様な時系列上の単位という意味はない。住居型を細分する石野の単純な分類法（例：円形で4本柱を円4型）は分かりやすい。

　また、住居形態の変遷と系統性を明らかにする住居型式（櫛原 1989 など）を志向することも模索されている。住居は、付属施設である屋根、柱、壁、炉、出入口などの基本構造から成る複合的な建築物であり、面積という属性も重要な

要素を占める。住居は経年と世代交代と共に改良され、造り住む人々の文化が住居型式に反映されているのである。

　縄文時代の住居型式は、大局的に円形と矩形系統に大別され、年代差と地域差が認められる。円形と矩形の住居型式が同時に存在する場合もあるが、円形と矩形の住居が半々という例は余りなくどちらかに片寄る。また、明らかに異なる気候風土の北海道と沖縄、九州の対極において北海道に竪穴の深さが2mもある寒冷地仕様の卵形住居があるものの、地域によって住居型式が本質的に違っているわけでない。住居型式は、地域の風土や文化的な通念、習俗慣習、流行、伝統に基づく居住者や設計者たちが持つ範型に規制されよう。

　また、炉の形態差は、かまどを守る女性配偶者の出自を反映していることも考えられる。いずれにしても、住居型式の建築構造や出土遺物を分析して事例研究に基づいて検討しなければならないが、平面形などよりもっと重要な問題は、住居とは何か、どういう人達が住んでいたのか（世帯構成など）という社会人類学的な問題であり、その理解を促す考古学情報である。

(2)　縄文住居のスタンダード

　汎日本的に、地域単位の縄文住居のスタンダードな形態や平均面積の変遷がデータとして把握されているとは言い難い。宮本長二郎（1996）の労作があるものの、平面形と柱穴、炉の配置などにおいて多様な住居型式があり、全国各地の住居集成が緊急の課題である。各地に様々な住居（家屋）が復元されているが、設計図の公表がほとんどない[1]。縄文時代のスタンダードな住居とはどういうものか、果たして北国は寒冷地仕様として土屋根がノーマルなのか。寒冷な北海道から温暖な鹿児島県あるいは沖縄県まで、炉の形や柱数などにみる全国的な住居型式の地域差を大局的に類型化することが必要であろう。

　一般に住居面積は10～20m²とされるが、宮本（1984）によると、通期の平均面積は関東地方19.3m²、北海道18.8m²とされている（宮本のデータを集約したところ全国平均では18.6m²≒19m²）。青森県の場合、全体平均面積は17.8m²であり、草創期16.02m²、早期21.7m²、前期20.5m²で古い時期に規模が大きく、住居が最も多い中期14.1m²、後期14.3m²、晩期20.5m²と時期により変動する（鈴木 2011a）。例えば中期の14m²では関野克（1938）が示した住居面積と住居構成員の方程式では3.7人程となり、これでは現代の少子化核家族構成と同じ

で人工的避妊調整のない時代としては有り得ず、自然人口増は縄文文化発展の原動力なので2棟単位住居組成などを現実的な問題として考えるべきであろう。

(3) 住居の構成員—家族構造のモデル

家族は普遍的な社会単位である（ローウィ 1979）。後藤守一（1931）以来住居構成員を自然家族と常識的に捉えてきたが、それを相克しようとした和島を嚆矢に、塚田、水野などの諸氏が論じた住居の構成員、2棟単位などの問題について様々な議論がある（関連文献は文末）。家族や社会組織の問題を住居施設から考える場合、ジャスト・モーメントの家族と目される姥山貝塚などの一括人骨以外に、草創期から晩期までの縄文時代全体の住居の分析とその変遷を通して歴史的に捉える必要がある。しかし、炉の無い住居から有炉住居へ、小面積から大面積へ統一的に拡大変遷しているわけでなく、2棟単位も普遍的な構成形態でないので一事例のモデルによる解釈をもって、縄文時代の普遍的な家族構成を歴史的に理解することは難しい。

住居構成員について、共住、協働、生殖による社会集団と定義するマードック（1978）は、核家族、複婚家族、拡大家族の3つのタイプに類型化している。こういう家族構成を平均18〜19㎡の標準的な縄文住居に照合すると5人程なので、事実上核家族しか想定できない。複婚家族、拡大家族は、大型住居、住居の拡張増築、2棟単位により解消できるが、複婚家族が恒常的な社会制度だと認定されるまでは単婚制と考えるべきであり、同じく夫方居住規制も妻方居住が認定されるまでは歴史的な前提として理解、容認されることになり、その仮説が単系的親族集団であり、家族の生活は居住様式に大きな影響を及ぼすことになる。また、配偶者の一方は結婚と共に出自した家族、親族、氏族を放棄することになり、一方は姓（家系）を継承する。こうして結合した成人男女（夫婦）と子供が、1親等の核家族である。しかしながら、1親等には男系なら夫の直系家族の父母を含みそういう生殖家族だけでなく、定位家族にあった2親等の未婚兄弟姉妹が同居する拡大家族や住居、集落内に共住する複合家族、大家族も想定できる。複合家族が一つの世帯を形成する場合、大きな住居、隣接する一群の小屋、特定の屋敷を合同で使うのが特徴だとされている（マードック 1978、p.46）。

住居（家）と家族は必ずしも一致せず、住居構成員は家族に限らない（中根

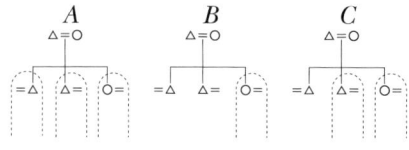

図2　家族構造の3つのモデル（中根 1970）

1970）。中根は、家族構造を4要素（血縁、食事、住居、経済）に分け、血縁、住居より寝食を共にする「かまど」単位すなわち世帯を重視している。考古学はこういう基本的な考え方を参考にするべきであり、無炉住居や2棟単位の住居などの内容を含め、もっと多角的に細かい分析が求められよう。そして、中根は次の3つの家族構造のモデルを抽出している（図2）。それは、A：両親と未婚子供たちからなる小家族。子供たちは結婚により全て独立して新しい家族を形成する。B：娘は結婚により親元から出るが、息子は全部残り妻を迎え入れ兄弟連体の大家族（生活共同体）を形成する。C：娘はBと同様だが、家長（父）の後継者の息子一人を残して他の息子はその家族から去り、父―息子の継承線を基盤とする家族を形成するという類型図式である。

　このモデルを縄文時代の集落に当てはめた場合、Aでは核家族となり各々の住居は（親元の近くか集落内に）散在する。Bは大型住居もしくは親元の近くに住居がグループをなして造られる。Cは家長制であり、尊属直系以外は独立して住み分けるか、集落外に出る。考古学ではAを想定していることが多いと思うが、集落に住居群や分節構造がみられるのでどのモデルが相応しいか、事例研究により具体的に家族内容をシミュレーションしてみるべきである。

(4) 大型住居の機能

　これには、住居説、労・住兼用家屋説、公共的建物説などがある。長軸8m以上などと基準が設けられているが、横長だけでなく円形もあり長さより面積を基準にすべきだし、定義として相対より絶対的規模と意味を探るべきである。論者により大形、大型の用語、定義、機能あるいは住居規模の相対的な大・中・小型住居の判断基準や分類もまちまちなので、社会組織などへの理解には程遠い。集落全体における位置、配列や出土遺物の内容を分析して全国の事例を細かく再検討しなければならないが、作業、貯蔵機能などの複合居住機能、大家族制も選択肢の一つだと考える。民俗誌に、代表的な二類型（飛騨白川村の合掌造りとアイヌ社会の血縁以外を含む大家族制）がある。どちらが縄文時代の大型住居に相応しいか、具体的に検討する価値があろう。縄文時代に、互

酬性の濃いアイヌのチセ（住居）に身寄りのない者も住ませる事例や現代の里親制のような、扶助・互酬性のある社会の仕来りは十分有り得ると思う。

渡辺誠（1980・1988）以来の古くからのテーマである大型住居は、草創期から存在し、数は極めて少ないが西日本にも存在する。後期旧石器時代以来の人々が共住する比較的初期段階からみられる複合住居の一つであり（武藤1989・1998ほか）、民族誌にも多く、縄文時代では楕円形、隅丸長方形から円形に収斂される。分類法はともかく、住居型式毎の大型住居の実態、中型（標準規模）住居主体の集落における大型住居、関東地方にノーマルな前期梯形大型住居、東北地方に多い大型住居主体の集落、晩期の円形大型住居と多様である。武藤は、複数の家族が共住する複合居住家屋とみなしている（武藤 1993）。水野正好（1983、pp.33-34）の2棟単位の説明は白川郷の大家族制の内容だが、実証となると難しい。その集成を行なったところ（北日本縄文文化研究会 2011、鈴木 2011b）、大型住居に標準住居に近い小さな大型住居と遥かに大きい大型住居（特大型）の大小があり、特大型を関野の公式に当てはめると非現実的な居住員（家族）数となることや、多雪地帯に限らないことも判明している。しかし、古式合掌造りの小屋組形態、間仕切りの存在、多数の並列炉などから、渡辺の所論（労・住兼用家屋説）や大家族制の有無は再検討してよかろう。

(5) 居住生活施設組成と無炉住居、小竪穴、屋外炉ほか

集落に造られる諸施設には、集落が共有する共同施設と住居に住む家族、世帯の個人的な占有ないし所有する施設の構えがあったに違いない。前者は作業場、広場、祭祀場、墓域、捨て場、後者は住居の内部および近くにあり、そういう施設に山菜、堅果類、魚肉の干し場、動物飼育の檻、屋外炉、納屋、貯蔵穴、墓などが考えられ、それらがスタンダードな居住組成（構え）であろう。立証することが至難な作業場、干し場、檻などは、アイヌ民俗誌だけでなく現在の農漁村の家の敷地によくみられることであり、掘立柱列など問題意識を持てば仮説化することが不可能でない。

住居に炉が検出されない場合（無炉住居）がある。縄文文化の初期に多い形態だが、大型住居にも類例がある。炉が最初から存在しなかったのか、有っても火力が弱かったために検出されないのか、灰床炉（囲炉裏）の存在も考えねばならないが、寒冷な北日本の早期から前期に多い。青森県平川市大面遺跡の

前期下層 a,b 式期の住居 36 軒に全て炉が見当たらず、北海道でも前期の住居に炉がないことが指摘されており、小竪穴を根茎植物の保温保存施設と考えている（西脇 2000・2006）。炉が暖房、照明、作業、調理に必須な施設であることと灰床炉が幾つか確認されているので、炉が無かったというより火や火力の扱い方を考慮すべきだと思うが、北海道、青森県など冷涼地に中期以後にも住居要因の主要素である炉が無い住居、小さな住居が存在する事実も重要だと思う。

　水野と違う意味において2棟単位論に、母屋と納屋（貯蔵倉、物置き場）、母屋と信仰を含めた多機能建物の併存、多世代世帯のカマドを一つにする居住規制の問題などが考えられる。北日本には立石のある無柱穴の住居、墓坑が存在する住居があり、人が常時住まないと思われる信仰や祭祀儀礼と想定される竪穴もある。

　住居に大・中・小がある。大型住居以外の中・小規模の場合にもそれなりの基準を要すると思う。大型で炉のない住居、小型で炉がある住居、核家族でも住めないような極めて小さい住居、小竪穴もあり、事例は決して少なくない。それらに対して、配列、規模、出土遺物、施設上の特徴を観察して、それぞれに基準を設けた考え方と機能、用途を推定する研究が望まれる。

　屋外炉は、一般的に調理施設とされる。地床炉、石囲炉などがあり、住居の近くにあるものだけでも早期からみられ、北日本特に北海道には相当量検出されている。青森県八戸市八幡遺跡では晩期の7号住居に隣接して中央に立石のある地床炉、石囲炉があり、用途を一律に考えてよいか問題であり、用途を特定するために炉内部から出土する微細な炭化物の種別同定が望まれる。それは住居に伴う炉でも同じである。関東地方には早期後半に無炉住居と共に炉穴が多く造られ、その後九州地方でも判明し燻製施設と推考されるようになった。その他に、焼石集石（ストーンボイリング）、環濠、柵列なども注目される。

第3節　生業施設—土坑、その他

　土坑ほどやっかいな施設はない。形態（平面、断面）、規模などまちまちで、出土遺物が無いか極めて少ないのが実状である。今村啓爾（1988）が諸説や問題点をまとめているとおり、明らかに堅果類が充満した事例があり、貯蔵は定

住生活を支える必要条件である。その一方で、食糧を貯蔵した形跡が無いため貯蔵穴と断定できかねる事例も多く、北日本のフラスコ形土坑にも大小の形態、深いもの、内外にピットや溝のあるもの、群集する事例がある。貧弱な住居数に対し多数のフラスコ形土坑群が存在する場合や、集落から独立して貯蔵穴群が所在する場合がある。フラスコ形だから一律に貯蔵穴とみなすことはできない。鼠被害が想定され、多雪地帯では機能せず（渡辺 1980）、屋内や軒下乾燥も多かったと思うし、アイヌ社会では越冬用の掘立柱建物の倉を造っている。また、案外等閑視されているのが貯蔵穴と思われる住居内に存在するフラスコ形土坑の帰属である。

　中部、東海地方など東日本や中国、九州地方などの西日本にドングリピットと呼ぶ堅果類の湿地利用と乾燥地利用の貯蔵穴が草創期から検出されている。計画的貯蔵、集中管理など諸説があるが、それらは越冬用、不作災害に備える保存保管の備蓄であって余剰の蓄えとしての性格はないと思われる。

第3章　生業施設に関する諸問題

第1節　生業施設

　生業占有地や共有地に、丘陵台地では落し穴（陥穴）、河川河口に魞場、集落に水場などの共同作業施設が作られている。その他に、製塩遺構がある。
　落し穴猟は、弓矢に較べて確実性のある猟法であり、対象動物にシカやイノシシが想定される。定住生活に入る草創期からみられ、形態差はあるがほぼ全国に知られており、関東地方では早期後半に多く前期に衰退することから、縄文海進期の気候温暖化による動植物の生態変化によると考えられている。北日本では、前期後半から後期前葉に多く、群集するもの、一列に並ぶ事例がある。形態に、長方形、円形、溝状、大小、内部に小穴の有るもの無いものと地域差や多様性がある。小穴に対する解釈に逆茂木、構造物の仕掛け穴などがあるが、小穴が無くとも落ち込んだ動物の飛び出しを防ぐ仕掛けも想定されている。北日本には、長さ3ｍ前後、上幅約0.5ｍ、底幅約0.15ｍ、深さ1.3ｍ前後の溝状を呈するＴピット（トラップ・ピット）が多い。最大の特徴は上幅と底幅の狭さにあり、足が細いシカ猟に適している。落し穴を使う猟法について、動物を

集団で追い込む猟と待ってとる罠猟とする考えがある。そのような落し穴とその猟について、今村啓爾、佐藤宏之をはじめ各地で研究されている（主要文献は文末）。

　誰が、どのような場所に、どのような施設を作り、どのように追い込み、獲物をどのように分配したのかという問題があるが、最も大事なことの一つは人間が落ちない仕組みとルールであろう。野放図に作るものでなく自らの生業占有地において狩場を何処に作ったかの記憶を集団が共有するばかりか、生業共有地に作ったなら当然他の集落の人々にも落し穴の存在をコミュニケートしなければならない。落し穴群と集落との関係を把握することも今後の課題である。

　誰が作ったかにより獲物の分配法が異なるであろう。群集するものや一列に並ぶ配列から家族世帯より集落単位で共同で作っていると思われる。むやみやたらに逃げまどう動物を追いかけたり、偶然に動物が落ち込むのを待つだけでは非効率であり、季節サイクルや動物の習性を読み小動物の囮や好物の餌を置いておびき寄せるとか、見張りを置いて集団で徐々に狩場に追い込むなど、効率がよく計画的な猟法を行なっていたと考える。また、今村啓爾（1987）は落し穴の作り方や使い方により生け捕りできることから、飼育に発展できる効用を説いている。

　水場遺構は、低湿地や湧水、河川などの水を利用した植物や食料の加工作業場や貯蔵などの生活、生業の空間、施設全般を指す。佐々木由香（2000）は30例を集成し用語の定義の曖昧さを指摘しており、分類体系の再構築や時期、地域による施設自体の特徴や規模、技術の改良発展の変遷を捉えることが課題であろう。

　魞場遺構に、北海道石狩市紅葉山49号遺跡、岩手県盛岡市萪内遺跡などがある。中期後半の紅葉山49号遺跡は、日本最古、最大の魞漁場である。魚の習性を利用する魞は、杭打ちした縦木に横木を組みブドウヅルで縛る単純な構造だが、集団規模で設置、維持管理だけでなく儀礼も行なわれていると推定されている。川漁および内水面の原始漁法として、筌漁も想定してよいだろう。そういう原始漁法は、現代まで全国各地に受け継がれてみられる。

　土器を使う製塩跡として、野外炉と簡単な潮溜坑が検出されている。

第2節　生産施設ほか

(1)　生産―物作り施設

　物作りの手工業は、土製（土器など）、石製（石器など）、動・植物、骨角貝製の道具あるいはベンガラ、漆生産など多様だが、それらには地面を掘った施設と共に検出することが難しい作業上の木製の施設、設備を伴っていたと思う。

　土器、石器製作の粘土や黒曜石などの用材採掘坑、攻玉施設などが発見されており、そういう生産活動は産地の利による専業生産とされることが多い。専業と言っても多くは季節的就業の範囲にあると思われる。新潟県糸魚川市寺地遺跡に住居内翡翠攻玉工房跡が確認され、長野県など各地に玦状耳飾などの攻玉遺跡が知られている。攻玉は高度な技術力を要しても大掛かりな施設を伴うものでなく、石器製作などの自給生産より流通を目論んだ手工業である。

(2)　貝塚に関して

　貝塚には、海浜に形成されるハマ貝塚、集落内に形成されるムラ貝塚があり（阿部 1996）、立地や内容が異なる。ムラ貝塚の形成（魚介類廃棄）の仕方も、馬蹄形、マウンド、ブロック、住居内廃棄など多様である。貝塚は施設（遺構）でないが、狩猟採集が陸地なら漁労は海浜、海洋を生業領域とする。

　陸地には生業占有地は設定できるが、海洋には難しい。しかし、アイヌ社会のイヲルには河川河口と海域に生業占有地が設定されている。また、内水面の魰場の設営管理と収穫配分は共同的なものであり、外洋漁労もまた住居単位でなくもっと大規模に集落や村落単位で行ない、アイヌ社会の鯨漁の成果は広範囲に他所のコタンにも分配され互酬的である。

　漁労は潮干狩りのような家族的な貝採捕だけでなく環境と生態による沿岸、外洋の共同的労働形態であり、組織的に行なわれていたと考える。また、狩猟採集と漁労では保存施設も異なるはずだ。海浜近くに貝塚を形成する拠点集落に墓を含めた遺構や諸遺物が多様なのは、古今東西海洋都市の発展にみる往来（交通）、流通、交易の要素が強いからだと思うし、現代の山人と漁師では気質や集落形態にも違いがある。縄文時代には海岸にへばりつく漁師ムラの集落は稀で、貝塚集落と言えど漁労を専業としていたとみるより半猟半漁の生活形態がノーマルであったと思う。アイヌ社会は季節的なコタン（夏の家、冬の家）

を形成し、現代でも家族ぐるみの漁場の番屋が少なくない。干し貝加工場とされる巨大な東京都中里、千葉市宝導寺台のハマ貝塚の場合も、採集（生産）や流通、消費が組織的、共同的に行なわれているとされる。

その他の施設に、盛土遺構、デポ、道路跡、階段跡、柵列、連続柱穴跡、柱穴状ピット群、犬、イノシシの埋葬土坑などがあり、動物飼育小屋説もある。

以上のとおり、生活、生業に関する施設は多様であり、それらに関する問題が山積している。縄文研究の弱点である無形の問題について解釈で無く考え方や立証の方法に言及すべく努めたつもりだが、不足な点はそれぞれ各位の執筆内容が補ってくれていよう。どの問題一つを取ってみても、考古学だけでなく文化・社会人類学はもとより異分野との共同研究の必要性を痛感する次第である。

注
(1) 住居等の文化財復元は、歴史教育に関わる問題であり、今後復元する場合は建築史学、文化財復元学の進展のためにも相互批判ができるように根拠、設計図の明示を義務化することを提言する。

引用・参考文献（発掘調査報告書は省略）
淺川滋男編 1998『先史日本の住居とその周辺』
阿部芳郎 1996「水産資源の利用形態」『季刊考古学』55
阿部芳郎編 2009『東京湾巨大貝塚の時代と社会』
安藤広道 1993「陥し穴猟はどのようなものだったか」『新視点日本の歴史』1
石野博信 1975「考古学から見た古代日本の住居」『日本古代文化の探究』
石野博信 1990『日本原始・古代住居の研究』
泉　靖一 1952「沙流アイヌの地縁集団における iwor」『民族学研究』16—3・4
市原寿文 1959「縄文時代の共同体をめぐって」『考古学研究』6—5
今村啓爾 1973「霧ケ丘遺跡の土坑群に関する考察」『霧ケ丘遺跡』
今村啓爾 1987「狩人の系譜」『日本の古代』10
今村啓爾 1988「土坑性格論」『論争・学説　日本の考古学』2
今村啓爾 1999『縄文の実像を求めて』
宇都宮市教育委員会 1992『うつのみや　遺跡の広場』
大林太良 1971「縄文時代の社会組織」『季刊人類学』2—2・3

岡村秀雄 1997「水場の種類と建設」『考古学ジャーナル』412
岡村道雄 1997「縄文時代の環濠、溝、柵列」『考古学ジャーナル』412
北日本縄文文化研究会 2011『北日本縄文時代大型住居集成』
桐原　健 1988『縄文のムラと習俗』
櫛原功一 1989「縄文時代の住居形態と集落」『山梨考古学論集』Ⅱ
後藤守一 1931「上古時代の住宅」『帝室博物館講演集』11
後藤守一 1956「衣・食・住」『日本考古学講座』3
佐々木藤雄 1986「縄文時代の家族構成とその性格」『異貌』12
佐々木由香 2000「縄文時代の「水場遺構」に関する基礎的研究」『古代』108
佐藤宏之 1998「陥し穴猟の土俗考古学」『縄文式生活構造』
潮見　浩 1977「縄文時代の食用植物」『考古論集』
十菱駿武・鈴木克彦 1984「炉穴の研究」『考古風土記』9
鈴木克彦・鈴木保彦編 2009『集落の変遷と地域性』『縄文集落の多様性』Ⅰ
鈴木克彦 2010「縄文時代中期の村落共同体に関する諸問題」『岩手考古学』21
鈴木克彦 2011a「青森県の縄文住居」『地域学』9
鈴木克彦 2011b「縄文文化の大型住居の研究概説」『北日本縄文時代大型住居集成』
関野　克 1934「日本古代住居址の研究」『建築雑誌』48—591
関野　克 1938「埼玉県福岡村縄文前期住居址と竪穴住居の系統について」『人類学雑誌』53—8
田村莊一 1986「陥し穴状遺構の形態と時期について」『岩手県埋蔵文化財センター紀要』7
塚田　光 1966「縄文時代の共同体」『歴史教育』14—3
中根千枝 1970『家族の構造』
西脇対名夫 2000「住居でない方形竪穴」『北海道考古学』36
西脇対名夫 2006「炉にない住居」『ムラと地域の考古学』
羽生淳子 1990「縄文時代の集落研究と狩猟・採集民研究との接点」『物質文化』53
春成秀爾 1979「縄文晩期の婚後居住規定」『岡山大学法文学部学術紀要』40
春成秀爾 1981「縄文時代の複婚制について」『考古学雑誌』67—2
堀越正行 1972「縄文時代の集落と共同組織」『駿台史学』31
マードック 1978『社会構造』
水野正好 1969「縄文時代集落復元への基礎的操作」『古代文化』21—3・4
水野正好 1983「縄文社会の構造とその理念」『歴史公論』94
宮本長二郎 1984「縄文時代の竪穴住居」『季刊考古学』7
宮本長二郎 1988「縄文の家と村」『古代史復元』2

宮本長二郎 1996『日本原始古代の住居建築』
武藤康弘 1989「複合居住家屋の系譜」『考古学と民族誌』
武藤康弘 1993「竪穴住居の面積」『季刊考古学』44
武藤康弘 1998「縄文時代の大型住居」『縄文式生活構造』
村田文夫 2006『縄文のムラと住まい』
森田知忠・遠藤香澄 1984「Tピット論」『北海道の研究』1
山内清男 1942「石器時代の犬小屋」『民族文化』3—8(『山内清男・先史考古学論文集・第五冊』)
八幡一郎 1934「日本石器時代の住居型式」『人類学雑誌』49—6
ローウィ 1979『原始社会』
和島誠一 1948「原始聚落の構成」『日本歴史学講座』1
渡辺　誠 1975『縄文時代の植物食』
渡辺　誠 1980「雪国の縄文家屋」『小田原考古学研究会々報』9
渡辺　誠 1988「長方形大型住居跡の性格について」『富山市考古資料館紀要』7
渡辺　誠 1996「水場研究の問題点」『考古学ジャーナル』405

I 北海道の縄文集落の生活と生業

西 脇 対 名 夫

第1章 北海道の生活・生業施設の研究の現状

　北海道では先史時代の竪穴が埋まりきらずに残っている、というのが有名で、それを掘ってみた人も相当古くからあった模様である。竪穴住居の発見と言えば大正15（1926）年の姥山貝塚の発掘が最初ということになっているから、それに比べると遺構としての竪穴の認識（渡瀬1886ほか）は非常に早かったわけであるが、だから竪穴の発掘調査が調査として早くから成功したか、と言えばそうでもない。いわゆる行政発掘でまともに竪穴を掘るようになるのは昭和40年代半ば以降、主に関東地方で調査を経験した学生が帰道して現場に携わるようになってからだ、というのが先年亡くなった高橋正勝さんの意見だった。

　これは別段誇張ではなくて、例えば昭和42（1967）年5月の浦幌町平和遺跡の緊急発掘は、腐植の多い竪穴覆土の上部を掘ったところで終わってしまっている。そもそも土取工事で生じた崖面で遺構を確認していて、そこに竪穴の床や壁面付近の堆積物が見えており（大場・明石1968の第3図）、そこまでは遺物が出土することも認めているのだが、それが上位の皿状の腐植土の堆積（「竪穴」）と関連するとの認識がなく、「下層」の遺構として報告している。「上層」の「竪穴」に伴った「炉址」「柱穴」の正体は、今となってはよくわからない。「周溝」はおそらく、覆土下部へ落ち込んでいく腐植混じりの土が環状に観察されたものであろう。

　昭和45年7月に再び平和遺跡の発掘が行われ、深さは「表土から1.2米」「壁は傾斜角90度に近い」立派な竪穴を検出して、3年前の調査は要するに全然掘り足りなかったことを示した。道内の考古学者だけが携わった前回と違って、今度は当時北海道大学の北方文化研究施設にいた重松和男先生や立正大学などの学生が参加しており、竪穴の発掘らしい発掘は道外から導入され

た、という高橋説を立証するかのようである。9月、納得のいかない地元研究者たちは調査の終わった竪穴の床面や周囲にトレンチを入れ「1米まで発掘」「しかし、残念ながら」「下層式文化層を確認することができなかった」。

　同じ黄褐色のロームが続いていても、竪穴の壁とそれに連なる崩壊の面を境に堆積の構造が変わり、遺物はその面の内側だけに存在する。竪穴下部の腐植土を「下層」の遺構と考えた研究者たちは、それと竪穴上部の腐植土の落ち込みが、ともに竪穴という不整合面の上位にある一連の堆積物であるという考え方を理解できず、両者は明瞭な間層を挟んで累重した明らかに別の「文化層」だ、という見方に拘泥した。だから、当時北海道の考古学者は遺跡に層というものがあり、層と層を見分けなければいけない、とは知っていても、その層と層の境に何があり、層を分けるものが何であるかはまだよくわかっていなかった、ということになるのだろう。今日ではどうであろうか。

　さてこの本の主題である「生活・生業施設の変遷」のうち、ここで紹介できるのは竪穴をはじめとして建物跡と思われる遺構とその細部に限られる。引用した竪穴式建物の遺構名称は報告では「第n号住居址」「竪穴住居跡n」など多様だが、すでに記号化されているものを除いて「竪n」のように略称し、遺跡名も地名と番号のみに省いた。建物以外の多様な題目については全く触れる余裕がなかったことをお詫びしておきたい。また遺構の年代は土器の細別型式で表現するのが誠実だろうが、北海道では型式の大別と細別の対応について意見の不一致がいまだに深刻で、細別型式が相対年代として十分に機能しないのが実情である。そこで次章以降では以下のような対応を前提とし、大別型式と数字の組合せで遺構の年代を表現することにしたい。

　草創期：暁式の一部、早期1：住吉町式・沼尻式など、早期2：浦幌式・ムシリⅠ式など、早期3：東釧路Ⅱ～Ⅳ式、前期1：桔梗野式・綱文式など、前期2：春日町式・東釧路Ⅴ式など、前期3：円筒土器下層式平行、中期1：円筒土器上層式平行、中期2：サイベ沢Ⅶ式・榎林式・天神山式など、中期3：柏木川式・ノダップⅡ式・トコロ6類など、後期1：余市式・手稲砂山式など、後期2：大津式・ウサクマイC式など、後期3：手稲式・鮟潤式など、後期4：堂林式・湯の里3式など、晩期1：御殿山式・上ノ国式など、晩期2：浜中大曲式など、晩期3：聖山式・幣舞式、晩期4：タンネトウL式・緑ヶ岡式など。

第2章　北海道の生活・生業施設の変遷

第1節　草創期～早期の生活・生業施設

竪穴式建物　冒頭に紹介した浦幌町平和竪5について、かつて北海道の竪穴式建物の変遷を通観した宮本長二郎（1984）は「関東地方では前期・中期にも見られないほどの大型住居が、北海道では早期前葉に出現している」として注目した。筆者もこの遺構はおそらく早期1と考えるが、本当に早期縄文であるのか、実はまだ確定したわけではない。近年の帯広市大正6・同7の調査では、暁式の一部とされるものが9,000yBPを超える放射性炭素年代を示し（帯広市教育委員会 2006）、これに類する無文平底薄手の土器が東北地方では夏島式などと共伴するとみなされている（中野 2008 ほか）。草創期という大別を当初の設定内容どおり「多縄紋型式群」までとするならば、暁式の一部が草創期後半（山内 1969）の諸型式に平行すると考えるのが自然である。

床面付近の木炭から8,600～8,700yBPの年代が測定された池田町池田3のP-8・11は径4m前後の不整な円形の床面をもつ竪穴で、中央付近に炉があるが明確な柱穴を伴わない。北沢実（1999）が暁式のうち初期のものとみなした土器を伴う帯広市八千代A第4地点尾根部や新ひだか町（旧静内町）駒場7のPH-20、千歳市キウス5のLH-3なども池田3の例に類似し、おそらくは木尻を竪穴の肩に下して円錐形にまとめた垂木自体の強度によって支持される上屋を伴う建物であったと解される。こうした特徴は岩手県花巻市上台Iなど東北地方の無文平底土器を出す遺構に近く、また青森県八戸市櫛引で発見された草創期中頃の竪穴にも共通する。道内における最初期の竪穴式建物の形式が、本州北部に連絡する可能性を考えておく必要があるだろう。

多分こうした事例に遅れて、深さが顕著な八千代A第1地点の遺構群や釧路市幣舞2の竪34・39・46など、床面中央付近に1～2基の柱穴があって建物中央部で屋根を支持する形式が現れ、さらに4本（幣舞2竪36・65）または6本（同竪31・40）の柱が台形に並ぶ構造、あるいは6～7本の柱をほぼ正多角形に配した形式（平和竪7、八千代A第1地点竪54、幣舞2竪38など）も出現する。これらの中には八千代A第1地点竪4・6・11や日高町（旧門別町）ピタルパHP-8のように床面の一部、2～3mをさらに2～30cm掘り下げ、

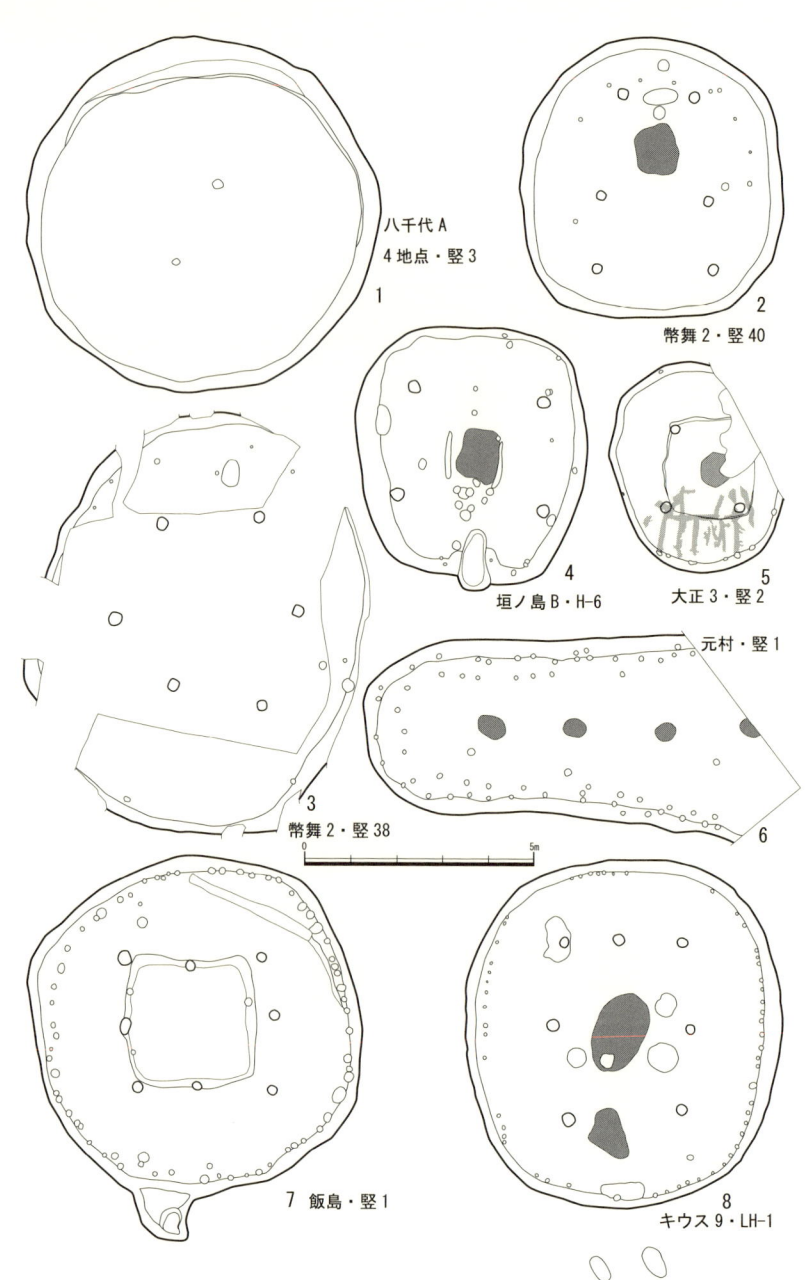

18　I　北海道の縄文集落の生活と生業

1 八千代A 4地点・竪3
2 幣舞2・竪40
3 幣舞2・竪38
4 垣ノ島B・H-6
5 大正3・竪2
6 元村・竪1
7 飯島・竪1
8 キウス9・LH-1

図1　草創期・早期の竪穴式建物遺構

あるいは八千代A第1地点竪21・42・51、同第4地点竪3など斜面上手側の壁面をベンチ状に掘り残す例が知られている。柱穴の明瞭な遺構は早期1まで下る可能性も高いが、山原敏朗（2005）はこうしたものも含めて次に述べる道南早期1の竪穴式建物とは系統が異なるとみている。

　早期1の竪穴は太平洋側を中心に非常に例が多い。有名な函館市中野Bの遺構群のうち、床面長さ6mを超える「大型竪穴住居跡」に関して田中哲郎（1999）は、「隅丸方形・隅丸長方形が基本」「炉穴中央部にほぼ長方形の掘り込み炉」「炉の対角線延長線上の四方に主柱穴」「主柱穴は、深さ40cmを越える」「同一箇所に複数の柱穴が検出され」「壁柱穴が明確に捉えられる」場合がある、といった特徴を挙げた。屋根の途中に置いた水平材を柱で支え竪穴の壁を上屋荷重から大きく切り離した、草創期以来の形式とは異なる構造の建物が出現したことが窺われる。小杉康（2009）が指摘するように、この変化が中野Bに代表されるような激しい遺構の重複・切り合いに関連するのであろう。

　気になるのは、この遺跡では竪穴の床から壁への立ち上がり付近に、傾斜した材の痕跡が多く報告されている点である。せっかく柱で持ち上げた屋根の垂木尻を、わざわざ竪穴内に下して屋内の空間を狭めるというのはただでさえ考えにくいことだが、そもそも屋根という面構造の一部である垂木の下端は、当初よりは崩壊しているはずの壁面になお穴を残すほど深く掘り据えなければ固定できないものであるのか。同遺跡のH-566の場合、壁面の傾斜した柱穴はほぼ「主柱穴」の柱通り上にある。おそらくこれは柱と水平材から成る構造の動揺を防ぐためのものであり、屋根とは離れて屋内に露呈していたと考えられる。こうしたものが垂木と混同されている可能性がないだろうか。

　同じ早期1の函館市（旧南茅部町）垣ノ島Bでは、火山灰の被覆により前期1頃の旧地表が保存されていたために、竪穴の掘下げが70cm以上に達することを確認でき、当然ながら竪穴内に中野Bのような傾斜材の痕跡はない。また同じく函館市（旧南茅部町）の川汲HP-31では床の壁際に周溝がめぐって壁体の構造が存在した可能性を示しており、長万部町富野5のH1、中野Bでも調査終盤のH-544・560・583などで床面壁沿いに細く垂直な杭様の痕跡が認められた。同様な材痕の出現は少なくとも早期1初頭の函館市中野AのH-1まで遡る。林謙作（1997・1998）がこの構造を一貫して垂木の痕跡と解しているのは理解

に苦しむが、道南早期1の竪穴式建物の多くは少なくとも「伏屋A式」（宮本1988）ではなく、ことによると「壁立式」であった可能性さえある。道東でも釧路市桜ヶ岡2の竪15のように、壁際に垂直材痕のある方形竪穴が稀に見られる。

　空知川の自然堤防上で発見された芦別市滝里4のB-2地区竪穴群は、沖積層に埋没していた早期1末の遺構の構築面が確実に把握された事例として貴重である。掘上げ土の頂部からの深さは0.9〜0.7m程度、明らかに柱穴と解されるものが確認された竪穴は不整円形で、竪穴中央の炉の周囲に1または2・4本の柱が立つ構造を示している。同様な構造は駒場7のPH-8・14・15・21などや恵庭市柏木川13のH-5でも見られる。滝里4の竪穴周囲の掘上げ土を葺き土の痕跡とみることは不可能でないが、報告者は掘上げ土の外周に近い場所に雨落ち溝らしい窪みが見られる例に注目し、そこまで上屋が達していた可能性を考えている。これが正しければ掘上げ土は屋根の上でなく下にあり、同時に垂木尻は竪穴のかなり外に位置していたことになるのである。

　道東早期1の場合、釧路市東釧路第Ⅱ地点の遺構では「床面近くには、炭化した木炭が多量に出土し、その下に同じく炭化したアシが敷物のように交錯した状態で検出された」。これは確実な焼失建物跡として道内最古の例であるが「側壁と接する床面には、径1〜2cmほどの棒を突さしたような小孔が並列し」、したがって報告者が炭化材の遺存状況から土葺き屋根を想定したこの建物においても、竪穴の壁面は細い棒で固定した編物などに覆われた状態で屋内に露呈しており、垂木尻は竪穴の床まで降りていなかったのである。この遺構は4本主柱で、このように水平材を支持する柱構造を採用しつつ、草創期以来の円形に近い掘方を踏襲しているとみられる早期1の竪穴式建物は、釧路市材木町5・羅臼町トビニウス川南岸・斜里町大栄1など道東地方で普通である。

　中野Bでは早期2の竪穴遺構も発見されている。床面長さ5mを超えるような竪穴では隅丸長方形平面のものが多く、柱の配置が判然としないものの、深さのある柱穴が竪穴壁面に近づき、数も4本より増える傾向があるらしい（H-3・38など）。建物の中で柱と水平材の構成する空間が早期1より大きくなった可能性があるが、概ね同時期の長万部町オバルベツ2・同栄原2・小樽市塩谷3・網走市嘉多山4などを含めて、明確に構造の推定できる遺構には恵まれ

ない。なお、斜里町ポンシュマトカリベツ９のPIT5Bでは、床面中央部が径約５ｍの円形に10㎝ほど掘り下げられていた。

　早期２道東の石刃鏃石器群を出す竪穴の一部にも、床面中央部を一段低く掘り込む特徴があり、帯広市大正３の竪２では方形の掘下げの四隅に柱穴が見られた。この遺構は焼失建物跡で、炭化した木材が竪穴床面の壁際まで続き根元に「柱痕」を残していたことが特筆される。報告書を素直に読む限り、これは４本の柱を結ぶ水平材から垂木尻を竪穴内に下し、下地を作って厚く土葺きした上屋の遺構である。芯々30～70㎝ほどの間隔で壁際に観察された「柱痕」は、炭化材の径が10㎝ほどとかなり幅広いのに「材の差し込み痕もしくは圧痕」に過ぎず、垂木尻を掘り据えていなかった。土葺き屋根の勾配に限界がある以上柱もそれほど高くはなり得ず、柱に囲まれた範囲の掘込みは背の低い上屋の下に居住空間を確保する試みと理解することができる。垂木は求心的な配置でなく、報告者の想定のように柱を結ぶ水平材の上下で別の小屋組みとなっていた可能性が高い。大空町（旧女満別町）豊里石刃遺跡でも、わずか300㎡の範囲から焼失した早期２の竪穴式建物跡が２基以上発見されている。焼失建物跡の多発事例が道東のこの時期にもあることを注意しておく必要があるだろう。

　早期３の遺構としては早く径７ｍ前後、概ね円形の平面をもつ竪穴２基が発掘された標茶町飯島の例が著名である。床面中央ほぼ３ｍ四方の方形の四隅と四辺の中央に柱穴があり、１基ではこの範囲が床から50㎝ほど掘り下げられている。帯広市大正７竪１、江別市大麻６竪１・20、苫小牧市美沢２のAH-22、長万部町富野３のH-11などにもこれに似た掘下げが見られる。飯島の例で顕著な構造として、壁際全周にめぐる多数の垂直な「支柱穴」がある。釧路市桜ヶ岡２の竪３・８でも床面と壁面の境が幅10㎝ほどの周溝となり、竪８ではこの溝の中に柱穴が立ち並ぶ。これらは明らかに壁体の痕跡とみられ、竪穴の平面が滑らかな円形ではなく多角形に近いことからみて、壁柱の上位にはおそらくそれらを繋ぐ水平材が存在し、それが垂木を受けていたとすれば、早期３に軒のある「壁立式」建物が出現していた可能性を考えなくてはならない。

　円形竪穴と壁柱または周溝の組合せは、江別市大麻６竪４・20、長万部町オバルベツ２のH44、函館市豊原２のHP-32、同豊崎PのPD-5・6・11など道央

以西にも見られ、正方形に配列した主柱4基とほぼ正円形にこれを囲む壁柱群が確認された千歳市キウス7のLH-28の例は典型的である。南西部では楕円形に近い長手の遺構も多い。同市キウス9のLH-1は、隅丸長方形の床面中央部に炉を囲んで長方形に配列した7本の主柱、壁際には細い杭跡が密に並ぶ壁体痕が捉えられた。乙部町オカシ内竪3では楕円形の竪穴の中央部に炉を囲む明瞭な4基の柱穴があり、松前町東山H41・49も炉はないが、主柱4本の楕円形・隅丸方形の竪穴とみられる。ただこうした解釈のつく例はむしろ稀で、深川市納内6丁目付近・恵庭市カリンバ2第Ⅶ地点・千歳市ユカンボシC2・長万部町富野3・同オバルベツ2・函館市豊原2などで多数発掘されている早期3の竪穴の多くは構造不明瞭である。

　以上のような通常の竪穴式建物とはやや異なる長手の竪穴遺構として、標茶町元村竪1（早期3、床面長さ9m以上、幅4m以上）がある。床の壁際に多数の小穴が並び、同時期の円形竪穴と同様な壁体の存在を示唆している。小清水町アオシマナイ竪1（早期1、床面長さ9.0m、幅3.7m）は長大というほどでもないが、床面の長軸上に焼土5基が並ぶ点で元村竪1に似ている。もっとも壁体痕はない。

　道央・道東の草創期～早期1の竪穴式建物群には、ほぼ例外なく円形の小竪穴群が伴う。桜ヶ岡2では、底径1.5～2mほどで中央に覆屋の支柱と思われる杭痕が1つある、定型的な小竪穴群が竪穴式建物の間を埋めるように群集していた（早期1）。この円形の小竪穴は早期2まで残らない模様である。長万部町栄原2で床面2×2mほどの正方形に近い「住居跡状遺構」（H-1・3、早期1末か）が発見され、壁面に近い位置に柱穴を伴う場合がある。早期3ではその終末を除いてこうした小規模建物の遺構ははっきりしない。

　炉と出入口　竪穴式建物の炉は、すでに草創期から床面中央に小型の焼土が見られる場合がある。早期1に入ると幣舞2の竪31・57など、床面の一方に偏った炉のすぐ背後に柱穴らしいものを配する例があり、その反対側が出入口となっているのであろう。道南の早期1では床面中央に径1m前後の長方形の掘込みを持つ場合があり、今村啓爾（1985）の言う灰床とみられる。ごく浅い場合もあるので、木材で組んだ炉縁を伴ったと考えられる。中野Aではその中に焼けた円形の窪みが認められる例もあって、尖底土器を据えた痕跡ら

しい。川汲・垣ノ島Ｂでは、竪穴長軸上海側の壁面から張り出すように径数十cmの掘込み１または２ヵ所を伴うものが知られ、垣ノ島ＢのH-4〜7ではいずれもこの出入口と思われる構造と、床面中央の炉との間を中心に炭化材の出土が注意された。村本周三（2007）はこのうち２基を焼失建物跡とみており、東釧路第Ⅱ地点の例などとともに道内最古の事例となるかも知れない。類似の張出しはトビニウス川南岸竪１・２などでも報告されている。

　早期２の大正３竪２では、床面中央の掘下げの中に「六角形状と推測される浅い溝で区画された炉」があり、やはり炉縁を伴ったとみられる。道南の早期２では中野Ｂなどで炉と思われる焼土が細長い形状をとる例が目につき、２基かそれ以上の焼土が並ぶ場合もある。同じ建物の中で複数の火処が区別された可能性を示唆するかも知れない。

　早期３では、中野Ａ昭和50年発掘の竪穴群で長方〜楕円形に礫で囲んだ炉が竪穴に伴うとされ、大きいものでは長さ２ｍに達する。竪穴式建物の炉を不燃性のもので囲う風習として道内最古となるが、その後豊原２平成20年調査のH-9・11で同様なものが報告された程度で類例は少ない。せたな町（旧北檜山町）豊岡６のH5ではこの種の石囲炉が竪穴中央にあるものの床面より高く、竪穴に伴わないとみられている。長手の竪穴である元村竪１では、床面中軸上に４基以上の焼土が等間隔に並ぶ。キウス９のLH-1では床面長軸の一端に壁に沿って長さ１ｍほどの浅い溝、またその竪穴外には短い溝一対が１ｍほどの間を置いて並び、出入口の遺構とされている。

　平地式建物　オバルベツ２のHT1（早期３）は、深さ約60cmの柱穴が７基、直線的に11.2ｍにわたってほぼ等間隔に並んだものが４ｍの間隔を置いて２列走り、その中央に同じく直線上に並ぶ５基の柱穴がある。整った長方形の建物とみることが可能である。豊岡６のHT1（早期３）は、柱穴11基が径４ｍあまりの楕円形を構成し、その中に柱穴６基（うち２基は楕円形を構成するものと同一）から成る計３ｍ弱の円形が内接する。報告者は新旧建物の重複とするが、外環を壁柱とみるなら軒のある建物で、内外の環が接する側は壁や屋根のない構造だったと考えることも不可能ではない。この開口と思われる付近に焼土が複数発見されている。羅臼町オタフク岩第Ⅱ地点では、底径・深さとも数十cmの「土壙」10基が概ね等間隔に配列して、長径７ｍあまりの楕円形を構成し

（早期2または3）、建物の可能性が考えられている。キウス7では径50cm前後、深さ1.5mに達するらしい柱穴7基（LP100〜106、早期3）が、10×8mほどの範囲にまとまって見つかった。

第2節　前期〜中期の生活・生業施設

竪穴式建物　前期1〜2の竪穴式建物の形式が早期のものとかなり異なることについては以前指摘した（西脇 2006）。典型的な事例として函館市石倉貝塚H-1、同中野AのH-43、苫小牧市美沢1のFH-53、千歳市美々5のAH-3・同美々8のH-2などがあり、床の長軸両端に1基または1対の柱を置き、これを結ぶ線上に等間隔に1〜3基の柱穴を配する。床面の長さ一杯に続く棟木を棟持柱がいきなり支える切妻の屋根が想定され、多くが円錐屋根もしくは寄棟であったと考えられる早期の建物とは明らかに異なる。竪穴床面の壁際にも垂直な柱穴が並んで壁体の存在を示唆するとともに、壁柱相互および壁柱と棟持柱を水平材で連絡して強度を確保していたと考えられる。

あえて早期3の形式と比較するなら、前期建物の壁柱は早期建物の主柱に相当する構造材であり、前期1の竪穴式建物は早期建物床面中央の方形掘下げ部分だけを拡大したような形式である。この拡大によって困難さを増した小屋組みを補助する目的で、棟持柱が導入されたと解してもよいかも知れない。道南で石倉貝塚H-1や函館市豊原1の竪1など大型の遺構に時に見られる竪穴本体周囲の掘下げは、この対比の正しさを示唆しているように思えるのだが、だとすれば前期1・2の方形竪穴の壁柱は早期の主柱と同様、竪穴の縁よりも高く立ち上がっていたとみるのが自然で、竪穴内のすべてが立って歩ける空間となった点に前期建物の特色があると考えることができるだろう。

不思議なことに、道東・道北ではこうした特徴的な建物がいまだに発見されていない。隅のはっきりした長方形の竪穴は目立つものの、前期1と思われる遺構ではせいぜい釧路市東釧路第3の竪9・15や同武佐川1の竪4のように床面の短辺に対をなす細い柱穴が見られる程度で、旭川市神居古潭15のHP-2、釧路市桜ヶ岡2の竪6など柱の痕跡がほぼ皆無のものもある。幅が狭いこともあって、竪穴両側の地表に合掌を立て並べて細い棟木で繋いだ上屋が想像され、切妻屋根が似ているのを除けば南西部の例よりはるかに簡略な建物であったと

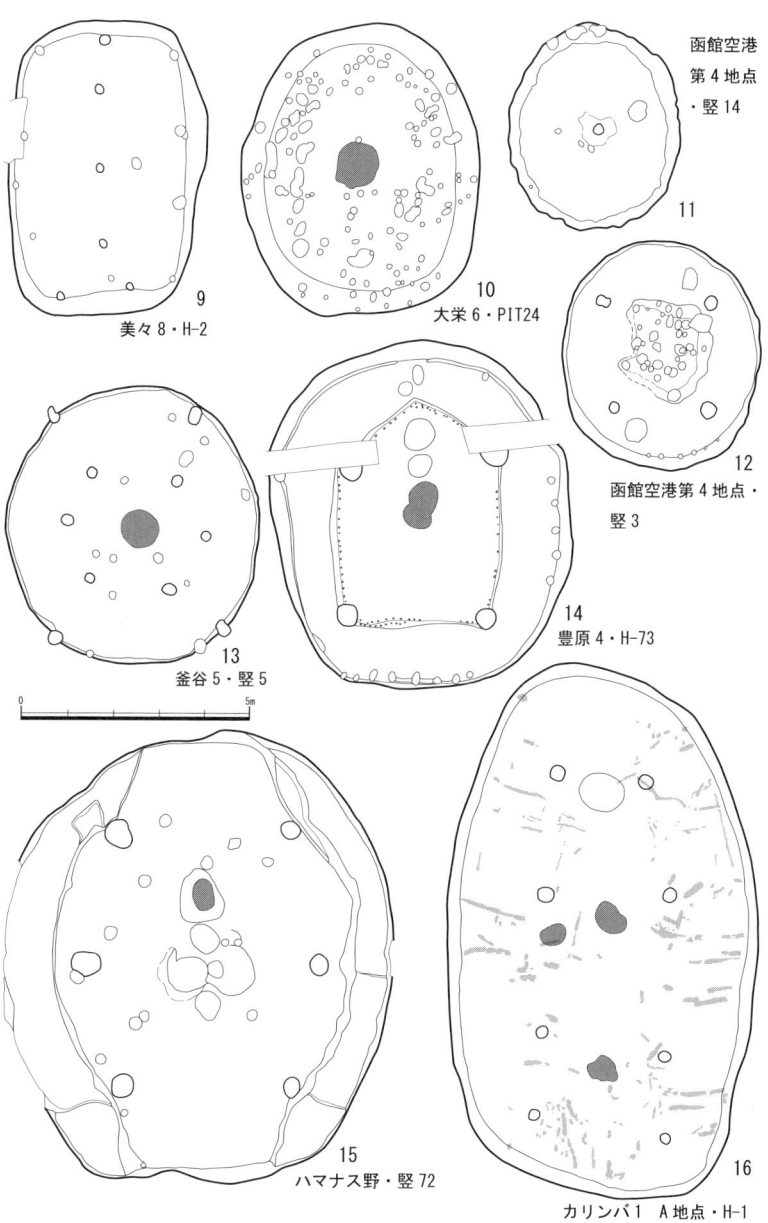

図2 前期・中期の竪穴式建物遺構

みなされる。同様な遺構は千歳市美々7のXH-5、同キウス4のLH-3・4など道央にも見られる。

発達した竪穴式建物を道東で再確認できるのは前期2以降である。斜里町大栄6のPIT24などでは楕円形竪穴の床面中央に炉があり、これを囲んであまり太くない8～10本程度の柱が概ね長方形に配列するものと解される。棟持柱ははっきりしないが、南西部の前期1～2の建物に近い構造が竪穴中央部に収まっているとみてよいようで、根室市トーサムポロL1区の竪30・斜里町峰浜海岸1のPIT8などでは竪穴壁の間に沿ってベンチ状に一段高い部分が記録されている。

前期3には道南で遺構が激増する。円形・楕円形の竪穴の床面中央部に主柱が集まるその形式は、前期2までのものとかなり異なり、むしろ早期道東の遺構に似ている。円筒土器下層式a・bを伴う函館市函館空港第4地点の場合、竪5・9・17・19・26・32・48など床面の径が4mを超える竪穴では、主柱4本が長方形に配される例が顕著で、竪4など主柱3本の例もあるとされる。壁柱らしいものもあるがあまり規則的に出現せず、顕著な周溝も記録されていない。より小型の遺構では主柱2本または1本（竪14ほか）が普通で、ほぼ確実に壁体がなく竪穴周囲の地表に垂木尻が降りる形式であったと解される。

下層式cを出す木古内町新道4のDH-4・14、同釜谷の竪10・12・31・48、八雲町山崎5のH-1・4・15などでは主柱4本の配置が正方形に近づき、釜谷の竪56A・69など床面長さが8mを超え主柱6本を有する形式が出現する。下層式b～cを伴う同町釜谷5の竪穴群でも、最も新しい竪1・11・22・23がいずれも主柱4本の円形竪穴だが、最も大きい竪5ではさらに4本の壁柱があって、この壁柱を結んだ長方形の長辺中央にも主柱と同規模の柱穴がある。主柱上と壁柱上の2段に渡した水平材があって屋根を支え、壁柱上の水平材の長辺を途中で支持するための柱が加わっていると考えられる。これは前期3に出現する主柱6本の形式がなぜ「中央2本を梁行に広げた六角形」（宮本1984）となるかを説明する興味深い事例となるかも知れない。つまりそれは壁柱が竪穴の縁より高く立ち上がり大きな小屋裏をもつ建物を、棟持柱なしで実現しようとする試みの結果であったと考えられる。

この延長上に下層式dの時期には、木古内町鶴岡2のC地区竪1（主柱6本、

床面長さ11.7m）や森町森川3のH-6（最終的に主柱8本、床面長さ12.4m）などの大型建築が出現するが、それが土葺きであったとする主張（宮本2006など）には上記のような理由で簡単には追随しがたい。土葺き屋根を想定すると地面まで降りた垂木尻と壁体の間が閉ざされた空間となり、それを回避するためには森川3H-6の復元図のように壁柱の一部だけが屋根を支えているものと解して大半を竪穴縁で止めざるを得ないのだが、遺構のうえでそうした柱と単なる壁体支柱との区別がついたとは思えない。なお以上のような主柱偶数の建物のほかに、下層式dの古い部分には平面円形で主柱5本がほぼ正五角形に配列する形式（函館市（旧南茅部町）ハマナス野竪9・141・HP-197、木古内町新道4のDH-4など）が少数あることが知られている。

　やはり下層式dの古い部分を出した釜谷の竪60は、この遺跡で唯一ベンチをもつ遺構で、円形竪穴中央の主柱に囲まれた範囲を正方形に掘り下げた特徴は、明らかな壁体の痕跡とあわせて早期3の建物を髣髴とさせる形式である。ハマナス野では竪118・141など同じ時期の住居の壁面に「壁横穴」と呼ばれる水平方向の窪みが並ぶ例があり、主柱の低い位置を結んだ水平材から壁面に木材を渡して棚状の施設を構成していたとみられ、釜谷竪60の例は同様な構造を竪穴の掘方に反映したものと解される。このようなものから、ハマナス野などに多い壁面に沿って一定幅でベンチを構築する類型へと変遷するのであろう。ベンチ状の段差のある竪穴は白老町虎杖浜2のH-1・6、函館空港第4地点竪12など前期3の前半にも皆無ではないが、上記の構造に直接関係するものとは思われない。前期終末になるとベンチが一部途切れたり、高さが部分によって異なる事例が目立つとされ（小笠原1982）、函館市豊原4のH-100や岩内町東山1のH-2・9などにもそうした例を見る。

　道央の前期3の古い部分の様相は明確でないが、後半になると主柱4本（北広島市北の里3のHP-13、恵庭市柏木Bの竪5・12、同柏木川7竪1、苫小牧市静川22竪11・22など）・主柱6本（柏木B竪7など）の形式を確認できる。静川22の竪30・32・33・37など隅丸方形の竪穴に壁柱列の顕著な例、千歳市末広のⅡH-7や柏木B竪8、静川22竪20・25などベンチを有する竪穴もある程度普及し、柏木B竪1・6のように道南前期末の形式そのものと言えそうな事例もある。道東では前期3の可能性を指摘できるものとして斜里町峰浜海岸1の

PIT1・同ポンシュマトカリペツ9のPIT16などがあり、6本主柱かと思われるが、あるいは前期2まで遡るかも知れない。

　中期1道南の遺構から高橋正勝（1974）が提唱した「日ノ浜型住居址」は、4本の主柱が囲む範囲外の竪穴長軸上にもう1本柱穴を有し、ベンチ内縁が柱に追随して床面五角形を呈するものである。その後調査された豊原4のH-73・81などでは第5の柱はほかの4本よりやや規模が小さく、豊原4のH-85や東山1のH-22のように「中央ピット」（後述）との区別が困難な場合もあること、函館市桔梗2のKH-10や同市権現台場2次竪27、豊原4のH-91のように主柱6本でも平面形は「日ノ浜型」に近いことなどが判明した。豊原4や八雲町栄浜1の竪199などでは、ベンチ内外縁に細い杭の痕が多数並ぶのがよく捉えられ、掘方の段差を土台にした相当入念な工作があったことがわかる。道央では中期1の遺構は少ないが、苫小牧市柏原18竪1・余市町フゴッペ貝塚FH-12などでベンチの明瞭な6本主柱の形式が見られ、苫小牧市ニナルカ竪5ではベンチそのものはないが、主柱を結ぶ線の少し外側に細い杭痕列が認められた。フゴッペ貝塚FH-16・恵庭市西島松15の竪15はそれぞれ床面長さ9.4m・8.8mと大型で、5対10本主柱の建物と考えられる。道東では中期1の遺構と断定できるものがない。強いて挙げると、北見市（旧常呂町）岐阜第二の竪17Bは平面五角形に近く、長さ10.1mと大型で壁面より数十cm内側を疎らにめぐる柱穴が見られた。斜里町シュマトカリペツ9のPIT1も床面長さが12mを超える大型の竪穴で、やはり壁から1mほど内側に柱穴列が認められている。

　中期2道南の遺構は前代から一転して、ベンチを伴う例はまず見られない。高橋正勝（1974）は中期2初頭の函館市（旧尻岸内町）日ノ浜の竪6について、「隅丸五角形のプランをもっている。各隅には5本の柱穴があり、日ノ浜型住居址のベンチ、すなわち一段高い外縁部を取り除いた住居址と考えてよい」と指摘した。つまりこの急激な変化は早期から前期へのそれと同様に、建物の内部にあった構造が外部に露出して独立する現象であった可能性がある。したがって中期2の竪穴を特徴づける周溝も、前期3のやや太い壁柱列ではなく、中期1のベンチ内縁に沿って見られる繊細な杭列に対比される。この変化とともに屋根荷重を受ける壁体が消滅して垂木尻を地表に据える形式が登場した可能性があり、土葺き屋根が存在したとすれば多分これ以降であろう。

高橋の予察はその後増加した資料からほぼ追認され、知内町森越の竪1・3・4・13や権現台場1次竪5のように平面五角形に近く、主柱から竪穴壁面までの離れが小さい「サイベ沢型住居址」(高橋 1974)を経て、木古内町新道4のGH-3、同鶴岡2のB地点竪1、函館市石川1のH-1・4・6、同陣川町竪1・90・91など、楕円形でより常識的な主柱位置を示す形式へ移行するとみられる。6本主柱の建物にも同様な傾向を認めうるだろう(千歳市オサツ14のH-26など)。
　中期2前半の特徴として、道央に大型の竪穴式建物が多いことが挙げられる。苫小牧市美沢2のBH-1(床面長さ16.6m)、同柏原18の竪6(16m強か)、オサツ14のH-20(10.1m以上)、恵庭市カリンバ1のJH-17(16.9m)とA地点H-1(10.7m)など、通常2、3対の主柱を4〜6対以上に増やして長大化している。カリンバ1のA地点H-1は焼失建物で、竪穴の壁と主柱通りの間に垂木と思われる炭化材がかなり残ることから、報告者は屋根下部の土葺きを推測する。カリンバ1のJH-21は10対を連ねた主柱の周囲を楕円形に壁柱がめぐり、床面長さ30mを上回る浅い竪穴式建物とみられている。また竪穴中央部で、主柱と壁柱の間に柱を追加して短軸方向にも拡大したとみられる苫小牧市美沢東6のHP-13(13.5m)の例もあり、床面中央を隅丸方形に掘り下げる。
　道南では中期2前半から後半への変化も大きい。竪穴は長辺がしばしば直線的となり、その長辺に接するまでに主柱が壁面に近寄る(石川1のH-5、陣川町竪4・79、豊原4のH-23・30、函館市(旧南茅部町)臼尻BのHP-150、江差町茂尻CのHP-15・51・63など)など、再び建物内部の構造が外壁まで拡大・露呈したことを思わせる。6本主柱の長手の建物が稀となるとともに長径3m前後と小型の建物が増加し、床面長軸上(桔梗2のKH-10、陣川町竪57・87、豊原4のH-54など)あるいは短軸上(権現台場1次竪25、豊原4のH-27など)に2本の柱を置く例、さらには竪穴内に柱痕のない遺構が見られる。平面規模の割に掘下げは深く、有名な函館市(旧南茅部町)大船C(現大船)のH-54では当時の地表から約2.4mに達する。この遺構では床面壁際から50cmほど内側に細い杭の痕が並び、特に主柱を遺構の長さ方向に結ぶ線上で顕著である。この特徴は同じ遺跡のH-1・2・23や臼尻Bの竪217・292、豊原4のH-23、江差町茂尻CのHP-10・59などにも見られるが、中期1のベンチに伴う杭列に比較して乱雑でよく理解できない。

道央では中期２後半の様相がまだ不明瞭だが、恵庭市南島松３のＡ地点・苫小牧市美沢 11 など小型の竪穴が多く、周溝の顕著な例を含む状況は道南の様相に共通するとみられる。千歳市キウス７の LH-39 は細い周溝のめぐる楕円形竪穴の壁寄りに４基の主柱が明瞭な焼失建物遺構で、屋根とみられる構造がかなりよく残っていた。道東では確実に中期２と断定できる遺構が少ないが、根室市穂香竪穴群 JH-12・15 などが中期２後半に位置するかも知れない。楕円形平面で柱の配置は明瞭でない。
　中期３の遺構に至ってはほとんど枚挙に暇がない。道南では一端の尖った卵形・「舟形」の平面形への変遷と、主柱が３～５対へ増加するとともに再び壁際から離れる傾向が知られている（松岡 1979、瀬川 1982、阿部 1998 など）。床面の掘下げは前代に比較すると浅い。壁の少し内側をめぐる乱雑な杭列は、臼尻ＢのHP-34・41 など中期３初め頃の遺構を最後に姿を消し、代わって同様の位置に数を増しより繊細になった主柱が並ぶ状態となる。
　道央では、恵庭市南島松３のＡ地点竪２・14（それぞれベンチを含む床面の長さ 12.7・9.3m）や苫小牧市美沢１のFH-7・15（同 16.3・4.9m）・同美沢 11 のH-7・8（同 6.7・9.5m）など、時に中期２前半の事例に匹敵するほど大型で平面卵形に近く、奥行き１ｍに達する低いベンチの内縁に楕円形に主柱がめぐる形式が見られる。主柱が繊細で対の関係がやや不明瞭な点は、道南の様相にほぼ対応する。ベンチはないが千歳市美々３のH-3、同美々５のBH-1、同オサツ２のJH-26、苫小牧市美沢 15 のⅡH-1・5・14、同静川 21 の竪２、むかわ町（旧鵡川町）米原４のH-1 などもこれに近い。ベンチは美沢 11 のH-20、恵庭市カリンバ２のⅦ地点竪１・４、登別市千歳６の竪 KE12 など、さらに新しい時期まで残存する。道東の遺構は南西部とは対照的に少なく、美幌町みどり１の 1990 年 H-3、北見市（旧常呂町）常呂竪穴群の竪 10 など卵～楕円形に近い竪穴が発見されてはいるが、構造の理解できる例は少ない。
　前期の前半には、床面の長さ３ｍに満たない小型の竪穴式建物とみられる遺構が目立って多い（西脇 2006）。中期後半にも仮小屋らしいものがあり、富良野市学田三区２では空知川の自然堤防中に、床面長さ２～2.5m の楕円形の竪穴３基（中期３）が発見されたうち、２基の周囲に覆屋の垂木尻の痕、うち１基では竪穴床面に焼土があった。掘上げ土の上面から測っても深さは 40cm

程度に過ぎない。池田町十日川5のH-1～4（中期3）などもこれに近い。しかし、概して遺構規模と建物の性格の関連についての検討は進んでいない。

炉と出入口　前期1～2の方形竪穴では、理由は不明だが原則として炉がないと言って過言ではない。道東前期2以降の建物では、床面中央に地床炉が認められるものの南西部では前期の大半において炉がなく、ようやく前期3の後半にいたって確認例が増える。中期1でかなり普遍化したのち、中期2に入ると炉が2ヵ所ある例（石川1のH-4、桔梗2のKH-8、陣川町竪1・81など）、あるいは主たる炉から離れた柱の傍らにも火処のある例（石川1のH-1・3、陣川町竪77など）が目につくようになり、道央の大型建物では長軸上に4（カリンバ1のJH-17）以上10ヵ所（同JH-21）に達する炉が並ぶ場合がある。

道南前期3の建物では、通常なら炉の位置する床面の中央にしばしば青白い砂が堆積しており、恵庭市柏木川7竪11など道央部まで類例がある。砂をどけると浅い窪みとなり、砂の詰まった小穴が複数見つかることが多い。比較的大型で主柱4～6本の建物にこれが見られる傾向にあり、しばしば隣接して焼土が確認されること、釜谷竪64や函館空港第4地点竪3などで砂の堆積に重なるように炭化物が見られたことなどから一種の炉とも想像されるが、下層式dの古い部分では砂の詰まった小穴を切って炉を作る事例がある（古屋敷1991）とされ、炉とは別の施設とみる意見も有力である（末光2002など）。

前期終末から中期1になると、道南の一部の建物はいわゆる埋甕炉を採用するようになり（豊原4のH-71・96・100、権現台場2次竪12、北斗市館野4のH-2など）、中期2前半にも少数ある（臼尻BのHP-191など）。中期2後半に入ってこれが顕著に普及し、少し遅れて石囲炉が竪穴内に出現するが、中期2のうちは石囲いの中に土器を埋設する例も多い。そして中期3には埋甕が姿を消し、小ぶりな円礫を多数使って長方形に組む形式に遷移する（松岡1979、坪井1998など）。この方形石囲炉には、四隅に鰭状に礫を付加したり底に礫を敷いたりする例があり、七飯町桜町7の20Hでは1個体の土器片の外面を上にして底に敷き詰めていた。一方道央以東では埋甕炉は普及せず、中期3に入って方形の石囲炉が出現するものの地床炉主体の状況が継続したと考えられる。なお中期3には土器片囲炉も少数見られ、登別市千歳6の竪FU69では方形、千歳市オサツ16のD地区H2では一個体の土器を破片にして円形に囲い、いずれも

土器片内面が炉の内側を向く。木古内町新道 4 の CH-4・11、恵庭市ユカンボシ E7 の H-7 など、土器片と礫を併用して方形に囲った例も知られている。

前期 1〜2 の方形竪穴式建物の、長辺向かって左寄りに見られる一対の壁柱や径数十 cm の穴は出入口の遺構であるらしい（西脇 2006）。千歳市美々 5 の BH-2 ではこの付近の床面に掘られた穴から幼児の遺体が出土しており、戸口への埋葬によって再生を促す呪術と解される。前期 3 の建物では床面中軸上、主柱に囲まれた範囲より外に柱穴様の掘込みを見る場合があって、宮本長二郎（1996）はここに立つ「補助柱」が棟の一端を支持して「片入母屋造屋根を形成し、積雪期の入口を切妻部に設けていた」とした。つまりこの上の屋根からの出入を想定したわけだが、ハマナス野の前期 3 の竪穴式建物では問題の柱穴様のものとは反対側の端部に階段状の出入口が確認され、一方宮本の言う「補助柱」の掘込みはほかの柱穴より明らかに浅いという（阿部 1995）。

この柱穴様のものは中期 1・2 にも存続して「中央ピット」（森田 1972）などと呼ばれており、それをやはり「梯子を据えつける施設」（林 1996b）とみる意見がある。中期 3 まで降ると、卵形の竪穴の幅広いほうの端部に掘上げ土の切れ目があって、出入口と思われる例（苫小牧市美沢 10 の H-1）が知られている。これは問題の中軸上の掘込みを出入口の遺構とする解釈には不利で、胎盤や死産児の埋納遺構という解釈から出入口との関係が取り沙汰される埋甕も、臼尻 B の HP-50・80・82（中期 3）など、中軸上の掘込みとは反対側の端部付近に発見される例が少なくない。なお、やはり中期 3 の臼尻 B の竪 251 では、卵形竪穴の尖った方の端に階段状の施設が発見されているが、この遺構は中軸上の 2 ヵ所に石囲炉を設けた特殊な建物で、この例を一般化することは難しい。

登別市千歳 6 の竪 TL12（中期 3）では幅の広い側の端部壁面に沿って長さ 1 m、幅深さ数十 cm の方形に近い穴 4 基が掘られ、貯蔵施設の可能性が指摘されている（瀬川 1982）。これに類するものは八雲町栄浜 1 竪 5、臼尻 B の HP-117・129・157 など中期 3 にしばしば見られるほか、函館市（旧南茅部町）安浦 B の H-8 のように中期 2 後半、臼尻 B 竪 21 など中期 2 前半まで遡る例もあり、やはり「中央ピット」とは反対側の端部に近い位置を占める。

平地式建物　八雲町山崎 5 で 4 基、木古内町蛇内で 1 基確認された「方形柱穴列」（前期 3）は、明確な竪穴を伴わない 4 または 6 本の柱穴が方形に配列す

るもので、方形の長辺は1.9～4.8mと規模は一定しない。道東では平地式建物の存在を窺わせる遺構として、北見市（旧常呂町）栄浦第一の「石囲み炉群」（前期3ないし中期1）がある。砂丘堆積物の中に径約10mの粘土の貼り床を施し、その中央に1ヵ所、およびそれを囲む半径4mほどの円周上に7ヵ所以上の石囲炉を構築するもので、炉のそれぞれは径1mほどの円形の掘込みの縁にやや外反した状態で扁平な角礫をめぐらす。この粘土床を雨の洗うに任せていたとも考えにくく、一種の建物とみるのが自然ではなかろうか。類似のものとして美幌町福住12の「集石・石組群」（年代不明）がある。

なお北見市（旧常呂町）常呂川河口でも、自然堤防中から20数基にのぼる「石囲み炉群」と多数の焼土が発見されている。年代を含め栄浦第一と同様なものだが明確な配列や貼り床はなく、石囲いは方形に組んだものが多い。木古内町釜谷・七飯町鳴川右岸など道南西部でも前期3の円形・方形石囲炉が知られており、竪穴式建物内の石囲炉（中期2後半）より明らかに先行して出現する。

道央では近年中期2に、「二列並列焼土」（大島1998）と呼ぶ遺構が知られており、最初に明確な形で注意された千歳市オサツ18では径数十cmの焼土が片側14基、ごく緩やかな尾根の稜線上を長さ35m以上ほぼ直線的に続き、2m前後離れた二列の焼土は概ね対をなしていた。ほぼ同様なものが同市イヨマイ6・オサツ16で各1基、恵庭市カリンバ1では6基発見されている。カリンバ1のRF-3では焼土の列上や列間に計10cmほどの杭痕が38基見つかっており、建物と解釈される可能性を示している。

第3節　後期～晩期の生活・生業施設

竪穴式建物　道南後期1には、中期3の卵形の竪穴を継承すると思われる遺構（松前町寺町貝塚竪12、函館市（旧南茅部町）豊崎NのH-11、函館市臼尻小学校H-55、木古内町泉沢2のA地点1・4・6Hなど）のほかに、長軸のはっきりしない円形（函館市（旧南茅部町）八木BのHP-7・8、泉沢2のA地点3H、北斗市（旧上磯町）押上1のHP2など）あるいは輪郭の不整な竪穴（北斗市館野H-26・32など）が目立つようになる。

道央でも、後期初頭には卵形の竪穴の壁から少し離れた位置に柱穴がめぐる

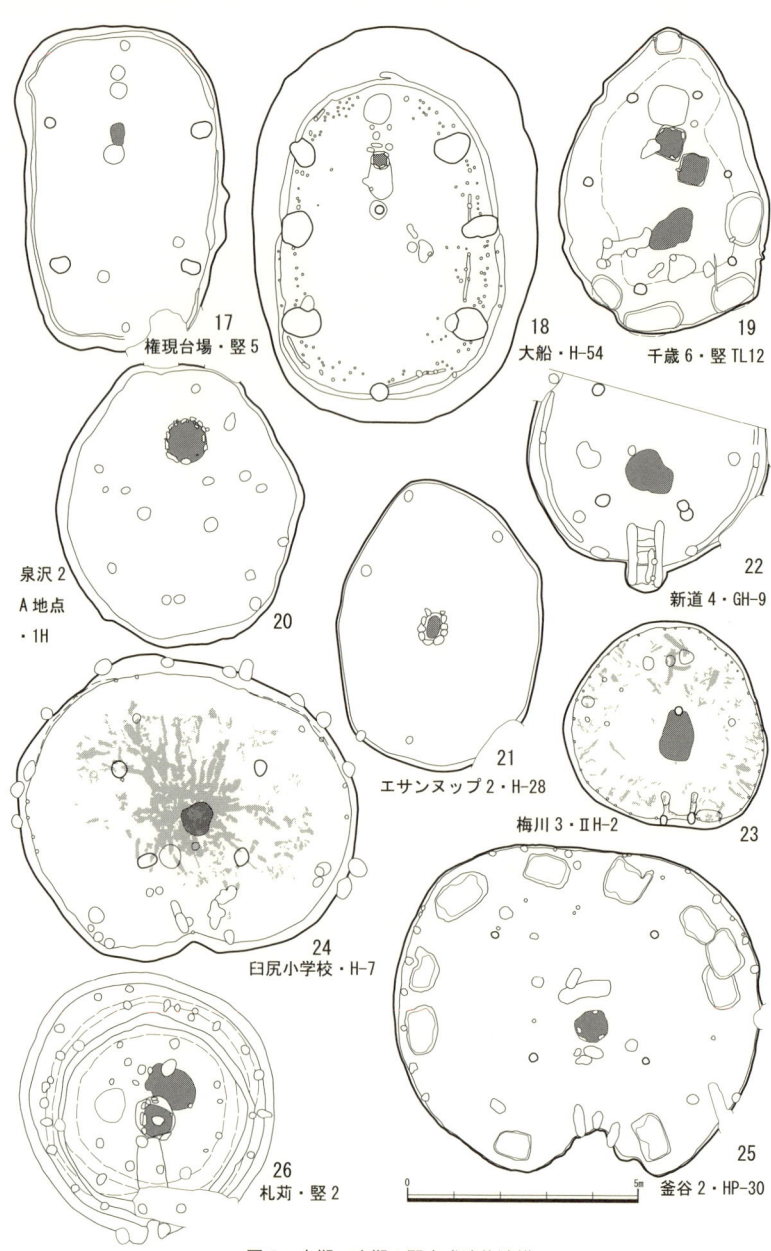

34　I　北海道の縄文集落の生活と生業

図3　中期～晩期の竪穴式建物遺構

17　権現台場・竪5
18　大船・H-54
19　千歳6・竪TL12
20　泉沢2 A地点・1H
21　エサンヌップ2・H-28
22　新道4・GH-9
23　梅川3・ⅡH-2
24　臼尻小学校・H-7
25　釜谷2・HP-30
26　札苅・竪2

中期3と大差のないもの（千歳市イヨマイ6ⅡH-2、苫小牧市静川21竪9、厚真町厚幌1のVH-01など）が見られ、大型の竪穴（恵庭市カリンバ2のⅢ・Ⅳ・Ⅴ地点HP-11、富良野市無頭川H-1など）やベンチのある例（千歳市末広ⅡH-10、同丸子山ⅡH-1、厚幌1のVH-03など）さえ残存するが、次第に円形に近いもの（カリンバ2のⅦ地点竪23、苫小牧市静川37竪3）や、輪郭が非対称のもの（苫小牧市静川のB地区竪3、静川37竪6・10、日高町（旧門別町）エサンヌップ2のH-11、同エサンヌップ3のH-7など）が増え、柱配置も概して不明瞭となる。

　道東では後期1の竪穴は中期に比較して非常に多く、卵形ないし楕円形（斜里町アキベツ11のPIT6・8など）、あるいは円形（音更町共進2竪2、鹿追町鹿追高校竪3、根室市別当賀一番沢川H-12、標津町伊茶仁チシネ第3竪穴群竪12など）の竪穴が報告され、斜里町オライネコタン3竪1（床面長径15.6m）や標津町伊茶仁チシネ第1竪穴群竪14（床面短径約9m）など大型の遺構もある。ただ、竪穴の底を一旦不整形に掘り下げたあとこれを埋めて床面としたように思われる例の多いことが注意され、柱配置などの理解しがたいものが多い。焼失建物の遺構では炭化材・焼土がこの埋め戻しの上にあって（美幌町豊岡4のH-2、釧路市大楽毛1竪4、根室市穂香竪穴群JH-1など）、自然の攪乱ではないことを示唆している。同様の掘下げが丸子山ⅡH-3・10、カリンバ2Ⅲ・Ⅳ・Ⅴ地点HP-13など道央でも見つかっている。

　後期2の竪穴は全道的に少なく、特に道央以東では実例がほとんどないが、構造の理解できた後半の事例では後期初頭までの遺構から大きな変化を遂げている。木古内町新道4のGH-9は円形の竪穴の中軸に対称に4本の主柱が配され、軸と壁面の交わる位置に平行した2条の溝を含む出入口の遺構、軸上出入口寄りに炉があり、床面壁際には壁体の存在を示す周溝がめぐる。これは後期3・4の形式とほとんど同一と言ってよい。森町鷲ノ木のHP-22もこの種の遺構である可能性がある。函館市（旧南茅部町）垣ノ島A（現垣ノ島）H-16・17も円形の竪穴で、主柱と出入口は明瞭でないが周囲の斜面上手側の壁に沿って周溝がある。一方、函館市豊崎BのPD-29や森町鷲ノ木4のHP-12は、径約2.5mと小型の円形の竪穴の壁際に壁柱が疎らに立つ形式で、床面中央に直接屋根を支えたとみられる柱痕が1～2基ある。壁柱の上部を水平材で繋ぎ、その上に小屋組みしていた可能性がある。壁柱は人の背丈より高く、竪穴の縁

より上に立ち上がっていたと考えるのが自然であろう。

　後期3前半の礼文町船泊竪1a・4でも概ね円形の竪穴中央の炉を囲む4本の柱と平行溝の出入口遺構が明瞭であり、竪4では貼り床の範囲が床面の輪郭より少し内側で終わっている点から、また同遺跡の竪10や千歳市梅川3のⅡH-3、苫小牧市美沢1昭和55年度H-4などでは、壁際に密に並んだ繊細な杭痕から、いずれも壁体の存在が示唆される。早期3などの例と違って滑らかな円弧を描くこの壁体は、隣り合う杭を水平材で繋いだというより枝条のようなもので編んでいたことを考えさせる。梅川3のⅡH-3は、その焼失時にすでに竪穴内壁際にかなりの土が堆積していて土葺きを思わせるが、主柱の痕跡は床面中央に1本と出入口両側にあるだけで、これと比較的華奢な壁柱とで土屋根の荷重を支えることができたか疑問である。炭化材を覆っていた土は屋根ではなく、例えば土壁の素材であったとみた方が自然ではないだろうか。

　やはり後期3前半で、梅川3のⅡH-3と同じ主柱配置をもつ千歳市キウス7のH-4は、晩期3当時の旧地表から捉えられ、周囲の掘上げ土上面から竪穴床面まで数十cmである。扇状地の谷中堆積物に埋没していた札幌市N30の竪1も深さ50cmに満たない。道央では恵庭市ユカンボシE3や千歳市キウス4など、後期3と思われる竪穴式建物群がおそらく後期の間に削平され、床面またはそれ以深の痕跡しか残さない例が間々ある。例えばキウス4のQ地区建物1・2・5・24・29、F地区建物9などでは、規則的に配置された壁柱が正円に近い輪郭を示しているが、これらも元来それほど深くはなく、したがって土葺きではなかったと考えるのが自然である。

　こうした密な壁柱の痕跡が、後期3後半の八雲町浜松2・野田生1、松前町東山、函館市臼尻小学校などの遺構群では少なくなり、同時に傾斜地を選んで竪穴を構築する傾向が顕著になる。それは竪穴を深く掘り下げることは避けながら、竪穴の縁から立ち上がる壁の構築を省略し、掘方によって壁高を稼ごうとする構造への変化を意味していないだろうか。この変化に伴って少なくとも斜面上手の屋根は裾だけでも土葺きにしないと雨水の流入を防ぐことができず、主柱の配置が出入口側に狭まった台形となることもまた斜面下手側の垂木尻を下げる配慮と解されるので、屋根のかなりの部分が土葺きに変化した可能性が高い。焼失建物の中央部にだけ炭化した垂木が遺存した臼尻小学校H-7の例な

どは土を葺いた屋根の裾が燃焼を免れた状況を示唆しており、梅川3のⅢH-3の場合とは対照的な炭化材の様相を示している。

この横穴式建物とでも言うべき占地と構造は、函館市（旧戸井町）釜谷2や函館市（旧南茅部町）垣ノ島A（現垣ノ島）、函館市豊崎B尾根部の大型竪穴群、北斗市矢不来7など後期4の遺構に大きな変化なく継承され、焼失建物であった木古内町新道4のCH-1・2について割り材を垂木とした厚い土葺きが想定された（宮本1987）ほか、豊崎BのPD-11・19などでやはり建物中央部にだけ炭化材を残す焼失のあり方が見られ、後期3に比べて出入口部分が建物内側に入り込んだ腎臓形の輪郭が顕著になることも、屋根構造の変化に伴う出入口部分の葺き方の変化を示している可能性がある。道央でも美沢1のEH-2・FH-16、キウス7のH-5・7など斜面に構築された後期3後半〜4の竪穴が知られている。

晩期に入ると竪穴式建物の確認例は激減する。晩期1の例として千歳市オサツ16のH3、恵庭市カリンバ3（現カリンバ）のJH-3などがあり、いずれも短い楕円形のごく浅い掘方、前者では部分的に周溝・壁柱らしいものも見られるが柱穴と断定できるものはない。木古内町札苅竪1・2（晩期2）は周溝の巡る径3〜5.5mの浅い円形の竪穴で、数回の建替え痕を残す竪2にはある時期の環状に巡る壁柱も認められたが、主柱の配置は判明しなかった。竪2では竪穴南側の周溝に切れ目があり出入口と考えられている。斜里町谷田PIT118（晩期2か）は不整円形の竪穴で数十cmの深さがあるが、柱の配置はやはり判然としない。晩期3に至っては全道的に非常に多くの遺跡が知られるにもかかわらず、はっきりした竪穴の報告がない。

縄文式の終末を目前にしていくらか竪穴の報告例が増える。晩期4では石狩市（旧石狩町）志美第1竪1〜3、千歳市美々2のH-1・28など円形に近い竪穴が通例で、美々2のH-28では床面中央の炉を数基の柱が囲むと思われる。釧路市貝塚町1丁目竪8B、苫小牧市静川B地区竪1も不正円形の竪穴で、前者では壁柱が確認されている。

続縄文式初頭の可能性もある石狩市（旧石狩町）志美第3の竪1〜4は隅丸長方形に近い輪郭で、床面の長径8m、深さ約1mに達するが柱穴などは見つかっていない。北見市（旧常呂町）栄浦第二の竪13ホもおそらく同程度の

深さのある隅丸長方形の竪穴（長さ7.4m）で、壁柱が1m前後の間隔でめぐり、竪穴中央の炉を囲む主柱穴も認められた。これほど深くはないが、晩期4の後半と思われる長手の竪穴が千歳市梅川3などでも発見されている。

炉と出入口　道南の後期1では、方形の石囲炉を竪穴床面の偏った位置に置く中期3から継承した形式（泉沢2のA地点3・6H、豊崎NのH-11）が見られ、後期初頭には床面長軸上に石囲炉と地床炉の併設も見られる（函館市（旧戸井町）浜町AのHP-5・6など）。その後円形に近い石囲いも現れ（押上1のHP2、泉沢2のA地点4H、館野H-26など）、後期2まで残る（豊崎BのPD-29など）。後期2の石囲炉の中に径3～4cmの礫を敷き詰めたものが鷲ノ木4のHP-12で、また小型の壺形土器を埋設した例が福島町豊浜竪6で知られている。道央では、後期初頭に方形石囲炉と並んで同形の土器片囲炉（静川21竪9）が現れ、はじめ土器の内面を炉の内側に向けているが、やがて土器の外面が内側を向くようになり、石囲炉とともに楕円形に近いものが普通になる（静川、静川37、カリンバ2Ⅲ・Ⅳ・Ⅴ地点など）。後期1後半のエサンヌップ2・3では、土器片囲炉がほぼ姿を消して楕円形の石囲炉が地床炉と併存する。この両遺跡の竪穴では、石囲炉の長軸の延長上に、竪穴壁面に交差するように床面よりやや深い掘込みを伴う例が多く出入口の遺構かと思われるが、中期竪穴に顕著な中軸上の掘込みがこの時期まで継続している可能性もある。なお道東には石囲炉・土器片囲炉とも出現せず、中期以来地床炉が行われている。

　後期2～3の竪穴では、主柱から想定される建物の中軸を挟んで、長さ1～1.5mほどの溝状の落ち込みが数十cm離れて壁面付近に並ぶ例があり、梅川3のⅡH-2ではこの溝の中に炭化した板材が立っていた。「階段、あるいは住居の内部に向って伸びた通路状の施設」（上屋1992）の基礎とみられており、初期のものは竪穴の輪郭を跨いで長い溝状を呈する。後期3後半から4にかけて竪穴内に納まるものが増え、後期4では掘方に段を付ける程度で木材による構造の跡を残さないものが普通となる（坪井2004）。なお、船泊竪4（後期3）の壁際にアシカなどの骨を方形の盤状に埋め込んだ「配骨址」も、その位置および主柱との位置関係からみて出入口施設の可能性がある。

　後期3の新しい部分である松前町東山や函館市臼尻小学校の遺構の多くでは地床炉だが、後期4では函館市（旧戸井町）釜谷2や函館市（旧南茅部町）垣ノ

島A(現垣ノ島)、函館市臼尻C・豊崎Bなどで円形の石囲炉が増加する。道央以東にはこの変化は及ばないらしい。後期3〜4の道南では、出入口から見て炉の手前に「風除石」などと呼ばれる板状の礫を立てる風習が地床炉・石囲炉の区別なく認められ、礫は失われてもその据え痕が認められる例は非常に多い。後期4の竪穴床面の壁に沿って、しばしば長さ1m前後の方形ないし楕円形の掘込みが見つかる。1基から多いときには10基(釜谷2竪30)に達し、その位置も出入口の両脇から建物の側壁、奥壁まで多様である。後期3に遡る例は臼尻CのH-7がある程度で少ない。

　札苅竪1・2(晩期2)はともに床面中央に土器を埋設した炉があり、竪2ではこれに石囲いを加えていた。晩期4の志美第1竪1・3や美々2のH-28、栄浦第二竪13ホなどは単純な地床炉に戻っている。栄浦第二竪13ホで注目されるのは、竪穴長辺からほぼ床面と同じ長さで突き出した「舌状張出部」で、床より多少浅いが規則的な壁柱を伴う。この出入口構造は続縄文式に継承される。

　平地式建物　平成16(2004)年夏、斜里町来運1の発掘で発見された炭化材群は黄褐色の人為層に覆われて格子状にほぼ直交した木組が残り、しかも明確な竪穴を伴わないことから平地式建物の土壁の可能性があるとして注目された。翌年全体を発掘した結果、緩やかな斜面の上手側に床面を水平に近づける程度の弱い掘下げがあるだけで、確かに平地式と称して問題ない遺構であった。略円形の輪郭の中に地形の下手側を中心に放射・円周方向に伸びる木材が遺存しており、その円が13mに達する大径であるために、初年度の2mほどの発掘幅の中では直交しているように見えたのであった。結局、裾部分を土葺きした屋根をもつ建物の遺構(FH)として報告されたが、重い土屋根を支えるはずの柱の痕跡がなく、垂木にしては放射方向の材が華奢であることが疑問として残った。

　その後村本周三(2009)らの研究で、平坦な旧地表に堆積した人為層に覆われて炭化材が遺存する遺構は、道東の後期1にしばしば見られることが明らかになっている。中でも根室市穂香川右岸JM-2は、環状に堆積した人為層の下から格子状の炭化木組が発見された点で来運1のFHに最も似ているが、この遺構では人為層の下から径10cm未満のほぼ垂直な杭穴が多く見つかっており、

環状の人為層が屋根の葺土であるという想定と整合しない。ここで想起されるのはかつて横浜市荒立台上貝塚で発見された、後期1の特殊な遺構（酒詰・芹沢 1938）である。楕円形の輪郭の周縁に幅1mほどの「灰床」（焼土化した人為層と考えられる）がめぐり、そこに横たえた木材の痕跡と思われる放射方向の切れ目と、無数の細い丸木を立てた痕が認められたという。

　近年の道東の事例も、平面上に木材を組んで柴や土で充填した環状のベンチ様のものが焼失したと考えると一応説明できる。つまり倒壊した屋根とされている構造ははじめから地上にあった可能性もあると思われ、したがってこれらを建物とみなすこと自体にも疑問の余地がなくはない。道央では、環状の「掘上土」の頂部から床面まで20cmほどしかなかったとみられる札幌市C143の「第1号竪穴住居跡」（後期2はじめ）がこの種の遺構の類例となる可能性がある。明瞭な柱穴のない平地式の遺構として、ほかに恵庭市ユカンボシE8の「焼土遺構」（後期3）がある。5×4.3mの楕円形の範囲に広がる焼土の下から「ヨシ状のもの」に覆われるようにして放射状の炭化材群が検出されたもので、焼土と炭化材は中央部で不連続となるが、環状というわけではない。

　後期2の古い部分の平地式建物としては、函館市石倉貝塚の「掘立柱建物跡」群が著名で、いずれも4本の柱穴が正・長方形に配列する。森町鷲ノ木4では底径数十cm、深さ1mを超え断面に径3～40cmの柱痕のある土坑3対6基がほぼ南北方向の軸に対称に配列する、「掘立柱建物跡」（対称軸方向の径6.8m、後期2）が発見された。柱痕の太さと根入れ深からみて高床のある建物の可能性があり、柱痕は建物の中央と思われる側に向かって弱い内転びを見せている。木古内町新道4のB地区で31基が発見された、「グライ層をもつピット」群（底面に柱痕とみられる還元層を伴う、後期2）もほぼ同様なものとみられる。報告では数基が環状・弧状をなすとされたが多角形に配列すると解したほうがよさそうで、概ね同じ位置に建て替えたことを思わせる重複が見られる。

　「平地住居跡」とされる千歳市梅川4A地区のVH-1・2（後期3か）は、すでに述べた浅い竪穴式建物とみたほうがよいように思われる。またやはり平地式の建物とされている函館市（旧南茅部町）磨光Bの「アスファルト加工工房址」SB-1（後期3後半）ほかの遺構群は、柱穴と断定できるほど深い掘方の穴を含まず建物としての構造はつかみがたい。

後期4の平地式建物とみられるものは、千歳市キウス4の「盛土遺構」に挟まれた削平箇所で柱穴4基がほぼ方形に配列する遺構が多数発見され、柱間5m以上に達するものがある。周堤墓群に伴う祭祀的な性格のものである可能性が高く、類似の遺構は千歳市末広遺跡（柱穴列1～3）など、やはり周堤墓のある遺跡で知られている。

竪穴式建物の少ない晩期には当然多くの平地式建物の存在が予想されるが、遺構の実例は少ない。千歳市美々3のH-7・8（晩期3）は、4基の柱穴が長径ほぼ2mの長方形を呈するものである。

第3章　北海道の生活・生業施設のまとめ

第1節　生活・生業施設に関する諸問題

道内南西部を中心に、前期3から中期の竪穴式建物では炉や入口、あるいはそれに接して存在する施設に多くの変異が見られ、生業・生活遺構の多様性をめぐる問題の中でも1つの焦点をなしていることを紹介した。それらの屋内施設の変遷をある程度統一的に理解することは可能だろうか。

円筒土器下層式dの後半になると、ハマナス野では竪17・29・44・72・107・111・113など床面中央に2つかそれ以上の掘込みがあって、うち1つが炉と報告されている事例が多い。このセットが前期終末頃には同遺跡の竪27・63・71のように床面の端に近づき、ついには竪102・103のように床面の一端に達するものと考えられる。竪102・103では2つの掘込みのうち壁に近いほうに凝灰岩質の砂が厚く堆積しており、これは前期3の大部分の期間を通じて床面の中央を占めていた砂の堆積に相当すると考えられる。そして中期1の「日ノ浜式住居址」でいわゆる五角形の頂点付近を占める穴がこれに対応することも疑いなく、それは柱穴ではないという指摘（阿部 1995）が正しいとみてよい。

またハマナス野竪103の砂が溜まっていなかったほうの穴には、縁が土手状に高まる特徴が見られる。これはより年代の古い竪44・72・107・111などの床面中央に存在した穴の一部にも認められる特徴で、竪107・111では焼土の存在からそれが炉であると報告されている。つまり土手状の構造は炉縁の

機能を果たしたと解されるわけだが、この特徴は一方で中期1の遺構に見られる「中央ピット」に継承されている（陣川町竪47、権現台場2次竪12、臼尻BのHP-97、豊原4のH-91・97など）。こうした対比が正しければ、中期1建物の床面中央に見られる炉は前期3のそれとは何か別のものであり、前期3建物の中央を占めていた砂の堆積と炉とが中期初頭までに床面の端に退いて、中期の新しい炉に場所を譲ったことになる。そして先に紹介したとおり前期3の中でも炉は砂の堆積より遅れて出現することから言えば、後出の施設ほど床面中央に近く、先行の施設ほど床の端近くに位置するという関係が見られるのであるが、これに類する現象が道南ではその後も起こっているらしい。

　中期1に少数現れた埋甕炉ははじめ床面中央付近に位置しているが、中期2後半の古い部分とみられる豊原4のH-23・30・32などでは地床炉と埋甕炉が並存するようになる。その際埋甕炉は例外なく偏った位置にあって床面中央を地床炉に明け渡し、その埋甕炉よりさらに床の端に近い位置に中期前半から継承される「中央ピット」がある。これよりやや年代が降るとみられる大船Cの遺構群では、埋甕炉・「中央ピット」ともさらに壁面に近づき、H-1の埋甕炉では13個体？にのぼる土器が切り合っていた。これをいわゆる建替えに伴って炉が更新された結果としてのみ理解することは困難で、また周囲の焼土化は弱く恒常的に火を焚いていたとは考えにくい。つまり土器を埋めて火を焚く行為は儀礼化してしまっており、日常の主たる炉はこれと別に、何の痕跡も残っていない竪穴の中央付近に、例えば木製の箱のようなものに灰を入れ、遺構床面の焼土化を起こさない形式で存在したのではないかと思われる。

　さきに紹介したとおり中期3になって突然普及する大型の石囲炉が方形を呈し、しばしばその炉床に礫や土器片を敷きつめることは、それらが中期2末に存在した箱状の炉を原型にしていることを仮定すると説明できるのではなかろうか。その仮定上の炉は、豊原4の段階で竪穴中央に見られた地床炉よりも新しく、それを追いやる形で建物の中央を占めたと考えられるから、大船C中期2の遺構で床の偏った位置に見られる地床炉（H-20）や小型の石囲炉（H-23・54・67）は、大型の方形石囲炉とは別系統のものと考えたほうがよい。例えば臼尻BのHP-50（中期3）では、方形石囲炉と別に床面の端に半円形に礫を並べて囲んだ箇所があり、これが中期2の石囲炉に対比される可能性を示している。

そして普及の時点ですでに相当偏った位置にあって、奇妙に装飾性の強い（例えば森町御幸町竪16など）この方形石囲炉もまた、日常の炉としての地位をほかに譲っていた可能性がある。かつて林謙作（1996b）は登別市千歳6の中期3の竪穴式建物で石囲炉とは別に、床面の幅が最大となる付近に地床炉が設けられることに注目し「併設炉」と名付けた。道南の中期3では、松前町白坂第6地点竪1や茂尻CのHP-11など少数の例を除いて明瞭な「併設炉」を確認することはできないが、阿部千春（1998）は、大船C中期3の竪穴で同様な位置に儀礼的な性格の「中央ピット」（中期1・2のそれとは別のものなので紛らわしいが）が見られることを指摘している。こうした施設の真上—あるいは道央の建物でベンチが回っているような高さかも知れない—に日常生活の床があって、そこに主たる炉が存在した可能性を一応考えてよいのではなかろうか。

　一方、中期2後半にあれほど普及した埋甕炉は中期3には全くと言ってよいほど残存しない。より新しい系統を構成する地床炉や小型の石囲炉などとともに、壁際まで追い詰められたかつての「中央ピット」に習合してしまうものと考えられ、前期3の砂の堆積や炉に始まって何系統かの施設の記憶が集積したこの掘込みは、実際に「祭祀施設」（阿部1998）と呼ぶにふさわしい存在になっていったとみられる。

　すでに紹介したとおり、前期終末の竪穴式建物では出入口の遺構と思われるものが見つかっており、中期3に至るまでその位置は大きく変わっていないと考えられる。それによるとここで推定したような道南前期3～中期3の竪穴床面の施設の交代現象は、出入口から見て専ら建物の奥へと古い系統の施設が退く形で生じていることがわかる。逆に言うと、新しく登場した炉が常に建物の出入口に近い位置にあることは何を意味しているだろうか。一種の比喩として言うなら、新しい系統の炉は建物の中心を占めてはいるが、要するに後になって外から入ってきた存在であり、特に中期2の後半以降になると—あくまでそれが筆者の想像するように実在したとしてだが—竪穴の床面という大地の懐に接することを容易には許されない。それはちょうど、家長の地位を占めてはいるが元来集落の外から婚入していて、本質的にはその土地に関する権利を持つとみなされていない男性の存在に相当するものではないだろうか。

ここで詳しく述べる余裕はないが、古代において血縁の認識が近代より厳格であり、婚姻は原則として血縁のない個人の間で、したがって複数の血族の間でのみ認められた一方、その婚姻から生まれた個々の人物は父母どちらかの血族への帰属を明確にする傾向が強かったこと、そしてこの血縁に対する認識が、しばしば火の継承と区別という形式で表現されたことを筆者個人はあまり疑っていない。簡単に言えば、夫婦は同じ火を通したものを食べることが許されなかった、たとえ常時そうではなくても出産などの重大な機会に際してそのような規定が顕在化した、ということである。1つの竪穴式建物が普通想像されているとおり「家族」の同居する場所であったとすれば、その中に複数の炉が区別されている状態は、概ねそうした夫婦別火習俗の所産として理解されるだろう。要するに筆者は、竪穴式建物の炉や入口を根拠として、前期末〜中期の道南では妻方居住の外婚が継続したことを推定できると考えているのである。逆に言えば、原則として1つの竪穴式建物に単一の炉しか現れない草創期から早期3までは、こうした血族の概念が未発達であったか、夫婦が同居する傾向が希薄であったかのどちらかで、炉が顕在的でない前期の大部分が新旧の状態の過渡期なのであろうと推測される。

　ここで注意しなければならないが、単に妻方居住の外婚が継続しているだけであれば、生まれた子供は母方の血統と火の系統を継承し、女性ならその火が自分の世代の住居奥側の炉、男性なら入口側の炉に移されるだけで、炉は2つ以上に増加することはない。しかしすでに述べたように、時折第三の系統の火が現れては主たる炉の交代を引き起こしているように筆者には見える。このような炉の交代は、それまでその地域にいなかった新しい血族が登場し、先行の血族の一部を排除して外婚関係の主体となったことを意味するのではないか？

　阿部千春（1998）は、中期2後半竪穴奥壁の「祭祀施設」を囲む土手状の「マウンドと床面の間に炉から続く炭化物が検出されることから、炉に火を入れてから祭祀施設を作っていたことが窺える」とするが、この炭化物を残した火がその後の炉の火と同じものであるという証拠はない。まず先住の血族が火を使って儀礼を執行したあと、改めて炉を切って新しい系統の火が移され、その際火の系統の混淆を防ぐ目的で土器が埋設されたのではないかと筆者は想像する。我々が円筒土器文化の波及とか、大木系土器の拡散とかの言葉で表現し

ている伝播現象は、ことによるとこうした婚姻や領域占有という血族単位の権利の争奪を通じて生起しているのではないかという1つの解釈を、炉とその関連施設の変遷が我々に示唆していると言えば言い過ぎだろうか。

　道内の縄文焼失建物を集成してその多くが意図的な放火によるものであり、多分に儀礼的な行為であることを結論した大島直行（1994）の研究では、中期に入ると竪穴式建物全体の中で焼失した遺構の比率が有意に上昇すること、特に中期後半にその増加が顕著であることが指摘されている。焼失した竪穴式建物の増加はここで言う火の系統の交代が顕著になる時期に概ね重なるが、それは偶然だろうか。この本の主題を逸脱するのでこれ以上論じることはしないが、火の系統が複雑に区別される時代には、しばしば居住者の逝去とともに継承者のいない火が生じたであろう。そのとき火の系統を自終させる方法として、最後に燃えていた炉の火で家を焼くことが行われたのではないかと、筆者は想像している。

第2節　生活・生業施設のまとめ

　筆者の力不足により非常に限られた対象のみの紹介となってしまったにもかかわらず、早期以前と前期以降では北海道の生活・生業施設の資料のあり方に大きな変化があることを読者は感じられたことと思う。遺構の数量や多様性の点で南西部に著しい偏りが見られる前期末〜中期の状況を、全国的にも珍しいほど充実した資料が北東部にも見られる早期縄文に比較すると、到底同じ北海道という島のこととは思えないほどである。

　この現象を説明することが北海道、あるいは東日本の縄文考古学の大きな課題の1つであることは間違いない。ここで述べた私案も、この問題の解決に寄与することを意図したものであることを御理解いただければ幸いである。

引用・参考文献
阿部千春 1995「Ⅵ　まとめ　2．住居」『ハマナス野遺跡 vol. XV』
阿部千春 1998「Ⅵ　まとめ　1．遺跡」『大船C遺跡』
今村啓爾 1985「縄文早期の竪穴住居址にみられる方形の掘り込みについて」『古代』80
上屋真一 1992「出入口構造のある住居址について」『ユカンボシE3遺跡A地点・ユ

カンボシE8遺跡B地点』
大島直行 1994「縄文時代の火災住居―北海道を中心として―」『考古学雑誌』80―1
大島秀俊 1998「第2章第3節　1）二列並列焼土」『千歳市オサツ16遺跡(3)』
大場利夫・明石博志 1968『浦幌町平和遺跡』第1集
小笠原忠久 1982「ハマナス野遺跡」『縄文文化の研究』8
帯広市教育委員会 2006『帯広・大正遺跡群2』
北沢　実 1999「縄文早期平底土器群の様相」『日本考古学協会1999年度釧路大会シンポジウム　海峡と北の考古学』資料集Ⅰ
小杉　康 2009「北海道の縄文集落と地域社会」『縄文集落の多様性Ⅰ　集落の変遷と地域性』
酒詰仲男・芹沢長介 1938「横浜市鶴見区荒立台上貝塚に於ける住居址の発掘」『考古学雑誌』28―1
末光正卓 2002「Ⅷ　まとめ　3．遺構で確認された砂について」『白老町虎杖浜2遺跡（2）』
瀬川拓郎 1982「千歳6遺跡における竪穴の構造と集落の変遷」『札内台地の縄文時代集落址』
高橋正勝 1974「日ノ浜型住居址」『北海道考古学』10
田中哲郎 1999「Ⅵ　まとめ　1．遺構」『函館市中野B遺跡(Ⅳ)』
坪井睦美 1998「Ⅵ　まとめ　2．遺物　1）土器」『大船C遺跡』
坪井睦美 2004「Ⅳ　考察　1．堂林式併行期の竪穴住居と出土土器」『垣ノ島A遺跡』
中野拓大 2008「早期無文土器」『総覧縄文土器』
西脇対名夫 2006「炉のない住居」『ムラと地域の考古学』
林　謙作 1996a「縄紋時代史29．集落を構成する施設(1)住居」『季刊考古学』55
林　謙作 1996b「縄紋時代史30．集落を構成する施設(2)住居（承前）」『季刊考古学』56
林　謙作 1997「縄紋時代史33．定住集落の成立と普及(3)」『季刊考古学』61
林　謙作 1998「縄紋時代史34．定住集落の成立と普及(4)」『季刊考古学』63
古屋敷則雄 1991「戸井町浜町A遺跡検出の円筒下層d式期の住居」『南北海道考古学情報』3
松岡達郎 1979「Ⅳ　遺構　(1)臼尻B遺跡における遺構について」『臼尻B遺跡発掘調査報告』
宮本長二郎 1984「縄文時代の竪穴住居―北海道地方の場合―」『季刊考古学』7
宮本長二郎 1987「新道4遺跡C地区1・2号住居の復元」『木古内町建川2・新道

4遺跡』
宮本長二郎 1988「さまざまな家」『古代史復元2　縄文人の生活と文化』
宮本長二郎 1996『日本原始古代の住居建築』
宮本長二郎 2006「縄文時代前期土葺竪穴住居の復元―森町森川3遺跡―」『森町森川
　3遺跡(2)』
村本周三 2007「北海道先史時代の火災住居跡集成」『セツルメント研究』6
村本周三 2009「北海道における縄文時代中・後期の「平地住居跡」とその暦年代」『考
　古学研究』56―2
森田知忠 1972「精進川遺跡」『北海道南茅部町の先史』
山内清男 1969「縄紋草創期の諸問題」『MUSEUM』224
山原敏朗 2005「テンネル・暁式土器群を有する石器文化の理解と展開をめぐる一理解」
　『考古論集　川越哲志先生退官記念論文集』1
渡瀬荘三郎 1886「札幌近傍ピット其他古跡ノ事」『人類学会報告』1

Ⅱ 東北地方北部の縄文集落の生活と生業

金 子 昭 彦

第1章 東北地方北部の生活・生業施設の研究の現状

　当該地方では、住居などの生活施設と落し穴ではやっと集成段階、その他の生業・生産施設では、1990年代以後本格的に始まったこともあって未だ資料蓄積段階にあると言える。ただし、ロング・ハウスと複式炉だけは研究が盛んである。また、岩手県では1970年代の終わりに魞と水場遺構（盛岡市薪内遺跡）、粘土採掘跡（小林1977）など、全国に先駆けた施設の発見があったのにも関わらず研究の進展につながらなかった。『青森県埋蔵文化財調査研究センター研究紀要』第6号（2000）や『岩手考古学』第20号（2009）など、青森、岩手県では定期的に動向がまとめられるのに対し、秋田県では少ない。

　紙幅の関係で貝塚や住居内施設はほとんど取り上げることはできなかった。貝塚については、福田（2007）、岩手県教育委員会（1998）、冨樫（1985）などを参照いただきたいが、他に、青森県東北町東道ノ上(3)遺跡（前期中葉）、岩手県大船渡市宮野貝塚（前期中葉）、長谷堂貝塚（中期中〜後葉）、大洞貝塚（晩期後葉）などの近年の調査例がある。住居内壁際や遺構外の小穴から石器製作時の剥片が集中して発見されることが中期末を中心に一般的にあるが（阿部2003）、岩手県以外では青森市小牧野遺跡例しか見つけられなかったので本稿では割愛した。生業・生産施設については、例えば漆やアスファルトをいれた土器の発見例は多いが、施設（遺構）として確認できないので取り上げられなかった。青森県ではベンガラ生産（児玉2002）、秋田県ではアスファルトの涌出地が取り上げられているが（小笠原ほか1999）、これについても同様である。触れ得なかった分野についても参考文献に記したので参照いただきたい。ただし、新しい文献の参考文献から辿ることができる古い文献は最低限にとどめた。

第2章　東北地方北部の生活・生業施設の変遷

第1節　草創期〜早期の生活・生業施設

草創期　青森県では、前半の土器が外ヶ浜町大平山元Ⅰ遺跡や六ヶ所村表舘(1)遺跡などで出土しているが、遺構が確認されるのは、岩手、秋田県と同様、後半になってからである。階上町滝端遺跡で、竪穴状遺構1基、集石遺構1基が検出され（図1上）、遺構検出層から爪形文土器が出土した。竪穴状遺構は、約2.1×1.9mの不整楕円形、床面はほぼ平らだが軟弱である。覆土中から石斧が出土。集石遺構は、竪穴状遺構から約12m離れ、直径約1.3mの円形と推測される深さ約20cmの掘り込みの中から、ほとんどが赤く焼けた礫が出土した。八戸市櫛引遺跡は、多縄文系土器の集落で、住居2軒、「集礫」1基、土坑6基が検出された。より明瞭な第1号住居は、約6×5.5mの不整円形で、深さ85〜1cm、床は、堆積土自体が硬いため特別な違いはなく不明瞭だが、ほぼ平らである（図1下）。約3m離れて検出された「集礫」は、集石遺構と同じか。住居周囲10mの範囲に検出された土坑は、墓の可能性が高いとされる。

　岩手県でも、二戸市コアスカ館遺跡、岩泉町竜泉洞新洞遺跡（洞穴）、盛岡市大新町遺跡など盛岡市〜滝沢村の複数遺跡で爪形文土器が出土しているが、遺構の検出はまだない。軽米町馬場野Ⅱ遺跡では押圧縄文期の土坑が1基検出され、約1.8×1.6mの不整円形、深さ10cm前後の浅皿状で、炭化物粒や土器、調整痕のある小フレイクなどが出土した。花巻市上台Ⅰ遺跡で、草創期末（無文土器）の住居5軒、土坑1基が検出された。現在市街地となっている沖積面に接する低位段丘下位面の縁辺部に立地し、住居4軒は東西に並んで分布し、住居間が3.5〜1mと狭いことから、建て替えを含めた時期差が想定されている。比較的明瞭な住居は、6.2×5.3〜3.7×3.4mの不整円形で、深さ80〜60cm、他の例と同様柱穴は確認されていない。明瞭に当該期と確認された土坑RD07は、住居から約10m離れ、櫛引遺跡のあり方に似ることから墓の可能性が高いか。

　秋田県では、横手市岩瀬遺跡で、爪形文期の集石遺構や石器石材集積遺構や石器製作を行ったと推測された竪穴状遺構などが検出されている。

早期　早期以後の集落は、細別時期による多寡はあるが、それほど珍しい

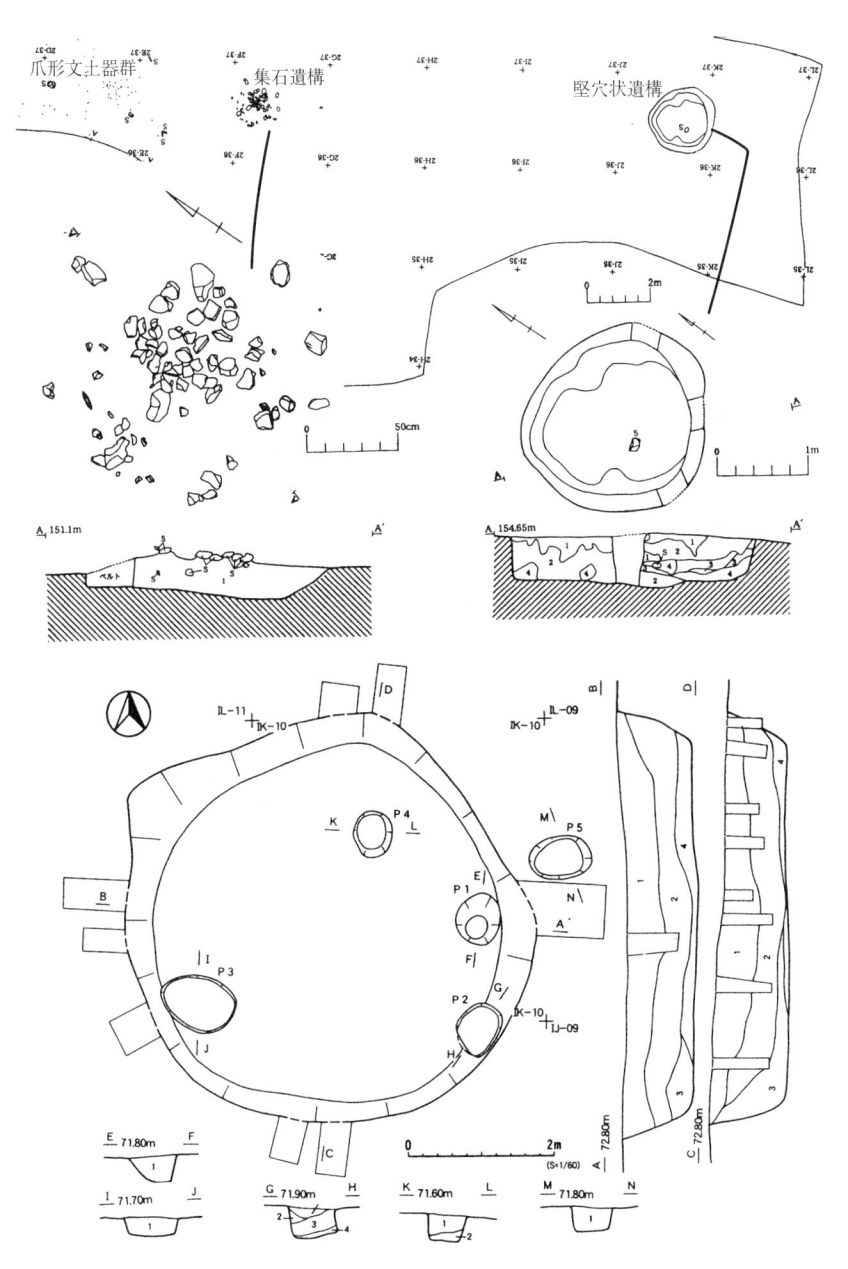

図1 青森県滝端遺跡の竪穴と集石（上）・櫛引遺跡の住居（下）

存在でなくなるので（ただし秋田県の早～前期集落の調査例は少ない）、住居などの生活施設については、特別なものや新出の特徴の紹介に限る。早期は、前葉（押型文土器）、中葉（貝殻文土器）、後葉（縄文系土器）に分けて見ていく。

前葉は集落が増えるだけで草創期から大きな変化はないが、中葉には、大型住居と屋内炉の出現という画期が認められる。大型住居には2種類あり、青森県の一部では"ロング・ハウス"と"ラージ・ハウス"に使い分けているようだが、両方とも、この時期に出現するらしい。青森県おいらせ町中野平遺跡で、白浜式期の"ロング・ハウス"が検出されている。第105号住居がそれで、約13.5×4.5mの丸みを帯びた長方形で床面積48㎡、深さ20㎝程度である。通常規模の住居と重複するので不明瞭な部分があるが、炉や焼土は検出されず、24個の柱穴が検出され、床中央長軸方向に大きめのピットが6個（以上）並び、その他は主として壁際にある。同時期の住居が他に11軒検出されているが、床面積はマチマチで、5㎡から大型住居の48㎡まで連続的で、36㎡というのもあり、大型住居といっても視覚的に大きな断絶はない。平面形も、丸みが強いものもあるが概して方形基調で、長さが際立つだけである。

岩手県二戸市長瀬B遺跡Bi03住居は、約9.6×7.3m隅丸長方形の寺の沢式期のラージ・ハウスである。深さ60～70㎝、炉はなく床は硬緻で、覆土には南部浮石層がレンズ状に堆積する。18個（以上）の柱穴は壁に平行して比較的整然と並ぶが、2つの組み合わせが想定されている（建て替えか？）。南西壁付近に約95×78㎝隅丸長方形、深さ約22㎝の「貯蔵穴状のピット」が検出されたが、柱穴のライン上に載っている。住居の周りに「周堤状の黄褐色土の僅かな高まり」がみられ、上面に柱穴状土坑が不規則に分布していた。4m前後の通常規模の住居が4軒見られ、こちらの平面形は丸みが強いが、やはり視覚的に大きな断絶は認められない。周囲に掘り方を持つ焼土が検出され、炉とみられる。

秋田県大館市根下戸道下遺跡でも、ほぼ同じ時期のラージ・ハウス（約7.5×6.5m隅丸方形、床面積約34㎡、主柱穴6＋壁柱穴の整然とした構造、西角壁下に硬く締まった高まりと柱穴状土坑があり出入口と想定）が検出され、こちらは灰床炉（囲炉裏状の方形の掘り込み）を伴う（図2上）。岩手県二戸市馬立I遺跡は、中葉後半蛍沢A2式期ころの住居が14軒も検出された、当時としては珍しい

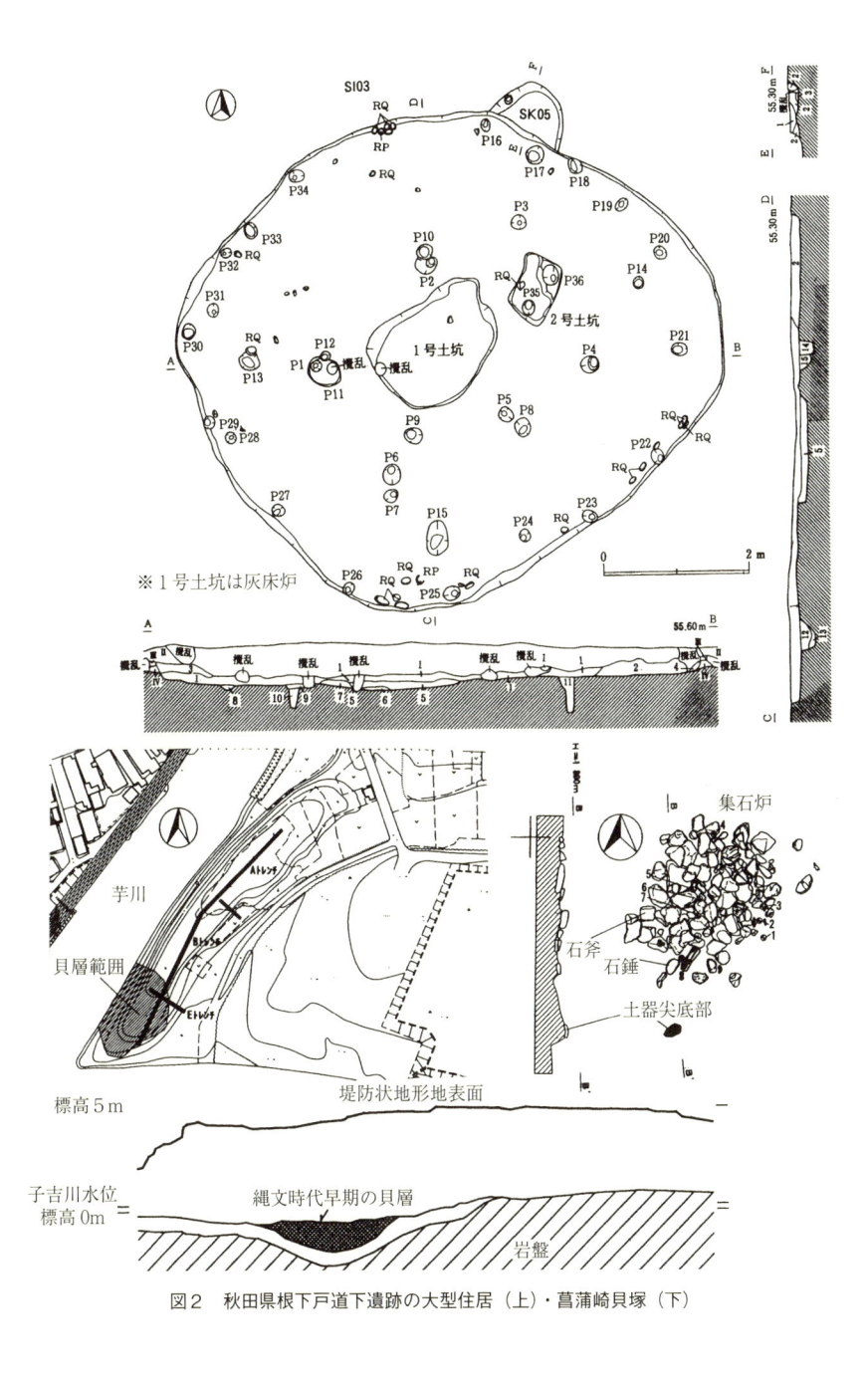

図2 秋田県根下戸道下遺跡の大型住居（上）・菖蒲崎貝塚（下）

大集落であるが、ほとんどの住居に地床炉が見られる。

青森県東通村下田代納屋B遺跡では、中葉後半吹切沢式期の住居3軒いずれにも灰床炉が認められたが、同時に屋外炉（掘り方を持つ焼土）も4基検出され、この時期はまだ両方使われていた可能性が高い。大型住居を除いては、屋内炉が出現して以後も炉を持たない住居は多く、通常住居で炉を持つのが一般的になるのは前期後半、なかでも前期末以降である。早期後葉になると地床炉が増え、前期には灰床炉は残らないようである。

洞穴の利用は草創期からだが、岩手県では早期後葉になると生活痕跡が明瞭になり（三浦 2007）、住田町小松洞穴遺跡などで地床炉が検出された。

早期で大事なことの一つは貝塚の出現で、関東地方より大幅に遅れるが、ほぼ全国的な傾向と同じ後葉になってからである。ただし、太平洋側の小川原湖〜八戸市周辺に著しく集中し、日本海側では今のところ秋田県の子吉川河口に限られるようで、岩手県では前期前葉以降、青森県の日本海側では前期中葉以降となるようだ。青森県三沢市早稲田貝塚第一貝層（ハマグリ主体）がムシリⅠ式期で最古となる。近年の調査例では赤御堂式期の秋田県由利本荘市菖蒲崎貝塚がある（図2下）。「河川堆積物に厚く覆われた標高0m以下にある低湿地性の貝塚」であり、自然堤防南端の岩盤の窪みに形成され、ヤマトシジミを主体とする汽水性貝塚で、動植物の遺存体が豊富に残り（大型植物化石ではオニグルミ、クリの食物残滓と考えられる破片が多く、魚骨ではフナ属とボラ科が多い）、貝層の推定面積は800㎡以上と広い。Aトレンチ中央部ではほぼ同じ時期の集石炉が検出されて食物加工の作業場と推測され、また人骨も出土している。

貯蔵穴と特定できる土坑はほとんどないが、断面形がフラスコ形を呈するものはその可能性が高いと言えよう。断面形がフラスコ形で時期も特定できる中で最古は、岩手県北上市石曽根遺跡6F-1土坑の早期後葉例だろうか。開口部径約1.5mの略円形、底部径約1.2m、深さ約1.5mで、底中央部が緩く窪み硬く締まり、底面直上から赤御堂式の比較的残りの良い土器が出土している。青森県青森市蛍沢遺跡で検出された、浅いがやや袋状を呈して副穴を持つものも貯蔵穴だとしたら、早期中葉まで遡ることになる。

落し穴の特定も難しく、その性格から時期の特定はさらに難しい。幸い、当該地方ではいずれも十和田カルデラ起源の南部浮石（早期中葉）、中掫浮石（前期

中葉)が比較的広範囲に認められる。青森県八戸市鵜窪遺跡では、覆土最上部に中掫浮石がレンズ状に(平面では円形に)堆積しており、前期中葉より遡ることは確実である。この種の平面形が直径1.5〜2.5mの円形で深さ1〜1.5m、断面形逆台状を呈し、底にしばしば小穴を伴う土坑は、一般的に落し穴と考えられており、中掫浮石より下層にしばしば検出される。しかし、南部浮石に覆われたものはないようであり、また明らかにその下から検出されたものもないようである。岩手県二戸市大久保遺跡では、南部浮石層堆積前に構築されたものがあるとまとめに書かれているが、個々の記載を読む限り二次堆積でないという確信は持てない。石曽根遺跡では、9H-1落し穴状遺構の覆土下部から出土した炭化物を放射性炭素年代にかけたところ6,090±130y.B.Pの年代が得られ、早期末と考えている。石曽根遺跡では、重複関係から、この円形より古い楕円形の落し穴が検出され、もう少し遡る可能性がある。確かに、奥州市休場遺跡で早期後葉とされた1〜3号落し穴もこのタイプで、少なくとも岩手県南部では楕円形の落し穴が最古となる可能性が高いが、このタイプは中世まで断続的に見られるので検討が難しい。

第2節　前期〜中期の生活・生業施設

　前期以降は施設の種類が増え時系列だと煩雑になるので、種類ごとに示す。

　住　居　大きな変化が認められる時期である(次章参照)。岩手県一戸町御所野遺跡では、焼失住居の綿密な調査記録を元に土屋根を復元した(高田ほか1998)。図3に掲げたように、天窓を持つと想定した復元住居の焼失実験結果と見事に符合している。また、岩手県普代村力持遺跡の中期前葉(大木7b式期)中型住居(長軸6m強のBⅡv24-1号住居)では2m以上の深さがある。

　掘立柱建物　居住施設とは限らないが、その初現を確認しておく。遺物を通常伴わないので時期を特定するのが難しいが、岩手県軽米町大日向Ⅱ遺跡で、重複関係から前期中葉の可能性がある掘立柱建物が検出されている(QⅢ33)。6本柱で長方形の長辺が張り出す形(六角形)である。前期の掘立柱建物は、秋田県大館市池内遺跡でも検出されており、前期後半円筒下層式期には出現していたらしい。掘立柱建物は、住居と併存し居住施設とは考えにくい場合が多いが、秋田県大曲市太田遺跡の中期後葉〜後期初頭例のように炉(焼土)を伴

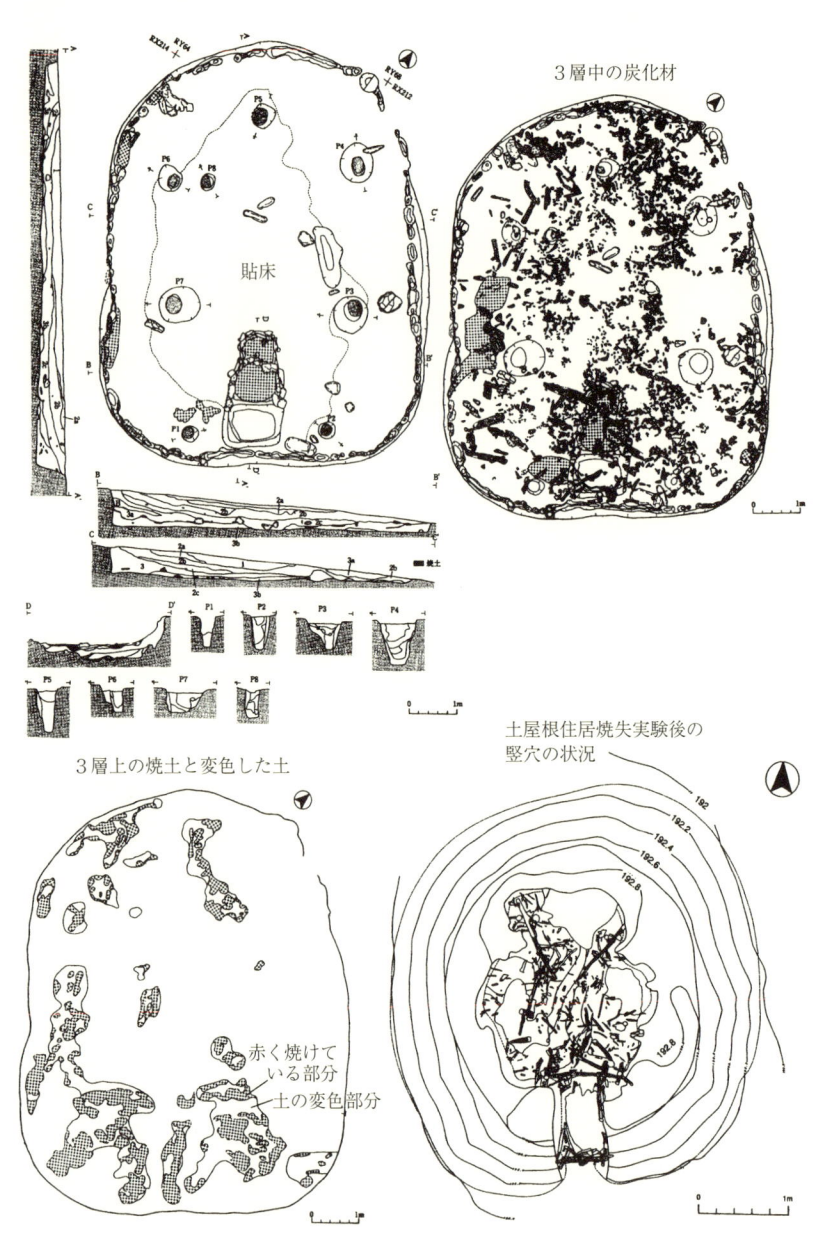

56 Ⅱ 東北地方北部の縄文集落の生活と生業

図3 岩手県御所野遺跡の焼失住居

う場合は、その可能性がある。

貯蔵施設　青森県十和田市明戸(あけど)遺跡中期前葉14号住居では、ほぼ全域が焼けた床の上に4〜10cmの厚さで炭化層が堆積し、その中から床面のほぼ全域に多くの炭化種子（クリが最も多く、次いでオニグルミ、そして僅かにトチ）が出土した。倉庫の可能性も指摘するが、屋根裏貯蔵と考えてよいのではないか。第7号住居の炉直上からも僅かなオニグルミ、トチの種子片が出土している。貯蔵とは直接関係ないが、岩手県花巻市高畑(たかばたけ)遺跡の前期末〜中期初頭の炉では、炭化したオニグルミ核片が密集して上下土器片に挟まれて出土した。青森県階上町野場(のば)(5)遺跡の中期後葉（榎林(えのきばやし)式期）のフラスコ形土坑（第11号）の底面から、炭化した大量のトチノミとオニグルミやクリの実の破片が出土した。

道路跡　青森県青森市三内丸山(さんないまるやま)遺跡では、前期と中期の道路跡が確認され、どちらも村の中心部である掘立柱建物群まで延びる。前期後半（円筒下層b式以後）の道路跡は、北の谷に検出され、凹地の底面部東側に谷の堆積物と考えられる土砂を盛り上げ(60cmほどの厚さ)、幅約2mの平坦面を作り出し、土留め用と考えられる杭列を打ち込んでいる（図4）。中期中〜後葉の道路跡は、台地縁の斜面にあり、両側に土壙墓列が見られる。幅7〜10m、掘立柱建物群と接する部分では約15m、約420m延びて掘削を伴い、掘り込みが浅い部分では硬い土を貼り付けて舗装する。この道路に沿った西側でも中期前葉の道路跡が検出されている。七戸町二ツ森(ふたつもり)貝塚でも前〜中期の道路跡がみられ、貝塚に続く尾根上に幅2m弱、長さ約14mの範囲で確認、帯状に浅く窪み低い部分は硬化している。三内丸山遺跡同様、土壙墓群が隣接する。

前期中〜後葉（大木2〜4式）のロング・ハウスが環状配置を示す集落、岩手県遠野市綾織新田(あやおりしんでん)（旧名、新田Ⅱ）遺跡では、斜面を上がって台地上の集落に至る部分で十和田中掫火山灰層上下に2条確認された。上位の道路跡は多数の礫が敷かれている。下位は帯状の浅い窪みで、幅2〜4m、深さ十数cm、長さ30m以上、硬化面は認められなかった。同じく前期中〜後葉（大木4式中心）のロング・ハウスの環状集落、秋田県大仙市上ノ山Ⅱ遺跡の集落南西部、斜面から台地に上がる部分で検出された溝状遺構が、道路跡の可能性があると領塚正浩によって指摘されている（領塚2004）。

水場遺構　青森県青森市岩渡小谷(いわたりこたに)(4)遺跡では、沢に前期中〜後葉（円筒下層

58　Ⅱ　東北地方北部の縄文集落の生活と生業

図4　青森県三内丸山遺跡の道路跡・粘土採掘跡

b〜c式期)の水場関連の多くの遺構が発見された。沢の両側には多くの住居が検出されているが、むしろ廃絶後に主体があり、使用者は隣接した遺跡に求められるようである。沢に検出されたのは、導水状遺構(本流と支流が合流する場所に位置する「出土位置から水の流れを一定にすると思われる木材とこれに平行してほぼ等間隔に打ち込まれた杭跡」)、木組遺構、樹皮範囲・杭跡、板敷遺構、杭跡、クリ果皮片集中範囲、木道である。「導水状遺構によって流水の流れを保持し、木道等により、作業に必要な通路を設け、第1号木組遺構貯水部で水を貯め、下流側の樹皮範囲に水を流している」。「第1号木組遺構は機能を限定されるものではなく、堅果類の水さらし、根茎類の水さらし、木材の水漬け場、洗い場等、水の利用に関わる様々なものに利用された複合施設と考えられる」。野辺地町向田(18)遺跡でも、溝(導水路)、円筒下層d式以前のさらし場状遺構(樹皮を広げ固定したものと扁平な大礫)、段丘斜面にある土坑(階段状の施設?)が検出され、秋田県の池内遺跡でも前期後半と推測される水場遺構(木組遺構)が検出されている。

　三内丸山遺跡に隣接する青森県青森市近野遺跡で、中期後半(円筒上層d式〜大木10式併行期)の「トチの水さらし場遺構」が検出され、木組遺構(支流と本流の合流点にある)とトチノキ種皮片集石遺構からなり、谷の一部を意図的に掘削したと思われる痕跡もある。岩渡小谷(4)遺跡同様清水を利用した多様な用途を推測する。本遺跡の場合は使用時期の出土遺物が比較的多く、凹石などの敲磨器類41点のほか土器も多く、土偶の腕破片も出土した。

　粘土採掘跡　いずれの例も集落内か集落の外れに検出され、全て中期である。三内丸山遺跡では、他の事例と異なり集落内に検出され、それも平坦地である。土壙墓列が造られる場所と重なるが、粘土採掘跡のほうが新しい。中期後半のものが十ヵ所ほど検出されたが、約325㎡と非常に規模の大きいものとその他に分かれ、地点も異なっている(図4)。規模の大きいものは、その他のものの集合体といった様相を示す。個々の穴は、底面直径0.5〜3m、深さ10〜30㎝の円形や楕円形で凹凸が著しく、上層ではほぼ垂直に掘りこまれ、その下にある赤みがかった火山灰では壁が横掘されているため、袋状を呈す。個々の穴(底面の不整形の落ち込み)は、1回分の粘土の採掘量と推測している。

　御所野遺跡では、やや傾斜が強い中腹で中期後半の粘土採掘跡を検出し、採

掘跡から掘り出したと考えられる白色粘土が、時期は特定できないが住居の床面から出土している。盛岡市川目A遺跡で斜面に検出された「土取り穴」も中期後半の粘土採掘坑で、三内丸山遺跡のようにまだ合体していない。7ヵ所に分かれるが、幅6m、長さ12m以上の範囲に見られる。

石器原石採掘跡　秋田県三種町樋向Ⅲ遺跡およびその周囲の遺跡から、石器原石採掘跡が発見された。最も多い樋向Ⅲ遺跡では、採掘跡が5ヵ所検出された。低位段丘上に立地し、不整な溝状、土坑状を呈し、いずれも覆土から石器や剥片、原石が出土している。時期を特定できる遺物はないが、周囲に検出された遺構などから「縄文時代前期～中期の時期と考えられるが、中期に限定される可能性も想定しておきたい」。吉川耕太郎の検討（2010）がある。

攻玉跡　岩手県奥州市大中田遺跡35号土坑から、滑石製装身具の未成品が44点（223g）、原石・チップ類が611g出土している。形の判明するものは、玦状耳飾が多く、次いで玉斧で、管玉、丸玉も僅かにある。埋土上部から出土し土器や石鏃などの石器も出土することから、報告者は本遺構に伴うものではなく、あくまで廃棄されたものと考えるが、後述の岩手県平沢Ⅰ遺跡のあり方などを参考にすれば、周囲に遺棄されたものの二次堆積とすることもできよう。検出に難があり断面形以外は定かでないが、3m以上×2.9mの隅丸方形の竪穴状で、底は平らでなく柱穴状土坑がいくつか検出されている。炉はないが、周囲に検出された焼土が関係するか。覆土は炭化物・焼土ブロックを含む黒褐色土で、未成品が出土した層はやや赤みを帯びる。覆土と出土遺物から前期後葉（大木6式初め?）と推測される。遺跡出土滑石の総量は956gである。石錐や砥石などの加工具は出土しておらず、不定形石器の使用を想定する。

前述の前期中～後葉（大木2～4式期）綾織新田遺跡でも、滑石製玦状耳飾の未成品が出土しており、加工が行われていたようである。両遺跡とも北上山地の滑石産地近くに位置する（高木ほか2005）。しかし、未成品の出土は当該期の拠点的集落では普通に見られ（岩手県雫石町塩ヶ森Ⅰ遺跡、後述の秋田県上ノ山Ⅱ遺跡ほか）、産地近くの遺跡との関係をどう解釈するかが課題である。

第3節　後期～晩期の生活・生業施設

居住施設　青森県青森市上野尻遺跡から後期後葉（十腰内Ⅳ～Ⅴ式期?）の

「環状掘立柱建物跡群」が発見された。他の遺構がほとんどなく、ほぼ掘立柱建物だけで環状を構成し、重複もほぼない。永嶋（2007）は、竪穴の住居がなく、墓も明確でなく、50mほど離れた沢には当該期の捨て場があるので、居住域とするが建物には炉などがないことから季節限定で、周辺に対応する竪穴の住居が存在するとみる。掘立柱建物は、主柱穴4本四角形を基本とし、それに棟持柱2本が付属した六角形の2種類からなり、棟持柱は円周方向にある。岩手県北上市大橋遺跡の晩期中～後葉大洞C1～A式期の盛土では、該期の住居が検出されず、人為堆積層を含む累積層が認められ、内部に炉・焼土・柱穴などの遺構が見られることから、居住関連施設の可能性が窺える（八木 2004）。

区画溝・柵列　岩手県二戸市下村B遺跡で、中期末～後期前葉の住居と配石墓を分ける区画溝らしきものが検出された。秋田県北秋田市白坂遺跡では、台地上の集落と捨て場として利用した沢の間に、溝とこれに併行する柱穴列が検出され、晩期（前葉？）の柵列と考える。秋田市上新城中学校遺跡では、集落内に弧を描いて約185m延びる溝跡が検出され、底に柱穴、壁際に平坦面を持つ石が連続して認められることから柵列とし、晩期大洞A式期とする。

貯蔵穴　壁や底が焼け、底面直上から炭化堅果類が多量に出土する袋状土坑が、青森県八戸市風張(1)遺跡、岩手県八幡平市赤坂田I遺跡、秋田県横手市梨ノ木塚遺跡の集落内で発見された。風張(1)の第330号土坑は後期後半でトチノミ（底から厚さ10cm）、赤坂田IのKIVa5ピットは晩期中葉？（2,670±85yB.P.）でトチノミが75～80ℓ（1.5㎡の底に厚さ5cm）、梨ノ木塚のSK219は晩期（前葉？）でクリ（厚さ10cmで大きな自然石も出土）である。

水場遺構　青森県の小牧野遺跡では、後期前葉十腰内I式期の環状列石から約130m離れた斜面途中の谷で、当該期の「湧水遺構」が検出された。湧水本体と盛土、水路状施設からなり、盛土は湧水本体掘削時の排出土および自然流土で形成されている。完形あるいは復元可能な壺形土器が多く出土した。

秋田県由利本荘市上谷地遺跡で、後期前葉（宮戸Ib～大湯式新期）の「水さらし場遺構」が検出され、溝と木組遺構、砕かれたトチの内殻が大量に出土した。丘陵の斜面下の湧水をもとに斜面を利用する他遺跡と違い「ほぼ平坦な沖積地に溝を掘り込むことによって傾斜を造り、溝の幅等を変えることによって水量調節を行った」と考える。能代市柏子所II遺跡の谷では、後期（前葉）～

晩期に断続的に使用した「水さらし場遺構」が検出された。湧水を利用し、谷筋を掘削・整地したあと木組遺構を構築しているが、SX42、43、44（図5）では年代が異なり、42は後期後葉、43は後期後葉以降（晩期？）、44は後期中〜後葉である。SX42の周囲には木杭が打ち込まれ、縄文土器や凹石が出土した。僅かにトチの種皮も出土するが、隣接する捨て場で大量に出土し、オニグルミの種子の砕片も見られる。水場遺構のすぐ上の平坦面にほぼ同じころの住居が1軒あり、周囲の調査区外に集落が広がっている可能性がある。さらに、遺構が晩期にも存在していたのなら、同じ台地上にあって晩期前葉の墓として有名な柏子所貝塚との関連が推測される。その距離は直線で約800mである。

青森県八戸市是川中居遺跡の集落内の沢から、晩期前葉（大洞B式期）の「水さらし場遺構」が検出され、木組とその上流の杭列からなり、杭列は土留め施設と推測された。木組は「コの字形に組まれ、中に丸太材の足場を持つことから、食料加工・木材貯蔵・石器加工など、多様な水辺の作業遺構と考えられる」。岩手県盛岡市萪内遺跡では、「水くみ場または洗い場（カド）」が検出され、上位段丘から川端に降りた地点に構築された「川の流れに平行して2本の杭をうちこみ、その山側に割材を横たえて埋めた？もの」である。時期は、後期後葉（十腰内V式＝瘤隆盛時）〜晩期前葉（大洞B式）のいずれかとされる。

道路跡　小牧野遺跡で、後期前葉環状列石の北側に台地の尾根沿いを走向する道路状遺構（土壌硬化面）が確認されたが、時期は特定されていない。同じ後期（前〜中葉？）の環状列石、岩手県滝沢村湯舟沢Ⅱ遺跡で、何条もの道路状遺構（帯状硬化面）が、南側の低地から環状列石の石列が一部途切れる南南東にかけて、斜面で等高線に直交して検出され、「墓道」とした。配石遺構を伴う後期後半の秋田県北秋田市漆下遺跡で、川と台地上集落を結ぶ斜面に「石積み階段状道路」が検出され、幅30〜90cm、長さ約16m、高低差5.8mで、階段を構成する石は直径50cm以上の扁平な円礫が1列、踊り場では2列並べられていた。青森県八戸市田面木平遺跡では、後期以降の道路状遺構（硬化面とその下の溝）が湧水から斜面上の集落に至る部分で検出された。萪内遺跡でも、後述する鮫状遺構の開口部付近に、降りるような形で杭が打ち込まれ横木を渡した階段状杭列や土留め用杭列が検出され（図6）、後期後葉〜末に帰属する可能性がある。青森県西目屋村水上遺跡で後期後葉〜晩期初頭の道路跡

63

SX42

SX43

SX42

SX44

水さらし場
遺構全体図

水さらし場遺構
の位置

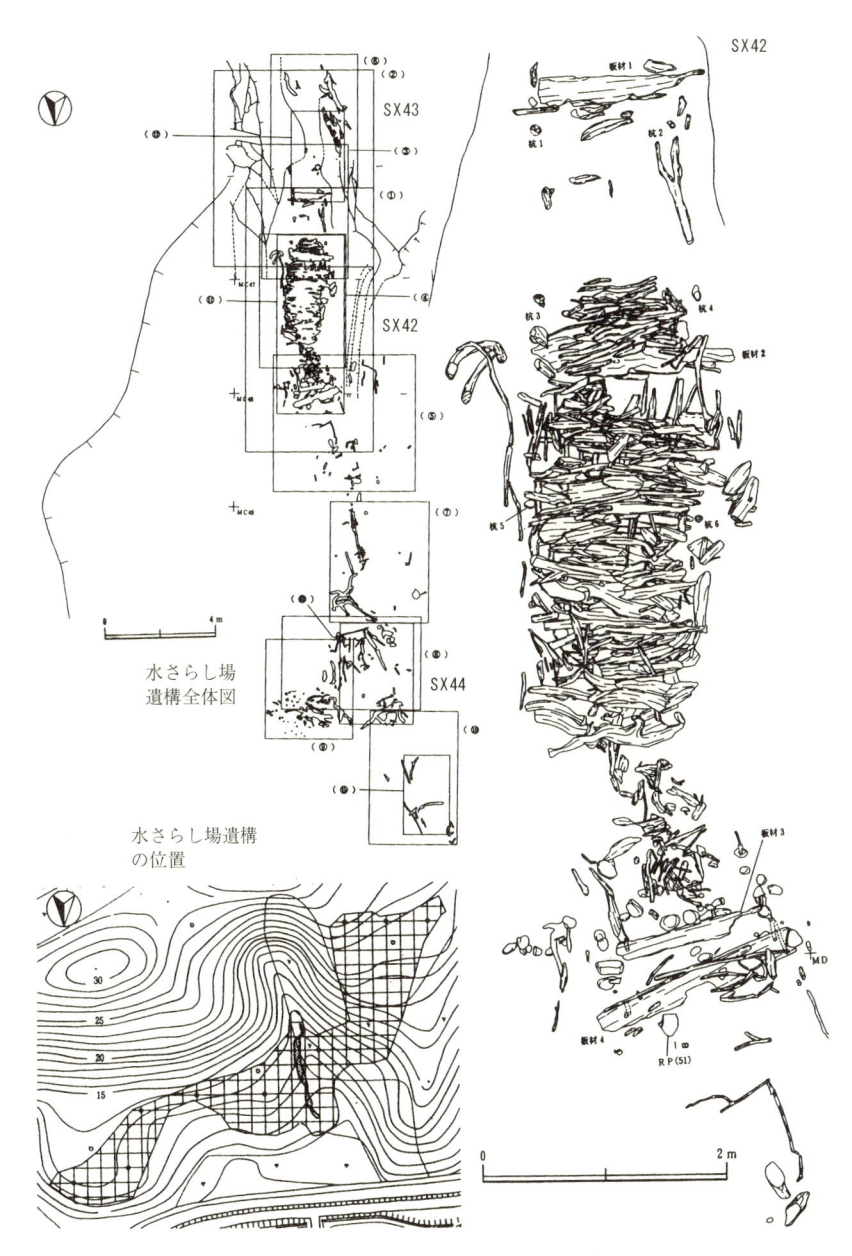

板材1
杭1 杭2
杭3 杭4
板材2
杭5 杭6
板材3
板材4
RP(51)

0   2m

図5　秋田県柏子所Ⅱ遺跡の水さらし場遺構

（硬化面と階段状の掘り方）が集落入口斜面で、弘前市十腰内(1)遺跡でも晩期の道路状遺構（帯状の硬化面と一部硬化下の溝状）が検出されている。

魞　萪内遺跡から魞とされる遺構が検出された（図6）。低位面の旧河道部より発見された木杭列遺構で、魚溜部の形状は約 2.7 × 2 m の楕円形、魚の進入部（魚導部）は上流に向いて扇形～放物線形に開口し、その規模は開口部約 3.7 m、魚溜上流端まで 3.5 m ほどである。杭は、段丘崖からの転石によって北北西側に押し倒され、また流木堆積時に下流に押し倒されて変形している。上部には木製品や流木などがビッシリと堆積し、それらの間から杭上端が顔をのぞかせた形で検出された。立地と付近に縄文人の足跡が発見されたことから用途が推測され、時期を特定する材料はないが、前述の階段状杭列が伴うのなら、遺跡の隆盛期後期後葉～末葉に帰属する可能性があろう。

粘土採掘跡　秋田県大館市家ノ後遺跡で後期後葉～晩期初頭の採掘跡が確認され、中期と同様集落外れの段丘崖斜面に検出された。4基の粘土採掘坑と粘土塊が出土した住居1軒、土坑1基がある。採掘坑の特徴も中期とほぼ同じだが、採掘規模は小さい。報告書後の考察もある（石川ほか 1994）。

攻玉跡　岩手県久慈市平沢Ⅰ遺跡第3号住居の炉内から、コハク玉の未成品（未貫通孔）が1点（1.12g）と原石 0.58g 以上が炉周辺の床面から出土しており、攻玉と考えてよいと思う。後期前葉馬立式期である。青森県つがる市亀ヶ岡遺跡や弘前市十腰内1遺跡では、晩期の攻玉が知られるが（鈴木 2008）、道具（石錐）や未成品の出土にとどまり、施設は未確認のようである。

その他の生産遺跡　土器製塩は、後期末以降、関東、東北地方で盛んに行われた。陸奥湾周辺は、東北地方では仙台湾に次いで製塩土器出土遺跡が多いが、遺構としては、日本海側の青森県五所川原市五十女萢遺跡で灰層に伴って製塩土器が出土した例が唯一のようで、地床炉により小規模な土器製塩が行われていたらしい。なお、製塩土器出土遺跡は三陸海岸北部でも比較的まとまっている（君島 1999）。岩手県一関市浮野遺跡では「僅かな発掘面積や剥片石器の貧弱さに比べ、刀剣形石製品など粘板岩系石器の未製品が卓越」しており（熊谷 2009）、今後の成果が期待される。

65

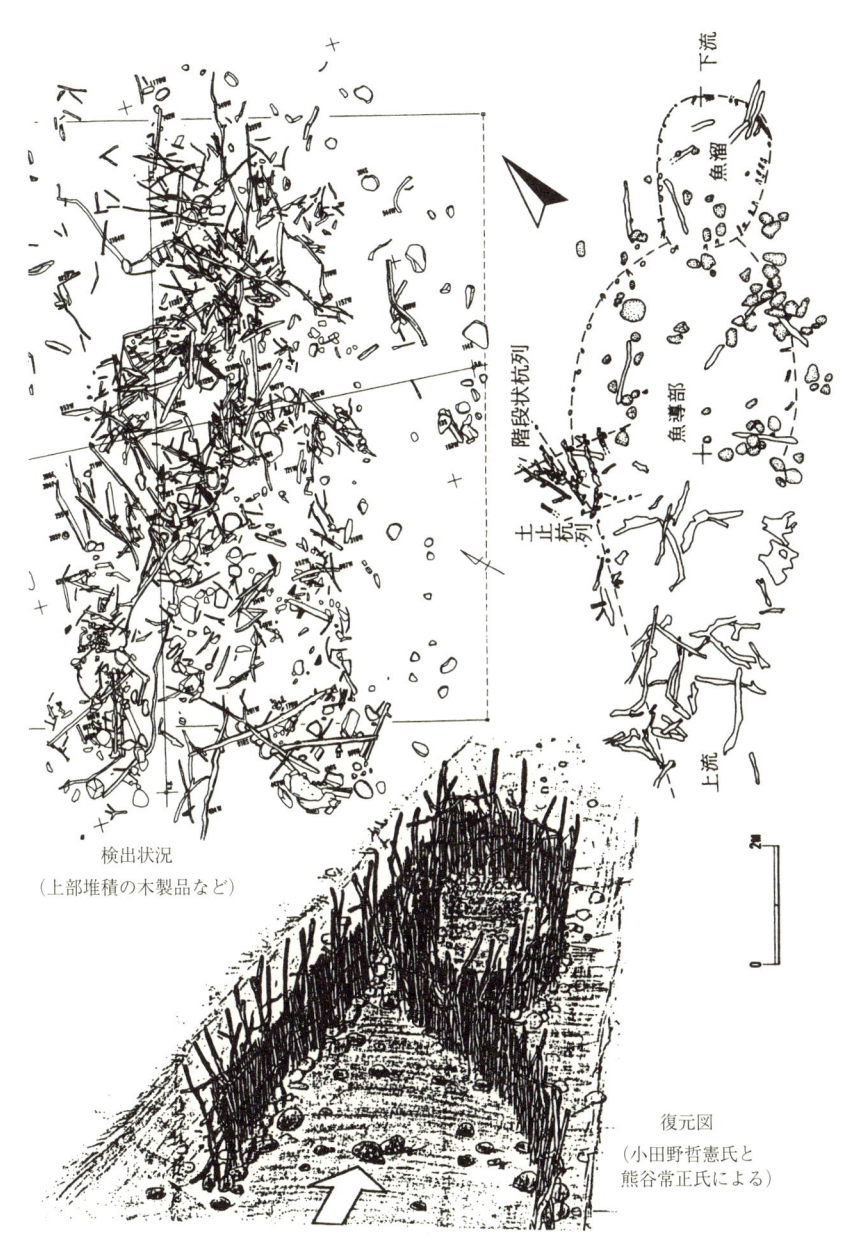

検出状況
(上部堆積の木製品など)

下流

魚溜

階段状杭列

土止杭列

魚捕部

上流

復元図
(小田野哲憲氏と
熊谷常正氏による)

図6　岩手県萪内遺跡の魞

第3章　東北地方北部の生活・生業施設のまとめ

落し穴の変遷　円形が早期後葉〜前期前半まで存続するらしいが、最も多い溝状の消長が掴めていない。中掫浮石（前期中葉）との関係から前期中葉以降に出現し、晩期まで続くと推測されるか。捨て場は、円筒式土器分布圏では前期中葉（下層a式期）、大木式土器分布圏では前期末（6式）以後に形成され、盛土は、中期後半には青森県青森市三内丸山、岩手県一戸町御所野、宮古市崎山貝塚などに認められ、晩期まで存続する。掘立柱建物は、円筒式圏で前期中葉に出現するが、顕著なのは中期後半以後である。盛土、掘立柱建物とも、当該地方では祭祀・葬制に結びつける場合が多いが、より緻密な論証が求められよう。道路跡は、地形の変化点に痕跡が残りやすく発見されやすいようである。

住居の変遷　時期による多寡があり、南部では前期前〜後葉（大木1〜5式期）、全域で中期前葉（円筒上層b、大木7b式前後）が非常に少なく、中期後半は全域で非常に多く、晩期は少ない。通常規模住居の平面形は、当初から円形、方形基調の両方あるが、青森県（円筒式圏）は早期後葉から円形基調が多くなる（中村ほか 1998）。大木式圏は方形基調が多いが（冨樫 1981）、前期末円筒式圏との交流が盛んになったあと円形基調が多くなり、その変化は岩手県盛岡市上八木田Ⅰ遺跡に明白で、変化後の様相は岩手県北上市本郷遺跡に見ることができる。ただし、円形基調とは言っても楕円形が多いが、中期後半複式炉の出現により円形（あるいは多角形）が多くなる。後期になって複式炉が廃れると再び楕円形が多くなるが、後期後葉以降円形の割合が増し後期末以降は円形がほとんどとなり、そのまま弥生時代まで続く。後期中葉までは方形基調のものも確実にあり、岩手県花巻市稲荷神社遺跡ではそれに配石（石井 2003）を伴う住居ばかりが検出された。後期中葉に出入口の流行で若干この部分が凹む場合があるが、4本主柱穴＋壁小穴あるいは周溝という構造が確立され、亀ヶ岡式土器分布圏に席巻する「円形四主柱竪穴住居」（金子 1969）が後期後葉（十腰内Ⅳ式期）に明確に出現する。大型住居では、ラージ・ハウス、ロング・ハウスとも、早期中葉に出現し、ラージ・ハウスはその時々の必要性に応じて弥生時代まで存続するが、後期中葉以降は岩手県北上市八天遺跡に見るように、「核

家屋」(石井 2003) として拠点集落内で不可欠な構成要素となっている可能性がある。ロング・ハウスは、前期に炉が並ぶという型としての完成を見て、南からの影響で当該地方では前期前葉の大木式圏にまず登場するようである（武藤 1998）。円筒式圏では、ロング・ハウスと通常規模の組み合わせで集落を構成するのに対し、大木式圏では、ロング・ハウスだけで集落を構成する場合が一般的だが、前期末以降円筒式圏と同じになり、中期中葉には消滅するが、北部では後葉（榎林式期？）まで残るようである。（屋内）炉は、早期中葉に灰床炉、地床炉が生まれるが、灰床炉は前期には続かないようである。円筒式圏で、前期後葉（下層b式期）に砂床炉が単発的に出現し、前期末（下層d式期）に土器埋設炉、石囲炉、土器埋設石囲炉が生まれ、中期初めには大木式圏にも広がる。以後これらが併存するが、中期中葉（円筒上層e式期）には土器片を使用した炉も要素に加わる。円筒式圏では、地床炉、石囲炉、ずっと割合は減るが土器埋設炉が併存した形で、ほぼそのまま晩期まで続く（一時的に後期前葉十腰内Ⅰ式期に立石炉などが出現）のに対し（以上、青森大学 2000）、南の大木式圏では、中期後葉～末（大木8b～10式期）に複式（系）炉が席巻するが、後期以降円筒式圏同様、地床炉、石囲炉、土器埋設炉が併存するようになる。

貯蔵穴の変遷 フラスコ形の土坑は、早期中葉あるいは後葉に出現し、前期中葉以降顕著となり、中期末までは集落内に多く、他地域より長く存続するが晩期後葉にはみられなくなるようである。

生産施設は、基本的に生活施設の応用で特別な施設を持たないことが多い。そのためか、中期までにほぼ出尽くし後晩期に大きな変化はないようである。林謙作が晩期「亀ヶ岡文化」を評して（林 1976）、その独自性は上部構造に求められるものであり「土台の構造はそれ以前と同じ」と述べたことはいまだ有効と言える。

引用・参考文献
青森大学考古学研究所 2000「青森県内における縄文時代の住居跡集大成(2)」『青森大学考古学研究所研究紀要』3
秋元信夫 1991「米代川流域の縄文時代中期の集落」『よねしろ考古』7
阿部勝則 2003「岩手県における縄文時代中期の剥片遺構について」『岩手県埋蔵文化

財センター紀要』ⅩⅫ
石井　寛 2003「東北地方における礫石附帯施設を有する住居址とその評価」『縄文時代』14
石井　寛 2004「後晩期環状配列掘立柱建物跡群をめぐって」『縄文時代』15
石川隆司ほか 1994「家ノ後遺跡の粘土採掘坑」『秋田県埋蔵文化財センター研究紀要』9
岩手県教育委員会 1998『岩手の貝塚』
宇田川浩一 2009「秋田県向様田Ａ遺跡の土器塚形成過程について」『2007年岩手考古学会第38回研究大会資料集　岩手県における縄文文化の様相』
小笠原正明ほか 1999「二ツ井町富根字駒形不動沢地内のアスファルト滲出地について」『秋田県埋蔵文化財センター研究紀要』14
海道澄子 2004「秋田県における大形住居の集成」『秋田県埋蔵文化財センター研究紀要』18
金子昭彦 2000「岩手県における縄文時代晩期の遺構」『岩手県埋蔵文化財センター紀要』ⅩⅨ
金子昭彦 2001「亀ヶ岡文化の住居構造」『日本考古学協会2001年度盛岡大会研究発表資料　亀ヶ岡文化―集落とその実体―』
金子拓男 1969「東日本における縄文晩期の住居址について」『古代文化』21―9・10
河田弘幸 2005「小又川流域における縄文時代の竪穴住居跡について(2)」『秋田県埋蔵文化財センター研究紀要』19
菅野智則 2006「北上川流域における縄文集落の構造」『日中交流の考古学』
君島武史 1999「東北地方の製塩土器」『北上市立埋蔵文化財センター紀要』1
熊谷常正 2009「南部北上高地における『粘板岩系石器』の生産」『2009年岩手考古学会第41回研究大会資料集　縄文・弥生移行期の様相』
小島朋夏・小林　克 2001「秋田県における縄文時代集落の諸様相」『縄文時代研究会第１回研究集会基礎資料集　列島における縄文時代集落の諸様相』
児玉大成 2002「縄文時代におけるベンガラ生産の一様相」『青森県考古学会30周年記念論集』
小林　克 1988「内村遺跡出土土器と住居群の変遷」『秋田県埋蔵文化財センター研究紀要』3
小林達雄 1977『日本原始美術体系１　縄文土器』
駒木野智寛 2005「複式炉の地域的諸相　岩手」『日本考古学協会2005年度福島大会シンポジウム資料集』
駒木野智寛 2009「北東北の縄文集落の研究」『岩手県埋蔵文化財センター紀要』ⅩⅩⅧ

斉藤慶吏 2009「青森県域縄文海進期前後における居住様式」『青森県考古学』17
酒井宗孝 1987「岩手県北部における縄文中期後葉から後期前葉の住居跡」『岩手県埋蔵文化財センター紀要』Ⅶ
坂本真弓 2002「沢部型複式炉の現在」『海と考古学とロマン』
坂本真弓・杉野森淳子 1997「青森県における陥し穴集成」『青森県埋蔵文化財調査センター研究紀要』2
佐々木勝 1994「岩手県における縄文時代の掘立柱建物について」『岩手県立博物館研究報告』12
佐々木由香 2007「水場遺構」『縄文時代の考古学5　なりわい』
十菱駿武・鈴木克彦 1984「炉穴の研究」『考古風土記』9
菅谷通保 1987「縄文時代特殊住居論批判」『東京大学文学部考古学研究室研究紀要』6
鈴木克彦 2008「十腰内1遺跡の青玉攻玉と壺に収納された青玉の流通」『青森県埋蔵文化財調査センター研究紀要』13
須藤　隆 1985「東北地方における縄文集落の研究」『東北大学考古学研究報告』Ⅰ
須原　拓 2007「縄文時代前期の大形住居について」『岩手県埋蔵文化財センター紀要』ⅩⅩⅥ
瀬川司男 1981「陥し穴状遺構について」『岩手県埋蔵文化財センター紀要』Ⅰ
高木　晃ほか 2005『岩手県立博物館第54回企画展図録　縄文北緯40°』
高田和徳 2001「御所野遺跡の焼失住居にみる内部空間」『竪穴住居の空間文節に関する復元研究』
高田和徳ほか 1998「縄文時代の土屋根住居の復元」『月刊文化財』417・418
田村壮一 1987「陥し穴状遺構の形態と時期について」『岩手県埋蔵文化財センター紀要』Ⅶ
田村正樹 2007「東北地方北部における中期縄文集落の様相」『宮城考古学』9
千葉直樹 2005「東北地方における斜位土器埋設複式炉」『宮城考古学』7
塚本師也 2007「乾燥型貯蔵穴」『縄文時代の考古学5　なりわい』
冨樫泰時 1981「秋田県縄文時代集落研究の現状と課題」『半田教授退官記念　秋田地方史論集』
冨樫泰時 1985『日本の古代遺跡24　秋田』
冨樫泰時 2003「掘立柱建物考（縄文時代）」『秋田県立博物館研究報告』28
永嶋　豊 2000「岩手県・青森県の出入口施設検出例」『青森県埋蔵文化財調査報告書第274集』
永嶋　豊 2007「軒を連ねた縄文ムラ」『考古学談叢』

永瀬福男 1981「秋田県内におけるフラスコ状ピットについて」『半田教授退官記念 秋田地方史論集』
中村哲也・坂本真弓 1998「青森県の縄文早期住居跡集成」『青森県埋蔵文化財調査センター研究紀要』3
中村良幸 1982a「大形住居」『縄文文化の研究 8　社会・文化』
中村良幸 1982b「『複式炉』について」『考古風土記』7
成田滋彦 1998「デポ」『リングサイド』Ⅰ
成田滋彦 2000「縄文時代住居跡の出入り口」『青森県埋蔵文化財調査センター研究紀要』5
成田滋彦 2001「青森県における縄文時代集落の諸様相」『縄文時代研究会第1回研究集会基礎資料集　列島における縄文時代集落の諸様相』
林　謙作 1976「亀ヶ岡文化論」『東北考古学の諸問題』
福田友之 1989「下北半島尾駮・鷹架沼周辺の溝状ピット群」『考古学論叢Ⅱ』
福田友之 2007「本州北辺の貝類出土遺跡総覧(Ⅱ)」『青森県立郷土館調査研究年報』31
三浦謙一 2007「北東北3県における縄文時代草創期・早期の様相」『岩手県埋蔵文化財センター紀要』ⅩⅩⅥ
三浦謙一 2008『岩手を掘る』
三浦謙一・佐々木勝 1985「縄文時代前・中期の住居址群の変遷」『岩手県埋蔵文化財センター紀要』Ⅴ
三浦孝仁 1991「青森県の大型住居跡について」『よねしろ考古』7
武藤康弘 1998「縄文時代の大型住居」『縄文式生活構造』
村木　淳 1991「風張(1)遺跡の縄文時代後期後半の土器と住居」『葛西勵先生還暦記念論文集　北奥の考古学』
八木勝枝 2004「北上川中・下流域の盛土遺構」『岩手考古学』16
安田忠市 1991「秋田市御所野丘陵部遺跡群について」『よねしろ考古』7
山本孝司 2007「土器製作のムラ」『縄文時代の考古学6　ものづくり』
吉川耕太郎 2010「縄文時代の珪質頁岩採掘址群」『秋田県埋蔵文化財センター研究紀要』24
領塚正浩 2004「縄文時代の道路跡」『史館』33

Ⅲ 東北地方南部の縄文集落の生活と生業

新 井 達 哉

第1章 東北地方南部の生活・生業施設の研究の現状

　東北地方南部の生業研究、とくに貝塚研究は宮城県の仙台湾周辺の貝塚調査により進められた。大正時代から昭和40年代にかけての研究は、貝塚の分層発掘と縄文土器編年研究を主眼に置いたものが中心であるが、骨角器、貝類、獣魚骨などの出土遺物についても言及された論考も認められ、昭和30年代には遺跡の立地、地形の形成要因、気候や海水準変化、現在の動植物の生態などについても総合的に考察が加えられている。

　昭和40年代からは、貝層のブロックサンプリングによる自然遺物の調査、近藤義郎による製塩土器の研究、後藤勝彦を中心とした松島湾貝塚群の継続的調査により、狩猟・漁撈・製塩など生業の実態が総括的に研究され、仙台湾沿岸を含めた貝塚群の生態が明らかにされた。

　また、里浜貝塚、田柄貝塚、中沢目貝塚の調査では貝層の全量サンプリングが行われ、貝塚の調査方法、分析方法の確立、および分析結果を統合した縄文人の生活復元が行われた。とくに、里浜貝塚では原生動物の生態分析（アサリの成長線、魚種の組成、ウニの卵巣発達状況、カニの捕獲期、冬鳥の渡りなど）により、貝層の季節性の把握が試みられた。これにより、里浜貝塚の縄文人の四季の生業と食生活や生産活動が復元され、その成果は現在では一般的に用いられている縄文カレンダーとしてまとめられた。

　東北地方南部の低湿地遺跡については、昭和40年の宮城県栗原市（旧一迫町）山王囲遺跡、昭和60年の山形県高畠町の押出遺跡が代表的なものであり、押出遺跡では全国的にも有名なクッキー状炭化物が出土している。昭和60年代以降は、各県で低湿地遺跡の調査事例が増加するとともに、各遺跡において動植物遺存体の分析、堅果類や出土木材の同定分析、花粉分析などの科学的分析

第2章　東北地方南部の生活・生業施設の変遷

第1節　草創期～早期の生活・生業施設

　山形県高畠町では直径4kmの範囲に7ヵ所の洞窟遺跡、岩陰遺跡（日向洞窟、一ノ沢洞窟、大立洞窟、尼子岩陰、神立沢洞窟、火箱岩洞窟、ムジナ岩岩陰）が存在する。日向洞窟は2つの洞窟と2つの岩陰からなり、最大で多くの遺物を出土した第一洞窟は入口の高さ1.5m、幅4m、奥行き10mほどで、最下層からは微隆起線文土器、爪形文土器、押圧縄文土器とともに、魚貝類、獣骨などが出土した。獣骨では、とくに水鳥（ハクチョウ、マガモ、カルガモ、ヤマドリ、サギ）の骨が多数発見されている。付近の平地部には、白竜湖と呼ばれる巨大な湖が広がっていたことが明らかになっており、洞窟に居住し、湖畔に生息する水鳥を狩猟獲得して生活していた生業活動が推察される。

　宮城県仙台市野川遺跡では、押圧縄文土器、爪形文土器とともに石器埋納遺構（デポ）2基が検出されている。このほかにも2ヵ所の石器の集中地点があり、各地点から異なった文様の土器片が出土していることから、この場において反復的な人の往来がされていたことがわかっている。

　福島県西会津町塩喰岩陰遺跡（草創期から前期前葉）では、井草式並行期の

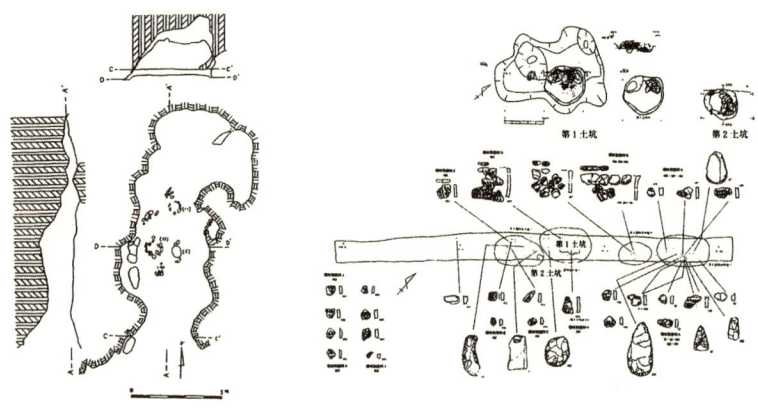

1．山形県日向洞窟の第1洞窟（佐々木 1996）　　2．宮城県野川遺跡の石器埋納遺構（仙台市 1996）

図1　草創期～早期の生業遺構

層から、クルミの破片が数多く出土し、石器組成の中で石皿や磨石の比率が高いことから、植物質食料の加工や調理活動を行っていたことがわかっている。また、周辺では産出しない粘板岩製の石斧、サケの骨、土錘が見つかっており、早期の段階で多様な狩猟・生産活動が展開され、製品の広域流通が行われていたことがわかっている。

貝塚　東北南部で最も古い貝塚は、早期中葉の東松島市吉田浜貝塚（アサリ主体の貝層とカキ主体の貝層）である。次の時期の早期末葉から前期初頭の縄文海進期になると、広い平坦面を持つ丘陵地に大規模な集落や貝塚が形成され始める。松島湾では３つの遺跡群（宮古島遺跡群、松島湾遺跡群、七ヶ浜遺跡群）が形成され、各遺跡群の中核的な遺跡として東松島市里浜貝塚、松島町西ノ浜貝塚、七ヶ浜町大木囲貝塚が安定して営まれる。また、北上川下流域（美里町素山貝塚、新山前貝塚）、阿武隈川下流（柴田町上川名貝塚、槻木貝塚）でも海進期には鹹水性貝塚の形成が認められる。

落し穴　福島県福島市下ノ平Ｅ遺跡（早期末葉から中期末葉）では、378基の落し穴が地峡状になった山麓の裾野部に分布しており、長期間にわたって落し穴が掘られ続けている。また、2km離れた西ノ向Ｄ遺跡でも早期末葉から前期前葉にかけての落し穴100基以上が段丘を横切るように帯状に並んでおり、

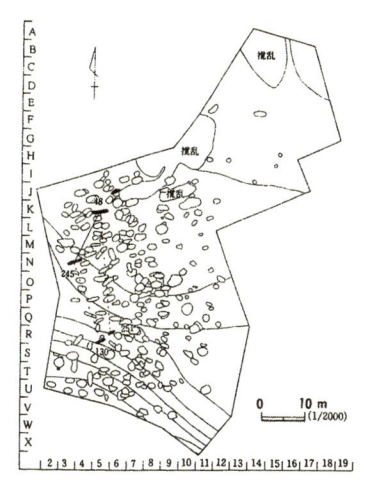

1．福島県下ノ平Ｅ遺跡（福島市 1998b）　　2．福島県西ノ向Ｄ遺跡（福島市 2004）

図２　前期の落し穴

摺上川上流域の最大の狩猟場であったことが想定される。
　山形県長井市空沢(そらさわ)遺跡では、早期末葉から前期前葉にかけての落し穴50基が、台地の平坦部から斜面にかけて4列に並んで見つかっている。福島県会津高田町の冑宮西(かぶとみやにし)遺跡（早期末葉）では、丘陵上の稜線に並行して28基の落し穴列が発見されている。このように、早期から前期にかけては、居住を本来的な目的としない狩猟にかかわる遺跡が各地に存在している。

第2節　前期～中期の生活・生業施設

大型住居　早期末葉の住居は一般的な規模が主体であるが、前期初頭から前葉になると、大型住居が出現するとともに、規模の大きな遺跡が増加し、初期的な環状集落が形成され、前期前葉には広場を中心に大型住居を放射状に配置した東北地方に独特な形態の環状集落が形成されるようになる。中期前葉から中葉には、中央の広場を囲むように比較的大型の長方形住居や掘立柱建物が放射状に配置される環状集落が形成され、重帯構造と分節構造による集落構成が認められるようになる。

　山形県では、大型住居を配した環状集落が数多く検出されており、遊佐町吹浦(ふくら)遺跡（前期末葉）、寒河江市高瀬山遺跡（前期末葉）、舟形町西ノ前遺跡（中期中葉）、米沢市台の上遺跡（中期中葉）、村山市西海渕(さいかいぶち)遺跡（中期中葉）などがある。また、宮城県・福島県では、宮城県栗原市嘉倉(かくら)貝塚（前期末葉から中期初頭）、川崎町中ノ内遺跡（中期前葉）、福島県会津若松市本能原(ほんのうはら)遺跡（中期中葉）などでも同様の集落構成が認められる。

　一方で、通常の住居と大型住居が並存する遺跡も存在し、代表的な遺跡として、山形県米沢市一ノ坂遺跡（前期初頭）、高畠町押出遺跡（前期中葉）、宮城県七ヶ宿町大倉遺跡（早期末葉から前期初頭）・小梁川(こやながわ)遺跡（前期末葉）福島県福島市獅子内(ししうち)遺跡（前期初頭）、などがあげられる。

　米沢市一ノ坂遺跡（前期初頭）では、ロングハウス（長さ43.5m、幅3.8m、6ヵ所の炉と91本の柱穴）、小型の方形住居8軒が連なるように検出された連房型住居が見つかっている。連房型住居は主柱がなく壁柱穴を持つ遺構で斜面を掘り込んだ構造である。ロングハウスでは、約3,000点の土器、141万点の石器が出土している。石鏃、石匙、石錐、両尖匕首（抉入尖頭器）の4形態の石器や

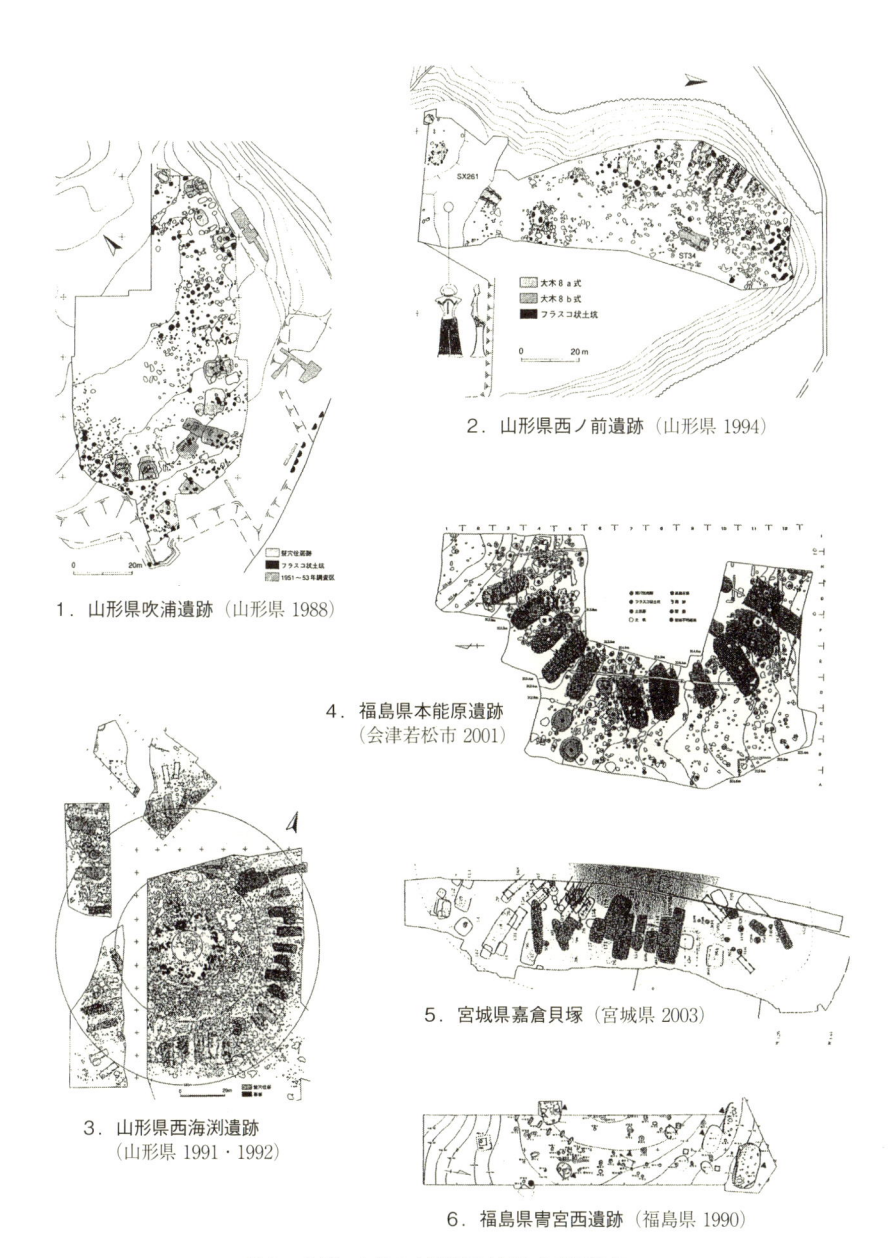

1. 山形県吹浦遺跡（山形県 1988）

2. 山形県西ノ前遺跡（山形県 1994）

3. 山形県西海渕遺跡（山形県 1991・1992）

4. 福島県本能原遺跡（会津若松市 2001）

5. 宮城県嘉倉貝塚（宮城県 2003）

6. 福島県冑宮西遺跡（福島県 1990）

図3　前期〜中期の大型住居を配した環状集落

臼玉の完成品、未成品、欠損品、剝片などが出土していることから、ロングハウスは石器工房、連房型住居は居住施設（休憩所および仮住居）と考えられている。

福島県会津高田町の冑宮西遺跡（前期中葉、大木5式期）では、住居2軒、大型住居5軒が検出されており、大型住居は長軸に沿って地床炉を複数有している。最大のものは長軸13.2mのわらじ状の隅丸長方形を呈し、4ヵ所の炉を持つ。集落の特定の範囲にまとまった構築が認められることや特定の作業に特化した遺物の出土も認められないことから、集落の共同集会所、作業場、冬期間の共同作業所ではなく、複数家族の共同家屋と推定している。

前期の貝塚　縄文海進期、宮城県角田市土浮貝塚（前期初頭、上川名Ⅱ式）は、阿武隈川下流域の早期末葉から前期前葉にかけての汽水性貝塚（ヤマトシジミを主体）で、汽水化した河口域に適応した石器や骨角器の道具利用が行われ、内湾や外洋での漁撈活動、鳥類や動物の狩猟動植物資源利用を行っていたことがわかっている。また、上川名Ⅱ式に伴う最古旧の閉箇式離頭銛が出土している。

東松島市里浜貝塚は松島湾内の宮古島で最も大きな貝塚で、前期初頭から弥生時代まで地点を変えながら東西840m、南北200mの範囲に9地点の貝塚が形成されている。貝塚は前期初頭（大木1式期）に形成が始まり、梨木平東地点では岩礁性貝類（スガイ、レイシガイ、イボニシ、カリガネエガイ、マガキなど）による貝塚が認められる。

福島県で最も古い貝塚は、前期初頭（大木2a式）のいわき市弘源寺貝塚で、貝類は汽水性貝類（ヤマトシジミ）が卓越し、魚類は内湾に生息するクロダイが多いため、内湾性漁撈活動を展開していたと考えられている。

低湿地遺跡　山形県では前期中葉になると、高畠町押出遺跡、天童市柏木遺跡、遊佐町小山崎遺跡のような低湿地遺跡が出現する。押出遺跡（大木4式期）では、住居39軒、集石遺構1基が検出され、窪地と斜面部には大量のクルミが廃棄されている。住居はいずれも竪穴住居のような掘り込みを持たず、壁や炉も認められない。柱穴はすべて柱（直径5〜10cm、長さ1〜2m）の打ち込みによるもので、複数の柱穴が、円形・方形・楕円形のまとまりをなす。住居は20〜50cmの盛り上がったマウンド（覆土は粘質土と砂層の互層となる）を形成す

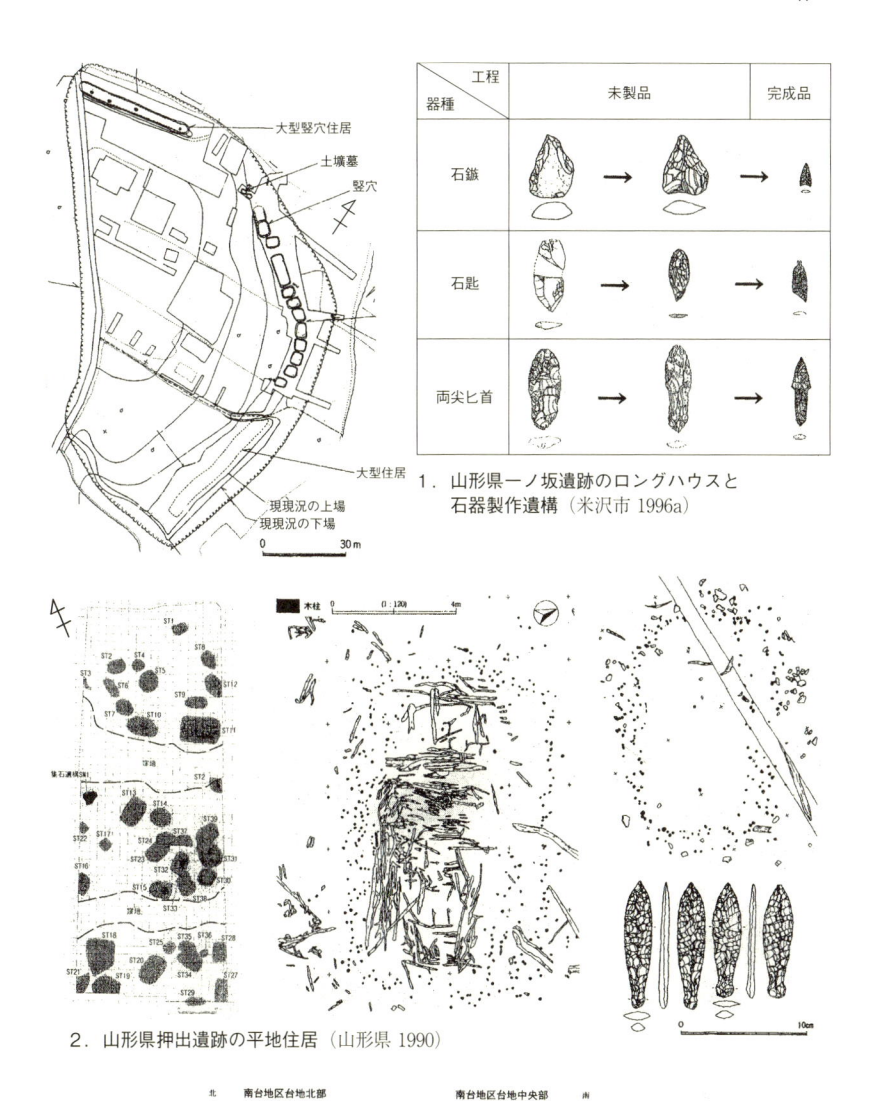

1. 山形県一ノ坂遺跡のロングハウスと石器製作遺構（米沢市 1996a）

2. 山形県押出遺跡の平地住居（山形県 1990）

3. 福島県浦尻貝塚のローム層の掘削（小高町 2005）

図4　前期の生活・生業遺構

るものが多く、柱穴はその縁辺部に1～2列、狭い間隔で緊密に打ち込まれている。床面上に根太状の材木を規則的に配する住居も7軒検出されている。住居の構造は側壁をめぐらす平地住居と推定されており、柱穴を土壁の心材とする大壁構造の可能性も指摘されている。また、住居以外でも、マウンドを形成している箇所が認められており、盛土遺構の様相を呈している。各住居には炉が存在せず、集石遺構が共同の調理場的な役割を果たしていた。特筆すべきは13号住居である。遺跡内のクリの出土総数のうち9割以上が集中しており、クッキー状炭化物も4点出土しているため、クリの加工あるいは貯蔵に関係する施設と結論付けられている。また、パン状炭化物は村山市川口遺跡（後期前半）においても発見されている。

前期の土木工事　福島県南相馬市浦尻(うらじり)貝塚では、前期末から中期中葉には環状集落を展開し、中央広場の削平や3地点（台ノ前地区、西向地区）の貝層を形成する。台地平坦面のローム層の掘削は広い範囲（54m×34m）で確認され、斜面部にローム層の廃棄による堆積土が認められている。前期末葉から中期前葉（大木6～大木7a式）に活発な掘削が行われ、中期後葉まで掘削が継続されている。

貯蔵穴　山形県遊佐町の吹浦遺跡（前期後葉から中期初頭）は、山形県内では唯一の日本海沿いの貝塚であり、別名、一本木貝塚としても知られている。貝層はヤマトシジミを主体とする地点貝層が6ヵ所形成され、台地平坦面には広場を中心にして住居48軒、土坑334基（うち貯蔵穴173基）などが広がる馬蹄形集落である。住居と土坑が激しく重複しており集落の重層構造は捉えにくいが、報告書では住居1軒あたり3・4基の土坑を使用して生活を営んでいた。

中期中葉の貯蔵穴の検出例は数多く、郡山市妙音寺(みょうおんじ)遺跡、野中遺跡、天栄村桑名(くわなやしき)邸遺跡などのように、フラスコ形土坑のみが単独で検出される遺跡が認められる。妙音寺遺跡（中期中葉）は土坑190基が見つかっており、中には32個体の土器が出土した土坑やカワシンジュガイが出土した土坑もあり、貯蔵穴が廃棄場、墓壙などに再利用されている。

複式炉　東北地方南部の縄文中期を特徴付ける複式炉であるが、現在、その分布は東北地方北部、東北地方南部、北陸地方、関東地方にまで広がる。本稿では「土器埋設部＋石組部＋前庭部」の3つの構造部を持つ「上原型複式炉」

を複式炉とし、その成立を中期末葉の大木9式期とした。大木8b式期から大木9式期前半の複式炉構造部のいずれか2つ以上を併せ持つ炉形態については初源的複式炉としている。

「(石囲炉)+石囲炉+前庭部」による初源的な複式炉が検出されている遺跡としては、福島県磐梯町・猪苗代町法正尻遺跡、富岡町前山A遺跡、宮城県七ヶ宿町小梁川遺跡、仙台市川添東遺跡、山形県小国町下野遺跡、朝日町八ツ目久保遺跡などがあげられる。

福島県富岡町前山A遺跡は、中期中葉から中期末葉（大木8b式期から大木9式期）にかけての住居31件、土坑100基、埋甕4基などによる環状集落で、石囲炉（大木8b式）から複式炉（大木9式）に変化する過程が明確に捉えられ、複式炉の成立過程を段階的に解明する好資料が得られている。

中期末葉（大木9式期後半から大木10式期前半）になると、複式炉を伴う住居による集落が最盛期を迎え、各地で拠点的集落遺跡が形成される。一方で、複式炉期の貯蔵穴は小型化・減少化傾向が顕著となり、集落に伴う貯蔵穴はある程度のまとまりを持ちながらも分散して構築される傾向がある。

福島県福島市和台遺跡（住居248軒、掘立柱建物24棟、土坑（貯蔵穴、落し穴）、土器捨て場3ヵ所など）では、広場を囲むように住居群→掘立柱建物群→貯蔵穴群が同心円状に展開している。複式炉の発達から衰退期の遺構が数多く検出されている。掘立柱建物については、同時期の住居が数多い一方で、貯蔵穴が極めて少なく、墓壙が未検出であることから貯蔵や葬送のための施設と考えられている。

福島県では拠点的な集落遺跡が数多く認められ、二本松市塩沢上原A遺跡、本宮市高木遺跡、郡山盆地周辺の郡山市上納豆内遺跡（100軒を超える住居による環状集落、仁井町遺跡、妙音寺遺跡、鴨内遺跡）、三春ダム周辺遺跡群（三春町越田和遺跡、同町仲平遺跡）、双葉町馬場前遺跡などがある。

宮城県では、仙台市山田上ノ台遺跡（住居38件、貯蔵穴などの土坑320基、土器を焼いたと思われる土坑、遺物包含層など）、白石市管生田遺跡、蔵王町二屋敷遺跡、大衡村上深沢遺跡などが代表的な遺跡としてあげられる。

山形県では、山形市熊ノ前遺跡（大木8b式期から大木10式期の住居58軒、埋甕11基、土坑、配石遺構ほか）、山形市山形西高敷地内遺跡（大木10式期の住居

78軒ほか）などがある。また、長井市長者屋敷遺跡では中期末葉の半截木柱遺構が4基検出されており、建物ではなく巨木柱列と考えられ、日時計のようなシンボル的な構造物と報告されている。

　中期終末期には複式炉の衰退とともに、関東地方の敷石住居が伝播し、複式炉を伴う住居の特定部位（複式炉の全体部やその周辺、炉の周囲や奥壁部など住居の主軸に沿った箇所、壁に沿う周縁や側壁など）に部分的に石を配する部分敷石住居が登場し、徐々に平石を面的に敷設するようになる。

　福島県飯舘村宮内A遺跡、上ノ台D遺跡では、複式炉を持つ住居で面的な敷石が認められており、宮城県でも白石市菅生田遺跡、仙台市下ノ内遺跡、仙台市山田上ノ台などで複式炉に伴う部分敷石住居が確認されている。

　その後、後期初頭になると、関東地方的な柄鏡形敷石住居が普及するが、山形県では柄鏡形敷石住居は未検出で、宮城県でも柄鏡の張出部が認められないなど、柄鏡形敷石住居の伝播は地域による違いが認められる。また、後期中葉には広い敷石面を持つ住居は急減し、部分的な礫、石の配置が主体となる。

　柄鏡形敷石住居や全面敷石住居を中心とした代表的な集落としては、三春町西方前遺跡（敷石住居、竪穴住居、配石遺構、土坑、埋甕）、三春町柴原A遺跡（敷石住居8軒、竪穴住居15軒、集石遺構55基、列石を伴う配石遺構3基、埋甕37基）があげられ、客体的な存在であるが全面敷石住居が検出されている遺跡としては、宮城県七ヶ浜町大梁川遺跡（1基）、小梁川東遺跡（1基）、菅生田遺跡（敷石住居3軒）などがある。

　東北地方南部では、後期旧石器時代の指標となる石刃技法が、中期末葉に存在することがわかっている。石刃生産集落は頁岩原石の採集可能な最上川中流域に集中しており、寒河江市柴橋遺跡（大木10式期の住居10軒、土坑64基）、うぐいす沢遺跡（中期後葉の住居8軒、土坑129基）では、住居内のピットや土坑から石刃技法による剥片剥離が行われていたことがわかる接合資料が出土している。頁岩製石刃は最上川中流域集落の特産品として石匙や掻器などに加工され、奥羽山脈周辺から太平洋沿岸まで流通している。

　中期の貝塚　中期末葉以降、海岸部の貝塚では遺跡の規模が大きくなり、離頭銛の出現、釣り針の多様化など漁具の発達が顕著となる。福島県いわき市大畑貝塚と綱取貝塚は小名浜湾に臨む中期後半から後期前半の貝塚である。両遺

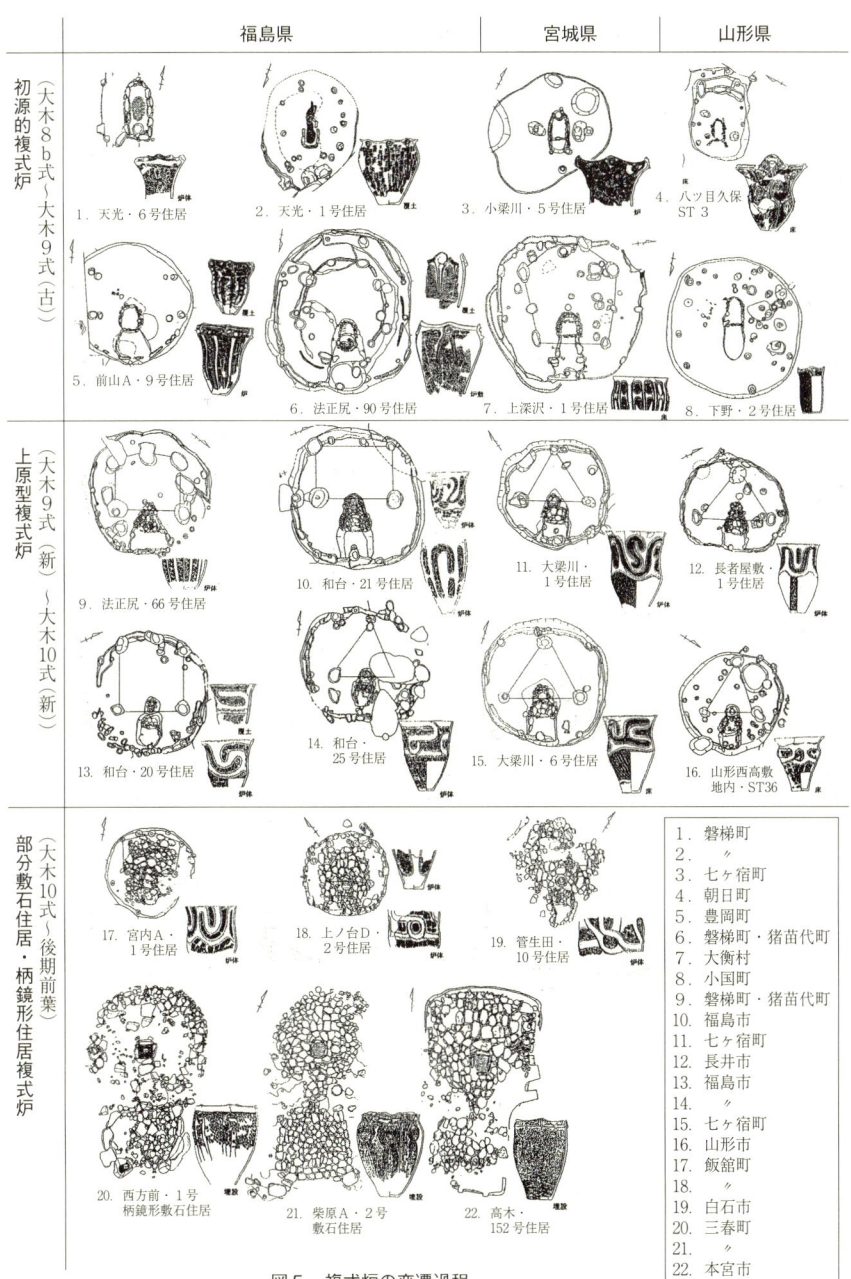

	福島県	宮城県	山形県
初源的複式炉（大木8b式～大木9式（古））	1．天光・6号住居　2．天光・1号住居　5．前山A・9号住居　6．法正尻・90号住居	3．小梁川・5号住居　7．上深沢・1号住居	4．八ツ目久保 ST 3　8．下野・2号住居
上原型複式炉（大木9式（新）～大木10式（新））	9．法正尻・66号住居　10．和台・21号住居　13．和台・20号住居　14．和台・25号住居	11．大梁川・1号住居　15．大梁川・6号住居	12．長者屋敷・1号住居　16．山形西高敷地内・ST36
部分敷石住居・柄鏡形住居複式炉（大木10式～後期前葉）	17．宮内A・1号住居　20．西方前・1号柄鏡形敷石住居　21．柴原A・2号敷石住居	18．上ノ台D・2号住居　22．高木・152号住居	19．菅生田・10号住居

1．磐梯町
2． 〃
3．七ヶ宿町
4．朝日町
5．豊岡町
6．磐梯町・猪苗代町
7．大衡村
8．小国町
9．磐梯町・猪苗代町
10．福島市
11．七ヶ宿町
12．長井市
13．福島市
14．
15．七ヶ宿町
16．山形市
17．飯舘町
18．
19．白石市
20．三春町
21．
22．本宮市

図5　複式炉の変遷過程

跡は台地平坦面に住居などの居住域を形成し、斜面部に貝層を形成するという共通点を持つ。大畑貝塚は中期末葉から後期前葉の外洋性貝塚であり、台地平坦面を集落域とし、斜面部に4地点の貝塚が形成されている。貝塚の最下層にはクジラ、イノシシ、アワビ、石棒、石棒上角製品を配した遺構があり、物送り的な豊穣を祈る祭祀跡と推定される。

第3節　後期〜晩期の生活・生業施設

後期・晩期の貝塚　後期になると、海岸部では中期から継続的に存続する集落遺跡や貝塚が多く、沼津貝塚、西ノ浜貝塚、里浜貝塚などは中期後半から後晩期まで継続した遺跡である。また、骨角器の改良と技術革新により漁撈具は高度な発達段階を迎える。一方、内陸部では、中期末葉で断続する遺跡が多く、集落の規模も縮小する。晩期は遺跡数が増加するようであるが、集落規模は全般的に小規模である。

　名取川下流域では、後期初頭から後期中葉の集落（仙台市六反田遺跡、下ノ内遺跡、下ノ内浦遺跡、伊古田遺跡）が数多く形成されており、遺跡群を形成している。六反田遺跡では、住居11軒、炉跡2基、掘立柱建物3棟、配石遺構4基、土坑37基、埋甕2基などが検出されており、ブリ、クロダイ、ニシン、サケなどの魚骨、オニグルミなどが見つかっている。

　サケの骨については、気仙沼周辺（気仙沼市田柄貝塚）、北上川流域（大崎市中沢目貝塚）、仙台湾周辺（東松島市平田原貝塚、東松島市里浜貝塚ほか）、阿武隈川流域（亘理町椿遺跡、亘理町畑中貝塚、福島市和台遺跡）など、時期を問わず、沿岸部の遺跡だけでなく内陸部の遺跡においても検出例があることから、各地域で一般的に食料資源となっていた可能性がある。

　宮城県石巻市南境貝塚（中期末葉から晩期中葉）は、中期から後期前葉の貝層はハマグリが主体であるが、後期中葉以降の貝層はヤマトシジミが主体となり、遺跡周辺の環境変化を示している。魚類や骨角器、尖頭器による銛漁法から、離頭銛の出現による外洋への積極的な働きかけが明らかになっている。

　福島県いわき市寺脇貝塚（後期中葉から晩期後葉）は丘陵上に3地点の貝塚を形成し、後期の石囲炉や晩期の埋蔵人骨が発見されている。貝類は岩礁性貝類が多く、骨角器は、寺脇型結合釣針、ヤス状刺突具、かえし付刺突具、閉窩

図6 埋葬犬骨

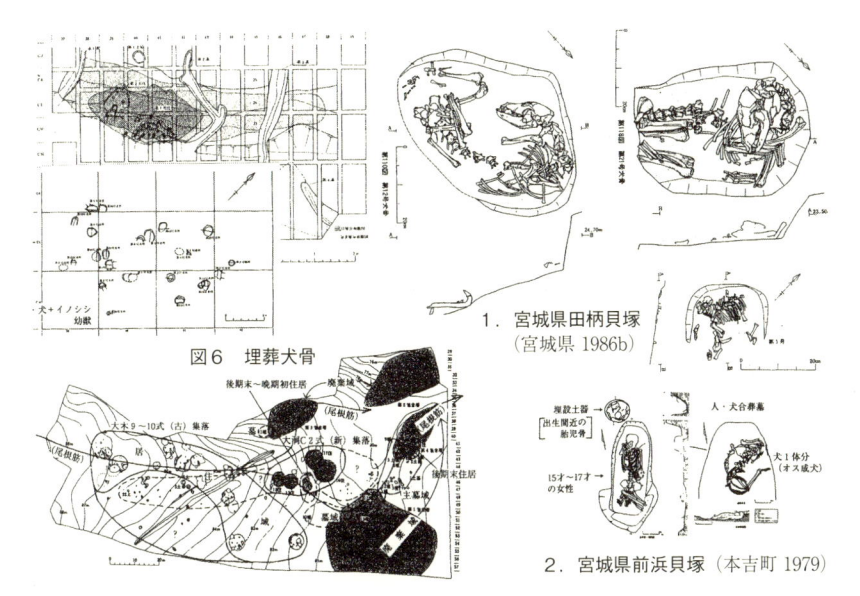

1. 宮城県田柄貝塚（宮城県 1986b）

2. 宮城県前浜貝塚（本吉町 1979）

図7 宮城県摺萩遺跡の盛土遺構（宮城県 1990）

式回転離頭銛など外洋性漁撈に適した道具が数多い。加工痕の残る鹿角、釣針未成品など骨角器の製作工程が検証可能な遺物も出土している。骨角器の製作は、気仙沼市田柄貝塚や東松島市里浜貝塚においても確認されている。

　気仙沼市田柄貝塚（後期後葉から晩期前葉）では、台地縁辺の斜面部700㎡に小さな地点貝塚が3ヵ所の形成されている。南斜面の貝塚では、埋葬人骨18体とともに埋葬犬骨22体、散乱犬骨、埋葬イノシシ骨2体などが見つかっている。最下層からは中期末葉の住居2軒が検出されており、時期により、居住域から墓域へと場の機能が変化していることがうかがわれる。

　東北地方南部における埋葬犬の出土遺跡は15遺跡、犬の散乱骨は25遺跡にのぼる。田柄貝塚の埋葬犬は人間の墓域内に集中して土壙が形成されているが、宮城県気仙沼市前浜貝塚では縄文人と同じ墓壙内に犬が合葬されている例もあり、縄文犬の埋葬が人の埋葬と密接なかかわりを持って行われていたことが推察される。一方で、東松島市里浜貝塚（7体）、館貝塚（10体）では、埋葬犬骨とともに、残存状態や部位にばらつきのある散乱犬骨も見つかっており、従来の縄文犬＝猟犬、家犬、飼育犬という図式だけでは成り立たない実態が想起

されている（菅原 2003）。

　宮城県田尻町中沢目貝塚（後期末葉から晩期中葉）は淡水性の貝塚で、骨角器の出土が少なく、魚骨は淡水魚が中心であることから、網漁や簗、筌、岩手県盛岡市萪内遺跡で見つかった鮫（えり）などによる漁撈活動を推察させる。一方で、海水性の漁獲物もかなり多く出土しており、内陸の貝塚と海岸部の貝塚との人の往来、あるいは単位集団の季節的生業による運搬が想定されている。

　後期の盛土遺構　福島県福島市宮畑遺跡では、後期前葉に集落縁辺部の湿地上の斜面部を人工的に埋め立てし、居住域を拡大するような土木工事が確認されている。

　宮城県大和町摺萩（すりはぎ）遺跡（後期末葉から晩期中葉）では、直径 30m の住居域（7 軒の住居）を中心に 4 ヵ所の遺物包含層が環状に形成されている。遺物包含層のうち 2 ヵ所（第 1 遺物包含層：後期終末から晩期中葉、第 4 遺物包含層：晩期初頭から晩期前葉）は、住居の改築に伴う炉の取り壊しや日常的な炉の掻き出し作業によって生じた不要な土壌を廃棄した層であり、住居の累積によって形成された盛土遺構であることが指摘されている（八木 2006）。

　後期・晩期の水場遺構　福島県いわき市番匠（ばんしょう）地遺跡では、後晩期の河道 12 本、土坑 13 基、集石遺構、獣骨や鳥骨の焼骨集中地点が検出されている。後期中葉の河道には、河道に直行して板材を立てその両側を細い打ち込み杭によって固定した堰状遺構があり、大量の土器や石器、石斧柄 1 点、丸木弓 2 点などの木製品が見つかっている。縄文時代晩期前葉から晩期末葉（大洞（おおほら）B 式期から大洞 A′ 式期）の河道では、川をまたぐように長さ 6.4m、最大幅 80cm の自然木を使用した橋状遺構が認められる。また、河道沿いで低地性貯蔵穴が検出され、粗製土器、トチの実やカヤの実が出土している。

　山形県小国町遺跡（後期末葉から晩期中葉）では、河道沿いに掘立柱建物 46 棟や土坑約 100 基、埋甕 12 基などが並ぶ。河道には植物遺存体を含む廃棄ブロックが 7 ヵ所形成され、晩期中葉の貯蔵穴（SK569）の底面からは、炭化クリ、トチの実、オニグルミ、サンショウ、ヤマブドウ、ヒエなどが出土している。

　山形県寒河江市高瀬山遺跡では、後晩期の水場遺構 6 基が検出され、東側調査区では同一地点に後晩期にかけての水場遺構が 4 面構築されている。

　晩期前葉の木組遺構（大洞 BC 式）は、南北 3.6m、東西 2.7m の規模で、木材

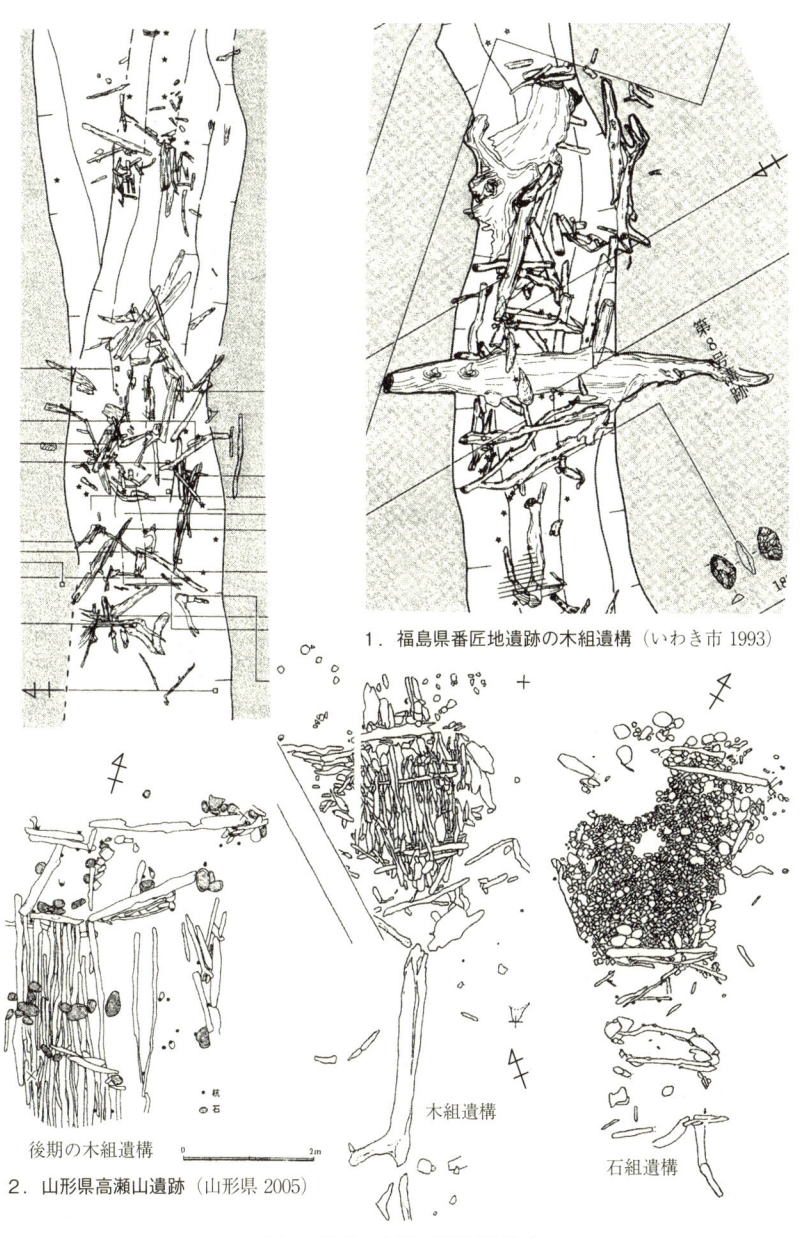

1. 福島県番匠地遺跡の木組遺構（いわき市 1993）

後期の木組遺構

2. 山形県高瀬山遺跡（山形県 2005）

木組遺構

石組遺構

図8　後期～晩期の低湿地遺跡①

を縦横交互に5段敷き詰めた足場的施設、板材で湧水点を囲み導水用の板材が設置された取水口的な施設により構成される。

石組遺構（大洞C2式期）は木組遺構の西7mの場所にあり、南北3m×東西2mの範囲をクリ材で井桁状に組み合わせて杭により固定し、その中に約1,500個の礫が敷き詰められている。石組の下には縦横交互にほぼ5段の木組みが敷設され、木組を基礎にした石組遺構であることが判明している。

後期（宝ヶ峰式期）の2基の木組遺構は晩期の石組遺構の直下に位置する。上層の後期1号木組遺構は、4.2m×3.6mの規模で4段の木組が敷設され、足場的施設を構成している。下層の後期2号木組遺構は、2段構造で、下段は円形の矢板列と方形の木枠による2重構造の導水・貯水施設、上段は丸木材による流水施設である。

後晩期の4つの水場遺構は、いずれも木材を縦横交互に積み重ね方形に構築しており、湿地の足場として、このような筏構造が一般的な構築技術であったと理解される。

遊佐町小山崎遺跡でも後晩期（後期前葉から晩期中葉）の水場遺構が見つかっており、約10m四方の範囲内に丸太材や半割材を利用した31本の打ち込みによる柱穴列、それに伴う根太状の丸木柱により構築される木組遺構である。また、木組遺構に向かう敷石列が2列見つかっており、木組遺構に渡るための石敷きの道、あるいは作業用の足場と推定されている。

宮城県石巻市山居遺跡では、堰状遺構3基（晩期中葉2基、後期後葉1基）などが検出されている。晩期中葉の河道を堰き止める堰状遺構2基（SX06, SX05）は基底部の一部が残存しており、河道の両側には多量のトチ種子破片を多く廃棄した遺物包含層が形成されている。また、後期後葉の遺構として、河道の岸辺から杭状遺構（SX21）が検出されている。出土遺物からは、トチの実の採取→水付け、水晒し→粉砕によるアク抜き→土器の煮沸によるアク抜き→残滓の廃棄が行われていることがわかる。段丘上にはほぼ並行した時期の深山貝塚があり、ここが居住域となっていたようである。

宮城県栗原市山王囲遺跡では、晩期後葉から弥生時代前期の泥炭層、地床炉2基、石囲炉1基、土坑1基、配石遺構9基、埋甕1基などが認められている。遺物はクヌギ製の竪杵、アサとヒエの種子などが検出されている。晩期終

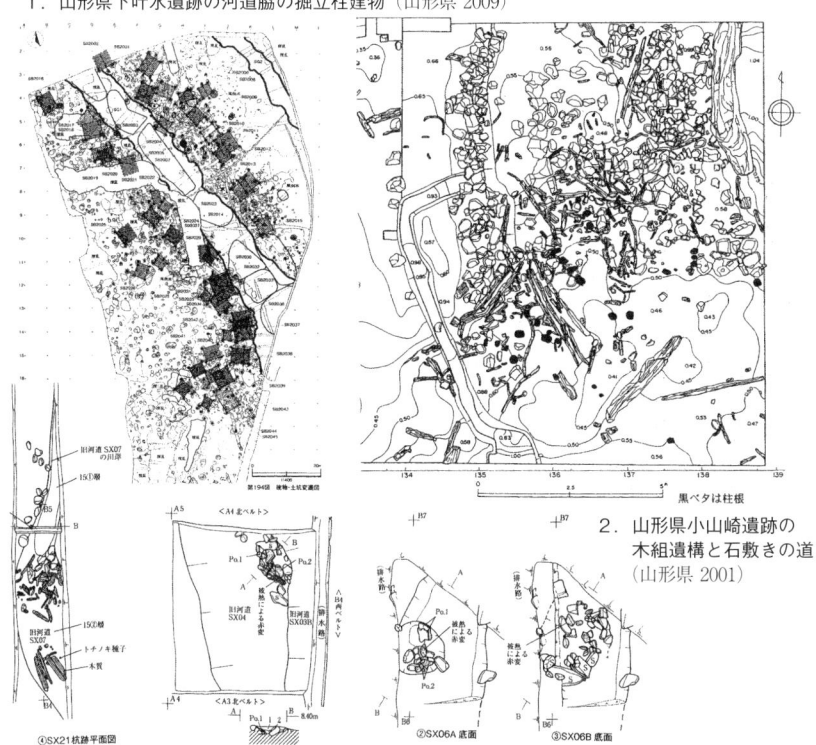

1．山形県下叶水遺跡の河道脇の掘立柱建物（山形県 2009）

2．山形県小山崎遺跡の木組遺構と石敷きの道（山形県 2001）

3．宮城県山居遺跡の堰状遺構と杭状遺構（宮城県 2007）

図9　後期〜晩期の低湿地遺跡②

末の栽培植物導入と晩期から弥生時代にかけての植物資源の利用形態の変化をうかがわせる。

　福島県三島町荒屋敷遺跡（晩期後半から弥生前期）では、晩期最終末の大洞A′式期のおびただしい遺物、木柱、土坑、ピット状遺構が検出されている。木柱は36基認められ、3棟の掘立柱建物（いずれも4本柱）や単独の掘立柱と考えられている。低湿地部分から出土した木製品（96点）は多種多様であり、樹種同定により、道具の種別による樹種の選択が確認されている。漆関連資料の出土も顕著で、漆液や混和物の製造、調整に使用する道具とともに、漆製品の完成品が発見されている。また、遠賀川式の弥生前期の壺も出土している。

晩期の攻玉遺跡　山形県鶴岡市玉川遺跡は、晩期前葉の集落遺跡で住居4軒、

埋甕約50基などのほかに、翡翠製小玉、勾玉が多数出土しており、玉類製作にかかわる遺跡と推測されている。

宮城県仙台市芦ノ口遺跡では晩期前半の粘土採掘坑が検出されており、ローム層下部の粘土層を採掘するための竪坑が認められる。

福島県飯舘村羽白C遺跡では、晩期中葉の遺構として、住居4軒、掘立柱建物4棟（大洞C2式）、柱穴420基が見つかっている。約5,000点の石核、約4,500点の石鏃と石鏃未成品が見つかっており、小型の原石を素材とした剥片剥離作業と調整加工による石鏃の製作過程が検証されている。また、多量の石剣と石剣未成品が出土しており、素材となる粘板岩などの分割、粗割り、敲打による調整、研磨、柄頭の彫刻という製作過程が明らかになっている。また、粘土採掘坑5基（晩期前葉から晩期中葉）も見つかっている。沢を挟んだ対岸にある稲荷塚B遺跡においても、石剣類の完成品、未成品が出土しており、この周辺に製作活動に関連する遺跡群が形成されていた。

製塩遺跡　宮城県内では、製塩に関連する製塩炉や製塩土器が見つかっている縄文時代の製塩遺跡が46ヵ所ある。製塩遺構の検出遺跡としては、里浜貝塚西畑北地区（晩期中葉の11基の製塩炉）、塩竈市新浜B遺跡（晩期中葉から後葉、集石炉による製塩炉1基）、七ヶ浜町二月田貝塚（晩期後葉、標高約10mの地点に円形状の落ち込みが3基検出され、大量の製塩土器が出土。海水をためて濃縮する潮溜と考えられる。）、七ヶ浜町鬼ノ神遺跡（晩期末葉、標高2mの砂地に焼石炉11基と少量の製塩土器が検出されている）があげられる。

里浜貝塚西畑北地区では、標高2m前後の微高地に11基の製塩炉と晩期の製塩土器が出土している。製塩炉は同一段階に最大4基、4基の重複関係が認められる。製塩炉は底面を皿上に浅く掘りくぼめ、底面に練物（土・灰・貝灰を海水で練った漆喰のようなもの）を2～3cm塗りつけている。底面は強い被熱により硬化し、ひび割れし、後株の外側も被熱により土坑の掘り込みよりも広い範囲が赤化している。周囲には製塩土器や灰、焼土、炭化物などの廃棄物が堆積しており、製塩土器を並べて製塩作業の煎熬作

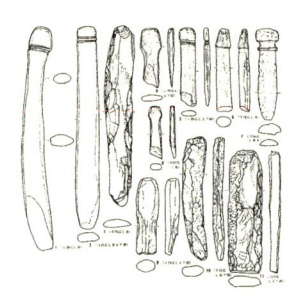

図10　福島県羽白C遺跡出土の石剣、石刀
（福島県 1988・1989a）

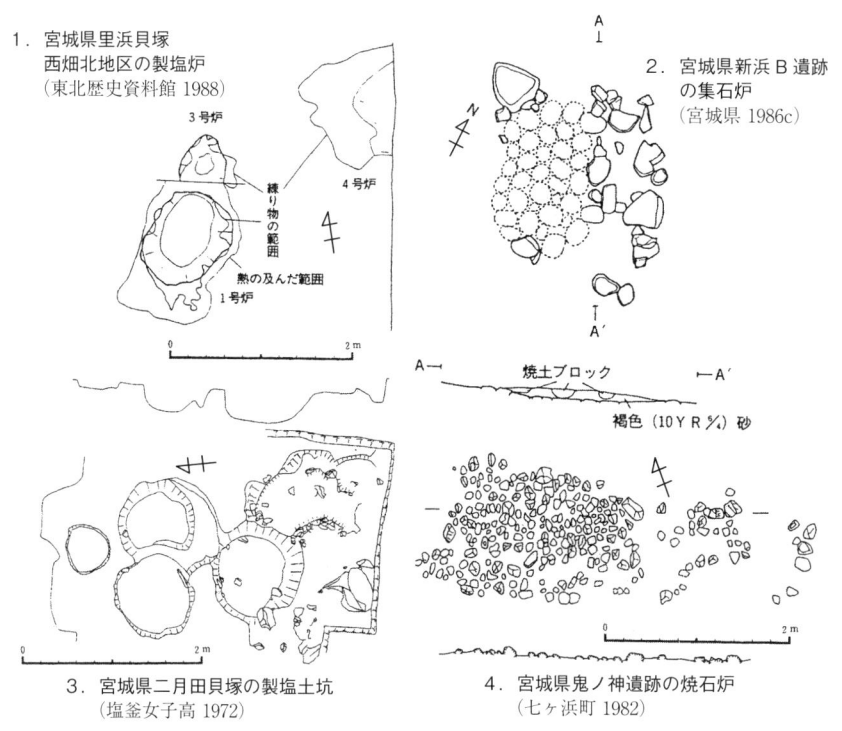

1. 宮城県里浜貝塚西畑北地区の製塩炉 （東北歴史資料館 1988）

2. 宮城県新浜B遺跡の集石炉 （宮城県 1986c）

3. 宮城県二月田貝塚の製塩土坑 （塩釜女子高 1972）

4. 宮城県鬼ノ神遺跡の焼石炉 （七ヶ浜町 1982）

図11　製塩炉・製塩遺構（いずれも宮城県）

業を行った炉と推定されている。

　製塩土器は福島県の沿岸、三陸の一部、陸奥湾、仙台湾などで発見されているが、内陸部の遺跡（宮城県大崎市中沢目貝塚、山形県尾花沢市漆坊遺跡、大和町摺萩遺跡）においても製塩土器が出土していることから、沿岸部の遺跡から内陸部の遺跡に製塩土器が搬出されていることも明らかとなっている。

第3章　東北地方南部の生活・生業施設のまとめ

　複式炉の機能用途について　複式炉の機能用途については、集落遺跡の発掘調査の増加した1970年代から、様々な研究者により諸説が出されているが、定説として定まっているものはない。現在では、土器埋設部と石囲部では火を焚き、前庭部では火を使用していないという点では一致しているが、各部分の

機能には様々な説があり、それぞれ複合的な機能・使途を持っていた可能性が高い。

土器埋設部については、石組部のオキを移しての焼き肉、蒸し焼き施設、堅果類を主原料とする蒸し焼きによるパン状加工物の調理施設、パンやクッキーの焼成やアク抜きに用いる灰の一時保存施設、火種保存施設などの説があり、石組部については、アクの生産施設、食料の煮炊き加工やアク溜場、前庭部については、薪の差し込み口、石組部への送風機能、儀礼の場、出入り口などの説がある。

次に、住居内で複式炉以外の構造物が検出される事例もある。住居の奥壁側に段差をつけたベッド状の遺構については、祭壇、ベッドなどと推定されているが、住居の内部を空間的に区切るという意識の現われであろう。また、住居内からの石棒の出土例もあり、男性の性器を模した石棒を屋内で祀るという現代にも通じる風習が認められている。住居の床面に埋甕を設置している住居もある。住居内の埋甕については、土器を棺とした埋葬施設、土器を容器とした貯蔵施設などが考えられる。ただし、入口については、複式炉とは別の箇所が入口となる考え方と複式炉の前庭部が入口となる考え方の2つの説があるが、決着を見ていない。

また、復元住居では中2階をロフト状に復原している例もあるが、福島県文化財センター白河館では、夏季と冬季に複式炉を用いた燃焼実験を行っている。午前10時に複式炉で燃料に点火し、17時に消化するまでの7時間火を焚くと、点火の約1時間半後には中2階の温度は35～40度に達し、煙の上昇とも相まって、人間が生活するのに適した状況とは言い難いとの実験結果が得られている。

以上のように、複式炉については、複式炉の変遷過程の研究、集落研究が中心となっており、生業にかかわる機能用途の研究は低調であることは否めない。

まとめにかえて　縄文時代の各時期を通じて言えることであるが、狩猟、漁撈、採集は、獲得対象物に季節性が認められるものがほとんどであり、限定された期間内での作業であったことが想定される。これらの生業活動には、その準備作業、獲得物の処理、保存作業が必要であり、紹介した遺跡だけが単独で生業活動に従事していたとは考えにくい。その点からも、単独の遺跡ではなく

遺跡群としての研究の必要性を感じている。

　各地のダム関連遺跡群では、ひとつの遺跡の調査成果だけではなく、周辺の遺跡群をとりまとめた居住域と生業域にかかわる生活空間についての論考が認められる。仙台湾の貝塚研究のように現代の動物、植物の生息についての基礎的研究により裏付けられた論考ではないにしても、調査成果だけではなく地域の環境を反映した論考と言えるだろう。

　また、生業にかかわる情報は、貝塚や低湿地遺跡のように、遺構だけでなく、遺構から出土する土器や石器、それ以外の出土遺物（木製品、動物遺存体、植物遺存体）、理化学分析の分析結果、遺跡地形、古環境などが密接なかかわりを持ち、導かれるものである。

　頁岩、アスファルト、製塩土器のような、産地、製作地がある程度限定される遺物については、各研究分野での研究が推し進められている。本稿では各分野の研究を取り上げるまでには至らなかったが、特定の遺物により生業活動、物と人の流れについての詳細な検討が加えられている。

　理化学的分析については、花粉分析、植物遺存体の同定分析により、遺跡に存在した植生は報告書で明示されることが多い。最近は植生を復元するだけでなく、遺跡周辺の地形、人と植物のかかわりを加味した縄文生態系の復元も行われている。この研究は科学的な分析手法が、より生業にかかわる成果として集約されたものとして評価される。

引用・参考文献

會田容弘 2000「縄文時代の頁岩製石刃製作と流通」『山形考古』6 — 4
相原淳一 2001「宮城県における縄文時代集落の諸様相」『列島における縄文時代集落の諸様相』縄文時代文化研究会
阿部昭典 2008『縄文時代の社会変動論』
阿部芳郎 2006「環状盛土遺構研究の現在」『考古学ジャーナル』548
石井　寛 2000「外縁部の柄鏡形（敷石）住居」『縄文時代』11
石井　寛 2003「東北地方における礫附帯施設を有する住居址とその評価」『縄文時代』14
加藤道男 1999「仙台湾周辺の製塩遺跡」『東北歴史資料館研究紀要』15
菊地政信 2000「一ノ坂遺跡の研究」『山形考古』6 — 4

後藤勝彦 1990『仙台湾貝塚の基礎的研究』
小林圭一 2001「山形県における縄文時代集落の諸様相」『列島における縄文時代集落の諸様相』縄文時代文化研究会
坂口　隆 2003『縄文時代貯蔵穴の研究』
佐々木洋治 1996「山形県高畠洞穴群の諸問題」『シンポジウム道化追跡の諸問題』千葉大学
菅原弘樹 2003「埋葬された縄文犬と散乱した犬骨」『考古学ジャーナル』501
大工原豊 2003「模倣と模造—硬質頁岩製石匕・石槍の流通と型式変容—」『縄文時代』14
東北歴史資料館 1989『宮城県の貝塚』東北歴史資料館資料集 25
日本考古学協会 2005 年度福島大会実行委員会 2005「複式炉と縄文文化」『日本考古学協会 2005 年度福島大会シンポジウム資料集』
日本考古学協会 2009 年度山形大会実行委員会 2009「東北縄文社会と生態系史—押出遺跡をめぐる縄文前期研究の新たな枠組み」『日本考古学協会 2009 年度山形大会研究発表資料集』
芳賀英一 2001「福島県における縄文時代集落の諸様相」『列島における縄文時代集落の諸様相』縄文時代文化研究会
福島県教育委員会 1991『福島県の貝塚—県内貝塚詳細分布調査報告—』
松井　章 2000「動物職と植物食」『古代史の論点 1』小学館
宮城県 1981『宮城県史』34（資料篇 11）、宮城県史刊行会
八木勝枝 2006「東北地方晩期の盛土遺構」『考古学ジャーナル』548
山田晃弘 2005「縄文時代のサケ」『東北歴史博物館研究紀要』6

Ⅳ 北陸・中央高地の縄文集落の生活と生業

戸田哲也・綿田弘実・前山精明

第1章 北陸・中央高地の生活・生業施設の研究の現状

　本章では北陸地方（新潟県・富山県・石川県・福井県）、中央高地（長野県・山梨県）、そして長野県と北陸西部域に接する岐阜県を含めた本州中央部を対象として、生活・生業施設に関わる主要遺跡を概説するが、上記の大きく三つの地域に分けて分担執筆した。

　本州中部域における生活・生業研究の経過と現状を語るとき、一つに低湿地遺跡から得られる資料によって研究が進捗している日本海沿岸域と、一つに大規模集落跡の全体像がとらえられ、とくに住居研究が進捗している中部高地、という自然地理条件に立脚した二つの地域的あり方が指摘しえるのである。

　ただし中部高地において低湿地遺跡の検出が少ないのは、谷戸地形、湧水面を含む低地に調査が及んでいないことも一因であろうが、日本海沿岸域において大規模集落跡の検出例が少ないことについては、調査が及んでいないことを理由にすることはできず、これについては生活環境にもとづく地域的要因が考えられねばならないであろう。

　さて、日本海沿岸域における低湿地遺跡の発見と調査からは、それまでほとんど見ることもできなかった多くの生活遺物（人工遺物および自然遺物）が出現し、縄文時代研究にとって大きな画期となるものであった。そしてその後も続く低湿地遺跡の調査と研究は関連科学との提携を生み出し、まさに縄文人の生活と生業を解明するための牽引役となっているのである。

　縄文時代を代表する低湿地遺跡である福井県若狭町鳥浜貝塚は1962～1985年にわたって調査が行われ、縄文時代前期を主体とする大量な遺物群が調査された。中でも研究者の注目を集めたのは木製品であり、採集、狩猟用具として丸木舟と櫂、杓子（アカ汲みも含むか）、ヤス、タモ枠、弓、小型弓、ソケット付石斧

柄、尖り棒（掘り棒も含むか）などがあり、生活用具として漆塗り容器類（台付皿、台付鉢、椀）、赤漆塗り櫛、編み物、縄類などがあり、そのほか用途不明木製品類と実に多種多様である。またこれら木製品と共伴して多種にわたる骨角器類、大量の土器群（漆塗を含む）、石器群が出土しており、縄文時代前期後葉の日本海沿岸域を代表する遺物群となっている。

鳥浜貝塚の調査では早い段階から自然科学分野の多くの研究者が調査に参加し、当時では最も進んだ調査体制が組まれたことも、その後の低湿地遺跡調査のモデルとなるものであった。そして調査報告書刊行後もなお継続的な分析研究が続けられているのである。

鳥浜貝塚の調査が終盤となる1982～1983年にかけて、石川県能登町真脇遺跡の調査が行われた。上層からは晩期前～中葉に属する環状木柱列と遺物群が検出され、以下前期まで各期の堆積遺物が出土しているが、とくに中期前葉の層中からはイルカ遺体が大量に出土し、縄文時代におけるイルカ漁を解明する重要な契機となった。さらにイルカ出土層下（前期末）からは、長さ2.5mを超えるクリ材に彫刻を施したトーテムポール状木柱が出土している。

真脇遺跡では史跡整備の一環として1998年～2004年までの合計9次にわたる計画的な追加調査が実施され、前回までの成果に立脚した考古学と自然科学による分析が公表されている。とくに真脇遺跡を代表するイルカ漁については民俗学的、動物学的知見を加え、縄文人の生業に肉迫していく観がある。

北陸地方ではこの後も低湿地遺跡の発見と調査が相次ぎ、富山県小矢部市桜町遺跡（1989～1990、1996～2003年調査）では中期末～後期初頭に属する大量な木製品、とくに建築材と見られる多数の廃材が出土し、それらを再利用した水場と木組遺構の構造が明らかになった。このように桜町遺跡では木材の樹種とその利用法、木材の加工、建築材の構造など、縄文人と木の文化に関わる研究に大きな進展を見たのである。

同じく小矢部市臼谷岡村遺跡では、低位台地上の住居群、斜面部の掘立柱建物群と捨て場遺構、そして谷底には153基にのぼる貯蔵穴群という縄文中期後半～後期前葉の集落構成が知られている。

福井県鯖江市四方谷岩伏遺跡では、後期末～晩期初頭に属する水場遺構が検出された。部分的調査ではあるが、自然流路に沿って作られた保存状態の良い土

坑、木組遺構からはそれぞれ植物質遺物が出土し、これらの分析からは植物性食料の貯蔵実態に迫る成果が得られている。

新潟県新発田市青田遺跡では、晩期後半の河辺に作られた集落が発見された。動・植物遺体の分析から、河川を利用したフナなどの淡水魚と大量に獲られた可能性のあるシロザケを中心とする漁撈活動と、栽培されたクリ林のひろがる生活・生業景観が復元されている。

このように低湿地遺跡のもつ特別な性格は、今や縄文時代の生活・生業を復元するうえで、欠くことのできない存在となっており、今後、同種遺跡の発見と調査については、過去の成果をふまえ計画的に行う必要があろう。（戸田哲也）

第2章 北陸・中央高地の生活・生業施設の変遷

第1節 北陸地方（新潟、北陸東部・能登）

(1) 草創期～早期の生活・生業施設

草創期の遺跡は内陸部の河川流域に集中する。未だ明確な住居は確認されておらず、生業情報や生活・生業関連施設も限られる。

信濃川上流域の津南町周辺では、清津川との合流部付近に30ヵ所近い草創期遺跡群が形成されている。周辺には河岸段丘が発達し、低位・中位・上位面に区分される。草創期の遺跡は低位面の利用頻度が高く、中位面の下段を合わせた遺跡数は全体の6割以上にのぼる。生活・生業関連施設としては、卯ノ木南遺跡から16基からなるフラスコ形土坑群（図1-1）、堂尻遺跡から落し穴3基が確認されている。いずれも微隆起線文段階に属し、新潟県内では最古の生業関連遺構となる。前者は、フラスコ形土坑の初源にあたる特筆すべき遺構である。

阿賀野川支流の常浪川に近い阿賀町（旧上川村）小瀬が沢洞窟では、棒状尖頭器（断面三角形錐）などのいわゆる「渡来石器」を含む草創期の遺物が多量に出土した。焼土以外に明確な遺構は確認できなかったが、遺物の分布状況から洞窟内部や開口部は調理・居住空間、洞窟前面斜面は石器などの製作・使用空間として利用されたとみられる。洞窟内や開口部からは若干の動物遺体も出土した。捕獲季節が冬季に限られるガン・ヒシクイや、日本海沿岸部とのコン

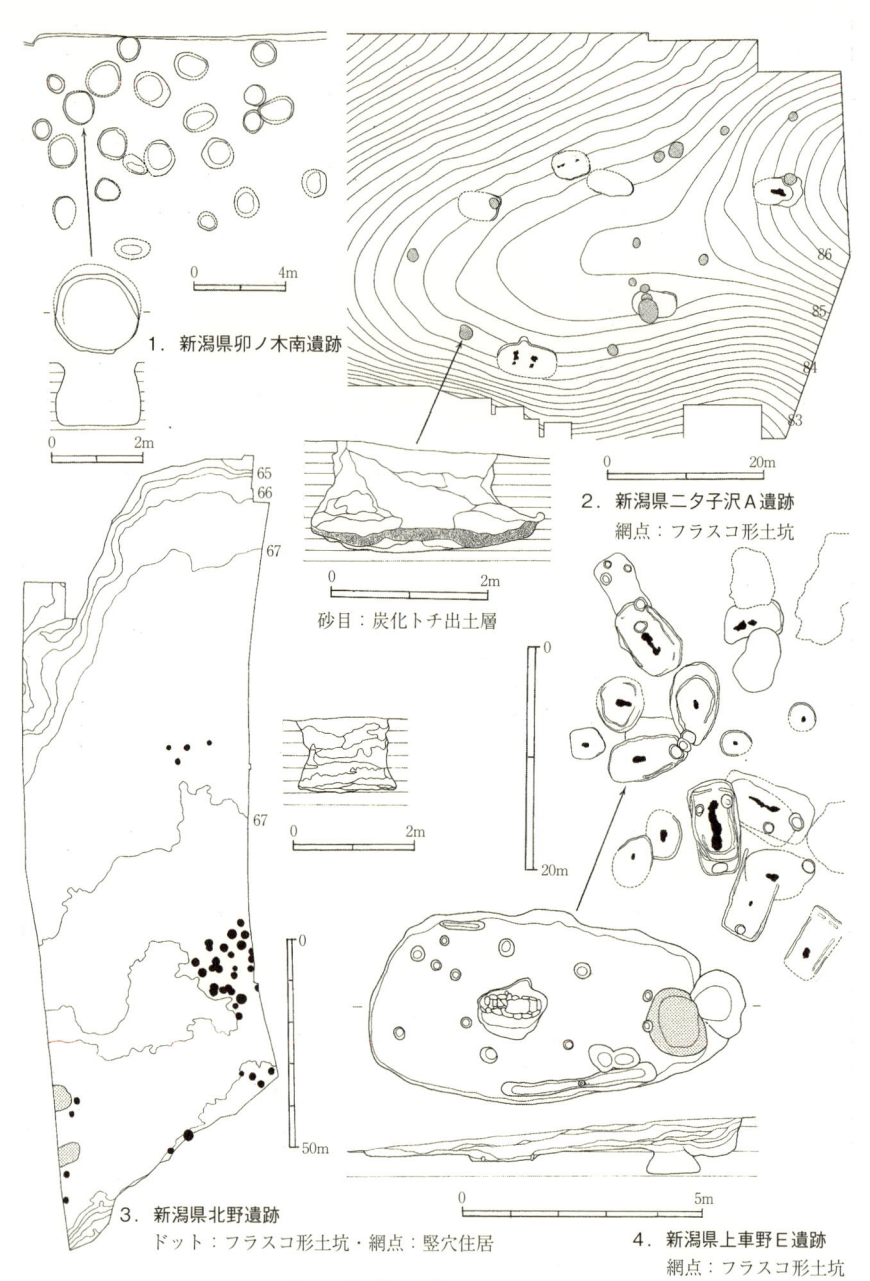

96　Ⅳ　北陸・中央高地の縄文集落の生活と生業

1．新潟県卯ノ木南遺跡

2．新潟県二夕子沢A遺跡
網点：フラスコ形土坑

砂目：炭化トチ出土層

3．新潟県北野遺跡
ドット：フラスコ形土坑・網点：竪穴住居

4．新潟県上車野E遺跡
網点：フラスコ形土坑

図1　草創期～中期のフラスコ形土坑
（卯ノ木南：佐藤 2011　二夕子沢A：新発田市教育委員会 2003　北野：新潟県教育委員会・財団法人
新潟県埋蔵文化財調査事業団 2005　上車野E：渡邊美穂子 2003 に一部加筆）

タクトを示すウミガメの存在が注目される。

早期の遺跡は草創期と同様の分布傾向を示す。遺跡数にも目立った変化はないが、小規模ながらも集落が形成されるようになる。

津南町干溝(ひみぞ)遺跡では、中位段丘の縁辺部から住居7軒からなる撚糸文土器期の集落が確認された。いずれの住居も炉が欠落しており、焼土と焼礫によって特徴づけられる集石土坑がこれを補完する可能性が指摘されている。

阿賀野川支流の常浪川に面した阿賀町大谷原遺跡では、沈線文土器期の住居が7軒確認された。貯蔵施設は見出されなかったものの、100点を超す磨石・敲石類が出土し、植物質食料に対する依存の高まりをうかがわせる。

信濃川の上流域周辺や新潟県南西部の妙高山麓では、早期後半から落し穴が増加する。なかでも信濃川の支流魚野川の源流付近に位置する湯沢町岩原(いわっぱら)Ⅰ遺跡では、早期後半から前期前葉に構築された円形・楕円形の落し穴133基が尾根状の台地に列をなして分布していた（図2-1）。

この時期の狩猟活動のあり方を具体的に示す動物遺体の出土例は、山岳地帯の洞穴遺跡に偏在する。小瀬が沢洞窟の上流部に位置する阿賀町室谷(むろや)洞窟では、草創期後半から前期初頭の動物遺体が多量に出土しており、大型獣ではカモシカ・ツキノワグマ、中型〜小型獣ではアナグマ・ノウサギが主体を占める。魚野川支流の破間川上流に位置する魚沼市黒姫(くろひめ)洞窟では、撚糸文土器期の層準からノウサギ・鳥類などの小動物が出土した。両遺跡の石器では石鏃が卓越し、弓矢猟の活動実態を示す事例となる。

草創期〜早期の石器群には、漁具と特定できる用具が欠如する。そうした中で、室谷洞窟ではモズクガニとみられる甲殻、黒姫洞窟ではサケが確認されている。ともに撚糸文土器期の資料で、この時期の内陸部で河川漁が活発に行なわれた可能性を示唆する資料として重要である。

(2) 前期〜中期の生活・生業施設

前期に入り遺跡数は倍増し、海岸砂丘地への進出や現在の平野に面した山裾での活発な活動が見られるようになる。植物食の利用や漁撈活動が本格化するとともに、装身具や石斧製作遺跡が現れるのもこの時期である。

越後平野南部の西山丘陵に位置する長岡市（旧和島村）大武(だいぶ)遺跡では、地表

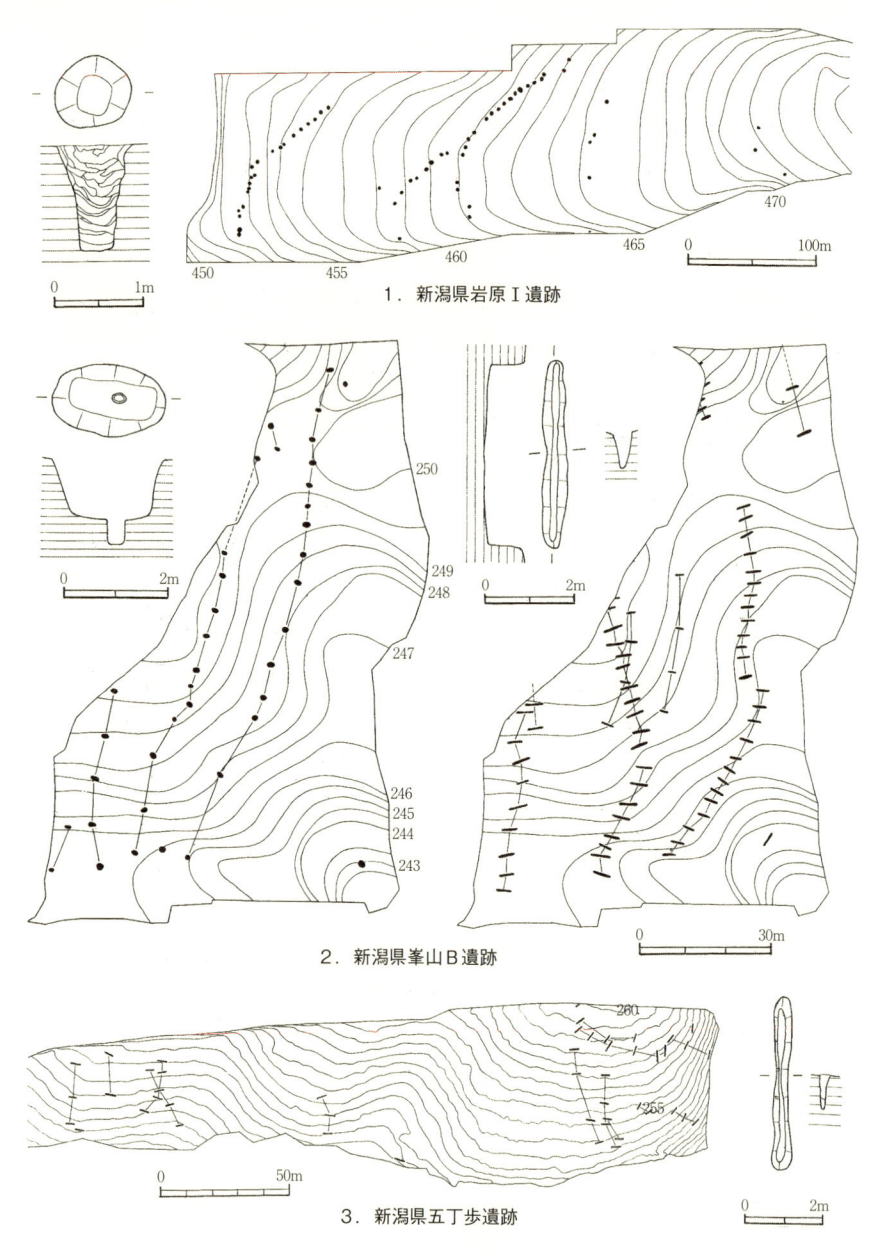

98　Ⅳ　北陸・中央高地の縄文集落の生活と生業

1．新潟県岩原Ⅰ遺跡

2．新潟県峯山B遺跡

3．新潟県五丁歩遺跡

図2　新潟県の落し穴

（岩原Ⅰ：新潟県教育委員会 1990　峯山B：板倉町教育委員会 1986
五丁歩：新潟県教育委員会 1992 に一部加筆）

面下5mほどの埋没谷から前期～中期のクルミ集積ピットが3基確認された。機能時の姿をとどめる生業関連施設としては新潟県内最古の遺構となる。

新潟県北部の村上市（旧神林村）上ノ山遺跡と新発田市二夕子沢A遺跡では、前期終末のフラスコ形土坑が確認された。上ノ山遺跡は越後平野に向かって張り出す舌状尾根の鞍部に立地し、2ヵ所の竪穴状遺構とともに12基のフラスコ形土坑が傾斜変換線付近に群集する。二夕子沢A遺跡は、山地の尾根上に立地する集落である。全域を対象とした調査によって、楕円形に並ぶ6軒の住居の周辺から14基のフラスコ形土坑が確認された（図1-2）。土坑の覆土内からは炭化したトチの内果皮破片が多量に出土し、トチの実の利用開始期を知るうえで重要な知見をもたらした。

新潟～北陸における落し穴は新潟県内に集中し、それらの多くが前期に構築されたと推定されている。新潟県の南西部に位置する上越市（旧板倉町）峯山B遺跡では、尾根から谷にかけて前期～中期の落し穴状土坑群が規則的な列をなしていた。中期初頭の住居との重複関係から前後二時期に大別でき、前期前葉～終末の41基は円や楕円形を呈する（図2-2）。

遺跡立地の多様化を背景に、低湿地遺跡が現れるのも前期の特徴である。越後平野西部の角田山麓に位置する新潟市（旧岩室村）干納遺跡では、大規模河川の掘削に際し、前期後葉の低湿地貝塚が発見された。平野に面した山裾斜面の末端部に形成されるもので、その深さは地表面下5～7m（海峡0m以下）におよぶ。主な食料残渣にはニホンジカ・淡水魚・シジミ・ヒシの実・クルミがある。淡水魚の中ではイトヨが多く、多量に出土した礫石錘とともに網漁の盛行がうかがえる。

干納遺跡に隣接する新潟市（旧巻町）豊原遺跡では、台地縁辺斜面の捨場から前期終末の動物遺体が出土した。哺乳類の大半を占めるニホンジカには10歳以上の老獣が多く、落し穴猟で想定される若齢個体主体の構成とは異なるあり方を示す。越後平野の周辺では落し穴が皆無に等しく、周囲に広がる湿地での追い込み猟が想定できる。

富山湾の周辺では、早期終末以降の10ヵ所あまりの遺跡からイルカの骨が出土している。いずれの遺跡も関連施設は見出されていないが、石川県能登町真脇遺跡の前期終末層から出土したイルカには、尖頭器の先端破片が肩甲骨に

100　Ⅳ　北陸・中央高地の縄文集落の生活と生業

中期中葉の住居と
フラスコ形土坑（黒丸）

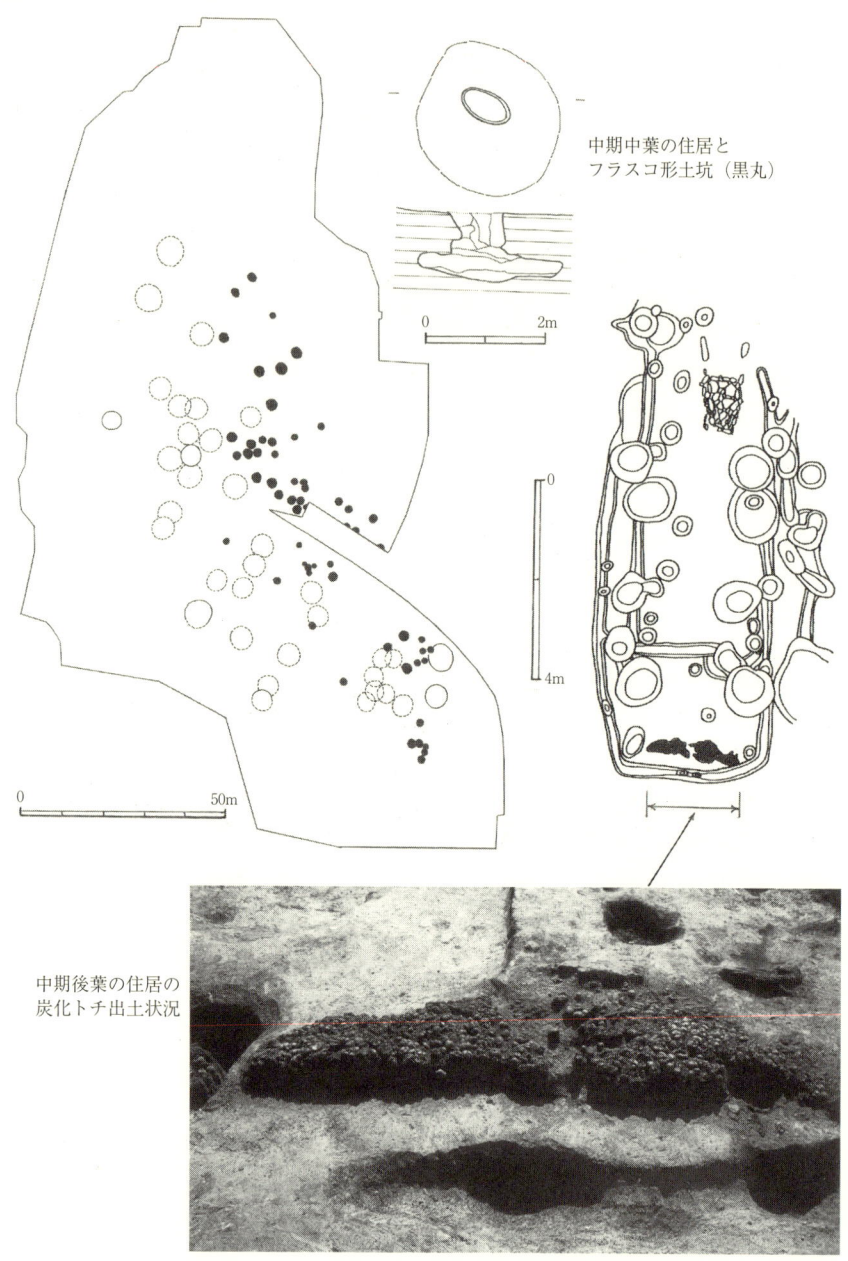

中期後葉の住居の
炭化トチ出土状況

図3　新潟県中道遺跡のフラスコ形土坑と炭化トチ出土住居（長岡市教育委員会1998に一部加筆）

貫入した資料も含まれ、刺突具を用いた猟法を物語る。

　前期以降の新潟〜北陸を特徴づける重要な活動として、磨製石斧や各種装身具の製作をあげることができる。未だ工房とみなされる明確な遺構は確認されていないが、製作遺跡の分布には特色ある変遷が見られる。前期前葉から中期前葉の段階では、新潟〜富山県境産の蛇紋岩や滑石を用いた磨製石斧や装身具の製作が富山平野から越後平野中央部までの広範囲で行なわれた。中でも石材原産地に位置する糸魚川市（旧青海町）大角地遺跡では、早期終末〜前期前葉の磨製石斧の未成品が多量に出土した。その量は製品数をはるかに上回り、製品供給を意図した石斧や装身具製作がこの時期まで遡ることを物語る。

　中期になると遺跡数は急増する。とりわけ信濃川の中流域から上流域での遺跡増加は目ざましく、集落の全体構造が把握できる良好な調査例が増える。その一方で中期の低湿地遺跡は未だ確認されておらず、生業情報は限定されている。

　植物食関連施設としては、堅果類の貯蔵施設とみられるフラスコ形土坑が増加する。新潟〜北陸では新潟に分布の中心があり、阿賀野川以北・阿賀野川上流域・信濃川の中流域〜魚野川流域で比較的まとまった数が確認できる。

　阿賀野川以北では、新発田市上車野Ｅ遺跡で良好な事例がある。加治川に面した台地上に立地する中期中葉の集落で、全体の４分の１で行なわれた調査をつうじ27軒の住居が確認された。フラスコ形土坑は15基を数え、うち14基が住居の内部から見出された（図1-4）。いずれも長方形ないしは隅丸方形住居の長軸端部に位置することから住居内部に併設された遺構と考えられ、貯蔵穴の管理形態がうかがえる興味深い事例となる。

　阿賀野川上流域の阿賀町では、常浪川との合流部付近に位置する北野遺跡とキンカ杉遺跡から中期中葉のフラスコ形土坑群が確認された（図1-3）。その数は前者で55基、後者で60基に達し、集落の特定箇所に群集する点に特徴がある。

　信濃川中流域の長岡市域や魚野川流域でフラスコ形土坑の数が多い。長岡市中道遺跡では環状集落の半部で調査が行なわれ、中期中葉から後葉の住居が52軒確認された。フラスコ形土坑は65基を数える。いずれも中葉に属し、住居群の内側に帯状に分布する（図3左上）。一方、中期後葉の火災住居からは

炭化したトチの実が多量に出土した（図3右下）。長方形を呈する住居の入口付近に500個体以上のトチの実が帯状に堆積し、網籠状の炭化物が下面に残存していた。住居内部に保存したトチが燃え落ちたものと考えられ、穴貯蔵から乾燥貯蔵への移行を示す好事例となる。

　信濃川の上流域では、フラスコ形土坑の数がきわめて乏しい。このうち津南町沖ノ原遺跡では、中期後葉の長方形住居の入り口付近から総重量1kgほどの炭化クリと50点あまりの炭化食品が出土した。壁板が残る火災住居で、この地域において乾燥貯蔵が一般的に行なわれたことをうかがわせる。

　落し穴は、中期になっても引き続き構築される。所属時期が特定できる事例は乏しいが、前掲の峯山B遺跡では中期初頭以後に構築された73基が規則的な分布を示す。このほか、南魚沼市（旧塩沢町）五丁歩（ごちょうぶ）遺跡では中期中葉の集落の廃絶後に構築された48基が確認された。いずれも平面形態は溝状を呈する。

　磨製石斧の製作遺跡は中期中葉に至り、石材原産地周辺の富山県北部の境A遺跡などから新潟県上越市山屋敷Ⅰ遺跡までの範囲に30ヵ所あまりが集中化するようになる。姫川に面した高位台地上に位置する糸魚市長者ヶ原（ちょうじゃがはら）遺跡はこの地域最大規模の集落で、大量の原石が集積されるとともに、成品量をはるかに上回る未成品や砥石が出土している。製作関連施設としては、磨製石斧製作土坑を伴う住居が1軒確認できるにすぎないが、周辺地域への製品供給を意図した中核的な石斧生産集落と位置づけられる。

(3) 後期〜晩期の生活・生業施設

　新潟県内では後期前葉に海岸平野部で遺跡数の増加を認めるものの、中葉になると減少に転じる。以後新潟・北陸の遺跡は減少化するが、沖積低地への進出という新たな動きが見られ、植物性食料残渣などの生業情報は再び増加する。

　角田山麓の新潟市（旧巻町）御井戸（おいど）遺跡では、台地下の扇状地に晩期終末を中心とするトチ塚が形成されていた。クルミも多量に出土しており、その約半数は未利用個体によって占められる。付近からは1,100個体あまりの未利用クルミからなる堅果類集積土坑が確認された。このうち上半部ではネズミの食害個体や自然発芽個体が含まれており、クルミ採集量の増大と貯蔵期間の長期

化を示唆する遺構と考えられる。

　越後平野の北部に位置する新発田市（旧加治川村）青田遺跡は、掘立柱建物から構成される晩期終末の集落で、トチやクリを中心とする大量の植物性食料残渣とともにそれらの貯蔵施設も確認された。貯蔵時の状況をとどめる遺構には、未利用のドングリ類（ナラガシワ）が集積された小規模な土坑がある。フラスコ形土坑の中には、底面にヤナギの枝とマタタビの蔓による草敷を行なう例も見られる（図4-3）。埋積土からはクルミの花粉が多量に検出されており、分析者はクルミの貯蔵穴と推定している。

　同じく新潟県北部の胎内市（旧中条町）野地遺跡では、後期後葉の包含層の一角から1,000個以上のトチと100個ほどのクリが炭化した状態で出土した。家屋焼失に伴う廃棄物の可能性があり、この時期における堅果類の貯蔵法を考える上で留意すべき事例となる。

　越後平野南部の西山丘陵に位置する出雲崎町寺前遺跡では、丘陵直下の自然流路から後期前半と、晩期終末の木組遺構が確認された。遺存状況が良好な前者は、幅4m・長さ2.5mの規模をもつ（図4-1）。周囲からはトチの実とともに多量の磨石・敲石類や粗製深鉢形土器が出土しており、トチの実の加工施設とみなされる。遺構付近に居住施設は確認されておらず、東200mほどに位置する出雲崎町乙茂遺跡に付随した作業空間と見られる。

　村上市（旧朝日村）元屋敷遺跡では、岩盤をくりぬき礫を半円形に配置した遺構が居住域直下の低位段丘面から確認された。溝状の施設が付随し、遺構直上の段丘斜面に湧水を認めることから何らかの作業に用いた水場遺構とみられる。居住域に隣接した湧水地ではイネ科植物の葉の上に外皮を除去したトチが多数集積されており、加工初期における水漬け段階の姿をとどめる施設の可能性がある。

　海岸砂丘地に立地する刈羽村刈羽大平遺跡では、後期後葉の楕円形木槽が確認された（図4-2）。ほかに類例のない遺構であるが、ドングリを伴うことからそれらのアク抜処理に関わる施設と見られる。

　北陸〜新潟では、晩期に至り魚網錘が激減する。その一方で、新潟県内では後・晩期を中心にサケの出土例が近年増加している。越後平野の南部では御井戸遺跡などで依然としてイトヨが高い割合で含まれ、網漁以外の漁法への転換

104　Ⅳ　北陸・中央高地の縄文集落の生活と生業

1．新潟県寺前遺跡の木組遺構

2．新潟県刈羽大平遺跡の木槽

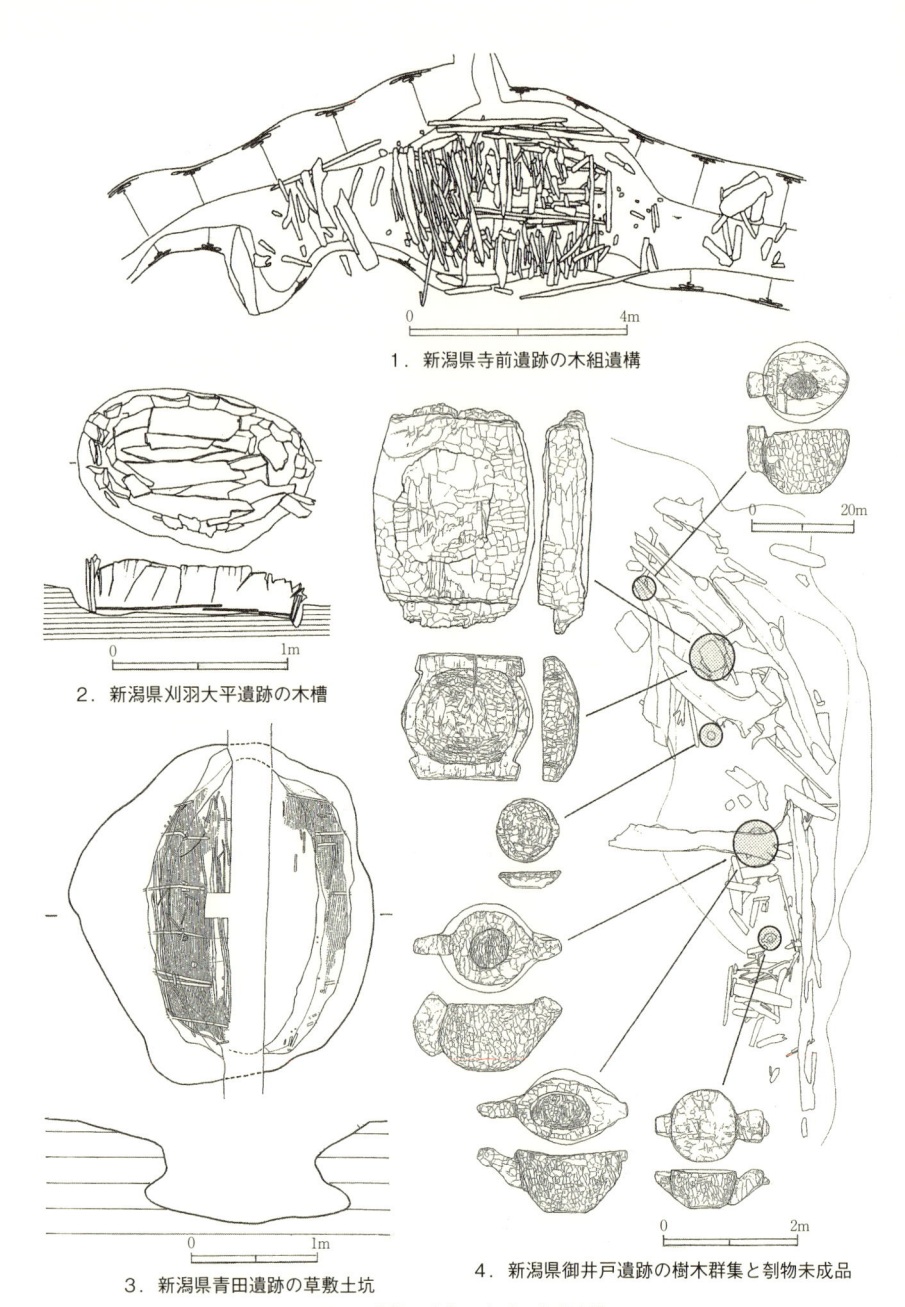

3．新潟県青田遺跡の草敷土坑

4．新潟県御井戸遺跡の樹木群集と刳物未成品

図4　後期～晩期の生活・生業遺構

(寺前：新潟県教育委員会・財団法人新潟県埋蔵文化財調査事業団 2008　刈羽大平：柏崎市教育委員会 1985　青田：新潟県教育委員会・財団法人新潟県埋蔵文化財調査事業団 2004　御井戸：前山 1996 に一部加筆)

をうかがわせる。青田遺跡では筌状の編み物が出土しており、自然流路での調査をつうじ定置漁に関わる施設が今後発見されることも予想される。

　中期に盛行した新潟・富山県境の蛇紋岩製磨製石斧の生産は、後期に入り一時的に衰退するが、晩期になると前述の大角地遺跡に隣接した糸魚川市寺地遺跡で再び活発な生産が行なわれるようになる。新潟県の北部では、後期に入り在地の安山岩や輝緑岩を用いた中型～大型石斧の生産が活発化し、新発田市から村上市に至る範囲に20ヵ所ほどの製作遺跡が確認されている。成品の十倍以上におよぶ未成品が出土した遺跡としては、後期後葉から晩期前葉の新発田市中野遺跡、晩期中葉～後葉の同市館ノ内遺跡、後・晩期の元屋敷遺跡があげられる。このうち、館ノ内遺跡では住居床面から大型砥石が出土し、元屋敷遺跡で未使用とみられる複数の完形石斧を集積した埋納遺構が3基確認された。

　一方、元屋敷遺跡では磨製石斧の完成品も多量に出土したが、大多数が破損状態にあるところから磨製石斧の大量消費地としての側面を併せもつことを物語る。この遺跡内での石斧の使用実態は明らかでないが、消費地側における木工活動の一端を示す遺構が御井戸遺跡から確認されている。台地下の扇状地に形成された窪地に加工樹木が群集するもので、大小の伐採木・板材・割材とともに剥物未成品が出土した（図4-4）。剥物未成品は容器や皿・杓子からなり、容器未成品には加工進度に違いが見られる。乾燥を防ぎ加工に適した状態を保つための、水漬け工程の姿を留める施設とみられる。

　越後平野の周辺では、近年沖積地に立地する晩期遺跡の調査例が増加し、従来知られていなかった形態の集落が明らかになってきた。新津丘陵の西麓に位置する新潟市大沢谷内遺跡群はその一つである。遺跡群の広がりは南北800mあまりにおよび、時期を異にした3地区からなる。いずれの地区もこの時期の拠点集落に比べ遺物量が少なく、生産的な要素が乏しい点に特徴がある。

　晩期中葉の大沢谷内遺跡北部地区では、住居10軒と掘立柱建物4軒が確認された。この集落では、石油の湧出地が付近に存在することから天然アスファルトが多量に搬入され、精製作業に関わる可能性が指摘される土坑も見いだされた。このほか、花崗岩などを石材とする磨石・石皿や円礫を埋納した土坑が10基以上確認された。越後平野周辺では花崗岩を母材とした石英・長石が土器の混和剤として利用されており、その流通に関わる施設と考えることもできる

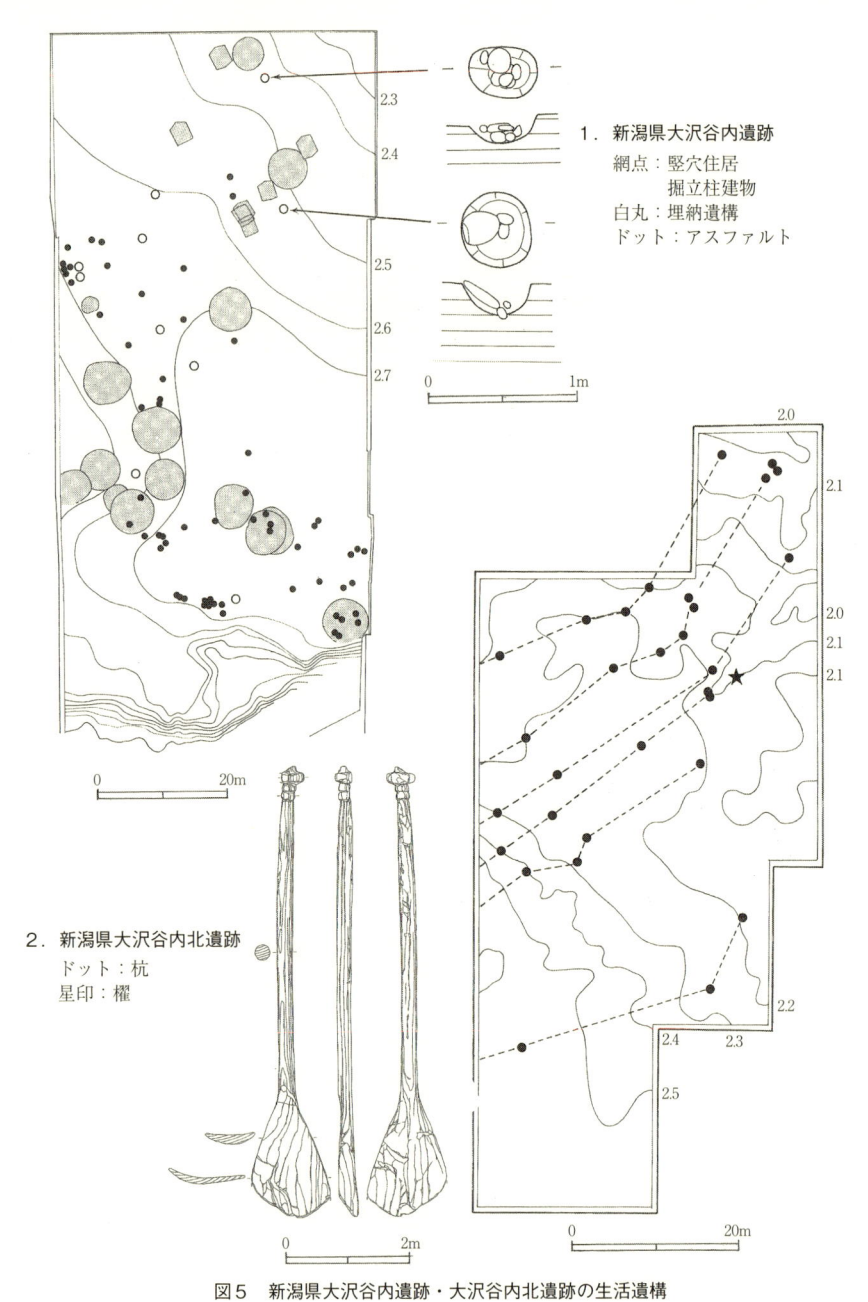

106　Ⅳ　北陸・中央高地の縄文集落の生活と生業

1．新潟県大沢谷内遺跡
網点：竪穴住居
　　　掘立柱建物
白丸：埋納遺構
ドット：アスファルト

2．新潟県大沢谷内北遺跡
ドット：杭
星印：櫂

図5　新潟県大沢谷内遺跡・大沢谷内北遺跡の生活遺構
（大沢谷内：前山2010に一部加筆　大沢谷内北：新潟市教育委員会2010に一部加筆）

（図5-1）。

　これに隣接する晩期中葉終末の大沢谷内北遺跡では、微高地下の低湿部で調査が行なわれ、6列からなる杭が確認された。この地区では粗製深鉢形土器以外の遺物が極端に乏しい一方で漆塗りの竪櫛や遺跡内での使途が不明な搬入礫が出土しており、前述の大沢谷内遺跡北部地区と同様に交易活動に関わる集落の可能性が高い。杭列付近からは櫂が出土しており、それらが丸木舟の繋留施設として使用された可能性を示唆する（図5-2）。　　　　　（前山精明）

第2節　中央高地（長野県・山梨県）

(1)　草創期〜早期の生活・生業施設

　住居に関する事項は、長野県については神村（1980）、宮本（1985）、長野県（1988）、山梨県については山梨県（1999・2004）、櫛原・今福（2001）、櫛原（2001・2006・2010）に基づいて記述する。なお前期以降は事例多数のため、遺跡名は記さない。

　遺物集中・洞窟　隆起線文土器後半期の長野県信濃町星光山荘B遺跡は、野尻湖の西に立地する。ほぼ同時期の山梨県北杜市神取遺跡は住居痕跡を残さないキャンプサイト的な遺構である。長野県では山間地の洞窟遺跡として、微隆起線文土器期から多縄文土器期の須坂市石小屋洞窟遺跡（標高920m）、草創期末の表裏縄文土器から押型文土器末期の北相木村栃原岩陰遺跡（標高960m）が知られている。栃原では堆積層中に石組炉61、焼土63の遺構を数える。

　竪穴住居　草創期後半、長野県上松町お宮の森裏遺跡（表裏縄文期、図6-1〜3）には2〜3時期にわたる炉のない住居9軒がある。早期押型文期には炉がない小規模な住居が普及する。飯田市美女遺跡（立野式期、図6-4〜6）に住居11軒、塩尻市向陽台遺跡（沢式期、図6-7・8）に長軸8.8mの大型住居を含む住居4軒、大町市山の神遺跡（細久保式期、6-9〜11）では住居12軒が検出されている。屋外炉を含む集石、焼土集中が伴う。山梨県忍野村笹見原遺跡（平坂式期、図6-15）には壁際に小柱穴がある円形住居2軒がある。

　条痕文期では、塩尻市堂の前遺跡に住居4軒と長径13mの大型住居がある。茅山上層式期以降では、茅野市高風呂遺跡（絡条体圧痕文期）の住居2軒は4本主柱穴と壁柱穴をもつが炉は見られない。築北村向六工遺跡（早期末葉、図

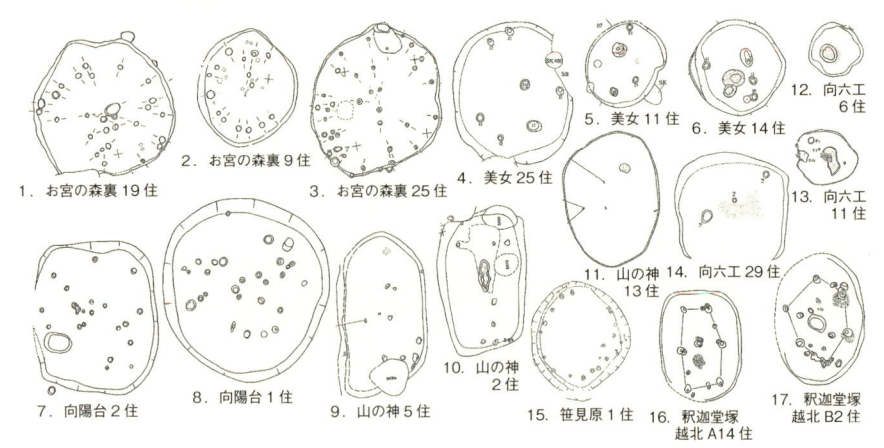

108　Ⅳ　北陸・中央高地の縄文集落の生活と生業

図6　中央高地の縄文草創期・早期住居（S=1/300）
（1〜3：表裏縄文　4〜6：立野　7・8：沢　9〜11：細久保　15：平坂　12〜14・16・17：早期末葉）

6-12〜14）で地床炉をもつ住居5軒があり、1軒には定置式の台石がみられた。山梨県笛吹市釈迦堂遺跡群塚越北A地区（早期末葉、図6-16・17）は長径4〜5mの楕円形プランを主体とし、6〜10本の多柱構造の住居である。過半数が地床炉をもつ。

　落し穴　神奈川県横浜市霧ヶ丘遺跡報告に先立つこと7年、長野県茅野市城之平遺跡で23基の竪穴群が「落し穴」として報告された。長野県ではほぼ全域から落し穴の検出が知られる。茅野市域の八ヶ岳西南麓・霧ヶ峰南麓では42遺跡866基以上の事例があり、早期前半から中期初頭以前に主たる狩猟法を占めたこと、形態変遷、落し穴狩猟域が考察されている（守矢 2006）。100基以上の検出例には、茅野市上の平遺跡144基、師岡平遺跡205基、飯山市小泉遺跡131基、飯綱町表町遺跡133基、飯田市川路大明神原遺跡126基などがある。山梨県では北杜市清里の森第1遺跡132基、上野原市大槻Ⅰ遺跡220基以内、同Ⅱ遺跡約150基ほか1遺跡などがある（山本 2001）。

(2) 前期〜中期の生活・生業施設

　竪穴住居　前期初頭、山梨県（図7-1〜3）には、早期末と同様の住居が見られる。長野県（図7-15〜17）には円形・方形プランがある。前葉の中越式期（図7-4〜7・18〜22）の住居は、円形・楕円形・隅丸方形で4本柱穴が

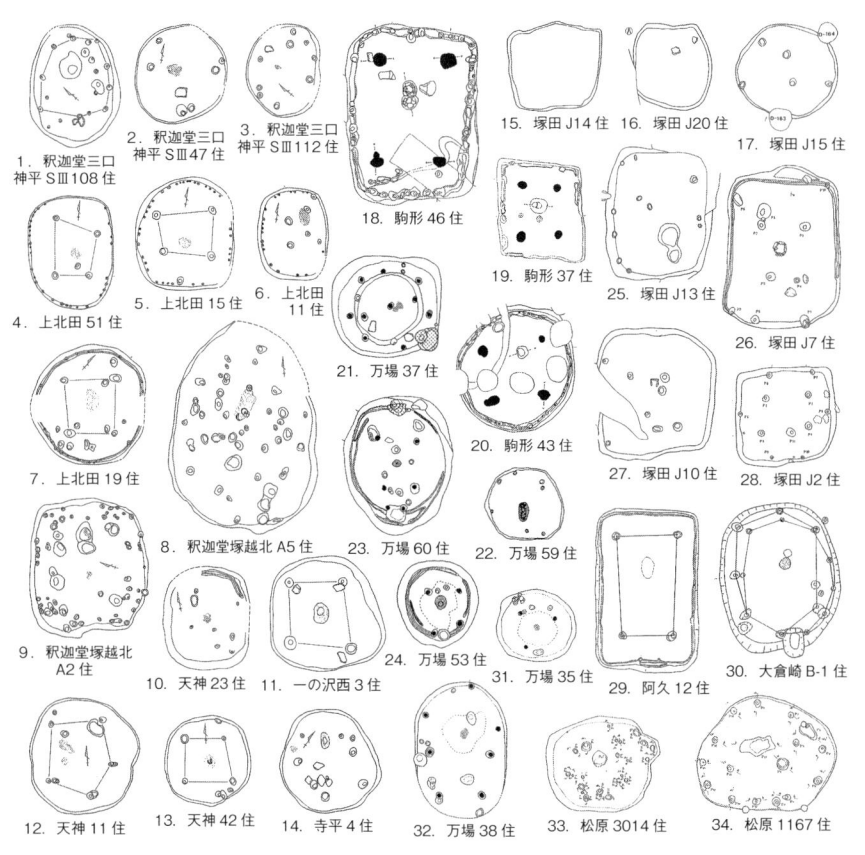

図7　中央高地の縄文前期住居（S=1/300）
（1～3・15～17：前期初頭　4～7・18～22：前期前葉　8・9・23～29：前期中葉
10～12・30：前期後葉　13・14・33・34：前期末葉）

最も多い。長径6～7mの大型、6本柱穴もある。周溝がめぐる住居が多く、中央付近に地床炉をもつ。中葉の有尾・黒浜式期（図7-8・9・23～29）の住居は隅丸方形で2～8本柱穴、埋甕炉をもつ。後葉の諸磯a・b式期（図7-10～12・30）の住居は長径3～4mと小型が多いが、7m超の大型が伴う。4本主柱、大型には6・7本主柱があり、地床炉をもつ。前期全般を通じて平面形には方形系統と円形系統があり、前者を関東地方、後者を北陸・東海・西日本との関連とみる意見がある（樋口1957、長崎1979）。方形系統が主流だった前半期から、黒浜式期以降は円形系統に傾斜し、末葉の諸磯c・十三菩提式期

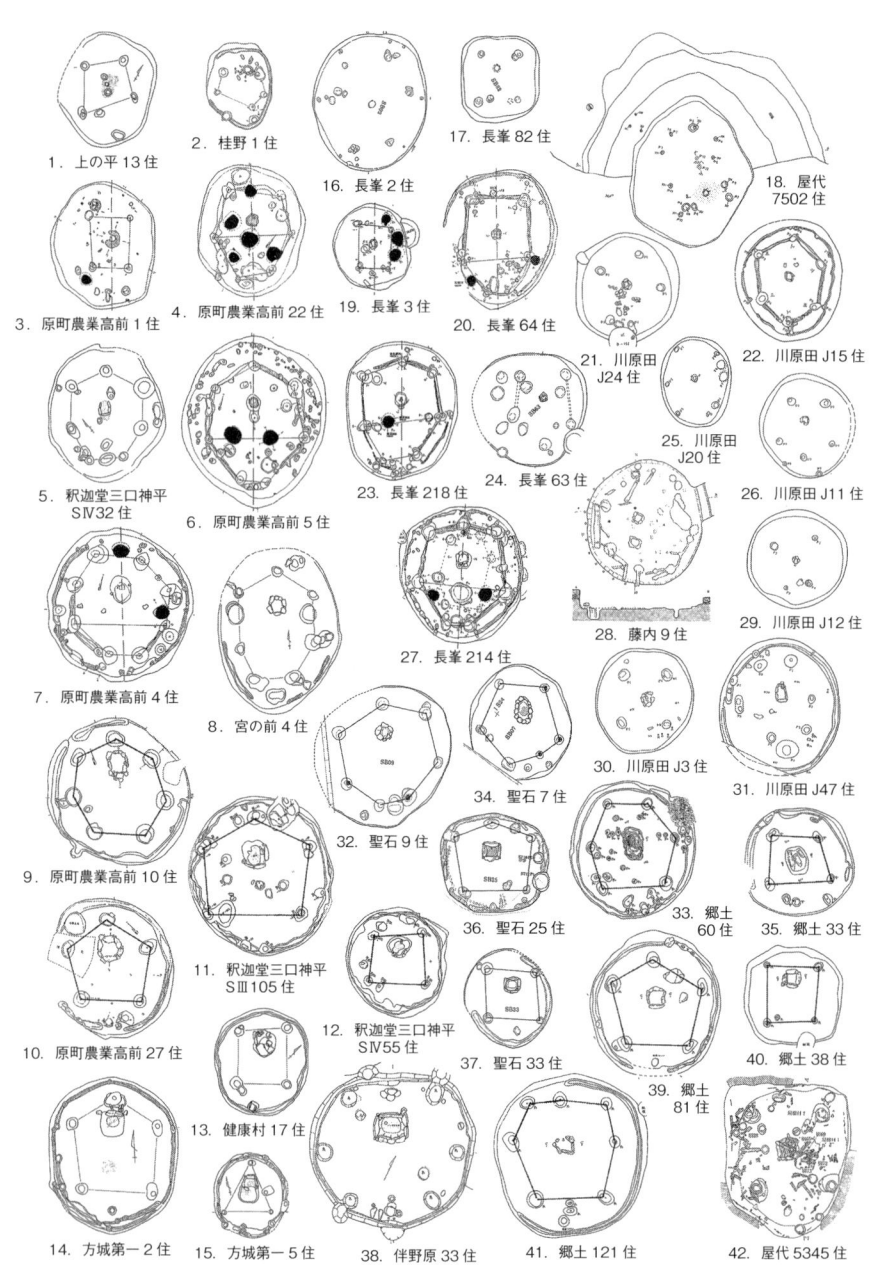

110　Ⅳ　北陸・中央高地の縄文集落の生活と生業

図8　中央高地の縄文中期住居（S=1/300）
（1・2・16〜18：五領ヶ台　3・19：狢沢　4・20・21：新道　5・6・22〜26：藤内
7・27〜31：井戸尻　8・32・33：曽利Ⅰ　9〜11・34・35：曽利Ⅱ　12・13・36：曽利Ⅲ
14・15・37〜41：曽利Ⅳ　42：加曽利EⅢ）

（図7-13・14・33・34）には円形に統合される。

　中期前半、住居構造は定型化する。五領ヶ台式期頃（図8-1・2・16～18）までは前期後半の形態を受け継ぐが、炉が竪穴中央付近に固定化される。長野県千曲市屋代遺跡群では周堤を廻らす住居が検出され、床面から最上部まで深さ1.7mの例があった（図8-18）。中期前半期（狢沢式～曽利Ⅰ式期、図8-3～11・19～33）の住居は出入口と炉を結んだ線を主軸に、4・5・7本主流の太い主柱穴を左右対称に配置した円形・楕円形である。中期後半期（曽利Ⅱ式～Ⅴ式期、図8-9～15・34～41）は規模に応じて3・4・5本主体の楕円形、炉は奥壁寄りで切り炬燵状の方形石囲炉となる。伊那盆地の中期後半には「円形6本主柱型」、「円形5本主柱型」があり、奥壁が直線的なプランの4・6本主柱穴は「辻沢南型住居址」と呼ばれる（長谷川1994・1995・2000）。

　炉の形態は前期末～新道式期：埋甕炉、新道式～藤内式期：石囲炉、藤内式～曽利Ⅰ式期：石囲炉・埋甕炉、曽利Ⅰ～Ⅴ式期：石囲炉である。曽利式期の石囲炉は、Ⅰ式期：石を平置きした長方形・楕円形、Ⅱ～Ⅳ式期：石を斜めに立てた大型方形、Ⅴ式期：石を直立させた小型方形に変遷する（山本1999）。長野県の八ヶ岳南麓、唐草文系土器分布域の松本盆地でもほぼ同じ歩調がたどれる（折井1977、小林1984）。埋甕炉など土器利用炉について、土器を据える使用法と吊す使用法が考察されている（三上1995）。豊丘村伴野原遺跡33号住居では炉底からパン状炭化物が出土し、炉灰で焼く使用法を推定させる稀有な事例である（図8-38）。中央高地では狢沢式から曽利Ⅰ式期に、屋内貯蔵穴を有する住居が見られる（櫛原2009、図8-3・4・6・7・19・20・23・27、図中の黒塗り部分）。

　大型住居　長径10mを上回る例を対象とする。山梨県笛吹市銚子原遺跡例は小判形で長軸12.2m、短軸5.7m、炉は7ヵ所12基が検出された（伊藤2001）。長野県では飯山市須多ヶ峯遺跡7号住居は長楕円形で長軸約17.7m、短軸約7.2m、山形村三夜塚遺跡第4次調査SB22は延長11.7mを測る。いずれも時期は前期末～中期初頭である。茅野市棚畑遺跡では、中期前半の九兵衛尾根Ⅱ式期に10.5×8.5mの7A号、狢沢式期に直径約12.5mの円形住居147号と10.0×8.3mの157号、藤内Ⅰ式期に10.5×9.0mの119号がある。

　住居空間　蒸し焼き状態で埋没した富士見町藤内遺跡9号住居（図8-28）は、

5.4mの円形プランで南壁に階段がある。中央に方形石囲炉F1、西隣の先行するF2でパン状炭化物小片が出土し、周辺に土器、石器が多数残っていた。柱穴には径45cmのクリ材が残存し、北壁前の桁材には幅16cm、深さ4cmの溝が切られ、ほぞ材が付着していた。堅緻な床面の入口から1mは土間、そこから北に厚さ平均15cmの敷物の炭化物があった。F1北側の床面炭化物の上には格子目状に組まれた細い炭化材があり、その上に20ℓとも2ℓともいう炭化クリが集中していた（武藤 2003）。火棚と乾燥貯蔵された種実であろう。桐原健は、炉辺は食事・調理の場、炉前方は土器・石器・木器製作の作業場、敷物の厚い炉後方は居間・寝間と推定する（藤森ほか 1965）。水野正好は炉の左右を昼間の居間、炉の奥を寝間あるいは儀間と推定する（水野 1969）。

長野県に火災住居123軒の事例があり、一部に土屋根・草葺屋根を推定させる事例がある（平林 1999）。原因は失火のみではなく、下伊那系土器分布圏では遺跡中で最大級住居に対する行儀礼的放火という指摘もある（神村 1998）。

掘立柱建物　前期の長野県原村阿久遺跡では柱を立て方形区画を作る「方形柱列」が多数みられ、形態差から3分類される。A型：最も小形で2×2間、3×1間の2種。B型：基本的には大形掘方が一辺5個、計16個で方形を画する。掘方形態は径・深さとも1m前後、柱の直径は20cm程度。C型：大形の掘方4個を基本とする。A・B型は中越式期、C型は黒浜・諸磯a式期に属す。A・B型は棟持柱を有する掘立柱建物とは区別され、「阿久型」と呼ばれる（石井 1995）。類例は長野県で宮田村中越遺跡、茅野市阿久尻・高風呂遺跡、諏訪市十二ノ后遺跡、富士見町坂平遺跡、山梨県北杜市板橋遺跡にある（千葉 2010）。出自が不明であり、平屋・高床の復元案（宮本 1988）、覆屋的な構造をもたない結界目的の施設（伊藤 1992）など上屋構造も諸説ある。

中期後葉曽利Ⅲ～Ⅴ式期には富士見町曽利、茅野市阿弥陀堂・立石・稗田頭、岡谷市梨久保、塩尻市峯畑、松本市南中島、山梨県大泉村甲ツ原（図11-1・2）、北杜市酒呑場の各遺跡例がある（石井 1995、秋山 2001）。柱は2×2本から2×5本に棟持柱を伴う例がある。大桑村川向遺跡（図11-5～8）では前期末葉から中期後葉の掘立柱建物のみが11棟検出され、長径14.5mの大型を含む。富士見町居平遺跡では、中期末葉環状集落の中央土坑群を囲んで17棟が環状に配置する。屋代遺跡群の加曽利EⅢ・Ⅳ式期集落では27棟が検出され、火

床が伴う15棟は平地式住居とされた。火床からサケ・マス類の椎骨・歯が大量に採取され、淡水魚の保存処理施設と推定された（松井・水沢 2011）。

滑石攻玉 藤澤宗平（1963）は長野県の滑石原産地25ヵ所と遺物出土地81遺跡との関係を考察し、白馬岳東部の姫川上流域は原産地と製作遺跡が多いことから、滑石を他地域へ供給していると指摘した。現在玦状耳飾など縄文前期を中心とした製作遺跡として確実視されているのは、白馬村舟山、大町市内の藪沢Ⅰ・一津・上原・女犬原・大崎、安曇野市有明山社、および原村阿久の各遺跡である（島田 2009）。一津遺跡では縄文後・晩期には翡翠の攻玉を行なっている。

粘土採掘跡と土器製作住居 粘土採掘坑は、中期末の長野県中野市清水山窯跡と沢田鍋土遺跡がある。土器製作活動の根拠として、生粘土塊、焼成粘土塊、研磨礫、台形土器に着目して集成された遺跡は、山梨県38・長野県45遺跡がある（山梨県考古学協会 2002）。早期末から晩期末にわたるが、中期例が圧倒的に多い。北杜市酒呑場遺跡Ⅰ区10号住居（藤内式）では生粘土塊と台形土器、土器底部がセットで出土した。茅野市尖石遺跡31号住居（曽利Ⅳ式?）では口径1m、深さ60cmのピットに水濾しした赤土塊を貯蔵し、大形の炉跡から被熱した花崗岩と粉末状の酸化鉄が出土した。富士見町坂上遺跡6号住居（曽利Ⅱ式）からは、粉末にして両手で6杯分ほどの粘土塊があった。川上村大深山遺跡18号住居では床面に長さ1.7m、幅60cmの粘土が盛られ、口径70cm、深さ50cmのピット底に径60cmの焼けた盆形の粘土塊が置かれていた。

廃棄場 釈迦堂遺跡三口神平地区には中期全般にわたる廃棄場が2ヵ所あり、大量の土器のほかに約1100点の土偶や土鈴、スプーン、小型土器などの土製品が多数出土し、モノオクリの場と考えられている（山梨県 2004）。長野県ではこれほど大規模な廃棄場は知られていないが、諏訪市荒神山遺跡には住居などがない緩斜面から、諸磯c式から曽利Ⅱ式に及ぶ完形品を含む数百個体の土器と石器多数が出土した土器集中箇所がある。

杭列・焼土跡 千曲川の洪水砂に覆われた長野市松原遺跡では、中期末葉から後期前葉調査面で住居7軒と屋外の焼土跡34基、杭列状遺構が検出された。杭列のピットは円形を基本とし掘方はなく、底面は鋭角的なものが大半である。間隔は40cm以上でほぼ等間隔に並ぶ。総数1851基は視覚的に15列の並びが

想定された。屋代遺跡群の中期後葉調査面では住居 53 軒、掘立柱建物 27 棟、焼土跡 97 基、杭列 43 基ほかが検出された。杭列は 2 面に分かれ、個々のピットの規模・形態は松原遺跡と変わらない。多くは遺構希薄部分に集中し、直線状、弧状に並ぶ。松原遺跡では空間分割柵、屋代遺跡群では民族例から魚干し棚、捕獲杭列、檻などの仮説を述べている。

竪穴状遺構・小竪穴・土坑など　呼称と用途について諸説あるが（堀越 1975～1977、今村 1988）、中央高地では墓坑以外に性格を論じられることは少ない。岡谷市扇平遺跡の 167 基の小竪穴を対象に、屋根型を復元し用途を考察した例、伊那市月見松・北丘 B 遺跡の小竪穴を竪穴の住居に帰属する屋外の生活施設ととらえ、女性固有施設・作業場・水溜などの性格を推定した説（宮沢 1974）がある。

1970 年代、長野県松川村葦間川左岸 A 遺跡で発見された勝坂式期のピットに貯蔵されたコナラのドングリが（笹澤 1967）、アク抜き技術の存在を証明する確実な上限年代の事例として注目された（渡辺 1975）。

今日では、縄文中期の西南関東から中央高地は群集貯蔵穴が多く、磨石類を主体とする北東関東に対して、貯蔵穴の少なさと圧倒的な打製石斧の多さが指摘され、根茎類を食料源として重視する意見がある（今村 1989）。

貝　塚　1964 年、諏訪湖岸から 300 m 隔たる下諏訪町殿村遺跡の標高 780 m

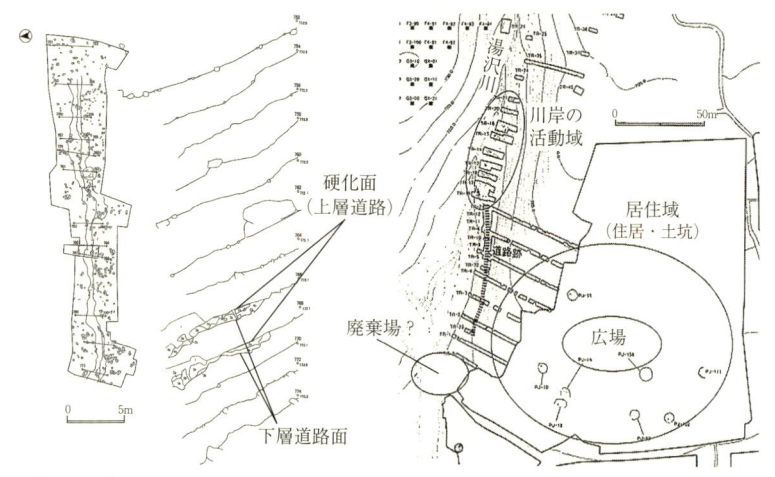

図9　梅之木遺跡の道路跡エレベーション・断面図（左）および土地利用区分想定図（右）
（左：S＝1/160　右：S＝1/4,000）

地点で道路工事中、径2×2m、厚さ15cmのオオタニシ貝層が露呈した。藤森栄一は井戸尻式期と推定し、殿村貝塚と呼んで報告した（藤森1965）。

道　路　山梨県北杜市梅之木遺跡は、尾根上に広がる井戸尻式～曽利Ⅴ式期までの住居150軒程度の環状集落である。集落北側の湯沢川に下る北斜面で川岸と直線的につながる道路跡を検出した（図9）。斜面を長さ70mにわたって段切りした幅1m弱の平坦な道路面がある。曽利Ⅱ式期に造成されて川岸に敷石住居、集石土坑などの活動域を営み、同Ⅴ式期まで利用された（佐野2006）。新津健は釈迦堂遺跡群三口神平地区の馬蹄形集落の広場長軸上の両端開口部（中期後半）、北杜市金生遺跡配石遺構の空間部（晩期前半）を通路と推定する（新津1989・1992）。

黒曜石搬出関連遺構　茅野市域の霧ヶ峰山塊南斜面には、上川に面して約1km間隔で大規模な集落が立地する。調査例は東から高風呂遺跡（早期末～中期）、上ノ平（中期前半～後半）、一ノ瀬・芝ノ木（中・後期）、駒形（前期前葉・中期）、八幡坂（前・中期）、大桜（中・後期）、西端に棚畑（中期）の諸遺跡である。小河川に沿った道を黒曜石産地からの搬出ルートとして多量の黒曜石を蓄え、屋内外にピット状の集積遺構をもつ。通常1住居1基であるが、棚畑遺跡108号住居には3基あり、各々42個、31個、60個の原石が入っていた。

黒曜石集積遺構は原産地に近い諏訪盆地に多いことから、原石や製品を供給する流通活動を目的とした一時的貯蔵や隠匿行為と考えられた（長崎1984）。山梨県にも中期末から後期初頭の土器格納例があり（奈良・保坂1993）、同時期の長野市宮崎遺跡にもみられる。

水晶遺跡　山梨県特産資源の水晶も縄文時代に石器素材として利用され、山梨県内に30ヵ所以上出土遺跡がある。牧丘町奥豊原遺跡は、早期沈線文期の乙女鉱山系水晶の加工・中継集落と推定されている。釈迦堂遺跡群では早期神之木台式期の住居から総量10kgの水晶が出土した。塩山市乙木田遺跡には、中期藤内・曽利Ⅰ・Ⅱ式期に竹森水晶山の水晶・石英と加工具が伴う石器工房住居がある（十菱1992）。

(3)　後期～晩期の生活・生業施設

竪穴住居・敷石住居　中期末葉の加曽利EⅢ式土器の進出が顕著になると、

千曲川流域に位置する長野県東北信地方では遺跡数が急増し、敷石住居が出現する。屋代遺跡群は柄鏡形敷石住居初源期の例である。五角形住居の形態と円形住居の小張出部が柄鏡形発生の要因と考えられている（水沢 2002、本橋 1995・2003）。SB5345（図8-42）は炭化した壁板材が掘込みに沿って五角形に遺存し、出入口部を開けていた。山梨県東部地域では曽利V式期に早く現れる（図10-1）。中南信地方や、甲府盆地、北巨摩地域ではやや遅れる傾向があり、張出部がみられない敷石住居や敷石のない在来型の住居が主流となる遺跡もある。

称名寺式期以降、加曽利B1式期には敷石住居が主流となる。長野県小諸市

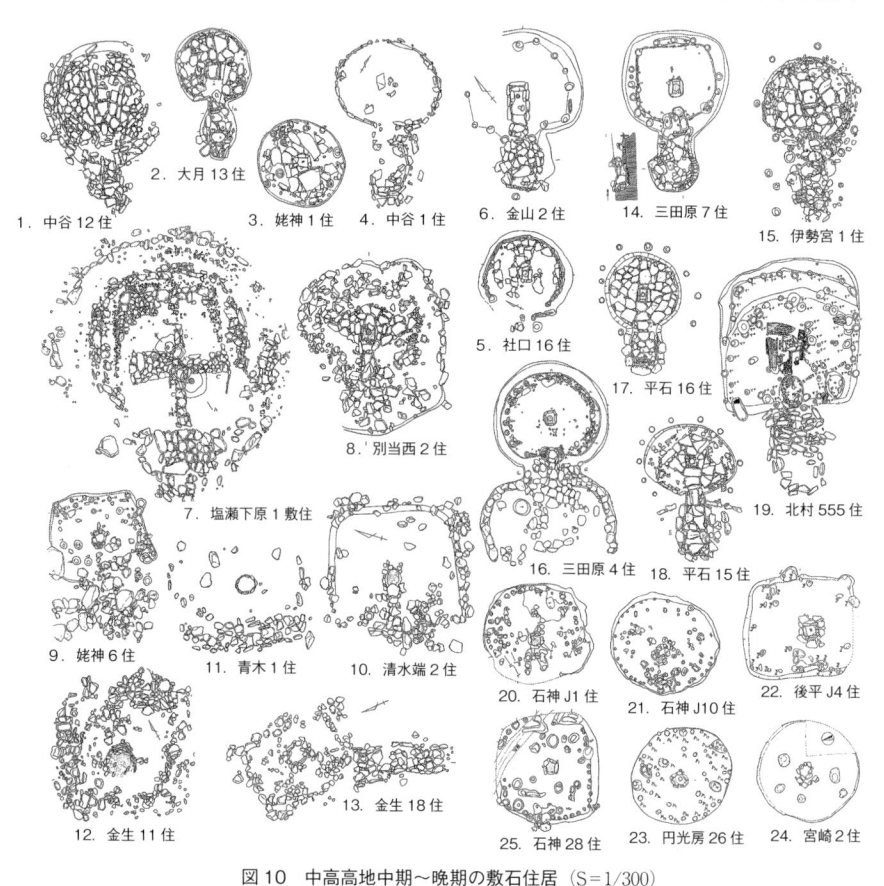

図10　中高高地中期〜晩期の敷石住居　(S=1/300)
(1：曽利V　2・14：称名寺　3〜5・15・16：堀之内1　6〜8・17・18：堀之内2　9・19：加曽利B1　10・20：加曽利B1〜2　11・21・22：曽谷〜安行II　12・13・23〜25：大洞BC・C1)

三田原遺跡7号住居は深い張出部の側壁に石積みを施し、向かって左側に出入り用の石段を設けている（図10-14）。堀之内2式期には、集落の高所にあり大型で周堤礫を廻らせたり、張出部を拡大して石垣状に礫を積むものなど、ほかとは格差のある住居も現れる（図10-7、石井1995、末木2000、笠原2002）。この時期、炉を中心に十字形・三角形・菱形に敷石を敷設して床面に空間を残す例があり、間取り・居住空間を推測させる（図10-7・8、水野1969、櫛原2000）。敷石の無い部分に炭化した板材が遺存した例がある（図10-19）。長野県では加曽利B2式期以降竪穴の住居に戻り、晩期に継続する（図10-20〜22）。

　晩期の竪穴の住居は検出例が極端に減少する。長野県では宮崎遺跡2号・千曲市円光房遺跡26号（図10-23・24、ともに大洞BC式期）が円形、富士見町大花遺跡1・2号（晩期初頭）、小諸市石神遺跡で方形住居（図10-25、大洞C1式中心）が見られるが、それぞれ隣接する新潟、関東の系譜を引くと考えられる。八ヶ岳山麓北巨摩地域では、後期後葉にも敷石をもつ住居が継続し（図10-11）、石堂、尾咲原（晩期前半）、金生遺跡（図10-12・13）など周囲に石を並べた方形プランの竪穴「方形周石住居」へと変化し、晩期後半まで存続する（新津1992）。

掘立柱建物　前・中期に引き続き、茅野市域と北巨摩郡域では後期の事例も集中する。長野県では、茅野市棚畑、上ノ段、中ツ原A、聖石遺跡、大町市一津遺跡（晩期）で長・短辺とも2本、茅野市下ノ原、立石遺跡（中〜後期）で長辺3本・短辺2本、茅野市鴨田遺跡（中期末〜後期初頭）・立石遺跡（後期）で長・短辺とも3本、松川町月夜平遺跡（晩期）で長辺4・短辺3本の例がある。山梨県では北杜市豆生田第3遺跡、川又坂上遺跡、大月市外ガイド遺跡の各例がある（石井1995、秋山2001）。茅野市塩之目尻遺跡（図11-9〜13、堀之内1・2式期）では明瞭な炉跡が伴い、大きく張出した棟持柱間が約16mの亀甲形を呈する、短辺2本・長辺5本の大形掘立柱建物がある。飯山市東原遺跡（図11-14、後期）では、短辺2本・長辺4本、長軸6mで径1mを上回る柱穴にクリ材が遺存した例があり、直径1.2mの大形石囲炉が伴う。

土器・土製耳飾製作遺構　円光房遺跡26号住居では平石・台石、研磨礫が出土し、生粘土塊が床面に広く分布するため、土器製作工房の可能性がある。
　大花遺跡では後期後半・晩期初頭の住居3軒から、98点の土製耳飾と赤色

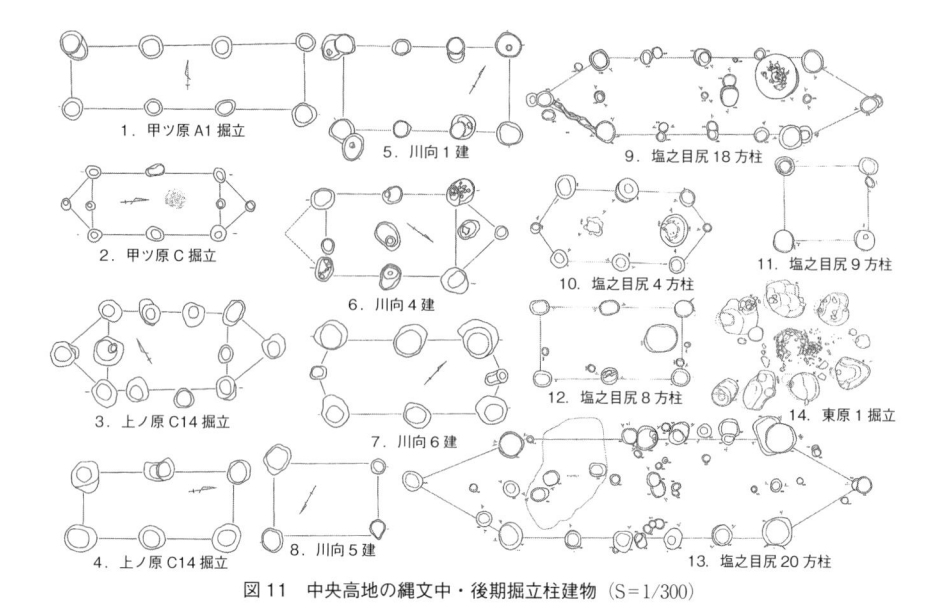

図11 中央高地の縄文中・後期掘立柱建物 (S=1/300)

顔料の原料となる褐鉄鉱、研磨礫が出土し、耳飾製作技術をもつ一家族が長期間に移り住んだ家と推定された（藤森・武藤 1961・1962）。現在は3号が加曽利B2式期、1・2号が晩期初頭と確認され、継続性は見られない（百瀬 1979）。松本市エリ穴遺跡からは2534点が出土し、全国最多級といわれる（樋口 1998）。後期13軒、晩期8軒の住居が検出され、耳飾の1700点あまりは捨て場から出土した。特別な施設・材料は紹介されていないが、製作遺跡の可能性が高い。飯田市中村中平遺跡第2地点では762点が出土した。

低湿地貯蔵穴・水場 中野市栗林遺跡では、千曲川右岸段丘上に中期末から後期前半の居住域、湧水点下に水場遺構、後背低地の谷部に貯蔵穴群が営まれていた。貯蔵穴（図12右）は79基を数え、称名寺式期6、三十稲場式・堀之内式期36、加曽利B式期7基が判別できた。平面形は円形57、楕円形17、その他3基、断面形はすり鉢形35、たらい形20、筒形14ほかがある。平均値は長径142cm、短径126cm、深さ53cmを測る。貯蔵物はクルミが最も多く21基から1364個が出土し、内訳はオニグルミ1188、ヒメグルミ9である（関 1998）。トチノキ・ドングリ混在が1基ある。貯蔵に関わるものは、礫が65基、樹皮、木葉、クリ材、木片がそれぞれ数基から出土した。水さらし場状遺構（図12左）

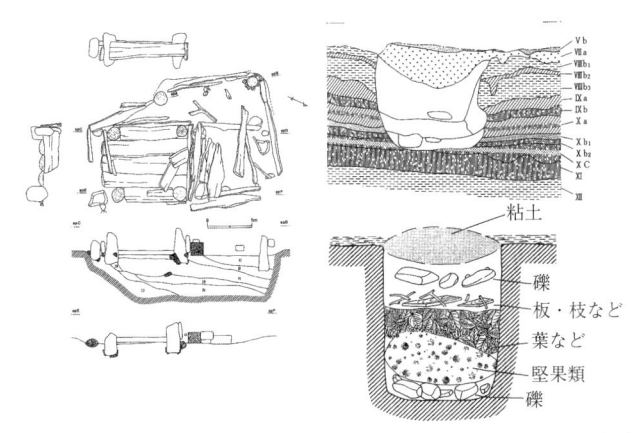

図12　栗林遺跡の水さらし場状遺構（左）と77号貯蔵穴と貯蔵方法の復元（右）
（左：S = 1/160　右：S = 1/80）

はクリ材を用いた木枠施設で、3基が重複していた。加曽利B式期の1号木枠は、2.0×1.6mの長方形に底板4枚を敷いて四隅に直径30cm弱の丸太杭を打ち込み、外側に側板を組んだ箱状である。トチノキとクルミが少量出土した。

　山梨県では大月市大月遺跡第6次調査で、ナラ類・クヌギ類約2000点を集中した、直径1m、深さ30cm程度の皿状ピット数基が検出された（長沢 2001）。年代測定により後期中葉とされる。北杜市屋敷添(やしきぞえ)遺跡では、集落が立地する尾根から川に下る南斜面で長さ90cm・幅73cm・高さ77cmの巨大な定置式石皿が出土し、低地の作業場の存在が推定される。韮崎市三宮地(さんぐうち)遺跡では晩期の1・3号土坑からトチノキの実が多量に出土した。　　　　　（綿田弘実）

第3節　岐阜・北陸中～西部

(1)　草創期～早期の生活・生業施設

　岐阜、北陸中～西部域の草創期～早期では、住居あるいは生業施設などを示す遺構は極めて少数しか検出されていない。したがってここでは出土遺物群の様相と、遺跡の立地環境を中心に生活と生業を推定することとしたい。

　草創期　福井県若狭町鳥浜貝塚の下層からは隆起線文土器に始まり多縄文系土器群まで、各期の土器、石器が出土しており、加えて低湿地性遺跡であることから、植物性遺物が検出されている。分析の結果、草創期当時は三方湖の湖岸に立地していたと考えられ、ブナ林が発達し、オニグルミ、トチノキ、ハシ

バミ、ミズナラなどの食用堅果類が生育する環境であった。なお出土遺物には、先端を加工した棒状木製品のほか、板材などが出土している。

　岐阜県下では近年、草創期に属す遺跡の発見が増加している。山間地域に属す遺跡としては、飛騨市（旧宮川村）宮ノ前遺跡、下呂市大林遺跡、御岳山南麓の中津川市（旧坂下町）椛の湖遺跡、揖斐川最上流域揖斐川町（旧徳山村）の小の原遺跡などが知られている。このうち、富山県境に近い宮ノ前遺跡では旧石器時代末～草創期初頭に属す水性堆積層があり、植物性遺体の分析からトウヒ属が卓越する、亜寒帯針葉樹林に囲まれた冷涼な環境下にあったことが明らかにされている。また大林遺跡では下呂石を原材とする尖頭器類が検出され、神子柴・長者久保段階から草創期にかけての遺跡と考えられる。

　台地、低位丘陵域に属す遺跡としては、岐阜市寺田・日野1遺跡、椿洞遺跡、山県市（旧美山町）九合洞窟などがある。このうち椿洞遺跡は、チャートを主要な石材とする有舌尖頭器を含む尖頭器類の製作地と考えられる。図13は椿洞遺跡の石器集中部であり、南北70m、東西30mにわたって10ヵ所のブロックが分布する。これは草創期としては広い面積にわたる遺跡といえ、この時期すでに相応の集団により、一定の選地のもと継続的な石器製作が行われていた

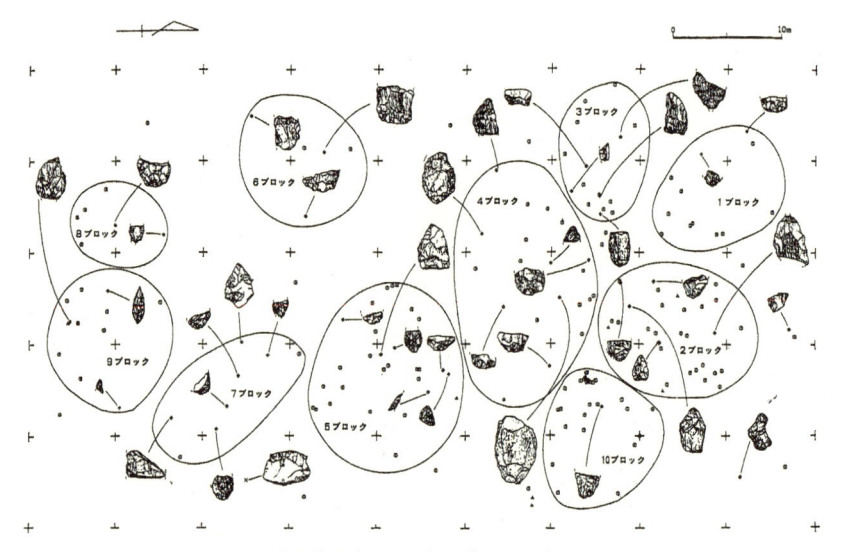

図13　岐阜県椿洞遺跡石器集中ブロック（草創期前葉）

ことを示すものといえる。山間地域の同期遺跡と比べ、より定住化が進んだ生活基盤が想定されるのである。

早期—山間部における遺跡の発見　岐阜県飛騨地域、美濃山間地域においては、1990年前後より道路・ダムなどの建設に伴い、大規模かつ集中的な調査が行われ、その結果縄文時代各期にわたる多くの遺跡と遺物が発見されたのである。中でも早期押型文土器期（沢式〜高山寺式）における住居の発見と、多くの遺跡に見られる集石土坑の顕著な存在が明らかとなった。

下呂市上ヶ平遺跡は沢式押型文土器期の単純遺跡であり、飛騨山地における早期最古段階の生活、生業の内容を示す遺跡として重要である。ここからは直径3m前後の浅い円形プランを呈する炉をもたない住居2軒が発掘されている。昭和42年に調査された飛騨市（旧古川町）沢遺跡発見の住居と形態的構造的に類似しており、この段階において住居形態が定型化することにより定住化を示す証左としてとらえることができる。また住居周辺には5基の集石土坑が検出されており、住居に伴う屋外炉としての役割をはたしていたと考えられる。なお集石土坑はこの後、早期〜前期にわたって、飛騨、美濃山間部域における主要な生活・生業遺構となるものであり、本遺跡はその出現期となるものである。

さらに上ヶ平遺跡の2軒の住居覆土中および遺跡内の一部からは大量な湯ヶ峰産下呂石のコアー・フレイクと石器類が出土している。石器製作（主として石鏃）とともに、剝片石器原材としての下呂石の集積および交易用の保管といった性格をもつ遺跡であることも明らかとなった。

高山市西田遺跡では、早期沢式に続く細久保式期から入海Ⅱ式〜早期末期までに属する集石土坑が73基検出された（図14）。遺構は約3,500㎡もの広い緩斜面の西側と東側に集中して分布しており、とくに細久保式期の住居2軒を含む西側地区に多い。細久保式期の住居は不整円形直径2〜3mサイズで、炉は作られない。このような住居形態の類似と上ヶ平遺跡段階へと続く、住居と焼石集積土坑のセット関係などは前時期に見られた定住化への特徴をそのまま継承しているものととらえられるのである。

集石土坑　屋外炉としての機能が考えられる西田遺跡の73基もの集石土坑は、底面に石を敷く形態と、敷かないものとに大きく分類される。

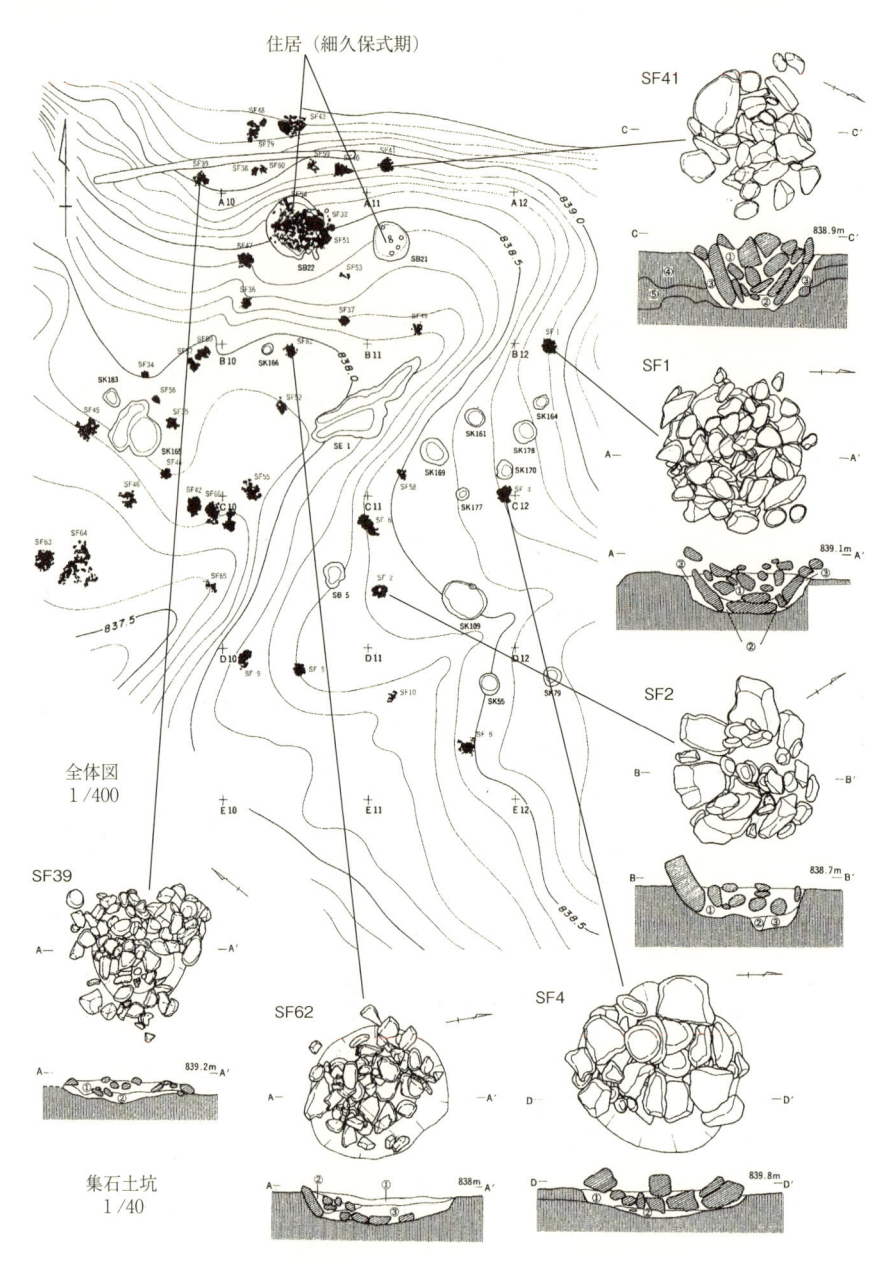

122　Ⅳ　北陸・中央高地の縄文集落の生活と生業

図14　岐阜県西田遺跡の住居と集石土坑の分布（早期前葉）

土坑は長径60～80cmのものが主体となり、85cm～1m超のものが続く。充填される角礫は大小あるが、礫の総重量が50kg～100kg超となるものが中心となり、揖斐川町いんべ遺跡では押型文土器末期に属す例で、充填礫の総重量が850kgとなるものもある。いずれにせよ家族単位の作業量を超えるものであり、ムラとしての共同作業を伴ったものであったことを示している。
　これらの土坑中からは土器類が出土することはほとんど無く、時期認定が難しいが、細久保式期から早期後半条痕文系土器期までの各期にわたって作られたと考えられている。
　岐阜県北西部、揖斐川最上流域の越美山地に属す揖斐川町（旧徳山村、旧藤橋村）では、ダム水没地区となるため集中的遺跡調査が行われ、過去ほとんど不明であった美濃と越前にまたがる地域の考古学的知見が明らかとなった。
　早期段階では住居の検出は見られないが、小の原遺跡で押型文土器末期と前期中葉に属す集石土坑が12基検出され、同町のいんべ遺跡、いじま遺跡、櫨原神向遺跡、尾元遺跡からはいずれも早期に属すると考えられる集石土坑が検出されている。
　このように早期に属す集石土坑は、飛騨地方と揖斐川上流域の山間地域において集中的に発見され一つの地域的様相を示している。そして山間部らしく角礫が多用され、被熱により破砕しているものが多い。なお破砕礫の接合関係の追跡により燃焼礫使用後土坑内に原位置を保った場合と、使用後の燃焼礫を取り出し、再燃焼することにより拡散した場合などが判明している。
　岐阜県域では山間地域のみならず台地部においても早期では遺跡規模が小さく、とくに押型文期後半以降は住居の発見例も極めて少なくなる。台地部では岐阜市椿洞遺跡において、早期末に属す集石土坑が数基検出されているが遺跡規模は小さい。このように早期後半の遺跡状況から見れば、おそらく少人数の単位集団による移動生活の状態にあったことが推定されるところであり、集石土坑はそのような小集団による合同の食料調理、加工の施設とすることができよう。
　富山、石川、福井の山間部では早期遺跡の調査例が少ないため類例は乏しく、わずかに福井県おおい町岩の鼻遺跡では、神宮寺式期の皿状住居6軒と同時期と考えられる焼石集積（土坑ではない）2基が検出されている。

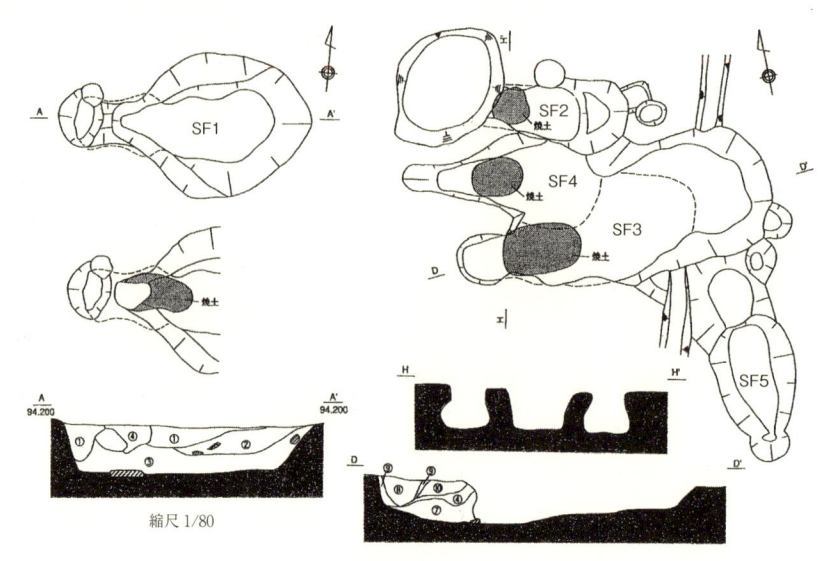

図15 岐阜県冨田清友遺跡煙道付炉穴（早期前葉）

煙道付炉穴 岐阜県美濃加茂市冨田清友(とみたきよとも)遺跡からは、当地域として極めて稀らしい煙道付炉穴が発見されている。そもそも一般的な炉穴の検出例そのものがほとんど知られていない岐阜県域として注目される例となる。遺跡は飛騨川最下流部の木曽川合流点近くにあり、大鼻・大川式土器を伴う住居2軒と同時期の煙道付炉穴6基が検出された（図15）。単独例の6号炉穴を見ると東西長軸は2.8m、最大幅1.5mを測り、煙道内には扁平の川原石が敷設されている。近畿系押型文土器型式から見ても、煙道付炉穴形態から見ても三重県松阪市鴻ノ木(こうのき)遺跡例などとの強い関係が認められ、早期の古い段階に東海西部から伝播した文化様相であることが明らかである。

(2) 前期～中期の生活・生業施設

前期以降北陸西部の日本海沿岸域においては、低湿地遺跡の発見が相次ぎ、とくにその湿地性堆積の特徴から大量な自然遺物（動物、植物資料）と木製品、漆製品、骨角器類などを得ることができた。これにより当時の自然環境の復元がなされたことはもとより、動物、植物遺物と縄文人の生活技術についての関わり解明に大きな進展が見られたのである。

低湿地性遺跡の出現　低湿地性遺跡の内容は大きく二つに分けることができ、一つは「貝塚および水辺の捨て場遺構」としての遺跡であり、もう一つは水辺における主として植物食料および木材などの、貯蔵と解体、加工を行う「生業の場としての水場遺構」である。

前者の代表例としては、前期前葉の石川県七尾市三引遺跡、前期中～後葉の福井県若狭町鳥浜貝塚、富山県富山市小竹貝塚が知られておりいずれも前期に属す。気候の温暖化に伴う海辺での生業が活発化したといえるであろう。これらの遺跡からは木製品、漆器、骨角器など台地遺跡では検出の難しい遺物が多く出土しており、縄文文化の道具の発達を如実に見ることができる。

後者の代表例としては、中期後葉～後期初頭に属す富山県小矢部市の桜町遺跡、臼谷岡村遺跡があるが、後、晩期になるほど調査例が増加する。

小矢部市桜町遺跡では中期中葉から川辺の貯蔵穴が作られ始め、中期末～後期初頭において水場利用の最盛期となる。谷の出口付近の川跡を中心に堅果類の処理と関わる溜枡状の水さらし場3基、水辺の作業足場と見られる木組み2ヵ所、木器の加工や貯木の跡と見られる木材集積地点5ヵ所、そしてこの木材群には使用された建築材が含まれている。また炉跡と見られる焼土群10ヵ所、クルミを中心としてトチなどが入った貯蔵穴と見られる大型土坑群約40基、木根痕をもつ土坑15基、捨て場遺構なども検出されており、中期末～後期初頭にかけての複合的な水場利用の実態が明らかになったのである。

同じ小矢部市の臼谷岡村遺跡では、中期末から後期初頭にかけての谷底部貯蔵穴が153基検出されている。坑底からはドングリなどの堅果類が出土しており、坑底に礫を敷くもの、坑中に木材や樹皮、木の葉を敷くあるいは互層とするものなどの内部構造が知られている。

捨て場遺構　前述した臼谷岡村遺跡の斜面部からは35m×25m、深さ1.5mにおよぶ遺物廃棄場（捨て場遺構）が発見されており、北陸西部域では調査例の少ない生活跡として取りあげておきたい。

岐阜県域においては、「捨て場遺構」として明確な調査例は極めて少ないが、わずかに高山市岩垣内遺跡において集落跡の西斜面に、後期に属す完形・大形土器破片、石器類、獣骨類が集中出土しており（約11m×4m）、またその下層からは、縄文中期後葉の遺物群が出土している。範囲は狭いが、土器、石器、

獣骨が混在するあり方は貝塚的性格と共通する捨て場遺構の状態を示しており、中期から後期まで継続する岩垣内の集落に附属して形成された捨て場遺構の片鱗がとらえられた。

(3) 後期～晩期の生活・生業施設

水場遺構 前述した桜町遺跡では、後期末～晩期中葉にかけて、谷入口部から西に入った川跡からドングリ、トチなどを伴う木枠組みの水さらし場1基、貯木の跡と見られる木材集積地点1ヵ所、堅果類（カシ類、ドングリ類）の貯蔵穴18基、環状木列2基、捨て場遺構などが検出された。なお環状木列は晩期中屋式に属すと考えられ、水場遺構に近接して作られていることが注目される。

福井県鯖江市四方谷岩伏遺跡では限られた調査範囲の中から、後期後葉に属す水場遺構が発見されている（図16）。遺跡内には自然流路が2条検出され、そのうち緩い流れがあったと考えられる自然流路2からは、加工木材集中域2ヵ所、木枠状施設1基、木製品埋納土坑1基が検出され、一方湿潤な状態であったと考えられる自然流路1では、堅果類の貯蔵穴46基が存在していた。遺構の構成は先の桜町遺跡のあり方と共通しており、微妙な水場地形の特徴を生かして遺構が集中的かつ複合的に作られていることがわかる。

調査の結果、木枠状施設からはトチ2,140個を内包する土坑が伴っており、トチの水さらし場と考えられ

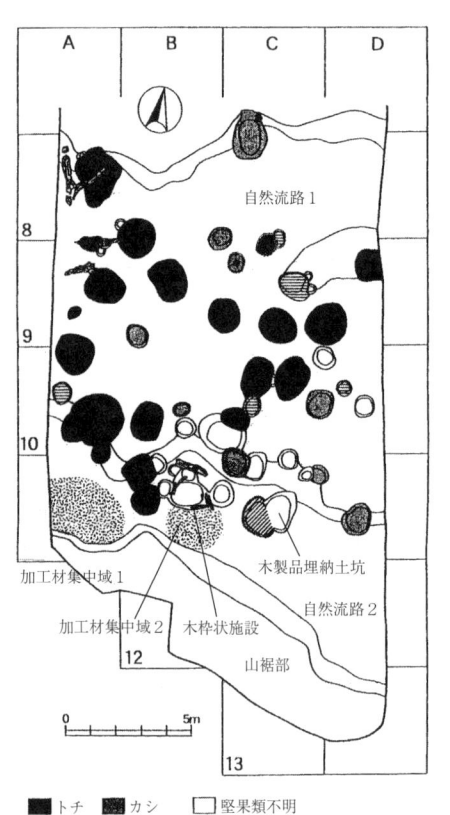

図16 福井県四方谷岩伏遺跡水場遺構（後期後葉）

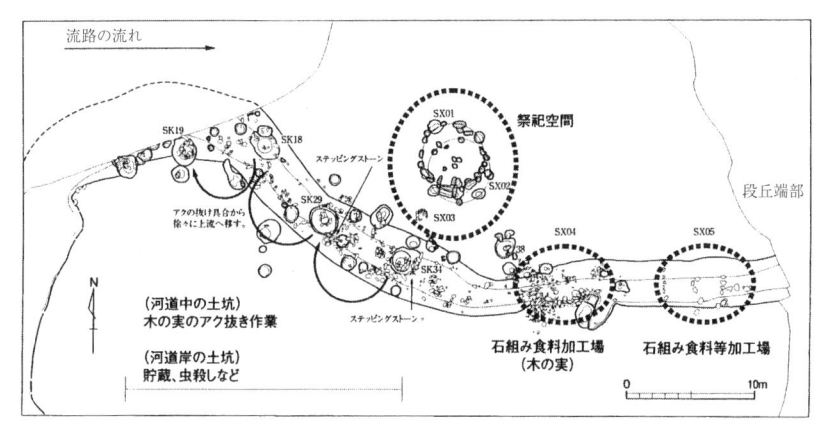

図17　富山県矢張下島遺跡水場以降全体図（後期末～晩期）

る。木製品埋納土坑には石斧柄などが内包されており、加工材集中域からは棒状、板状加工材が水漬け保存されていた。

　46基の貯蔵穴は、貯蔵終了後が41基、貯蔵状態のものが5基とらえられている。利用状況は、トチ21基、カシ9基、ナラ5基、クルミ1基となりトチの貯蔵穴が半数を占めている。貯蔵状態の5基に見る果実数量は、トチ1,762個、カシ914個、ナラ781個、クルミ2,019個を数える。また上層にトチ803個、下層にナラ367個を内包するものも見られる。このように四方谷岩伏遺跡の貯蔵穴群は、堅果類の具体的な貯蔵実態を知ることのできる貴重な調査例といえる。さらに貯蔵穴内および捨て場遺構中からは大量な磨石類が出土しており、水辺での堅果類の処理、加工に用いられた可能性が指摘されている。

　富山県南砺市矢張下島遺跡、石川県宝達志水町ダイラクボウ遺跡、金沢市米泉遺跡からは後期～晩期中葉に属す河道跡、貯蔵穴群、土坑などを中心とする水場遺構が発見されている。前述の桜町遺跡においても同時期の水場遺構が検出されているが、さらにこれらの遺跡においては、環状木柱列が水場近くに作られており、水辺の生業活動と関連する祭祀施設と考えられている。

　上記遺跡の中でも、水場遺構の全体構成が明らかとなった矢張下島遺跡は富山と飛騨地方との県境に近い山間部にあり、後期末～晩期中葉の集落に接する自然流路（長さ89m以上、最大幅4.7m）を利用して遺構が分布している（図17）。自然流路上流部では土坑群が設けられ、とくに河道中には径2m超の堅果類

のアク抜き施設と推定される大形土坑4基が流れに合わせて配置され、川岸には貯蔵穴と推定される径1m前後の土坑が設けられている。自然流路下流部には堅果類の加工、処理などに用いられたと考えられる石組み施設が設けられ、流水を考慮した水場構成を構成していることが判明した。

飛騨地方では、前述の西田遺跡の対岸にあたる高山市カクシクレ遺跡A地点より、晩期前半に属す溜桝状の木組み遺構が発見されている。木組みは小川の右岸の砂質土を掘り込んで深さ30cmの側板と木杭、角礫により長方形（110cm×90cm）に作られている。覆土中からはトチ、クルミの果皮が出土し、1mほど離れてクルミが集中出土している。

石棒製作跡　岐阜県飛騨市（旧宮川村）塩屋金清神社遺跡からは、全国的に見ても例の少ない石棒製作関連遺物群（後期前葉）が発見されている（図18）。石棒は当地区の露頭、崩落石などから採取される黒雲母流紋岩質溶結凝灰岩（通称塩屋石）の柱状節離材を原材として、約1,000点もの製作途中にある石棒未成品と、製作時に敲打を加える用具と考えられる敲石336点が包含層中より出土している。調査区内には石棒製作と関わる遺構は検出されていないが、至近距離に製作場があったことが推測され、また中期に属す塩屋石製の石棒も広く飛騨～富山地方から発見されていることもふまえ、本遺跡内の地点を異にし

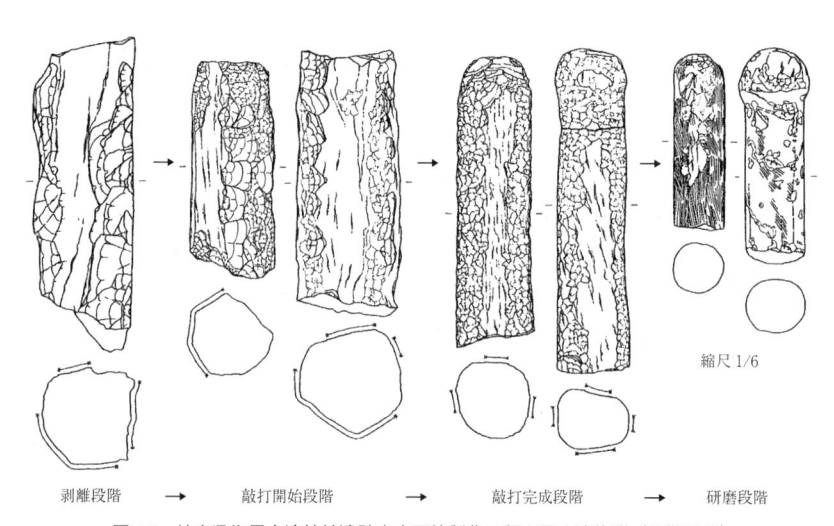

縮尺1/6

剥離段階　→　敲打開始段階　→　敲打完成段階　→　研磨段階

図18　岐阜県塩屋金清神社遺跡出土石棒製作工程を示す遺物群（後期前葉）

て各期の石棒製作工房が存在していた可能性が高い。　　　　　　　（戸田哲也）

第3章　北陸・中央高地の生活・生業施設のまとめ
第1節　岐阜県域を中心とした集石土坑の諸問題

　第2章第3節の岐阜・北陸中～西部において解説してきた集石土坑は、同種のものが近畿、中部、関東と広い地域に分布し、かつ早期から中期までの長い期間存続する遺構であり、縄文時代における生活・生業を推測させる最も普遍的な遺構の一つといえる。前章の解説では地域的変遷の概略を述べたが、多少の補足のもとに全体的な問題を論じておきたい。

　集石土坑とは一般的に集石址あるいは集石遺構と呼ばれてきた遺構の一つの形態であり（谷口1986）、土坑を伴うことを特徴とする。坑中には焼礫や炭化物などが見られ、屋外炉としての性格が指摘されてきた。形態的に下部土坑の有無が分類上の大きな観点となるが、今日において土坑を伴う形態のものが圧倒的多数を占める状勢となり、この類のものに対して集石土坑あるいは一部の地域において焼礫集積土坑と呼ばれるようになった。学術用語として名称の統一が必要であり、その意味においてすでに使われてきているシンプルな表現の「集石土坑」が望ましく、本稿においてはこの用語を用いることとする。なお土坑を伴わないものについては集石（址）と呼称できよう。

　早期に属する集石土坑は、すでに関東南西部から東海・中部地方において通有のものであることは知られており、関西においても兵庫県神鍋山遺跡例がつとに有名ではあったが、前章において高山市西田遺跡（図14）の具体例を示したように、岐阜県山間部において安定的に分布していることが確認された意義は大きい。わずかに台地部に属す関市塚原遺跡では細久保式前後の完形土器を伴出した炉穴と、細久保式の完形土器を伴う集石土坑（報告書では屋外炉とする）が検出されている。台地・平野部での調査例の増加を待つ必要はあるが、現状を見る限りにおいては山岳―丘陵地域に集中的に認めることができ、時期的かつ環境的背景のもとに出現した生活関連施設とすることができよう。

　早期前～後葉の早期押型文土器期以降では遺跡数の減少とも比例しながら、早期後葉～前期初頭期まで存続している状況が知られている。代表例として

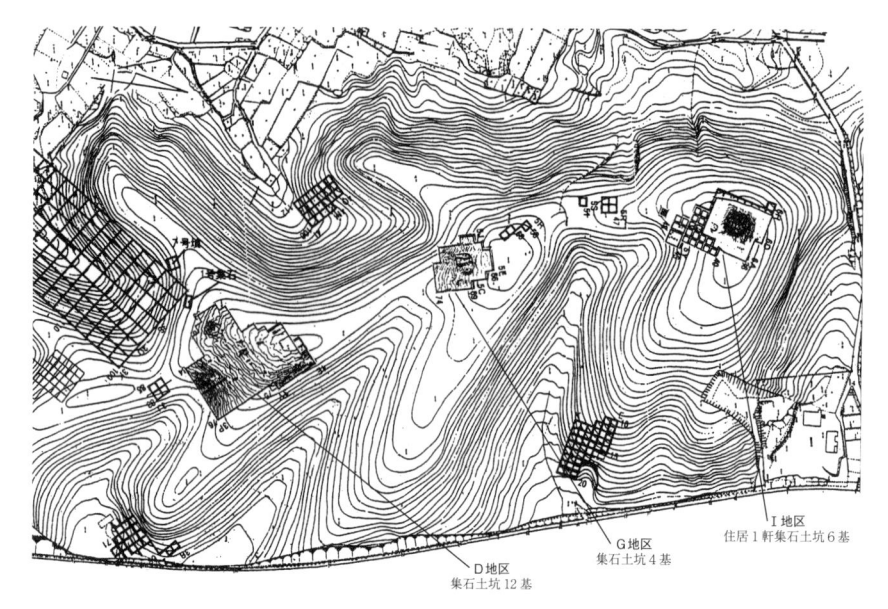

図19　各務市蘇原東山遺跡（早期末）集石土坑群分布図（S = 1/5,000）

　前章でもとりあげた高山市西田遺跡（標高838 m）、揖斐川町小の原遺跡（標高357 m）がある。ともに山間部に属す遺跡であるが西田遺跡では押型文期、小の原遺跡では前期中葉に属すと考えられる集石土坑が報告されているが、一方、両遺跡では相当量の早期末～前期初頭土器群が出土しており、時期未定の集石土坑の一部は早期末～前期初頭に属す可能性が高い。

　このほか高山市中切上野遺跡（標高600 m）では、早期末に属すと考えられるやや大型の集石土坑が検出されている。

　台地部では岐阜市椿洞に例があるが、図19に示した各務原市蘇原東山遺跡は、美濃地域の平野部に面する丘陵の尾根から頂部（標高96～98 m）において22基の集石土坑と、同時期の住居1軒が検出されている。遺構中には土器破片の伴出が見られ早期末～前期初頭に属すものである。このように蘇原東山遺跡における住居と集石土坑が点在するあり方は、小集団が短期的にくり返し居住した状況を推定することができる。

　前期前葉に属す岐阜県域の遺跡内容は明らかではなく、わずかに土器資料が散見される状況であり、集石土坑の存在も明確ではない。

再び集石土坑が確認できるのは、前期後〜末葉の岐阜市御望遺跡、前出の小の原遺跡などであり、前者は平野部、後者は山間部に位置するが、いずれも住居と共に集落の一部を構成しており、住居と接する集石土坑と、住居から離れて集中する集石土坑群という構成が見られるのである。図14に示した早期前葉西田遺跡の遺構分布そして図19の早期末〜前期初頭期の蘇原東山遺跡などのあり方と比べると、前期前〜中葉の不明時期をはさむが、前期末葉まで遺跡の立地、遺構の構成について大きくは変化していないことがわかる。

　しかしこの後岐阜県域では、中期以降に属す集石土坑は、関市塚原遺跡の大型集石土坑6基と通常型1基が知られているのみであり、中期〜後期の集落調査では明確な出土例は無い。早期からの伝統は前期末葉で絶えたと見ることができる。関東南西部、中部地方では、中期を通じて集石土坑が盛んに作られることと比べ大きな文化的差異といえよう。

　次に集石土坑の機能について考えておきたい。集石土坑は基本的に石蒸し料理の場とする考えが過去、現在の大勢を占めており、前出の小の原遺跡報告書において大参義一は「焼いた礫石を土坑内に入れて、その上に肉・魚介類、球根・根菜類を置き、石の余熱で焼いたり、木の葉を包んで置いて蒸したりした調理施設だったであろう。」と具体的な食物と調理法を想定して解説された。

　一方、南西関東での研究からは坑内において火を焚き、礫を焼き、一度それを取り出し食物を坑内に置き、直ちに焼礫を重ねる、という方法も想定されている。要するに坑内で焼礫を作る場合と、坑外で焼礫を作る場合の違いでもあるが、土坑内の炭化材の遺存度、床・壁の被熱度の観察によりそれぞれの方法が取られていた状況が報告されている。ただし坑内での加熱痕跡の顕著な例は決して多くはなく、坑外において焼礫を作った状況が多かったことが想定されるのである。そのうえで両者が存在することを考えあわせれば、調理する食料の中味（内容）にもとづき土坑の大小が決められ、それに準じて坑内あるいは坑外で焼礫が準備される、という調理物と調理の目的が優先された結果を示しているものと受け止めることができるであろう。

　ここまで集石土坑の変遷とその性格を考えてきたが、全く別種の視点から考えるべき現象として、発見されている多くの集石土坑はその検出状況を見る限り、大部分が土坑内に礫が充填された状態となっていることにある。前述のよ

うにこの遺構が石蒸し調理施設と考える限りにおいて、調理が無事終わり、食料を取り出した後の散礫状態を示しているものではないことは明らかであり、むしろ整ったケルン状の充填例まであるということは、散礫を集め再び土坑内にもどし積み上げた、と考えることが妥当性の高い解釈となろう。

同様に土坑上部〜上面を被覆する類とされる集石土坑の場合も、その姿が調理状態のままではないことは明らかであり、これもまた再集積の一つのあり方として捉えねばならないこととなる。このように調査において検出される集石土坑の多くは、再集積の結果であるということを考慮のうえに今後の研究を進めていく必要があるが、その意味においてかつてあった土坑上部、下部の礫の検出状況からそのまま使用状態（調理法）の復元に向おうとした解釈は、時系列を混同したものであったといえるのである。

最後になるが上述のように捉えることのできる多くの集石土坑は、縄文人が次回も次々回も使うであろうことを念頭に入れ、礫を散逸させることなく常に整え集積させていた、一種の準備状態あるいはデポともいえるもの、と考えることができよう。そのうえで縄文時代早期〜前期の移動性小集団であれ、定住的集団であれ大小の集石土坑を集積基地として保持し、周期的移動の中で記憶され、時には集団を異にし、時期を異にしても来訪者が常時利用可能な「共同調理場」として位置づけることにより、縄文社会の生活・生業システムにこの遺構を組み込むことが可能となるのである。　　　　　（戸田哲也）

第2節　中央高地の諸問題

(1)　黒曜石原産地遺跡

霧ヶ峰から八ヶ岳の一帯には、本州最大といわれる黒曜石原産地が広がる。現在、下諏訪町東俣遺跡・星ヶ塔遺跡と、和田峠を挟んで東側に位置する長和町鷹山遺跡群星糞峠で黒曜石採掘坑が調査されている。

星ヶ塔遺跡は霧ヶ峰火山塊の西北端に位置し、中央高地屈指の産出量を誇る星ヶ塔山にある。地表には重なり合いながら掘り込まれた採掘坑と、採掘排土によって形成されたクレーター状の凹みが連なり、現在129ヵ所が確認されている。前期末葉の採掘坑は、人一人が入れる程度の穴で、壁面には鹿角製ピックと推定される掘削痕が残る。晩期前半の採掘坑は、地下1.5m以下に存在す

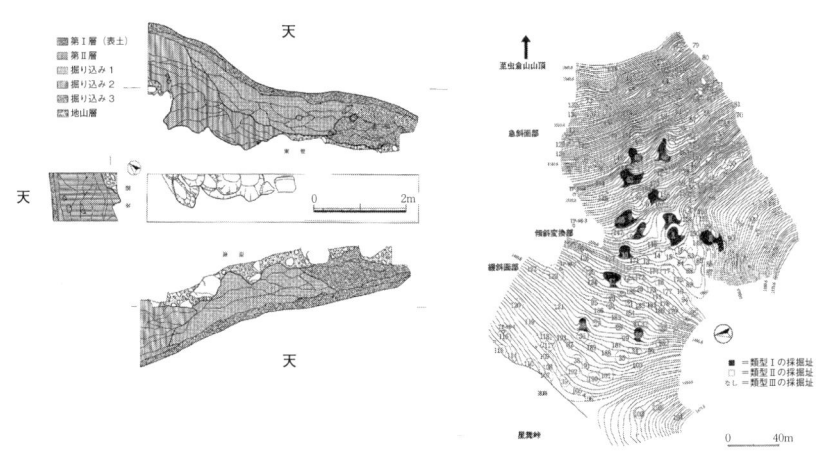

図20　東俣遺跡5トレンチ土層断面・ピット平面図（左）と星糞峠黒曜石採掘跡群類型別分布（右）

る黒曜石岩脈を直接採掘している。ハンマー・ストーンの敲打により、岩脈上面から1m前後掘って板状や柱状の黒曜石を得ている（宮坂 2009）。東俣遺跡は、黒曜石が再堆積した二次的な原産地にある前期末葉の採掘遺跡である。地表から直径3～4mの竪穴を露天掘りし、小形の原石を得ている（図20左、宮坂 2007）。

　星糞峠では195ヵ所の凹みが確認されている（図20右）。産出源から崩落した二次堆積土中の原石を採掘する。発掘の結果、一つの凹みの地下に重なり合うように密集した無数の採掘坑が埋没し、これを覆って積み重ねられた採掘排土が土手状の高まりとなる。採掘時期は後期の加曽利B1式期の例が確認された（大竹・宮坂 2009）。

　さきにふれた屋内外の黒曜石集積遺構は原産地に近いものの、中期に集中している。反面、中期の採掘跡は未確認である。原産地における生産活動と集散地を介した流通・消費活動の関係は、今後解明すべき課題である。

(2) 狩猟拠点の山岳洞窟遺跡

　山岳地帯にあり弥生時代に及ぶ狩猟活動拠点の洞窟遺跡が長野県に分布する。高山村湯倉洞窟（図21）は、上信国境をなす火山帯、標高約1500mの亜高山帯にある。間口約3.5m、奥行約4m、高さ約4.7m、庇線より外側の落盤線ま

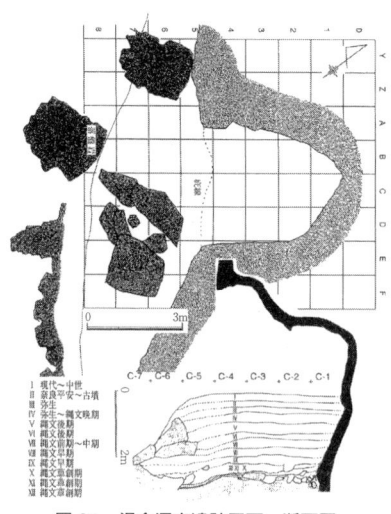

図21 湯倉洞窟遺跡平面・断面図

での居住面積は 19 ㎡を測る。灰と炭の層厚 2.5m 程度の堆積土中に 12 層の文化層があり、最下層Ⅻ層の草創期からⅤ層の後期まで約 1.6m が縄文時代の層序である。洞窟自体の広さが 4m 級の住居と同規模である。

Ⅴ～Ⅻ層出土の主要な脊椎動物遺体は、主要四肢骨を計数するとニホンザル 9、ツキノワグマ 40、ニホンジカ 249、同幼獣 16、イノシシ 78、同幼獣 15、カモシカ 35 である。ノウサギ、タヌキなど中形獣は積極的な捕獲対象となっていない。石器は石鏃 1750、尖頭器 17、掻器 8、削器 143、石匙 34、石錐 31、打製石斧 7、磨製石斧 3、磨石 8、砥石 2 などで、ほとんど狩猟具と動物解体・加工具である。堀之内 2 式期の土器を平地遺跡と比較すると、有文・無文土器比率の逆転、特定器種の欠落、深鉢の法量の差など明瞭な相違が認められた（綿田 2010）。

菅平高原の上田市唐沢岩陰（標高 1240m）、陣の岩岩陰（標高 1400m）も、石器は狩猟・解体具などで占められる。唐沢岩陰は湯倉洞窟と同様に縄文晩期から弥生時代にわたるが、大形獣を主対象とした専門化された狩猟活動と推定されている。クマとサルの組み合わせは、内陸・山間の狩猟タイプに一つのサブタイプを加える事例とされる（金子 1967）。

山岳洞窟では海岸部との交流の痕跡も注目される。湯倉洞窟でタカラガイ、イモガイ、ツノガイほか、唐沢岩陰でイモガイの海産貝類が出土した。これらは装身具として加工されたものが多く、本州から四国に及ぶ広域に共通の組み合わせである。また湯倉洞窟では、草創期・早期文化層からエイ、ヒラメが出土した。縄文時代初期段階における海産食料が旅人の携行食に止まっていたか、自給自足を越えた流通の域に達していたのか、課題は大きい。

(3) 縄文農耕論

　1948年以来縄文農耕論を主張してきた藤森栄一は、1957年から1963年にわたる富士見町周辺における縄文中期遺跡群調査の総合的成果を『井戸尻』として報告した（藤森ほか1965）。その結論「中期縄文文化論」では、井戸尻縄文文化の本質を落葉広葉樹林帯すなわち雑木林がもたらす、豊富な植物性食物に支えられた文化であることを確認した。さらに、野火のあと土からわく新しい生命への関心や知識が伝統的に蓄積され、植物栽培が可能な条件に達していたと考えた（戸沢1988）。晩年の著作『縄文農耕』の中では、縄文中期植物栽培存在の肯定資料として、次の18項目を列挙している（藤森1970）。

　1栗帯文化論、2石鏃の稀少問題、3剥片の復活、4石匙の大形粗製化、5石皿の盛行、6凹石の意義、7土掘具の盛行、8石棒、立石と祭壇、9女性像としての土偶、10土器機能の分岐、11蒸器の完成、12顔面把手付甕、13神の灯、14貯蔵具の形態、15埋甕の問題、16蛇、人体、太陽の施文、17集落の構成、18栽培植物の問題。

　2～7は石器組成・用途論、10～14・16は土器用途・文様論である。9とともに12・13・16は地母神信仰説であり、8・15は屋内施設ではあるが同様に解釈している。このように項目の多数は遺物論が根拠となっている。17は少数戸の集団で移動する状況を焼畑陸耕的とみて、「集落が広い台地を占居してはなはだ狩猟的でないこと、並列する丘陵ごとに住み得ること、湧水に近いことなどを、植物栽培の生産ありとみる資料に考えるべきである」という。続けて、芹沢長介（1956）・永峯光一（1964）・春成秀爾（1963）・赤松啓介（1964）の否定論に対し、縄文中期中央高地に限られた「狩猟・漁労、収集の生活文化の中に、特殊な植物栽培民の生活があったと理解すべき」という（桐原2011）。

　その後、1975年長野県荒神山遺跡のエノコログサ属（報告書）、1976年同大石遺跡におけるアワ状あるいはエゴマの報告以降、栽培植物の可能性をもつ植物遺体の検出は事例を増した。現在、山梨県12遺跡、長野県9遺跡から不確実な例を含めて、縄文時代の栽培植物の可能性をもつ植物遺体の出土例があり、レプリカ法による圧痕例が別に2遺跡ある（中山2010）。今日、走査型電子顕微鏡観察、レプリカ法による土器表面の動植物圧痕の分析など新たな研究が展開している。それらの成果を検証すると、縄文中期における栽培植物の存在は

まだ不確実といわれる（中沢 2009）。弥生前期以前に生産遺構に伴う栽培植物の事例は、まだ知られていない。

（綿田弘実）

引用・参考文献

赤松啓介 1964「原始農耕についての断想」『日本考古学の諸問題』
秋山圭子 2001「山梨県内の掘立柱建物跡」『山梨県考古学協会誌』12
麻生　優 2001『日本における洞穴遺跡研究』
石井　寛 1994「縄文後期集落の構成に関する一試論」『縄文時代』5
石井　寛 1995「縄文時代掘立柱建物址に関する諸議論」『帝京大学山梨文化財研究所研究報告』6
石井　寛 1998「柄鏡形住居址・敷石住居址の成立と展開に関する一考察」『縄文時代』9
石井　寛 2007「後期集落における二つの住居系列—柄鏡形住居址系列と掘立柱建物跡系列—」『縄文時代』18
伊藤友久 1992「集落遺跡に係わる建築遺構—長野県の原始・古代・中世—」『信濃』Ⅲ・44—4
今村啓爾 1988「土坑性格論」『論争・学説日本の考古学』2
今村啓爾 1989「群集貯蔵穴と打製石斧」『考古学と民族誌』
閏間俊明 2002「生粘土と焼成粘土塊雑感」『土器から探る縄文社会』
折井　敦 1977「八ヶ岳南麓における縄文中期の炉形態の変遷に関する一考察」『長野県考古学会誌』28
笠原みゆき 1998「山梨県東部地域の敷石住居の様相」『山梨県考古学論集』Ⅳ
笠原みゆき 2001「敷石住居」『山梨県考古学協会誌』12
笠原みゆき 2002「塩瀬下原遺跡出土の敷石住居址について」山梨県立埋蔵文化財センター『研究紀要』18
金子浩昌 1967「洞穴遺跡出土の動物遺存体」『日本の洞穴遺跡』
金子浩昌 1983「狩猟・漁労対象動物の地域性」『季刊考古学』創刊号
神村　透 1980「下伊那地方の縄文中期後半の様相—住居址を中心—」『日本民族文化とその周辺　考古篇』
神村　透 1998「縄文中期後葉の火災住居址—伊那・松本・木曽の事例から—」『信濃』Ⅲ・50—10
関西縄文文化研究会 2001『関西縄文時代の生業関係遺構』
関西縄文文化研究会 2006『関西縄文人の生業と環境』
関西縄文文化研究会 2009『関西縄文時代の集落と地域社会』

桐原　健 1982「炉から見た縄文住居の性別分割」『考古学ジャーナル』207（1988『縄文のムラと習俗』所収）
桐原　健 2011「『井戸尻』前後の藤森先生」『長野県考古学会誌』135・136
櫛原功一 1995「柄鏡形住居の柱穴配置」『帝京大学山梨文化財研究所研究報告』6
櫛原功一 2000「敷石住居の居住空間」『山梨県考古学協会誌』11
櫛原功一 2001「竪穴住居構造論」『山梨県考古学協会誌』12
櫛原功一・今福利恵 2001「中部・東海・北陸地方における集落変遷の画期と研究の現状」『第1回研究集会縄文時代集落研究の現段階』
櫛原功一 2004「敷石住居の発生─柄のない敷石住居の存在─」『山梨考古学論集』Ⅴ
櫛原功一 2006「竪穴住居型式研究の課題」『山梨県考古学協会2006年度研究集会「縄文集落を分析する」資料集』
櫛原功一 2009「縄文中期の屋内貯蔵穴」『山梨考古学論集』Ⅵ
櫛原功一 2010「縄文中期後半の竪穴住居の変遷」『山梨県考古学協会誌』19
小林康男 1984「松本平における縄文時代中期後半の炉址に関する一考察」『中信考古』創刊号
笹澤　浩 1967「松本平北部扇状地上の縄文前期から中期への遺跡立地─長野県南安曇郡穂高町堀遺跡を中心として─」『信濃』Ⅲ・19─4
佐野　隆 2009「中部地方の縄文後期集落」『考古学ジャーナル』584
澁谷昌彦・鵜飼幸雄 2001「長野県における縄文時代集落の諸様相」『第1回研究集会縄文時代集落研究の現段階』
島田哲男 2009「長野県北西部（北安曇地方）における玦状耳飾製作遺跡」『玦状耳飾（玦飾）の製作技術からみた玉文化交流』
末木　健 2000「縄文時代の石積みについて（予察）─山梨県塩瀬下原遺跡の住居復元─」『山梨県考古学協会誌』11
諏訪考古学研究会 2000『藤森栄一の蒔いた種　今─縄文中期文化論を問う─』
関　孝一 1998「縄文クルミ考」『長野県立歴史館研究紀要』4
芹沢長介 1956「縄文文化の性格とその位置」『日本考古学講座』3
谷口康浩 1986「縄文時代「集石遺構」に関する試論」『東京考古』4
戸沢充則 1988「縄文農耕論」『日本考古学を学ぶ⑵〔新坂〕』
戸田哲也 2001「岐阜県における縄文時代集落の諸様相」『列島における縄文時代集落の諸様相』
長崎元廣 1979「中部地方における縄文前期の竪穴住居」『信濃』Ⅲ・31─2
長崎元廣 1984「縄文の黒耀石貯蔵例と交易」『中部高地の考古学』Ⅲ
中沢道彦 2009「縄文農耕論をめぐって─栽培種植物種子の検証を中心に─」『弥生時

代の考古学5　食糧の獲得と生産』
長沢宏昌 1989「山梨県内の縄文時代遺跡から出土した植物質食糧の研究」『甲斐の成立と地域的展開』
永峯光一 1964「勝坂期をめぐる原始農耕存否問題の検討」『信濃』Ⅲ・16─3
中山誠二 2010『植物考古学と日本の農耕の起源』
奈良泰史・保坂康夫 1993「黒曜石原石格納の土器と黒曜石について」『山梨県考古学協会誌』6
新津　健 1989「縄文時代中期後半の集落─釈迦堂遺跡三口神平地区を中心に─」『甲斐の成立と地方的展開』
新津　健 1992「縄文晩期集落の構成と動態─八ヶ岳南麓・金生遺跡を中心に─」『縄文時代』3
長谷川豊 1994「唐草文土器分布圏における竪穴住居址の一類型」『地域と考古学』
長谷川豊 1995「縄文時代中期における竪穴住居址の一類型」『古代文化』47─6
長谷川豊 2000「伊那谷に分布する縄文時代中期後葉の「円形5本主柱型竪穴住居址」について」『静岡県考古学研究』32
春成秀爾 1963「藤森栄一「縄文中期文化の構成」を読んで」『考古学研究』10─3
樋口昇一 1957「中部山岳地帯における前期縄文時代住居址」『信濃』Ⅲ・9─10
樋口昇一 1998「縄文後・晩期の土製耳飾り小考─大量出土の遺跡をめぐって─」『國學院大学考古学資料館紀要』14
平林　彰 1999「中部高地の火災住居」『考古学ジャーナル』440
藤澤宗平 1963「縄文文化の滑石製品─特に長野県における原石産地と遺物出土地との関係について─」『古代』39・40合併号（『信濃先史文化の研究』所収）
藤森栄一ほか 1965『井戸尻』
藤森栄一 1970『縄文農耕』
堀越正行 1975～1977「小竪穴考(1)～(4)」『史館』5・6・8・9
松谷暁子 1988「長野県の縄文中期諸遺跡から出土したエゴマ・シソ」『長野県史考古資料編全1巻(4)遺構・遺物』
三上徹也 1995「土器利用炉の分類とその意義─縄文時代における吊す文化と据える文化」『長野県立歴史館研究紀要』1
水沢教子 2002「千曲川水系における柄鏡形石住居の成立」『長野県の考古学』Ⅱ
水野正好 1969「縄文時代集落研究への基礎的操作」『古代文化』21─3・4
宮坂　清 2006「黒耀石の産状と入手法」『黒曜石文化研究』4
宮坂　清 2007「黒曜石鉱山」『縄文時代の考古学』6
宮坂　清 2009「縄文黒曜石鉱山における採掘技術」『考古学ジャーナル』585

宮沢恒之 1974「竪穴状遺構の性格―縄文時代中期にみられる1・2の事例」『長野県考古学会誌』19・20

宮本長二郎 1985「縄文時代の竪穴―長野県―」『信濃』Ⅲ・37―5（1996『日本原始古代の住居建築』所収）

宮本長二郎 1988「さまざまな家」『古代史復元』2

武藤雄六 2003「藤内遺跡発掘回想それからちょうど40年」『「甦る高原の縄文王国」講演録集』

本橋恵美子 1995「縄文時代の柄鏡形住居址の発生について」『帝京大学山梨文化財研究所研究報告』6

本橋恵美子 2003「縄文時代中期後葉の住居構造の分析―浅間山麓周辺における柄鏡形住居の発生について―」『長野県考古学会誌』103・104

百瀬長秀 1979「土製耳飾に関する諸問題―その最盛期の諸相を中心に―」『信濃』Ⅲ・31―4

守矢昌文 2006「八ヶ岳西南麓・霧ヶ峰南麓における縄文時代の落し穴について」『新尖石縄文考古館開館5周年記念考古論文集』

山内利秋 2005「定住狩猟民の狩り―縄文・弥生のハンティングシステム―」『現代の考古学2 食糧獲得社会の考古学』朝倉書店

山本茂樹 1999「山梨県北巨摩郡地域の縄文時代中期の石囲炉の形態について」『山梨県考古学論集』Ⅳ

山本茂樹 2001「山梨県内の陥し穴の現状」『山梨県考古学協会誌』12

綿田弘実 2010「中部山岳洞窟遺跡の縄文土器―長野県湯倉洞窟の堀之内2式期土器を中心に―」『縄文時代』21

渡辺 誠 1975『縄文時代の植物食』

V　関東地方の縄文集落と貝塚

小　川　岳　人

第1章　関東地方の貝塚研究の現状

　関東地方の貝塚研究はE. S. モースの東京都品川区大森貝塚の発掘調査（1877）とその後刊行された発掘調査報告書『Shell Mounds of Omori』（E. S. Morse 1879）に始まる。その後、モースの弟子達や東京人類学会の有志などによって関東各所における貝塚の調査が続く。1879年、モースの指導を受けた佐々木忠三郎によって行われた茨城県美浦村陸平貝塚の調査や、1892年の坪井正五郎による東京都北区西ヶ原貝塚の発掘を皮切りに、以後埼玉県川口市新郷貝塚、茨城県稲敷市椎塚貝塚、千葉県香取市阿玉台貝塚など、現在でもよく知られた貝塚が次々に踏査・調査されている。考古学の黎明期に貝塚が研究者の関心を集めたのは偶然ではない。調査方法が未熟で遺跡の認識も地表面にある遺物の散布に頼らなければならない状況で、容易に視認が可能な貝塚に研究者の目が向くのは自然なことだったろう。モース以来、研究者と呼べる存在は大学のあった東京に集中し、必然的にその関心は東京近郊あるいは郊外の貝塚に向けられた。関東地方の貝塚はまさしく日本の先史考古学あるいは縄文時代研究の揺籃の地となったのである。

　大正期に入ると考古学はようやくその幼年期を脱し、学問的な体裁を整えるようになる。これまで繰り返された貝塚発掘の結果、研究者は貝塚相互で土器の様相に違いがあること、また異なる様相の土器が層位的に出土することに気付き、縄文土器の編年学的な研究が進展する（八幡1924、山内1928、大山・宮坂・池上1933）。茅山式、関山式、黒浜式、諸磯式、浮島式、阿玉台式、加曽利E式、堀之内式、加曽利B式、安行式など当地域の研究者にとって馴染み深い土器型式の名称が多くは貝塚の名称から取られていることは、この時期における編年研究と深くかかわる。また編年研究の進展と歩調を合わせ、貝塚を

構成する貝類や海岸線を含めた周辺環境、また出土する獣魚骨に研究者の関心が向けられ、現在に至る本格的な貝塚研究の方向性が生まれている。

　戦後、神奈川県横浜市南堀貝塚がほぼ全面にわたり調査された（和島・岡本 1958）。大正期の末に千葉県市川市姥山貝塚の調査で貝層下から住居が検出され、また昭和に入って埼玉県ふじみ野市上福岡貝塚や同じく埼玉県の水子貝塚で縄文時代前期の住居を調査しているが（関野 1938）、これらはあくまで住居としての調査に留まってきた。南堀貝塚の調査から貝塚研究は集落研究へと歩みを始めたとしてよいだろう。

　60年代以降、高度経済成長に伴う大規模開発の進展は、東京近郊に位置する幾つもの貝塚を存亡の危機に曝すこととなった。多くの貝塚では緊急避難的に開発に先立つ事前調査が行われ、千葉県船橋市高根木戸貝塚など、良くも悪くも集落全体の調査成果が得られることとなった。

　こうした大規模な調査の中で、貝塚出土の貝類や獣魚骨の分析は、調査の規模拡大にあわせて小規模な貝塚では貝層全体の、大規模な貝塚ではブロック状のサンプルから貝類や獣魚骨の数量的な把握が行われることとなった。80年代以降では、大規模な貝塚においても貝層総てを調査する「貝塚の悉皆調査」が行われるようになり、千葉県市原市祇園原貝塚や西広貝塚などで膨大な情報がもたらされている。また、種別やその数量的な把握ばかりではなく、貝類や動物が捕獲された季節性や個体の年齢など自然科学的な分析方法が探究され（小池 1979・1983）、貝塚研究における不可欠の分野としてその重要性は増している。

　また、貝塚本体の調査とともに沖積地の地質調査や珪藻化石の分析を通じた多くの知見が集積し、古環境とくに貝塚の形成にかかわった海岸線の消長など自然環境の変遷が明らかにされてきた（青木・柴崎 1966、松島・小池 1979、遠藤ほか 1983）。

　近年の貝塚研究はこうして得られた膨大な情報をもとに自然科学分析や、古地理や古環境の知見も加えながら、貝塚の貝類や周辺環境を関連付けて理解しようとするものや（松島 1984、小杉ほか 1989）、集落から資源の獲得が行われた範囲や生業形態（赤澤 1969）、またこれらの事象と深くかかわる居住形態や社会組織の在り方へと論考を進めるなど（樋泉 1999、西野 1999・2005）、動物遺存体の分析から始まり、生業、集落・社会研究へとその射程を広げつつある。

第2章　関東地方の貝塚と生活・生業施設の変遷
第1節　草創期〜早期の貝塚と生活・生業施設

　縄文海進と呼ばれる内陸部への海水の浸入（有楽町海進）に先立ち、最終氷期には、更新世末の温暖化に伴う海水準の上昇（七号地海進）により、それまで陸化していた東京湾そして内陸部への海水の浸入があったことが、地質・地理学的方法による古環境の研究により指摘されている。しかしながら、この時代に相当する縄文時代草創期に貝塚は認められず、その形成は早期の初頭を待たねばならない。

　海水面は七号地海進の後、約11,000年前の一時的な寒冷化により低下し、その後約10,000年前に再び上昇する。この有楽町海進の開始期に相当する早期初頭の撚糸文土器段階に、神奈川県横須賀市夏島貝塚・同市平坂貝塚、千葉県松戸市谷ツ口Ⅱ遺跡・船橋市取掛西貝塚・神崎町西之城貝塚・佐原市鴇崎貝塚、茨城県利根町花輪台貝塚の形成が知られる（図1）。東京湾の西岸の湾口部近くに位置する夏島貝塚と平坂貝塚ではマガキ・ハイガイを主体とする貝層が形成され、後述する西之城貝塚とともに全国的にも最も古い貝塚とされる。夏島貝塚では、厚さ1mもの貝層の形成が確認された。貝塚の形成は早期撚糸文土器段階の井草式期〜夏島式期から沈線文土器・条痕文土器段階におよび、出土遺物には骨角製の釣針・刺突具、魚骨が見られ、貝類ばかりではなく水産資源全体の利用が始まったことを教えてくれる。夏島貝塚ではほかに、イノシシ・タヌキ・ノウサギなど陸棲哺乳類の骨、石鏃・磨石・石皿・石斧などの石器類が出土し、狩猟・植物性食料の採集・加工など広汎な資源の獲得、生業活動が行われていたことを示す（図2）。平坂貝塚では早期初頭平坂式期とみられる人骨の出土があり、縄文時代の出土人骨としては最も古い事例となる。

　東京湾の東側、現在の江戸川流域に位置する谷ツ口Ⅱ遺跡は、前記2遺跡に続く平坂式期の所産で、ハマグリ・サルボウ・ハイガイを主体とし、東京湾奥における最古の貝塚として知られる。西之城貝塚は井草式期、鴇崎貝塚・花輪台貝塚は撚糸文系土器段階の後半に、現在の利根川下流域に形成された貝塚で、ともにヤマトシジミを主体とする。3遺跡とも東京湾の湾口部に近い位置にある夏島貝塚・平坂貝塚に対し、はるかに内陸に位置する。また、西之城貝塚・

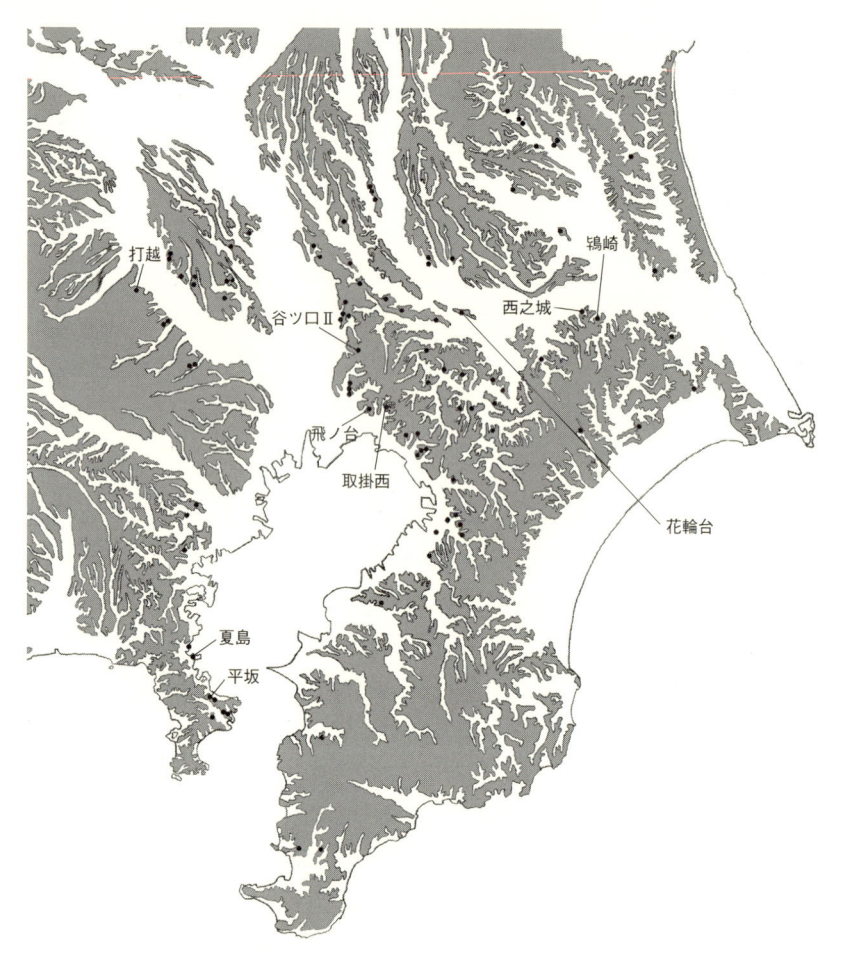

図1　早期の貝塚分布

花輪台貝塚では当該時期に属する住居が発見されている。
　このほか、最近調査された千葉県船橋市取掛西貝塚では、住居の覆土中からイノシシの頭骨12個体分、ニホンジカの頭部2個体分がまとまって出土し、この上を覆うようにヤマトシジミ主体の貝塚が形成されるという注目される知見がえられ、儀礼行為にかかわる可能性が指摘されている。
　貝塚の形成の開始と広汎な水産資源の利用、石鏃と獣骨に示される狩猟活動、磨石・石皿など植物性食料の加工具、木材の伐採・加工具である石斧、住居、

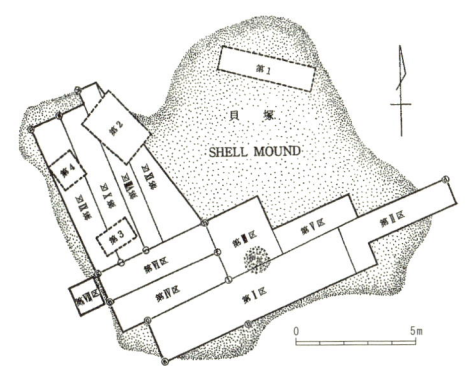

夏島貝塚　貝層平面図

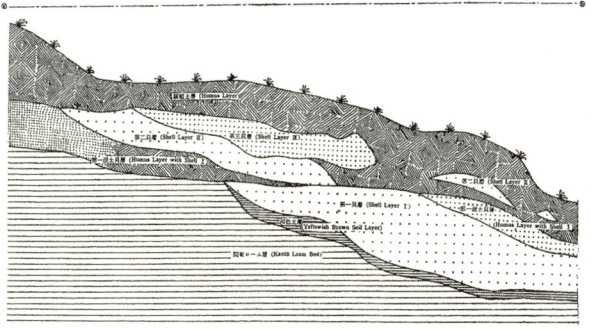

夏島貝塚　貝層断面図

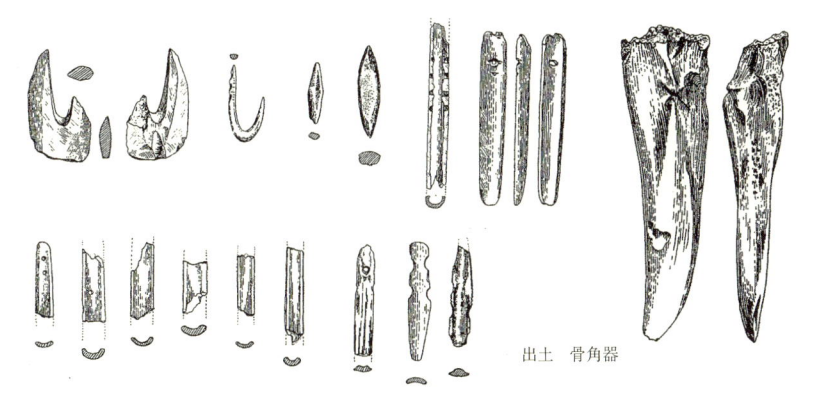

出土　骨角器

図2　早期の貝塚　神奈川県夏島貝塚（1/300）

これら縄文時代を特徴づける諸要素がこの撚糸文系土器段階に出揃うのはおそらく偶然ではない。この時期に前代からの傾向を払拭し、日本列島の環境に適応した定住的な狩猟採集民としての縄文的な生業活動と居住形態が確立されたとすることができるだろう。

続く沈線文系土器段階の貝塚は少なく、東京湾側に前述の夏島貝塚、利根川下流域に千葉県小見川町城ノ台(しろのだい)貝塚があげられるにとどまる。沈線文系の貝塚が少ないことに関しては、進行する海水の浸入による海食作用によって失われたか、現在の海中あるいは沖積層下に埋没した可能性も指摘されている（樋泉1999）。

その後の早期後半から早期末葉に相当する約 8,000 〜 6,500 年前にかけて、海水準の上昇と内陸部への海域の増大はさらに進行し、東京湾側には「奥東京湾」と呼ばれる内湾域、現在の利根川下流域の低地には現在の霞ヶ浦・印旛沼・手賀沼と諸河川を含む「古奥鬼怒湾」が成立する。海水面が低下した更新世に、利根川、荒川、渡良瀬川、鬼怒川やその支流によって樹枝状に開析された関東平野は、海水の浸入を受け複雑な海岸線を有することとなった。海域の増大に伴い貝塚も奥東京湾・古奥鬼怒湾の周辺に広く展開を見せることとなる（図1）。この時期に相当する早期条痕文系土器段階においては、東京湾の湾口部に位置する神奈川県横須賀市吉井城山(かやま)貝塚や茅山貝塚で、台地斜面に形成された比較的規模の大きな貝塚が見られるが、それ以外はほとんどが遺構内に形成された小規模なものにすぎない。貝類の生業上における位置は副次的なものである。この時期海水面はなお上昇傾向にあり、干潟は未発達で、貝類の生育に適した環境そのものが、整ってはいなかった可能性が高い（小杉ほか1989、樋泉1999）。

なお、早期には炉穴・集石・落し穴といった生業施設が知られる（小薬1979、今村 1973・1983、宮澤・今井 1976、佐藤 1989）。ここで多くを触れる余裕はないが、前二者は集落あるいは住居が検出されないまでも居住地としての性格が推定される遺跡で発見されることが多く、食料の加工にかかわる施設、後者は狩猟活動にかかわる施設とすることができる。

炉穴は、早期前半の撚糸文土器段階に出現し、早期後半の条痕文土器段階に増大する。落し穴は、沈線文系土器段階に出現し、やはり条痕文系土器段階

に盛行する（宮澤・今井 1976）。きわめて広域の調査が行われた神奈川県の港北ニュータウン地域と東京都の多摩ニュータウン地域では、炉穴と落し穴の分布に明瞭な差異が観取され、落し穴の設けられる狩猟の場と炉穴・住居が営まれる居住の場が意識されていたという指摘がある（宮澤・今井 1976、石井 1988、佐藤 1989）。

第2節　前期〜中期の貝塚と生活・生業施設

　縄文時代早期末に相当する約 6,500 年前を境に、それまで上昇を続けてきた海水準は現在の海水面から 2〜3 cm 高位で安定する。海水準の安定を受け、拡大してきた内湾域には流入する河川が運んだ土砂が堆積し、遠浅の干潟や後浜湿地が発達した。こうした状況は貝類採取に適した環境をもたらし、この早期末から前期にかけて内湾域の各所に著しい数の貝塚が形成されることとなった。この時期、東京湾西岸の鶴見川周辺、現在の荒川中流域に相当する古入間湾周辺、奥東京湾に樹枝状に張り出した大宮台地周辺、同じく奥東京湾の湾奥にあたる下総台地の東縁、奥東京湾の湾奥部、古鬼怒湾の湾奥などに顕著な貝塚の集中が認められる。またこれまで貝塚が認められなかった相模湾沿岸にも少数ながら貝塚が形成されていることも注意を引く。奥東京湾や古鬼怒湾ばかりではなく、関東地方全体に広がった内湾域の各所に貝塚形成に適した条件が整ったものであろう（図3）。

　沖積層層序と珪藻分析から復元された縄文時代前期中葉の奥東京湾の古環境と、その沿岸部における貝塚の構成を比較した分析によると、流れ込む河川の影響を受けて塩分濃度が低い湾奥部や古入間湾岸の貝塚では汽水性のヤマトシジミ、淡水の直接的な影響が小さく泥質性の干潟が想定される大宮大地周辺の貝塚ではマガキ・ハイガイが卓越し、東岸の下総台地では湾奥から湾口にかけてハイガイから砂泥質を好むアサリ、さらにハマグリへと主体となる貝類が変化し、貝塚を構成する貝類は遺跡周辺の海岸環境に対応していることが指摘されている（小杉ほか 1989）。

　前述した地域のうち、とくに古入間湾周辺には埼玉県富士見市打越遺跡・谷津遺跡、埼玉県上尾市平方貝塚など早期末葉に属する貝塚が多数知られている。古入間湾を形成した河谷は開析が浅い。流れ込む河川が運んできた堆積物

図3 前期の貝塚分布

の影響もあり、海水準が安定した比較的早い段階から湾の埋積が進み、ほかの地域に先駆けて貝塚の形成に適した環境が出現したのだとすれば整合的であろう。

これら古入間湾周辺の貝塚のうち、打越遺跡は早期末の住居58軒が広場を囲んで分布している。住居をはじめとする遺構の分布が環状を呈する集落いわゆる「環状集落」で、この種の集落としては最も古い事例である。打越遺跡での集落営為は前期に入ってからも継続し、前期の花積下層式期41軒、関山式

期56軒の住居が調査されている。

　一方、下総台地においても打越遺跡にやや遅れ、花積下層式期14軒、関山式期140軒の住居がやはり環状に分布する千葉県松戸市幸田貝塚が形成される（図4）。早期末葉から前期前半のこの時期は、多数の貝塚が形成されるとともに、「環状集落」の出現期としても重要である。

　前期初頭の花積下層式期から関山式期にかけ、貝塚と貝塚を伴う集落の集中は大宮台地から下総台地の西縁に拡大し、これらの水域で前述したような貝類採取あるいは集落の形成に適した条件が整ってきたことをうかがわせる。この時期に形成された集落の中には、埼玉県さいたま市大古里遺跡やさいたま市井沼方遺跡など、前述した打越遺跡や幸田貝塚と同じ「環状集落」も散見される。

　続く黒浜式期から諸磯a式期も、貝塚の分布は拡大を続け、前述の諸地域に加え、鶴見川流域に顕著な集中を見せるようになる。この時期に打越遺跡や幸田貝塚はその規模を縮小するが、武蔵野台地に打越遺跡に隣接して埼玉県富士見市水子貝塚、より湾口部に近い位置に東京都北区七社神社前遺跡、大宮台地では埼玉県蓮田市天神前遺跡、埼玉県さいたま市黒谷貝塚・さいたま市大谷場貝塚、鶴見川流域には神奈川県横浜市南堀貝塚（図5）、横浜市茅ヶ崎貝塚、横浜市西ノ谷貝塚など、貝塚を伴う多数の「環状集落」の形成が認められる。

　通常、貝塚の形成には「豊かな資源環境の出現と広汎な資源利用→定住的な生活の開始＝環状集落の形成」という図式が描かれがちだが、実態はそのように単純ではない。この時期の住居は、短期間での頻繁な建て替えと規模の拡張や縮小を繰り返す。住居の痕跡に示される居住集団の姿は不安定で、居住形態は極めて流動的なのである（小川2001・2009）。また、遺跡に形成された貝塚も、前述の幸田貝塚のような事例を除けば、住居や土坑内に形成された規模の小さなもので、環状貝塚と呼ばれるものも、面的な広がりでは無く、地点貝塚の連なりであることがほとんどである。また沿岸部にありながら貝塚を伴わない集落も少なくなく、貝類採取の生業上に占める位置は必ずしも大きなものではない。貝類は利用可能な資源の選択肢の一つであったと考えるのが妥当であろう。貝類採取に適した環境の出現が「環状集落」出現の直接的な契機とすることはできない。しかしながら、一方で早期末から前期にかけて、貝塚を伴いながら集落の数と規模が増大するのも確かであり、沿岸部における居住集団の

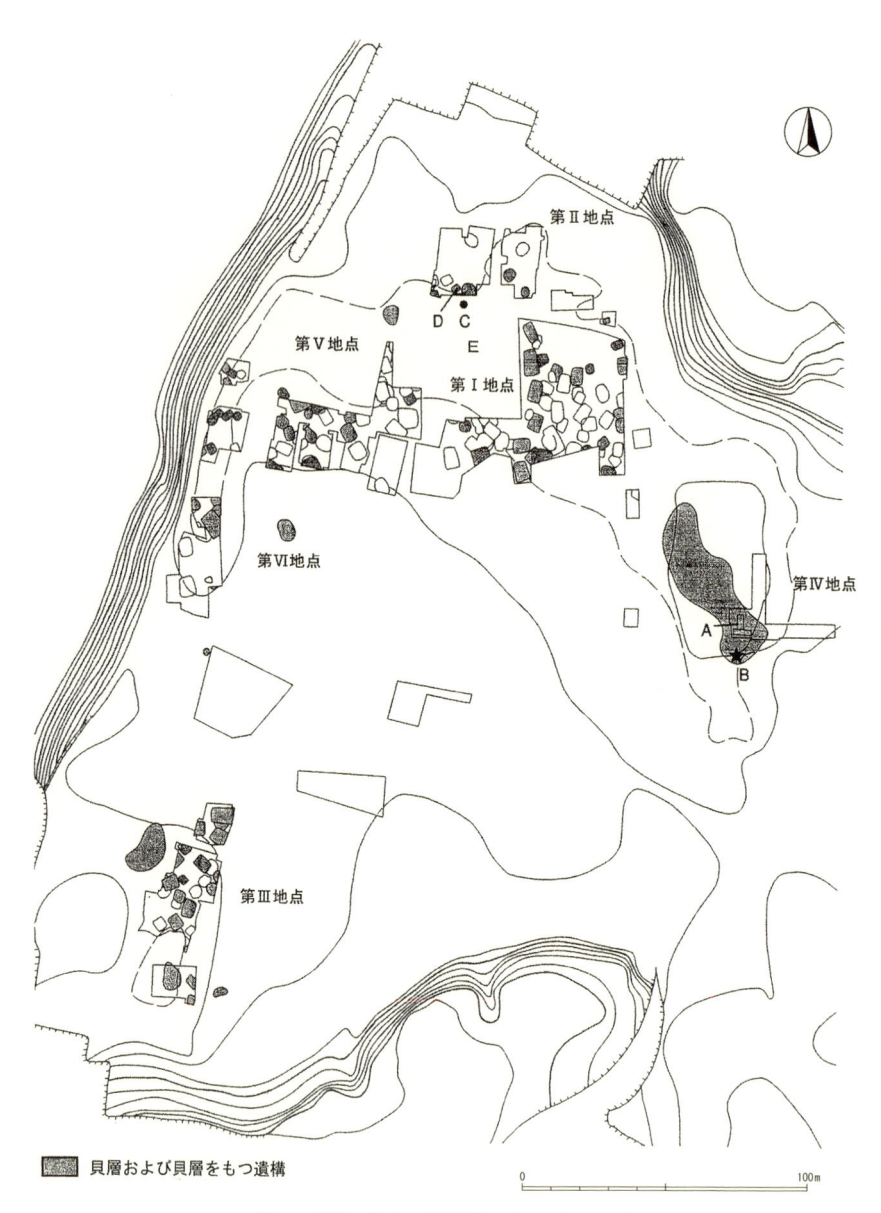

150　V　関東地方の縄文集落と貝塚

図4　前期の貝塚　千葉県幸田貝塚（1/2,500）

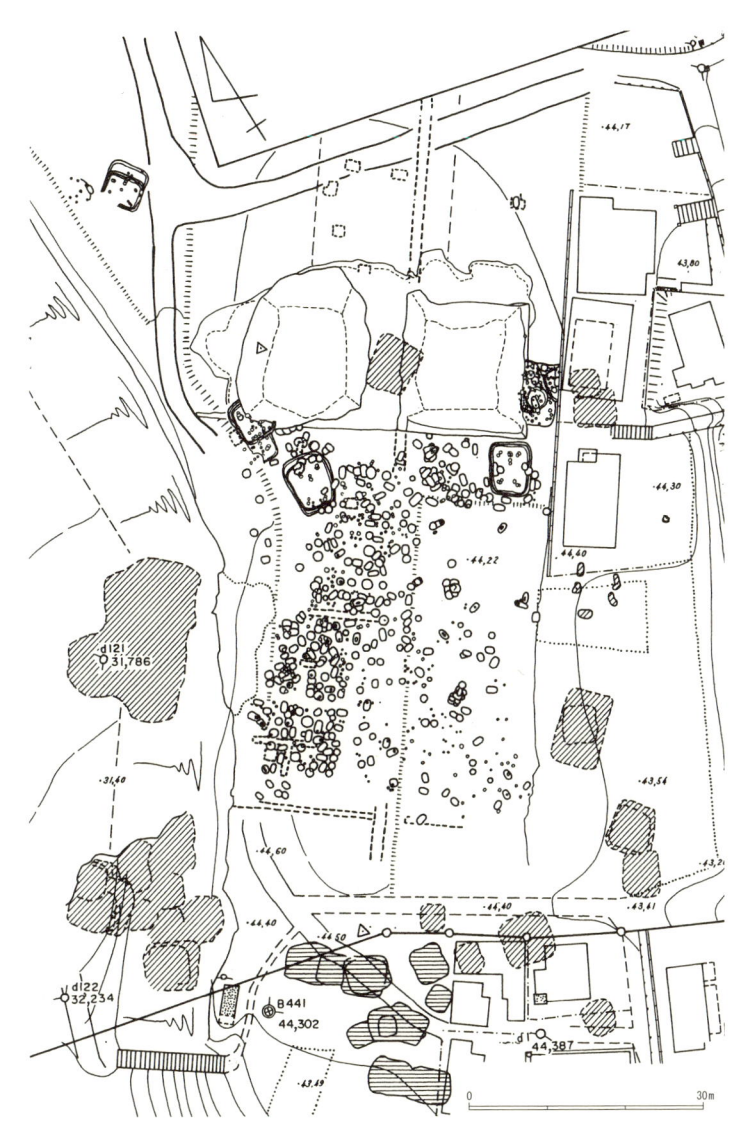

図5　前期の貝塚　神奈川県南堀貝塚（1/900）

規模が拡大し、居住の安定性が早期の段階とは比較にならないくらい増している。この時期の居住形態については議論がなお尽きないが、早期末から前期において沿岸部に見られる「環状集落」は、多数存在する集落の中で、規模・継

続期間で隔絶し、同様の集落形態が一般的な形として定着する中期以降とは異なる。単純な定住傾向の高まりの結果ではなく、離合集散性を有しながら、一定地域への繋がりを深めた居住集団の「結節点」として出現したと考えたい。

　前期の後半を過ぎると、貝塚の形成は著しい凋落傾向を見せることとなる。早期末から前期の前半にかけて、貝塚の集中と「環状集落」の形成を見せた古入間湾や大宮台地の周辺では貝塚数の減少と規模の縮小がおこり、また後退する海岸線を追うかのように、その分布が湾口部へ移動するのである。奥東京湾の湾口部や鶴見川流域では諸磯b式期まで集落が維持されるが、続く諸磯c式期から十三菩提式に貝塚の数は激減し、集落はその規模と数が著しく貧弱なものとなるのである。

　この傾向は中期初頭の五領ヶ台式期まで続くこととなる。従前この貝塚数の減少を気候の冷涼化による一時的な海水準の低下、海岸線の後退と貝類採取環境の悪化と捉える傾向が強かったが、前期末葉から中期初頭は関東地方全体で遺跡数の減少期にあたり、貝塚数の減少も遺跡数全体の減少を受けた見かけ上のものに過ぎない可能性もある。

　中期中葉以降、再び貝塚の数は増加に転じ、相模湾から三浦半島、奥東京湾から東京湾湾口部、古鬼怒湾まで広く見られるようになる（図6）。中期中葉以降は関東地方全体の集落が増大する時期であり、貝塚の増加もこうした傾向と軌を一つにするものであろう。

　しかしながら、増加の一方で貝塚の分布は前期とはかなり異なった様相を見せる。奥東京湾や古鬼怒湾の湾奥部の分布は希薄になり、またやはり前期において集中的な分布を見せていた鶴見川の流域から多摩川周辺にかけてはその凋落傾向が著しい。逆にこれまで分布が希薄であった三浦半島や東京湾の沿岸に認められるようになり、とくに東京湾の東岸―奥東京湾の湾口部から現在の東京湾の湾奥に接する範囲―にはこれまで認められなかった著しい集中を見せるとともに、千葉県千葉市加曽利北貝塚、有吉北貝塚など長期にわたって形成され分厚い貝層が環状にめぐる巨大貝塚が出現する（図7・8）。伴う貝塚の規模は大きなものではないが、この地域に千葉県船橋市高根木戸貝塚や松戸市子和清水貝塚のような、検出される住居の数が数十から百軒を超える大規模な「環状集落」が再び見られることも重要である。地質調査に基づく古環境研究

図6 中期の貝塚分布

は、この時期東京湾の湾奥部は流れ込む河川の運搬物によりさらに浅海化が進行し、湾に向かって開口する溺れ谷の前面に沿岸流によって砂が堆積した砂州が発達したことを指摘する。この地域の貝塚も砂質の干潟を好むハマグリ・イボキサゴが主要構成種となっており、古環境の復元と整合的である。前期と中期における貝塚の分布状況や規模の相違は、前期の湾奥を特徴づけていた泥質の干潟に代わって砂質の干潟が形成されたという、貝類が採取される水域環境の大きな変化を受けたものである可能性が高い。なお、奥東京湾の沿岸域にも

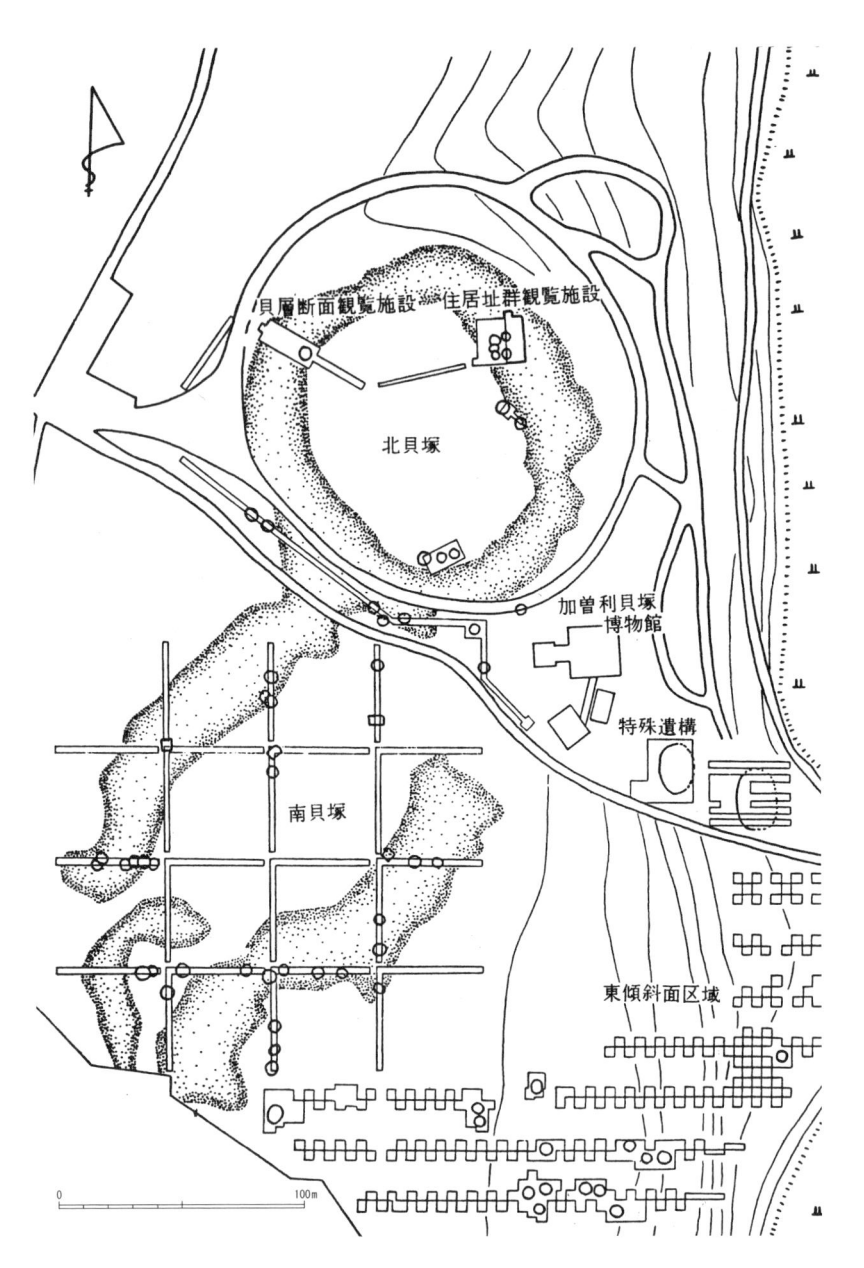

154　V　関東地方の縄文集落と貝塚

図7　千葉県加曽利北貝塚・加曽利南貝塚（1/3,000）

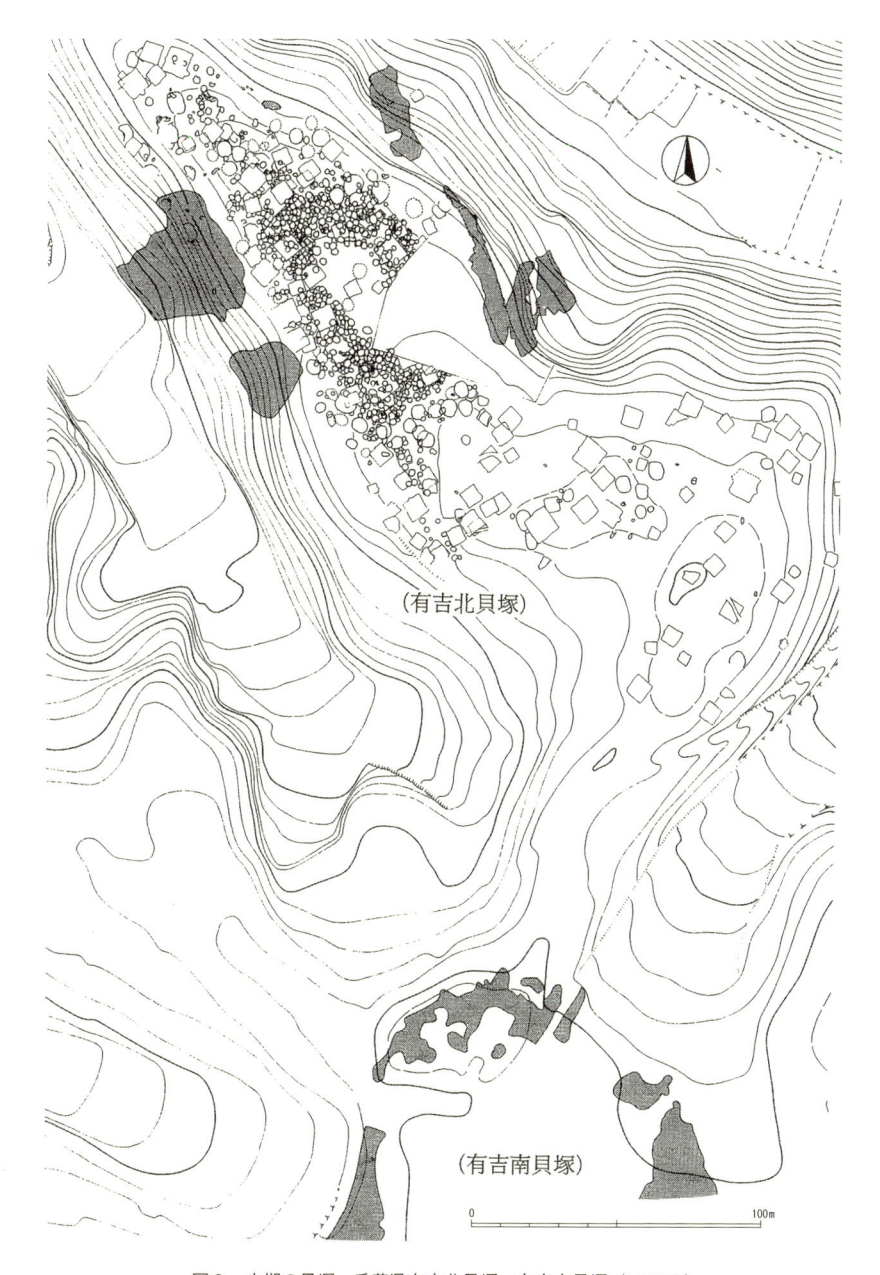

図8 中期の貝塚　千葉県有吉北貝塚・有吉南貝塚（1/2,500）

規模は小さいながら、ヤマトシジミを主体とする貝塚が残され、河川が運んだ土砂による内湾の埋没と海岸線の後退が進みながらも、後背に広い汽水域が残されたことを示す。

　東京湾の東岸に偏った夥しい貝塚の分布と、それまで見られない規模の大きな貝塚は、前述したようにこの地域に接して貝類採取に適した環境ができたこととともに、この地域で貝類の採取が生業上大きな位置を占めるようになったことを示すものであろう。なお、この時期当該地域の貝塚から出土する貝類が小形化し、性成熟に達しない個体が大部分であるとの推測から、貝類が資源の持続性が危ぶまれるほど採取されていたとの指摘（樋泉 1999）もある。

　一方で、出土人骨の炭素・窒素同位体による食性分析によれば、当該地域に居住する集団の水産資源への依存度は必ずしも高いものではないという。当該地域の出土人骨の炭素・窒素同位体は陸上獣や植物あるいは水産資源に依存するグループとの中間的な値を示し（赤澤・南川 1989、小池 1999）、陸上獣や堅果類など内陸の資源と水産資源がバランスよく利用されていたとする。この地域の石器組成も植物性食糧の加工に使用された磨石・石皿類、土掘り具であった打製石斧、狩猟具である石鏃が同程度出土する傾向にあり（今村 1989、西野 1999）、人骨の食性分析との整合性を見せる。また、有吉北貝塚や子和清水貝塚などで検出されている貯蔵穴の群集は、これに貯蔵されたと推定される堅果類の利用を示唆する。当該地域においては、堅果類や根茎類の利用、陸上獣の狩猟、貝類をはじめとする水産資源の開発が組み合わされて行われたものであろう。

　中期には内陸部にも多数の集落が形成され、関東地方における集落数の増大は中期の中葉から後半にかけて、縄文時代を通じてのピークに達している。これらの集落には、長期にわたって営まれ住居が多数検出される「環状集落」も少なくない。関東地方西縁の高燥な台地や丘陵、河岸段丘上に営まれた集落では土掘り具との機能が推定される打製石斧の出土が卓越する傾向にあり、根茎類などの植物性食糧を中心とした生業活動が想定される（今村 1989）。この生業形態は人口増と居住地の安定性をもたらし、貝塚を形成する沿岸部とは別の形での集落数の増大と、長期にわたって継続する集落を形成した。この地域に接した東京湾の西岸に東岸のような貝塚の集中が形成されない背景には、両地域の生業形態の相違があると考えられている（樋泉 1999）。

貝塚の形成が希薄な東京湾の西岸であるが、東京都北区中里貝塚では台地に並行する低地に幅70〜100m、長さ500m以上、最大層厚4.5mの貝層の連なりが確認されている。貝層を構成するのは大型のハマグリとマガキで、貝類の採取と剥き身にする加工を行った、集落を伴わない貝塚であり、生活の痕跡が極めて希薄であることから、内陸部に居住する集団が貝の採取のために形成した遺跡と推定される。東京湾の西部においては、貝類採取のため集落を沿岸部に設けることなく、居住地を内陸部においたまま沿岸部の資源開発を行った可能性が考えられる。内陸部集落の安定性とその立地する陸産資源への強い指向性を示すものであろう。

　内陸・沿岸部を問わず数十から百軒を超える住居が残される縄文時代中期の集落については、高い定住性を有していたとの指摘が度々繰り返されてきた。大規模な貝塚が残される沿岸部の集落については、定住性の根拠としてさらに大規模な環状貝塚の形成に現れるような広汎で膨大な資源の集落への持ち込み、年間を通じて行われたと見られる貝類の採取、貝塚を伴う集落の集中的な分布などが加えられるだろう。考古学において漠然と語られる傾向が強い「定住性」「定住的」[1]という言葉にはなお検討が必要とされるであろうが、この時期の集落が通年的な居住と長期にわたる集落の維持という両面において、相当程度高い安定性を有していたことは間違いない。この時期の膨大な集落の分布から想定される非常に高い人口密度も、集落の居住集団の自由な移動や離合集散を困難にするという意味では、居住地の安定性を高めたことが想定されよう。

　近年、縄文時代研究者の間にも膾炙してきたビンフォード（1980）による狩猟採集民のモデルによれば、居住地の安定性が高い狩猟採集民であるコレクターのシステムにおいては集団が資源のある特定個所へ居住地そのものを移動させるよりも、居住地から資源獲得のために小集団（タスクグループ）を派遣し、居住地に資源を持ち帰るロジスティカルな資源獲得戦略がとられるといい、またこうした資源獲得に専一する小集団が残す考古学的な痕跡は、遊動的な狩猟採集民のそれよりも大きな規模になるという。モデルの直接的な縄文時代社会への敷衍はなお課題が多いが、前述した中里貝塚の膨大な貝層などは、内陸部の集団によるロジスティカルな資源獲得戦略の結果であると考えれば、当該期集落の著しい安定性を示す傍証になるかもしれない。

第3節　後期～晩期の貝塚と生活・生業施設

貝　塚　中期の末葉の加曽利E4式期から後期初頭の称名寺式期にかけて、関東地方の集落数は再び激減する。中期に営まれていた「環状集落」は加曽利E3式期を最後にその多くが断絶し、あるいは加曽利E4式期から称名寺式期にかけてごく少数の住居が構築されるに留まる。東京湾の東岸に形成されてきた貝塚群も例外では無く、有吉北貝塚など大規模な貝塚の多くがその形成をこの時期に止めている。

　称名寺式期に続く堀之内式期に、再び集落数は増加に転じ、沿岸部での貝塚形成も再び増大する。堀之内式期の貝塚には、集落の減少期である称名寺式期にその形成が始まるものが少なくないことは注意される。加曽利E4式期から称名寺式期は、中期の生業システムや居住形態が崩壊した後、環境への再度の適応が模索された時期とすることができるかもしれない。生業システムとその基点となる集落が再編成される中、東京湾西岸の低地に営まれた称名寺貝塚のように、従来とは全く異なる立地の集落が形成される一方、鶴見川流域の神奈川県横浜市神隠丸山遺跡や東京湾東岸の千葉県千葉市加曽利南貝塚のように、中期に形成された大規模な集落の立地を踏襲し、中期の集落に重なりあるいは接するように後期の集落や貝塚が形成される。

　堀之内式期以降の貝塚は増加に転じ、後期前半から中葉にかけてその数は縄文時代を通じてのピークに達する（図9）。

　とくに中期に集中が見られた東京湾東岸での貝塚形成は顕著で、推定される当時の海岸線から数kmの範囲に著しい分布が見られるとともに、千葉県市川市堀之内貝塚、千葉市園生貝塚、同市加曽利南貝塚（図7）、市原市祇園原貝塚、同市曽谷貝塚、同市西広貝塚（図10）など長期にわたって営まれた大規模な環状貝塚が多数知られている。

　奥鬼怒湾では湾奥部にはヤマトシジミを主体とする貝塚、湾央部にはハマグリを主体とする貝塚の形成が活発化し、湾奥にある茨城県土浦市上高津貝塚や千葉県取手市中妻貝塚、湾央の茨城県陸平貝塚など大規模な環状貝塚が認められる。

　奥東京湾の沿岸でもヤマトシジミを主体とする貝塚が形成される傾向は中期

図9　後期〜晩期の貝塚分布

と変わらないが、前期や中期のように湾奥の溺れ谷にあった貝塚が見られなくなり、それまで比較的貝塚の分布が希薄であった大宮台地突端の鳩ヶ谷支台に集中した分布が見られるようになる。域内の水域環境に若干の変化があったのかもしれない。下総台地上の埼玉県春日部市神明貝塚、松伏町栄光院貝塚、大宮台地の埼玉県さいたま市真福寺貝塚、新郷貝塚など規模が大きな環状貝塚が目立つようになる。

　中期に貝塚の分布が希薄であった東京湾の西岸にも貝塚が形成される。この

分布は武蔵野台地から多摩川を超えた下末吉台地、三浦半島へと続く。これらの中にはやはり東京都西ヶ原貝塚、大森貝塚、神奈川県横浜市杉田貝塚のような大規模な貝塚が含まれる。この時期に、貝塚は関東地方の内湾沿いの各所に広い分布を見せるようになるばかりではなく、各地域に大規模な環状貝塚が形成されるのである。

なお、この時期の水域環境に関する古地理や古環境の研究は、前期や中期のような詳細なものは無いが、貝塚の分布から見る限り、おおむね中期に形成された様相が維持されたものと思われる。

一方で内陸部の台地や丘陵地に立地した集落はその分布を大きく減じ、関東地方全体での集落の総数は中期よりも減っている。遺跡数全体に占める貝塚の比率は増加し、貝塚の数・規模ともに大きくなった。後期中葉に貝塚が数・規模ともにピークに達する背景である。関東地方の縄文社会における貝類など水産資源への依存度がこの時期に大きく増大した（樋泉1999）わけだが、また根茎類を中心とした陸産資源の開発を強く指向した生業システムから、臨海部に集落を営み水産資源と陸産資源を開発する生業システムへ移行したという理解もできるだろう。中期段階から水産資源と陸産資源の双方を利用してきた東京湾東岸部での集落立地が踏襲される所以である。

当該期の貝塚から出土した人骨に関する炭素・窒素安定同位体比の分析結果も、中期の分析事例同様に陸上獣や植物資源と海産資源の中間領域への分布を示し、中期段階における貝塚集中地帯の生業活動と同傾向の資源への指向性があったことを示す。

もっとも、内陸部の集落が全くなくなってしまったわけではない。内陸部の高燥な台地・丘陵部に立地する集落が減少する中、大宮台地やその周辺など低位の台地や低地での集落形成が活発になる。後述するように、内陸部の集落においては海退後の沖積低地に出現した資源を指向した生業システムとそれに対応した集落の立地がとられた可能性が指摘できる。

この時期の貝塚で注目されるのは、神奈川県横浜市称名寺貝塚や横浜市稲荷山貝塚のようにイルカなどの海獣骨や、その猟に使用されたと考えられる大型の銛が出土する、海獣猟をさかんに行っていた遺跡が出現することである[2]。イルカなど海獣が資源として積極的に利用されるようになったという点

図10　後期〜晩期の貝塚　千葉県西広貝塚（1/1,500）

も重要であるが、注意されなければならないのは、海獣猟が沿岸部の集落において普遍的な活動となったのではなく、両遺跡の居住集団が海獣猟に特化していたという可能性である。

称名寺貝塚や稲荷山貝塚での海獣猟ほど顕著ではないが、資源の利用について集落ごとの特色が強くなる傾向は、東京湾東岸の貝塚群についても指摘され、中期の集落が集落を中心とした全方位型の資源開発を行うのに対し、後期においては個別特色的な生業を行う集落が相互補完的に結合して資源開発を行うといった集落モデルが提示されている（阿部1996a・2001）。ただ分業のように、特定資源の開発に特化した集落が結びついた過度に相互依存型の集落モデルを描くのには無理があるようにも思える。あるいはこうした遺跡ごとのバリエーションは、生業上での資源獲得の必要性よりも、個々の集落を基盤とする集団の社会的な位置づけのため形成されたと考えることもできるのではないだろうか。

後期後半から晩期にかけて貝塚数は減少に転じるが、貝塚の分布そのものには大きな変化は認められない。大型の貝塚や集落の多くでは引き続き後期後半から晩期の遺構が営まれ、また該期の遺物が出土する事例が少なくない。

水場遺跡 この時期の内陸部の遺跡においては、低地の流水や湧水に何らかの手を加えて、利用を図った水場遺構の存在が注意を引く。埼玉県川口市赤山陣屋跡遺跡では、木を組み、杭を打ち込んで固定した井桁状の木組み遺構の連なり、木道、壁面を杭で固定した板で囲い床面にも板材を敷いた板囲い遺構、加工材の集積が発見された。縄文時代晩期前半に形成されたこれらの遺構は有機的に関連し合う性格のもので、近くに膨大な量のトチの種皮が投棄されていたことから、低地を流れる湧水利用したトチの実の灰汁抜き施設と推定された（図11）。これに類似した木組みや板敷状の施設は、埼玉県川口市石神貝塚、栃木県小山市寺野東遺跡などで集落に隣接する谷部で発見されている。石神貝塚では湧水を掘り込み木材を井桁状に組んだ遺構が発見された。周囲からはクリやトチの遺存体が出土している。寺野東遺跡でも谷底を掘り込んで設けた木組みや、木組みを設けた掘り込みの底面や周囲に礫を敷き、また木組みの前面に材を敷き並べたものなど複数のバリエーションをもった施設が認められる。

これらの総てを赤山陣屋跡遺跡で確認されたような堅果類の処理施設とする

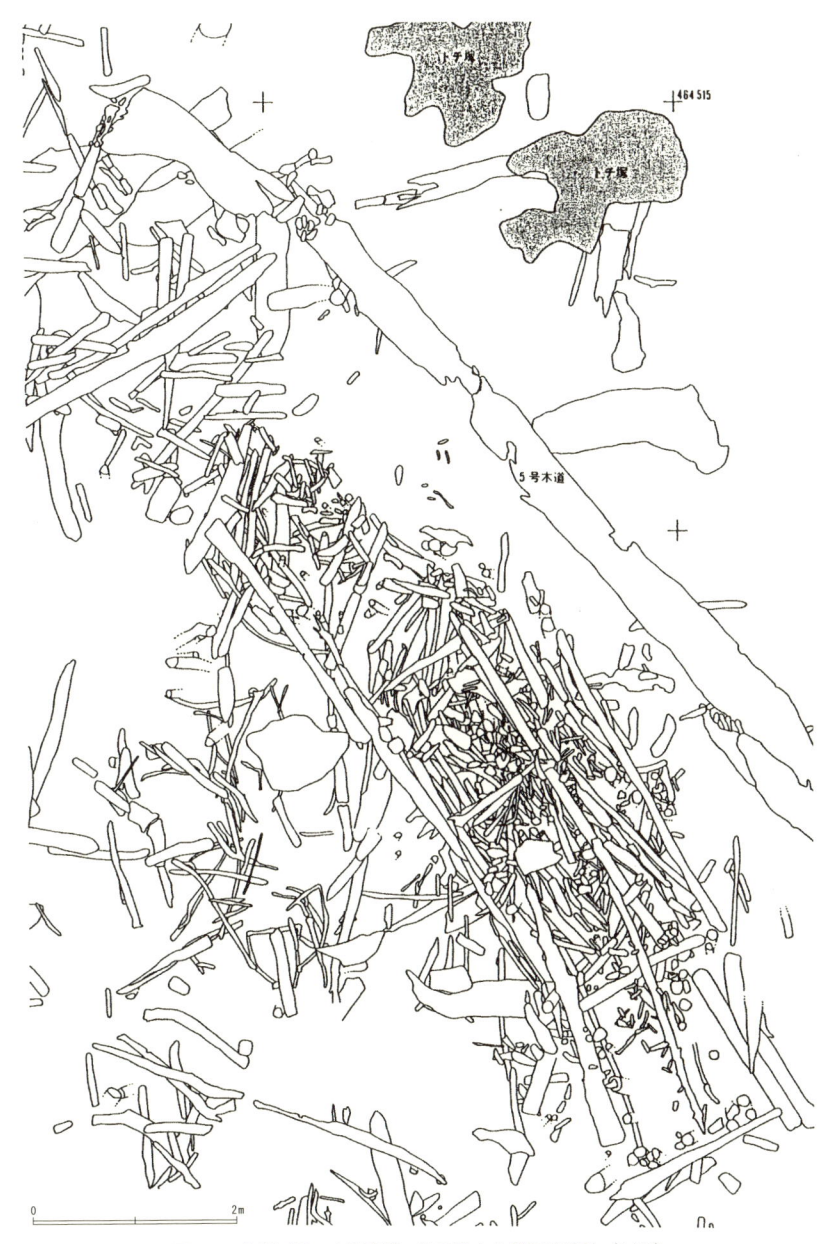

図 11　晩期初頭の水場遺構　埼玉県赤山陣屋跡遺跡 (1/70)

ことはできないが、滞水的な環境に設けられ、谷底を掘り込みあるいは木枠を設けるなど安定的に水を確保する工夫が見られること、石敷きや木道、材を敷き並べた足場状の施設を有し、施設に補修を加えながら長期にわたって使用されるなどの共通点を有し、堅果類の灰汁抜きを含め、水を使用した様々な活動が行われたものと考えられる。集落に隣接する低地が、こうした活動にとって格好の場を提供したことは間違いない。内陸部の後期後半から晩期の遺跡は、埼玉県鴻巣市赤城遺跡や桶川市後谷遺跡、さいたま市真福寺貝塚など同様の滞水環境にあったと想定される谷や低地に面する例が少なくなく、これらの遺跡でも同様の施設の存在を想定することが可能かもしれない。

　このような水場遺構は、その萌芽が中期の末葉から後期の前半にかけて見られる。神奈川県平塚市真田・北金目遺跡では縄文時代中期後葉から後期中葉の集落王子ノ台遺跡に接する谷斜面に、水溜と考えられる土坑状の掘り込み複数基と人為的な礫敷き遺構が発見された。この礫敷き遺構にはトチなど堅果類を含む泥炭層が堆積している。神奈川県伊勢原市西富岡・向畑遺跡でも中期末から後期前葉の集落に接した埋没谷の底面に、貯蔵穴と見られる土坑16基、杭列、加工材を用いた簡易な木組みが発見された。土坑内からは、割られたクルミ殻や砕かれたトチの種皮が大量に出土している。真田・北金目遺跡の水場遺構は、後期初頭から前葉、西富岡・向畑遺跡も中期末から後期前葉に属する。赤山陣屋跡遺跡や寺野東遺跡で見られた完成された形態をとってはいないが、集落に近接する滞水的な場所に水を利用するための施設を設ける点、またトチをはじめとする堅果類の処理が行われている点で共通する。

　これらの遺跡が形成されたのが関東地方における遺跡の減少期である中期末から後期初めにあること、あるいはこの時期に内陸部の高燥な台地・丘陵部に立地する遺跡が減少する一方、低位の台地や低地での遺跡形成が活発になるのは、おそらく偶然ではない。前述したように根茎類を中心とする陸産資源を強く指向した西関東における中期の生業システムが崩壊した後、内陸部における新たな生業システムが模索されたことを示すものであろう。貝塚の活発な形成に見られる水産資源への指向とともに、内陸部においては新たに出現した沖積低地や低湿な環境が資源獲得の場となり、新たな生業システムの一翼をこれらの施設が担ったことが想定される。後期前葉における真田・北金目遺跡や西富

岡・向畑遺跡における水場遺構の萌芽的な姿と、赤山陣屋遺跡や寺野東遺跡における その完成形ともいえる姿は、これらを使用した生業活動における労働形態や社会的な組織化の洗練の過程とも捉えられるだろう。

　後期から晩期にかけて多くの集落が引き続き継続する一方で、貝塚の形成そのものは減少あるいは著しくその規模を縮小する。とくに環状を呈する大規模貝塚の形成が止むことについては、これら大規模貝塚が保存食としての干し貝加工場であり、晩期に茨城県稲敷市広畑貝塚、同市法堂遺跡など古鬼怒湾沿岸（霞ヶ浦沿岸）の遺跡で土器製塩が行われるようになると、干し貝生産の意義が薄れたとの仮説が提示され（後藤 1973）、あるいはまた海水準の低下・海退によって貝類資源の得られる干潟が消失したことが想定されてきた。貝塚と土器製塩の関係については、大規模貝塚がほぼ消失する時期と土器製塩の開始される時期に大きなブランクがあること、環状を呈する大規模貝塚の貝類や獣魚骨などの内容が干し貝の加工場という専一した機能にそぐわず、むしろ一般的な集落のあり方と理解されることから、現在では否定的見解が示されている（西野 1999）。また当該期の海退現象についてはその蓋然性は高いが、この時期の海岸線や古環境の復元についてはデータが少なく、具体的根拠がなお乏しいのが課題となっている。晩期には関東地方の遺跡数そのものが減少傾向にあり、遺跡数の減少と海退の相乗によって貝塚形成が低調化した可能性もある。

　遺跡の減少傾向はその後も続き、晩期の中葉以降関東地方からは集落そのものがほとんど見られなくなる。古鬼怒湾沿岸に位置する千葉県成田市荒海貝塚は後期後半から晩期終末まで営まれた遺跡で、晩期終末の荒海式土器の標識遺跡として知られている。同遺跡からはヤマトシジミを主体とする千網式・荒海式期の貝層が確認されている。また荒海貝塚に隣接する成田市荒海川表遺跡でもヤマトシジミを主体とした荒海式期の貝塚が調査されている。ともに縄文時代終末における貝塚の事例として重要である。

　この時期に大きく減少した遺跡数はその後回復することなく、弥生時代を迎えることとなる。

第3章　関東地方の貝塚と生活・生業施設のまとめ

生業と居住形態　縄文時代の貝塚形成に内湾域と干潟が大きくかかわることは、すでに見てきた通りである。しかしながら、環境面ばかりが貝塚の形成を規定するものではないことは言うまでもない。資源の獲得にかかわる技術的側面や生業活動の組織化のされかた、居住形態、人口や集団内外との関係性といった社会的環境が相互に関連しあい縄文時代の社会を牽引していったのであり、貝塚もまた生業形態や居住形態との深いかかわりの中で形成されたものである。

早期初頭の夏島貝塚からは、骨角製の釣針や刺突具といった漁労具が出土し、貝層中から外洋を回遊するマグロ・カツオ、沿岸回遊性のマダイ、沿岸に生息するクロダイ・ボラの骨が出土するなど、貝類の採取に様々な水域の漁を組み合わせたほぼ完成された漁労活動の形態がうかがわれる。当該期におけるこのような状況は漁労活動に限られたものではなく、石器は狩猟具としての石鏃、植物性食料の処理・加工に使用した磨石・石皿、木材の伐採・加工具である石斧類を具備している。おそらくは植物性食料を基盤としながら、これに狩猟や漁労活動を組み合わせた縄文的な生業形態が早くも成立していたものと判断される（原田 1991）。しかしこの時期の遺跡は、痕跡が全体的に希薄で、一部に住居を有する集落も形成されるが、数も少なく、柱穴や竪穴の掘り込みも貧弱でなお一般的な存在とはなりえていない。

同様の状況はその後の早期中葉から後葉にかけて継続する。夏島貝塚の貝層は長期にわたって形成された大規模なものであるが、早期としてはむしろ突出した内容を有した例外的な存在と言え、容易に普遍化できない。早期の貝塚は総じて小規模であり、遺跡における居住痕跡も後の時代に比較して貧弱であることから、その居住形態も安定性を欠き、夏島貝塚や沈線文系土器段階の千葉県城ノ台貝塚など周辺の資源環境に恵まれたいくつかの遺跡を例外として、同一地点の居住地の維持や同一地点への回帰・反復的な居住の傾向は弱かったと言えるだろう。

早期末から前期、早期のものと比較すると格段に太く深い柱穴としっかりした竪穴の掘り込みをもった住居とその集合である集落が、貝塚形成の活発化と

歩調を合わせるかのように出現する。この時期の居住形態が続く中期や後期に比較した時、なお流動的で安定性を有していなかった可能性については、この時期の住居に頻繁に観察される建て替えに伴う住居規模の拡張や縮小の事例から指摘した通りであり（小川 2001・2009）、また貝塚に代表されるような遺跡内に形成された遺物の集積も、中期や後期のそれと比較すればやはり貧弱なのであるが、一方で住居の存在に占められる居住地の安定性や、居住地への回帰性、反復居住の著しい高まりは強調されてよい。この時期の集落について、多くの研究者が指摘する「定住性」「定住傾向」の高まりである。

　この時期における石器類の構成が、早期初頭の撚糸文系土器段階とそう大きな差異がないことは強調されておかなければならない。居住地の安定性の高まりをもたらしたような技術的な革新であるとか新たな生業形態といったものは、少なくとも考古学的な痕跡としては観察されていないのである。

　住居や集落形成の契機となったものは、貝類の生息に適した干潟の形成といった豊かな資源環境であったろう。ただこの時期にいきなり貝塚の規模が拡大したわけではないことは、資源環境が食料の供給を保証し安定的な居住の基盤になったという直截的な考えを留保させる。むしろ恵まれた資源環境は、同一居住地への回帰や反復的・累積的な居住を促す契機となったと考えるべきである。堅牢な構造を有する住居の出現は、単に安定的な居住の結果ではなく、こうした累積的な居住が繰り返される中で強まった地域と居住集団の関係性の反映であろう。こうした特定地域と居住集団の結びつきが強まる中、「環状集落」の出現に具現化される集団内・集団間の新しい社会的関係が姿を現すのである。

　前期末から中期初頭における沿岸・内陸部を問わない遺跡の減少期の後、中期中葉以降に東京湾奥東岸を中心に貝塚の形成は再び活発化し、それまで認められなかった大規模な環状貝塚の出現を見ることになる。こうした環状貝塚をはじめとして貝塚を伴う集落から検出される住居は数十から百軒以上になり、環状貝塚の形成に見られるように集落に搬入された資源の量も膨大なものになっていることから、集落の安定性は著しく高まったと想定される。

　前期まで住居などの遺構内に形成された比較的小規模なものに留まっていた貝塚が、この時期に至って大型化したことには、前章で述べたように広大な前

浜干潟の形成という環境要因がまずあげられるが、関東地方全域で集落の数が著しく増大したことも見落とされてはならない。集落が関東地方全体で増大する中で、各集団は限られた領域での資源開発を強いられたことが想定される。中期の大規模な貝塚、とくに東京湾東岸の事例は、この時期出現した豊かな資源環境のもと、集落の高い安定性を支えた生業活動の存在を示すものであろうが、単純に生産性が増大した結果、集落が安定的になったとも考えられるが、人口増を受けて資源をめぐる競合が激しくなる中で、地域内で開発可能な資源を極大化した結果に形成されたものであるとの解釈もまた成り立つのではないだろうか。定住的・安定的とされる居住形態は、資源環境や生業形態ばかりではなく、当該集団のおかれた社会的状況にも影響を受けた可能性が指摘できるだろう。

中期末から後期初頭の遺跡の減少期を経て、関東地方各地の沿岸部では大規模な貝塚の形成が活発化し、大規模な環状貝塚が各地域で見られるようになる。中期に多数の集落が形成された内陸部は、集落の数が回復することなく、沿岸部との著しい対照を示す。これは中期の西関東において顕著だった内陸型の生業形態の衰退と水産資源への依存の強化を示すものであろう。またこの時期、中期の東関東で顕著に認められた群集貯蔵穴も見られず、水産資源への依存の高まりと併せて生業形態の再編成が行われた可能性が高い。

遺跡から検出される住居の数は中期に比較して少ないが、大規模な貝塚をはじめとして遺跡内に搬入された資源の量は膨大であり、沿岸部における集落の安定性と継続性は、中期同様に高いものであったと想定される。後期の大規模貝塚は関東地方の各地域に認められ、資源環境に恵まれた沿岸部に集中した集団間に、中期の集団に想定したような資源をめぐる競合や社会関係から、資源の極大化をはかる動きがあったとの可能性が指摘できるかもしれない。

前期と中期と後期、こうした大規模な環状貝塚を含めた「環状集落」の消長が集落の多寡と連動していることは重要である。前期の「環状集落」について述べたように、これを単純に「定住性」の高まりと捉えることはおそらく適切ではない。特定地域と居住集団の結びつきが強まる中で生まれた集団内外との関係性の反映であり、社会的関係が可視化したものと考えるべきだろう。

注

(1) 例えば一般に「定住」といえば通年にわたる居住が行われる集落が相当程度長期にわたって維持されるというイメージが強いが、「通年にわたって居住される集落」が一年あるいは数年ごとに移動する場合、あるいは冬季など「ある特定季節にのみに使用される集落」が長期にわたって維持されるような場合も想定され、現在考古学が持つタイムスケールでこれを判断することは非常に難しい。「定住的」といった場合、それがどの程度を示すものかも曖昧模糊としている。

(2) この称名寺貝塚出土人骨の炭素・窒素安定同位体比の分析は、海獣をはじめとする水産資源を多く摂取していた傾向を示した。

引用・参考文献

L. R. Binford 1980：Willow smoke and dog's tails：hunter-gatherer settlement systems and archaeological site formation. *AMERICAN ANTIQUITY, 45—1*

E. S. Morse 1879：*Shell Mounds of Omori. Memoirs of the science department*, University of Tokyo Japan.

青木　滋・柴崎達雄 1966「海成"沖積層"の層相と細分問題について」『第四紀研究』5

阿部芳郎 1996a「食糧加工技術と縄文土器」『季刊考古学』55

阿部芳郎 1996b「水産資源の利用形態」同上

阿部芳郎 2001「遺跡群研究と地域社会の成り立ち」『第2回大学合同考古学シンポジウム　縄文社会を探る―縄文後晩期　下総台地の地域社会から―』早稲田大学文学部考古学研究室・明治大学考古学研究室編

阿部芳郎編 2009『東京湾巨大貝塚の時代と社会』

赤澤　威 1969「縄文貝塚産魚類の体長組成並びにその先史漁撈学的意味」『人類学雑誌』77

赤澤　威 1983『狩猟採集民の考古学　その生態学的アプローチ』

赤澤　威・南川雅男 1989「炭素・窒素安定同位体に基づく古代人の食生活の復元」『新しい研究法は考古学に何をもたらしたか』

東木龍七 1926「貝塚分布より見たる関東低地の舊海岸線一～三」『地理学評論』2―7～9

安孫子昭二・宮崎　博・江坂輝弥・永峯光一 1985「東京都の貝塚」『都心部の遺跡』東京都教育委員会

石井　寛 1988「港北ニュータウン遺跡群調査」『縄文人の生活領域を探る―広域調査の成果と課題―』(財) 東京都埋蔵文化財センター

今村啓爾 1973「霧ヶ丘遺跡の土坑群に関する考察」『霧ヶ丘』
今村啓爾 1983「陥穴（おとしあな）」『縄文文化の研究』2
今村啓爾 1989「群集貯蔵」『考古学と民族誌』
遠藤邦彦・関本勝久・高野　司・鈴木正章・平井幸弘 1983「関東平野の沖積層」『アーバンクボタ』21
遠藤邦彦・印牧もとこ・中井信之・森育子・藤沢みどり・是枝若菜・小杉正人 1992「中川低地と三郷の地質」『三郷市史　第8巻　自然編』
大山　柏・宮坂光二・池上啓介 1933「東京湾に注ぐ主要渓谷の貝塚に於ける縄紋式石器時代の編年学的研究豫報［第1編］」『史前学雑誌』3―6
小川岳人 2001『縄文時代の生業と集落―古奥東京湾沿岸の社会―』未完成考古学叢書3
小川岳人 2009「海進期の奥東京湾沿岸遺跡群」『縄文時代の考古学』8
金山喜昭・倉田恵津子 1994「縄文時代の人間活動」『縄文時代以降の松戸の海と森の復元』松戸市立博物館
小池裕子 1979「関東地方の貝塚遺跡における貝類採取の季節性と貝層の堆積速度」『第四紀研究』17―4
小池裕子 1983「貝類分析」『縄文時代の研究2　生業』
小池裕子 1999「古人骨から知られる食生活―安定同位体法による食性分析」『考古学と人類学』
小池裕子・大泰司紀之 1984「遺跡出土ニホンジカの齢構成から見た狩猟圧の時代変化」『古文化財の自然科学的研究』
小薬一夫 1979「縄文時代における焼石遺構」『小田原考古学研究会会報』8
小杉正人 1992「珪藻化石群集からみた最終氷期以降の東京湾の変遷史」『三郷市史　第8巻　自然編』
小杉正人・金山喜昭・張替いずみ・樋泉岳二・小池裕子 1989「古奥東京湾周辺における縄文時代黒浜期の貝塚形成と古環境」『考古学と自然科学』21
後藤和民 1973「縄文時代における東京湾沿岸の貝塚文化について」『房総地方史の研究』
近藤義郎 1962「縄文時代における土器製塩の研究」『学術紀要』15、岡山大学法文学部
佐藤宏之 1989「陥し穴猟と縄文時代の狩猟社会」『考古学と民族誌』
関野　克 1938「埼玉県福岡村縄紋前期住居址と竪穴住居の系統について」『人類学雑誌』53―8
樋泉岳二 1999「東京湾地域における完新世の海洋環境変遷と縄文貝塚形成史」『国立歴史民俗博物館研究報告』81

樋泉岳二 2001「貝塚から見た生業活動」『第２回大学合同考古学シンポジウム　縄文社会を探る―縄文後晩期　下総台地の地域社会から―』早稲田大学文学部考古研究室・明治大学考古学研究室編

鳥居龍蔵 1893「武蔵北足立郡貝塚村内部ノ状態」『東京人類学会雑誌』92

鳥居龍蔵 1920「武蔵野の有史以前」『武蔵野』3―3

鳥居龍蔵 1921「有史以前における東京湾」『武蔵野』4―4

中村若枝 2009「縄文時代中期～晩期　環状貝塚と貝塚」『平成20年考古学講座　貝塚とは何か』神奈川県考古学会

西野雅人 1999「縄文中期の大型貝塚と生産活動―有吉北貝塚の分析結果―」『千葉県文化財センター研究紀要』19

西野雅人 2005「東京湾東岸の大型貝塚を支えた生産・居住様式」『地域と文化の考古学Ⅰ』明治大学文学部

西野雅人 2005「縄文時代の通年定住型集落を支えた食―植物の発達と貝・小魚の通年利用―」『千葉県文化財センター研究紀要』24

西野雅人 2009「大型貝塚形成の背景をさぐる」『東京湾巨大貝塚の時代と社会』

西野雅人・植月　学 2003「動物遺存体による縄文前期前葉の生業・居住様式の復元―幸田貝塚と奥東京湾沿岸の遺跡群―」『松戸市立博物館紀要』10

野内秀明 2009「縄文時代早期　海進初期から海水面上昇期の貝塚―夏島貝塚・吉井貝塚など―」『平成20年考古学講座　貝塚とは何か』神奈川県考学会

羽生淳子 1990「縄文時代集落研究と狩猟採集民研究との接点」『物質文化』53

羽生淳子 2004「狩猟採集民文化の長期的変化と地域的多様性」『時空を超えた対話―三田の考古学―』

羽生淳子 2009「季節的定住と通年定住―民族誌事例の検討から―」『縄文時代の考古学』8

原田昌幸 1991『撚糸文系土器様式』考古学ライブラリー 61

松島義章・小池裕子 1979 自然貝層による内湾の海況復元と縄文時代の遺跡」『貝塚』22

松島義章 1984「日本列島における後氷期の浅海性貝類群集―とくに環境変遷に伴うその時間・空間的変遷―」『神奈川県立博物館研究報告（自然科学）』15

松田光太郎 2009「縄文時代前期　環状集落の成立と貝塚」『平成20年考古学講座　貝塚とは何か』神奈川県考古学会

宮澤　寛・今井康博 1976「縄文早期後半における土壙をめぐる諸問題―いわゆる落し穴について―」『調査研究集録』1

八幡一郎 1924「千葉県加曽利貝塚の発掘」『人類学雑誌』39―4

山内清男 1928「下総上本郷貝塚」『人類学雑誌』43—10
和島誠一・岡本　勇 1958「南堀貝塚と原始集落」『横浜市史　第1巻』

VI 東海地方の縄文集落と貝塚

川添和暁

第1章 東海地方の貝塚研究の現状

　東海地方における貝塚研究は、近代考古学が始まって以来、愛知県平井稲荷山貝塚出土遺物などの資料紹介の形で、始まったといえる。

　大正年間から昭和初期にかけて、日本人種論に関連する人骨収集調査により、東海地域を訪れた研究者は数多い。これにより、古人骨・埋葬・装身具類の研究が進展した。代表的な研究者としては清野謙次や小金井良精などが挙げられる。清野謙次が愛知県雷貝塚・稲荷山貝塚・吉胡貝塚・川地貝塚・静岡県蜆塚貝塚・西貝塚などを調査し、小金井良精などが伊川津貝塚の調査を行なった。また、貝塚研究に力を注いだ、大山柏の愛知県保美貝塚調査や、酒詰仲男の雷貝塚・宮西貝塚・入海貝塚の調査もある。この中で、吉胡・伊川津からの100体をこえる多数の埋葬人骨出土数は、これらの遺跡を極めて著名なものにしたといえる。

　また、史跡名勝天然紀念物関係および地域史記載のための調査も行なわれた。柴田常恵による保美貝塚・堀内貝塚の調査や、小栗鉄次郎の大曲輪貝塚・下内田貝塚・雷貝塚や、小川栄一による岐阜県庭田貝塚・羽沢貝塚の調査報告もこの時期である。

　吉田富夫と杉原荘介は、天白川流域における石器時代遺跡の様相を記した（吉田・杉原1937・1939）。愛知県粕畑貝塚・上ノ山貝塚は杉原が、鉾ノ木貝塚・雷貝塚などは吉田によるとある。

　太平洋戦争戦後、文化財保護委員会と愛知教育委員会とが協力して吉胡貝塚の調査が行なわれた。国営発掘第一号といわれたこの調査では、第一〜第四トレンチを設定し、各調査区別の報告となっている。とくに土器研究においては、山内清男によって層位的調査と土器型式との対比が提示された、第二トレ

ンチの報告が有名である。

　その後、後藤守一の意向を受けての蜆塚貝塚の調査は、地元浜松市教育委員会によって遺跡調査・研究から史跡整備まで行なわれた事例となった。また、市原寿文らによる静岡県西貝塚・石原貝塚・見性寺貝塚などの調査・研究により、遠江貝塚群の様相が明らかになったといえる。

　久永春男・加藤岩蔵・斎藤嘉彦らの一連の調査により、三河地域の貝塚発見と主要な遺跡調査がほぼ行なわれた。本刈谷貝塚・伊川津貝塚の報告がひとつの到達点であると位置づけられよう。近年、最新の調査成果をも含めて、八王子貝塚・枯木宮貝塚の報告が、西尾市教育委員会から順次刊行された。

　山下勝年による一連の調査で、知多半島域の貝塚が発見・調査された。低地に立地する貝塚の特性が明らかになったことや、愛知県先苅貝塚での縄文海進による貝塚の埋没を示す事例の発見は、とくに注目できよう。この頃から、渡辺誠らによって当地域での貝層の動物遺体定量分析が行なわれるようになった。

　近年では、愛知県玉ノ井遺跡、堀内貝塚、大西貝塚などの牟呂貝塚群、吉胡貝塚、伊川津貝塚、保美貝塚、岐阜県庭田貝塚、羽沢貝塚などの調査報告がある。この中でも、春成秀爾らによる伊川津貝塚の調査報告は、埋葬・動物遺体も含めた総合的な分析が行なわれたことで当地域においても研究の画期になったといえる。

　以上のような、東海地域の貝塚の様相について、集成・検討した成果がいくつか知られている。近年では、斎藤弘之による展示図録（斎藤 1998）、関西縄文文化研究会による集成・検討（岩瀬 2001 など）、『愛知県史』の論考（渡辺 2002）などがある。これら３つの論考により、貝種などの動物遺体や復元される漁労活動の時期別・地区別の差について、指摘されるところとなった。また、2008 年には日本考古学協会愛知大会が開催され、縄文時代晩期の貝塚と社会が取り上げられた。とくに、渥美半島および島嶼域において、大西貝塚など牟呂貝塚群の特徴を、ハマグリを主体としその他の遺物の出土が希少なことなどを特徴とする「加工場型貝塚」とし、吉胡貝塚・伊川津貝塚・保美貝塚などを「居住地型貝塚」と整理した、岩瀬彰利や樋泉岳二の業績（岩瀬 2008、樋泉 2008）は、今後の当該時期・地域の生業から地域社会を考える上での、重要な一提言となっている。

第2章　東海地方の貝塚と生活・生業施設の変遷

　ここでは、貝塚を中心に据えながら、その他生業関連遺構についても併せて概観する。

　現在、東海地域で確認されている貝塚は、静岡県下で6遺跡、愛知県下で98遺跡、岐阜県下で2遺跡、三重県下で1遺跡である（岩瀬 2008）。愛知県内は疎密はあるが沿岸部に広く認められる一方、静岡県下は遠江地域に、岐阜県下は西濃地域に、三重県下は志摩地域とより限られた分布状況となっている。愛知県内における時期的検討可能な64遺跡について、時期別遺跡数は、早期6遺跡、前期8遺跡、中期9遺跡、後期18遺跡、晩期23遺跡と言われており（渡辺 2002）、後・晩期が併せて6割以上を占める。

第1節　草創期～早期の貝塚と生活・生業施設

　草創期では貝層形成の認められる遺跡はない。また、その他の関連遺構として、近年注目された遺跡に、岐阜県関市渡井北遺跡がある。この遺跡では、最古となる草創期の水場遺構が検出され、周囲から尖頭器類などの製作状況を示す剥片類が多数出土した。また、愛知県田原市宮西遺跡でも、河川堆積する礫の中に、尖頭器類および製作状況を示す剥片を多量に包含する状況が確認され、この時期の水場の利用について示唆的な状況を示すものとして注目できる。

　東海地域で最も古い段階の貝塚は、早期高山寺式期の愛知県南知多町先苅貝塚である。丘陵端部の南、沖積地に埋没する波食台上に立地しているこの貝塚は、現地表下約12m（標高-10m前後）の位置にある。貝種はハイガイを主体とし、クロダイ・スズキなどの魚骨、シカ・イノシシなどの獣骨のみならず人骨の出土も確認された。押型文土器をはじめ、石鏃・スクレイパーなどの石器、のみ状の骨角器も確認されている。遺跡形成後、縄文海進による砂およびシルトの堆積によって貝塚が埋没したと考えられ、縄文海進の具体例としても注目されている。また、貝層が存在するという点では、豊橋市嵩山蛇穴遺跡も挙げることができよう。

　早期後半の表裏条痕土器期には、名古屋台地南部、知多半島、および衣浦湾沿岸域に貝塚が集中する傾向がある。愛知県名古屋市柏畑貝塚・同欠上貝塚・

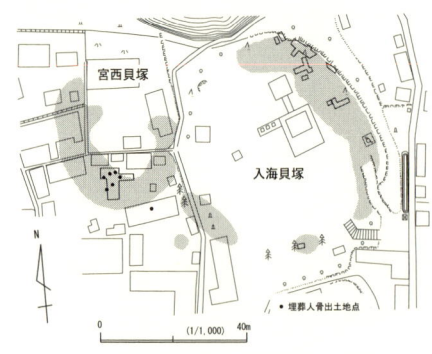

図1 愛知県入海貝塚と宮西貝塚の貝層分布
（酒詰 1942b より作成）

同上ノ山貝塚・東浦町入海貝塚・知多市二股貝塚・同楠廻間貝塚・南知多町天神山遺跡・刈谷市八ツ崎貝塚などがある。

入海貝塚では、約60×50mの台地縁辺に、最大幅10mほどの貝層が環状に確認されている。4次にわたり貝層部分のみ調査が行なわれているが、ここでは中山英司調査分を取り上げる（中山 1955）。貝層は最大厚約1mの堆積があり、時代・時期は不詳であるが住居との関係が指摘されている溝状の遺構や、別に柱穴と考えられるピットも確認されている。出土遺物には、土器・土偶や耳飾りなどの土製品・石器・骨角器があるが、中山調査分では石器の点数自体が著しく少ない。貝層の貝種はハイガイが主体であり、次いでマガキが多い。

二股貝塚では、約13×8m、最大約40cmの厚さで、緩斜面に貝層が形成されていた（青木ほか 1991）。貝層中心に設定されたトレンチ調査では、貝層および包含層以外の遺構は確認できていない。表裏条痕土器を主体とし土器以外には、土偶・耳飾りなどの土製品、石鏃などの剥片石器や、磨石・敲石・石皿などの石器、ヤスなどの刺突具類・貝輪などの骨角器が出土した。貝層の定量分析などによれば、貝種はハイガイ・マガキを主体として、マテガイ・イボニシがまとまっている地点もある。魚骨はエイ類・ボラ類・スズキ・タイ類がごくわずかであり、獣骨ではシカが多く、イノシシ・イヌも見つかった。

楠廻間貝塚では、約5×3mにわたり貝層が検出されている（坂野編 2005）。貝層を含め多くは周囲からの再堆積層としながら、土器がまとまっており、石器では石鏃・石匙などの剥片石器のみならず、磨石敲石類が56点と多く出土した。貝層の定量分析などによれば、貝種はハイガイを主体とし、次いでマガキである。魚骨は、エイ類・アイナメ類・タイ類・スズキ・カレイ類・カサゴ類・キス類が、獣骨ではシカ・イノシシが出土している。

八ツ崎貝塚は、碧海台地縁辺部に形成された貝塚で、範囲は約150㎡に及ぶ

と考えられている。貝層の厚さは平均約20cm程度で、貝層以外にピットなどの遺構も確認された。貝層の貝種はハイガイが主体で、ヤマトシジミなどがこれに次ぐ。

　そのほか、早期の生業関係の遺構として、煙道付炉穴などといわれる遺構の調査事例が近年多くなっている（安藤 2010）。東海地域の資料を集成した筒井京の論考（筒井 2006）によれば、静岡県長泉町の陣場上B遺跡の116基をはじめ、遺跡数・遺構数ともに伊豆から駿東地域に著しい集中があり、岐阜県中濃地域や三重県伊勢地域などでも調査事例がまとまっているが、近年静岡県浜松市中通遺跡の218基など、遠江地域から東三河地域にかけての調査事例も多くなってきた。また、落し穴についても、愛知県瀬戸市上品野E窯跡や新城市石座神社遺跡など、これまで確認事例のなかった尾張・三河地域での調査事例が近年出てきている。

第2節　前期～中期の貝塚と生活・生業施設

　貝塚としては、愛知県名古屋市長久寺貝塚・大曲輪貝塚・大根貝塚・鉾ノ木貝塚・常滑市石瀬貝塚・南知多町清水ノ上貝塚・咲畑貝塚・刈谷市佐太屋敷貝塚・西尾市釜田貝塚・豊橋市石塚貝塚・田原市北屋敷貝塚・豊川市葉善寺遺跡・岐阜県海津市庭田貝塚などが知られている。西濃地域から尾張・三河地域に分布が認められ、とくに名古屋台地でややまとまっている傾向がある。

　鉾ノ木貝塚は、丘陵末端の斜面上に立地し、貝層範囲は約400㎡、貝層および遺物包含層をあわせて最大厚は約80cmを測った（増子 1976）。黒色土上に形成された貝層は砂礫

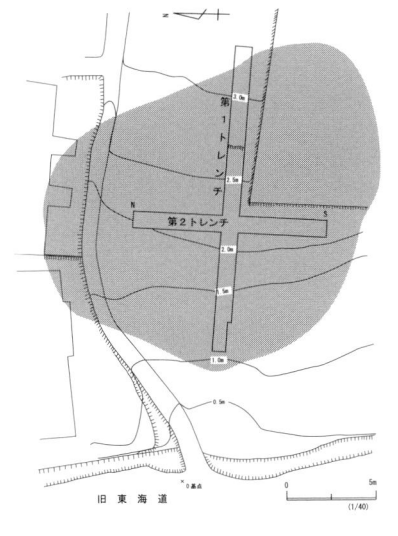

図2　愛知県鉾ノ木貝塚の貝層分布とセクション
（増子 1976より作成）

層を挟んで2層に分層されており、下部貝塚では前期初頭の土器群が、上部貝層では前期鉾ノ木Ⅰ・Ⅱ式土器が出土した。いずれの貝層も貝種はハイガイを主体とし、上部貝層ではマガキも混じるとある。

大曲輪貝塚では、前期の貝層が約360㎡確認されている。貝層の堆積は最大厚で約30㎝（小栗 1941）、貝種はアカニシ・ハイガイが主体とされる。名古屋市教育委員会の調査では、前期の住居2軒が見つかっている。また、この遺跡では縄文時代晩期の遺跡形成も認められ、住居6軒、土器棺墓7基と、前期の貝層により保存された埋葬人骨3体も調査された（名古屋市見晴台考古資料館 1981）。

石瀬貝塚は、丘陵端部の傾斜面に立地する貝塚である。貝層の堆積は約50㎝を測り、下層からは中期前半、中層・上層からは中期後半の土器が出土した。貝層の貝種はハイガイおよびアサリであり、魚骨ではタイ・カツオ・フグ類が、獣骨ではイノシシ・シカの出土がある。また、土坑内に埋葬人骨1体が見つかっている（新海ほか 1962）。

南知多町清水ノ上貝塚は、谷地形の中の海性砂層の上に形成された遺跡で、貝層がほぼ水平堆積を呈する（山下ほか 1976）。最大厚約1mを測る貝層は、前期の貝層と中期の貝層に分層できた。遺跡の範囲は約200㎡と考えられており、調査では、貝層・包含層以外の遺構は確認されていない。早期～中期の各土器のほか、石器・骨角器・貝輪の出土がある。石器では両端を打ち欠いて凹ませた石錘の出土が顕著である。貝層の貝種はスガイが主体であり、魚骨ではサメ類・マダイ・スズキの報告がある。獣骨では、シカ・イノシシのほか、サル・海獣骨がある。

咲畑貝塚は、知多半島先端の谷地形内の浜堤上に立地する。中期後半を主体とする第一号貝塚と後期を主体とする第二号貝塚に分かれる。貝層を含め遺物包含層はほぼ水平堆積を呈し、貝層は最大厚で約50㎝を測る。調査では、貝層・遺物包含層のほかにピット・土坑および散乱状態ではあるものの埋葬人骨も見つかっている。第二号貝塚では、灰や焼土の広がりが確認されており、住居の存在が想定された（磯部ほか 1960）。貝層の貝種はアサリが主体でハイガイがこれに次ぐ。魚骨は、マダイ・マグロ・サメ・スズキがある。獣骨では、シカが多く、イノシシ・サル・タヌキがある。狩猟具・漁具では、石鏃・骨角

製刺突具があるが、刺突具は短い類の鏃が
ほとんどである。また、石器の中では打欠
石錘が最も多く出土した。

　岐阜県庭田貝塚は、約60×150mの独立
した丘陵上に立地し、丘陵の東西斜面に、
東貝塚・西貝塚・南貝塚の3地点と、南西
の低地部分に土器片の出土集中地区が見つ
かっている。東貝塚では、前期後半から遺
跡の利用があり、中期初頭から貝層形成が
行なわれた（渡辺編 1996）。貝層は最大厚で
約80cmを測る部分もあり、貝種はマガキが
圧倒的主体を占める。貝層は定量分析が行
なわれており、魚骨ではスズキ・ウナギ・
軟骨魚類・マハゼ・マフグ類などがあり、
獣骨ではシカ・イノシシなど見つかっている。

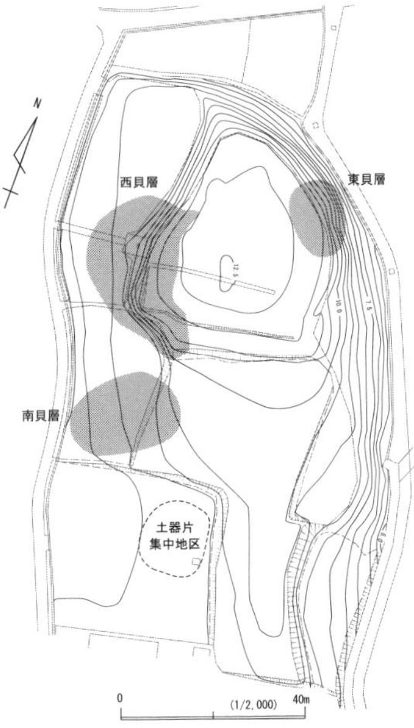

図3　岐阜県庭田貝塚の貝層分布
（渡辺編 1996 より作成）

　そのほか、前期・中期の生業関連遺構と
しては、貯蔵穴などが確認されている。中期後半の事例として、愛知県豊田市
日陰田遺跡があり、住居に近接して湿地式の貯蔵穴が見つかっている。
　また、上述した楠廻間貝塚では、谷地形で検出された中期のピット2基につ
いて、水場遺構の可能性が報告されている（坂野編 2005）。

第3節　後期〜晩期の貝塚と生活・生業施設

　東海地域においては、後晩期の貝塚が多く、遠江地域から三河・尾張・西濃
地域にかけて分布が認められる。また、晩期末になると三重県大築海貝塚のよ
うに、志摩地域にかけても若干認められることが大きな特徴である。また、こ
れまでの遺跡に比べ、貝層の平面的な範囲など、より大きな遺跡が多くなって
くる。
　愛知県南知多町林ノ峰貝塚は、谷内の沖積地上に立地しており、縄文時代前
期・中期の遺物包含層を覆う風成砂層を境として、中期末から後期初頭・前葉
の遺構および貝層形成がなされた（山下編 1983）。この風成砂層上には石囲炉

を伴う敷石住居1軒と土器埋設遺構（屋外埋甕）1基が見つかっており、敷石住居内を含め埋葬人骨が7体見つかっている。敷石住居埋没後に配石遺構と貝層の形成があった。貝層の貝種は、スガイ・イシダタミ・イボニシなどが主体で、魚骨ではクロダイ・スズキ・フグ、獣骨ではシカ・イノシシの出土が報告されている。狩猟具・漁具では、打欠石錘183点と骨製ヘラと刺突具がある。

田原市川地(かわじ)貝塚は、渥美半島先端の三河湾に面した低位段丘上に立地する。縄文時代後期前葉から中葉を中心とした貝層の形成があり、これまでに埋葬人骨26体・土坑・ピットが確認されている（清野1949、小野田・

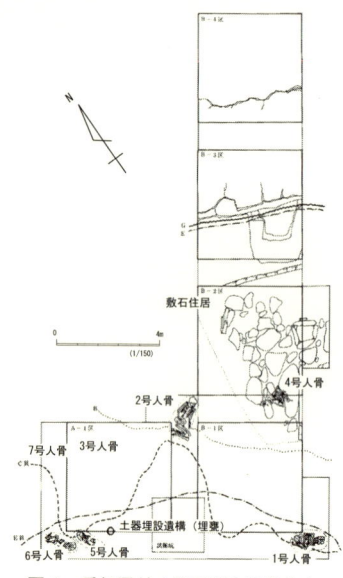

図4 愛知県林ノ峰貝塚の遺構分布
（山下編1983に加筆）

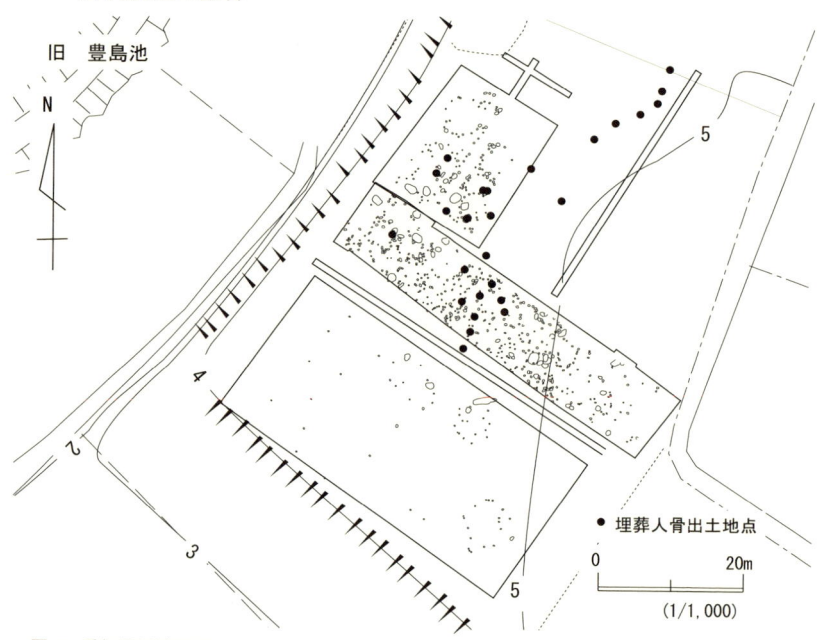

図5 愛知県川地貝塚の遺構分布（清野1949、小野田・安井ほか1993、原田編1995より作成）

安井ほか1993、原田編 1995)。各遺構の配置を概観すると、標高5mライン付近を境に外側へ各遺構の展開が密になっており、遺跡全体の範囲は三日月状あるいは弧状を呈する可能性がある。貝層の貝種はアサリ・マガキが主体で、魚骨では、クロダイ・マダイ・ヘダイ・サメ類・マグロ類などの出土があり、獣骨では、シカが多く、イノシシ・キツネ・タヌキ・アナグマおよびアシカ・ゴンドウクジラなどの海獣類もある。狩猟具・漁具では、打欠石錘が292点以上と多量に出土しているほか、大型の礫を用いた刃器（231点以上）や、ヤス・銛などの骨角製刺突具もまとまって出土している。

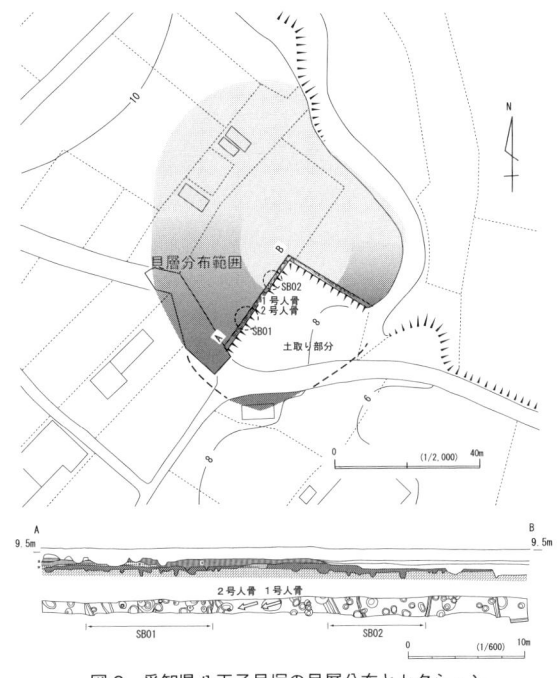

図6　愛知県八王子貝塚の貝層分布とセクション
（松井 2005a より作成）

　西尾市八王子貝塚は、矢作川右岸の碧海台地上に立地している。貝層の形成は後期中葉を中心とし、遺跡縁辺部に幅約12mにおよぶ貝層が、馬蹄形および環状を呈する様子が、2004年の調査で確認された（松井 2005a）。貝層・遺物包含層のほかに、埋葬人骨2体と住居2軒が見つかっており、住居は貝層の形成のない、遺跡中心部にかけて展開する可能性がある。貝層の貝種では、ハイガイ・マガキ・アサリ・ハマグリが多く、ヤマトシジミもある。魚骨ではハゼ類が多く、ウナギ・イワシ・カサゴ・サメ・フグと次ぐ。獣骨では、シカ・イノシシが多く、タヌキ・イヌ・ツキノワグマもある。狩猟具・漁具では打欠石錘が65点とまとまって出土しているほか、ヤス・銛などの骨角製刺突具、釣針などがある。

　刈谷市北部には、縄文時代後晩期の貝塚が集中して分布している。天子神社

貝塚は碧海台地西側に立地する後期前半の貝塚で、約15×10mの範囲に厚さ30cmほどの貝層の広がりが確認されている。貝種はハイガイ・マガキなどで構成されており、5体の埋葬人骨と住居の可能性のある落込みが見つかっている（加藤 1978）。中条貝塚も、同じく碧海台地西端に立地する後期中葉の貝塚である。貝層の分布範囲は約300㎡、貝層下から炉・ピットなど住居に伴うと考えられる遺構が調査された。貝層の貝種はハイガイが主体で、ヤマトシジミも多い。獣骨はシカ・イノシシで、魚骨の出土は少なかったとある（加藤ほか 1968）。築地貝塚も同様の後期中葉の貝塚である。炉を伴う竪穴式住居や平地式住居が調査されている。貝層の貝種はハイガイが主体であるが、マガキの貝層ブロックが確認されている（杉浦編 1989）。

南知多町神明社貝塚は、篠島中央部に形成された貝塚である。縄文時代後期後葉から弥生・古墳・古代・中世・近世の貝層が、遺物包含する砂層を挟み3m以上にわたる累々した堆積として確認されており、縄文時代では、後期後葉〜晩期初頭と晩期末の貝層がみつかった（山下編 1989b）。釣針およびヤスという漁具のみならず、出土動物遺存体では、貝類でスガイ・クボガイ・イシダタミ・レイシ・アサリなどの貝種を主体としアワビ類の出土を見、魚骨ではサメ類・マダイ・クロダイ・サワラ・マグロ属など、東海地域の貝塚の中では、より外洋側・岩礁性の漁労の様相を示していることが注目できよう。

静岡県浜松市蜆塚貝塚は、約100×70mの範囲に貝層・遺物包含層の形成が確認されている。佐鳴湖畔の台地頂部および斜面地に向かって貝層が4ヵ所あり、全体としては環状を呈する。台地上に形成された貝層（第二・第三貝層）では、貝層形

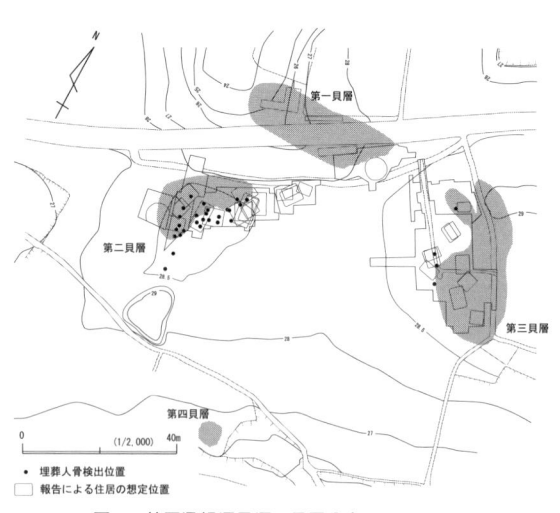

図7　静岡県蜆塚貝塚の貝層分布
　　（麻生・市原ほか 1962、向坂 1990 より作成）

成とともに平地式住居と土坑墓が形成されたと報告がある（麻生・市原ほか 1962）。貝層形成は堀之内Ⅰ式期から晩期前葉まで継続しているが、加曽利Ｂ式期が中心と考えられる。貝層の貝種はヤマトシジミが主体で、ハマグリなども含み、魚骨ではクロダイ・マダイ・スズキが多く、コイのほか、カツオ・マグロ類・ブリなどもあり、獣骨では、シカ・イノシシのみならず、イルカ類の出土もあった。狩猟具・漁具では、石鏃の出土が少ない一方、ヤスなどの骨製刺突具

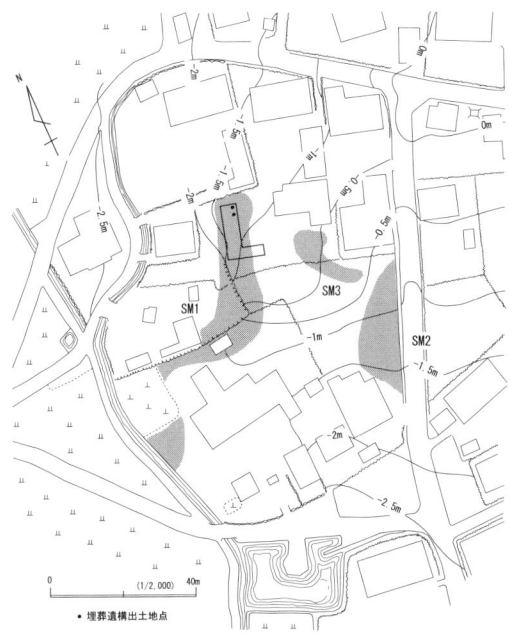

図8　静岡県西貝塚の貝層分布（麻生ほか 1961 より作成）

と打欠石錘がともに150点ほどと、多量に出土している。

　磐田市西貝塚は、沖積平野に向かって緩く傾斜する台地末端に立地する。貝層は、半島状に突き出た微地形を囲むように３つの貝層の分布が確認されており、遺跡全体の範囲が50×50ｍを越える規模であったと考えられる。このうち、第Ⅰ貝塚の調査では、後期堀之内Ⅰ式併行期から宮滝式併行期にわたり、最大厚約１ｍにも及ぶ貝層の堆積が確認された（麻生ほか 1961）。この調査では、埋葬人骨２体分が確認されている。貝層の貝種はヤマトシジミが圧倒的多数を占めるなか、ハマグリ・ダンベイキサゴなどを若干包含し、魚骨では、サメ類・エイ類・スズキ・クロダイのほか、ギバチ・コイなど淡水魚骨の出土もあり、獣骨ではシカ・イノシシ・タヌキ・イヌがある。狩猟具・漁具では、打欠石錘が100点以上出土し、骨製・角製の鏃・ヤスが出土しており、根挟みの出土も１点ある。なお、西貝塚から西約2.5kmには後期前葉から中葉の石原貝塚が（市原 1967）、北西約２kmには晩期の見性寺貝塚が所在する。

　名古屋市玉ノ井遺跡は熱田台地南端に立地する遺跡で、直径約190ｍの範囲

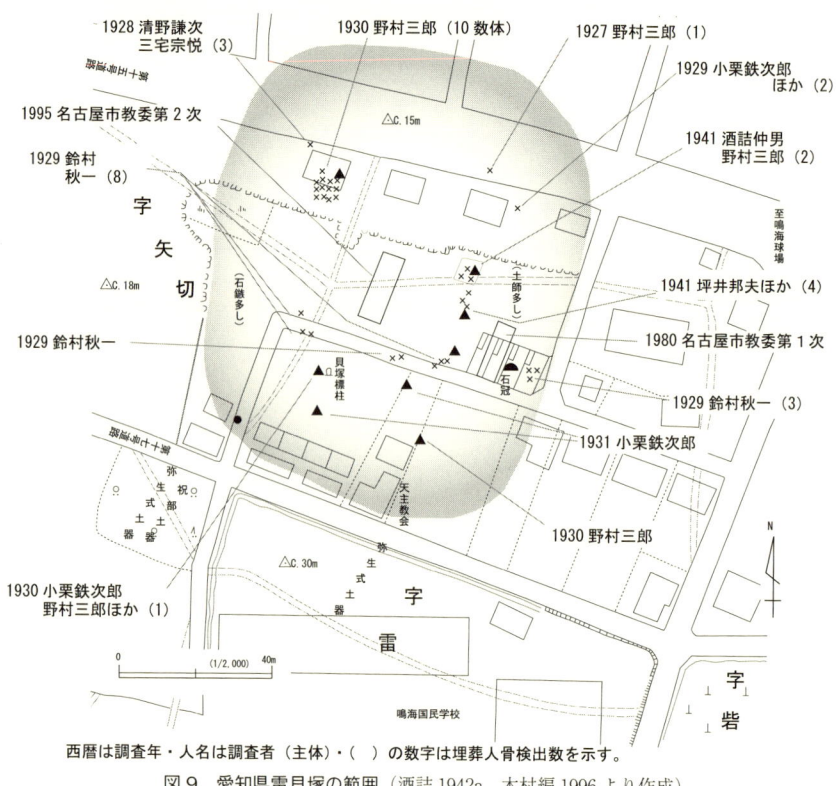

図9 愛知県雷貝塚の範囲（酒詰 1942a、木村編 1996 より作成）

内に貝層を含め、晩期の各時期の包含層・遺構が存在する。遺跡南東側の調査では、晩期前半に属する、土坑墓・土器棺墓・住居・土坑・ピットと包含層・貝層を検出した（纐纈編 2003）。貝層は後世の影響を受けたものとあるが、破砕貝層で遺構内などに保存されていた。貝層の貝種はハマグリを主体とし、オキシジミ・イボニシなどを含み、魚骨ではスズキが最も多く、フグ類・イワシ類・カレイ類など、獣骨では、シカが多く、次いでイノシシ・イヌの出土があった。狩猟具・漁具では、石鏃・根挟み、および骨角製刺突具ではヤスもしくは銛が出土しているが、短い刺突具である銛が多い。

名古屋市雷貝塚は、天白川右岸の鳴海丘陵南端に立地する。約 90×120m の範囲に貝層を含む遺物包含層の形成が認められた。貝層はこの範囲の中央にはなく縁辺に厚薄をもって認められたようであり（酒詰 1942a）、環状を呈す

る貝塚であった可能性がある。埋葬人骨が30体ほど確認されている以外には、遺構などの確認はなされていないままである。埋葬人骨の出土は、遺跡の北半部にとくに集中しており、遺跡形成において特定の場の利用が行なわれた可能性がある。貝層の貝種はハマグリを主体として、オキシジミ・シオフキ・アカニシが多く、魚骨ではマイワシ・スズキ・タイ類・サバ・マフグ類、獣骨ではシカ・イノシシ・イヌなどがある。狩猟具・漁具では、石鏃・根挟み・釣針のほかに、ヤス・銛などの骨製刺突具類がある。

　知多市西屋敷貝塚は、海岸にほど近い砂堆による微高地上に立地し、貝層は海岸側とは反対側の斜面にかけて形成された。貝層は約50×13mの帯状を呈し、貝層は上層・中層・下層に分かれており、晩期全般にわたり最大で約1mの堆積があった。貝層には固くしまった灰層や赤く焼けた面など、住居などの痕跡とも考えられる遺構も見つかっている。貝層の貝種では、マガキおよびイタボガキが多いとある。魚骨では、マダイ・クロダイ・スズキ・アカエイ・コチ・トラフグなど、獣骨では、シカ・イノシシ・タヌキ・クジラ類、そのほかアオウミガメとイシガメの出土もある。狩猟具・漁具では、石鏃・根挟みが少量確認されているのみである（杉崎ほか1958）。

　知多市大草南（東畑）貝塚は、伊勢湾に面する台地の海岸とは反対側斜面に立地する。貝層は南北25m・東西20mにのび、半円形状をなす可能性もあり（紅村1963）、貝層は最大厚で約50cmを測る（杉崎ほか1983）。貝層・包含層以外の遺構としては、土器棺墓と埋葬人骨が見つかっている。貝層の貝種はハマグリが主体であり、哺乳類ではイヌ・シカ・イノシシが出土している。狩猟具・漁具では、根挟み・釣針が出土している。

　東浦町宮西貝塚および石浜貝塚は、境川西岸の段丘上に立地する。宮西貝塚は上に述べた入海貝塚の西側に近接しており（図1）、径35mの範囲に幅10mほどの貝層が環状に認められた（酒詰1942b）。貝層の堆積は最大厚が約50cm、貝層・包含層のほかに、埋葬人骨が6体見つかっている。貝層の貝種の主体はハイガイで、ハマグリがこれに次ぐ。魚骨では、スズキ・クロダイ・キダイ・アカエイなど、獣骨ではシカ・イノシシ・ウサギ・アナグマ・サルなど、そのほかカメ類が出土している。

　西尾市枯木宮貝塚は、碧海台地南末端、当時は海を臨む半島状に突き出た場

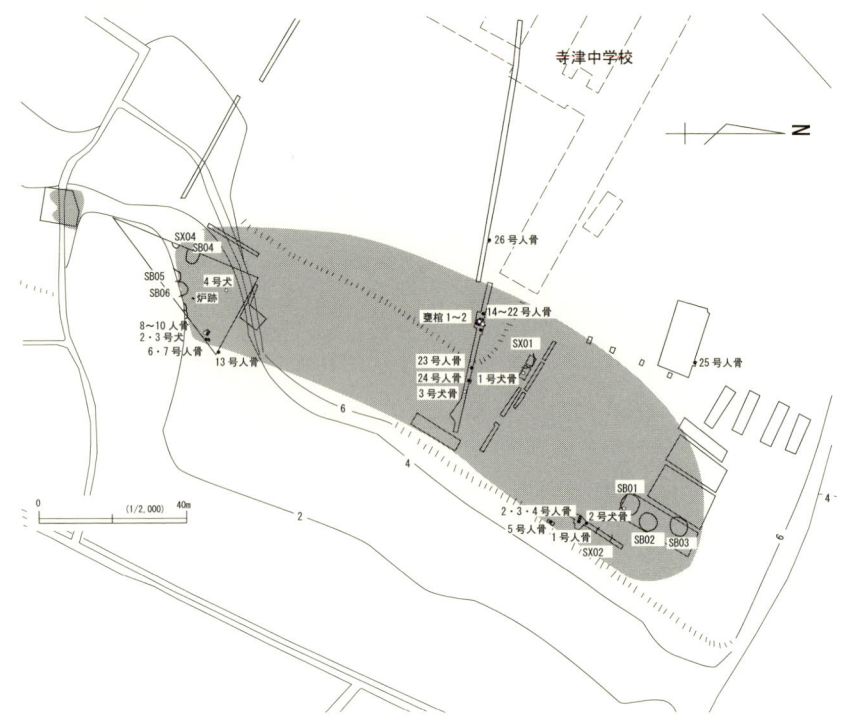

図10　愛知県枯木宮貝塚の貝層・遺構分配置図（松井 2005b・2006 より作成）

所であったと考えられ、丘陵端部の約 40×150m の範囲に貝層の形成が確認できる。範囲の西端には浅い谷地形が入り、谷の対岸側にも若干貝層の範囲が伸びている。盤状集積墓や合葬墓をはじめとする埋葬人骨 26、埋葬犬 6 基、土器棺墓 2 基が調査区全体から見つかっている一方で、住居およびそれを想定する焼土とピット群は、遺跡中央では 1 ヵ所、貝層範囲の東・西端でそれぞれ 4 ヵ所と、端部でまとまって存在する傾向がある（松井 2005b・2006）。貝層の堆積は最大で約 50cm であり、貝種はハマグリを主体としてマガキ・アサリなどで構成されている。魚骨ではクロダイが最も多く、マダイ・スズキ・サバフグ・クサフグと続く。獣骨では、シカ・イノシシが多いほかに、イヌ・タヌキ・アシカ・マイルカもある。そのほか、海産のウミガメ類のみならず淡水産のイシガメもまとまって見つかっている。狩猟具・漁具には、石鏃・根挟みのほか、骨角製ヤスや鏃があるが、長さの長いものが多い。また、釣針が 6 点と

まとまった出土が認められ、打欠石錘も30点とこの時期にしては出土量が多く確認できた（松井2007）。

　刈谷市本刈谷貝塚は、逢妻川・境川の東岸、宮西貝塚の対岸の碧海台地上に立地する貝塚である。台地上および台地縁辺に貝層が広がっているようであり、貝層北端の調査では、3群の貝層の堆積と、埋葬人骨・埋葬犬などが検出され、ピット群も見つかっている（加藤・斎藤1973）。貝層は最大厚約60cmを測り、貝種はハイガイを主体としマガキ・アカニシ・イボニシ・フトヘナタリのブロックがあるなか、とくにアカニシが多く確認できたようである。魚骨ではアカエイ・クロダイ・サバフグ・トラフグが多いとあり、獣骨ではシカ・イノシシ・イヌ（埋葬犬含む）・タヌキが多く、そのほか鳥類骨の報告もある。そのほか、爬虫類ではイシガメが数多く報告されている。狩猟具・漁具には、石鏃・根挟みのほか、骨角製ヤスや鏃があるが、長さの短いもの（鏃）が多い。

　安城市堀内貝塚は、矢作川流域では最上流に形成された貝塚である。第4次調査では、集骨墓を含む多数の埋葬人骨と土器棺墓が検出されており、これらは晩期中葉あるいは晩期末に帰属するが、これまで調査された貝層自体は、晩期中葉桜井式期に属するものとされている（川崎編2009）。注目すべきは動物遺存体の出土状況である。貝層の貝種はハイガイを主体としてマガキ・アサリが次いで多い。魚骨では、コイ科・ウナギ属・ナマズなどの淡水性種が多く、海水性はわずかであり、獣骨ではシカ・イノシシ・イヌが多いとある。報告などでは、魚類では遺跡周辺の淡水域が中心になっているのに対し、貝類では、陸を越えて遺跡から約5km離れた油ヶ淵からの大量の貝の搬入が指摘されている。

　豊川市平井稲荷山貝塚は、豊川右岸の中位段丘端に立地する。

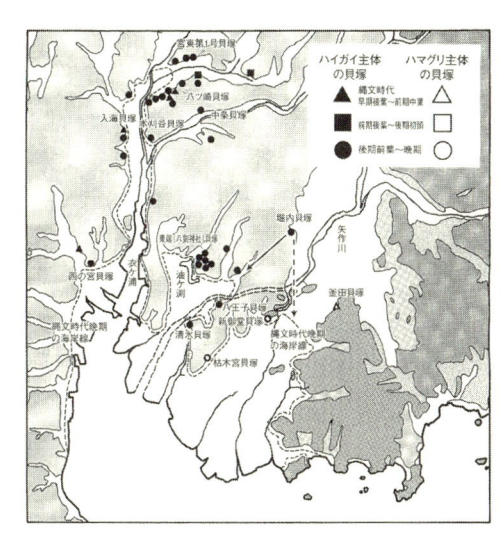

図11　愛知県堀内貝塚の位置（斎藤1998より引用）

貝層の分布は約100×100m以上の広い範囲にわたっている。当地は段丘の平坦面から傾斜地にかけての位置に当たり、中央に小さい谷地形と現在稲荷神社となっている小高い丘陵地形をも含んでいる。貝層の形成は晩期中葉の稲荷山式期が中心で、晩期後半から弥生時代までの遺物が出土する。多数見つかっている埋葬人骨などもこの時期に属するものと考えられるが、壺棺墓を含め、弥生時代前期の埋葬施設も認められる。1990年の調査では、住居が想定できる生活面や石囲炉も見つかった（中村・出口 1992）。貝層の貝種はハマグリ・ヤマトシジミが主体をなし、マガキ・アカニシを含む。獣骨では、シカ・イノシシ・イヌ・キツネなどが出土している。狩猟具・漁具では、石鏃、ヤス・銛などの骨角製刺突具・根挟みなどがある。

豊橋市五貫森(ごかんのもり)貝塚は、豊川右岸の自然堤防上に立地する遺跡である。A貝塚とB貝塚の2地点があり、A貝塚は10m²で厚さ平均約20cm程度、B貝塚は20m²で厚さ平均約20cm、最大で約50cmを測る部分もあったとある。A貝塚では土器棺墓1基、B貝塚では埋葬人骨2体が見つかっている。A・B貝塚いずれヤマトシジミが主体である。動物遺存体自体の出土が極めて希少で、獣骨などとしては鹿角の角座残存部1点が確認できるのみである。埋葬人骨やベンケイガイ製貝輪の出土状況から、決して動物性遺物の保存に適していなかったわけではなく、獣骨類などの遺跡への廃棄の程度が著しく低かったとものと考えられる。

豊橋市、豊川河口付近の低位段丘端、南北約3.5kmの範囲に、牟呂(むろ)貝塚群といわれる遺跡群が知られている。牟呂貝塚群には、後期中葉〜晩期の内田貝塚（松本編 2010）、晩期前半主体の水神(すいじん)第1貝塚（芳賀編 1997）・晩期中葉主体のさんまい貝塚（岩瀬編 1998a）、晩期後半主体の水神第2貝塚（岩瀬編 1998b）と大西貝塚（岩瀬編 1995）などが知られている。これらの遺跡の特徴としては、ハマグリを主体とした著しく厚い貝層の形成、貝層形成に併行した作業面（生活面）および多数の炉の形成がある。遺跡前に広がる干潟からのハマグリ採取と加工の様子が窺える遺跡群ではあるが、貝層の規模が大きく、かつその特徴が一段と際立つ傾向にあるのは、晩期中葉以降のようである。とくに大西貝塚では、縄文時代晩期に限っての貝層の範囲が約130×20m、堆積は最大厚で約2.5mを測り、牟呂貝塚群の中で最も規模が大きい。遺構としては、敷石炉5

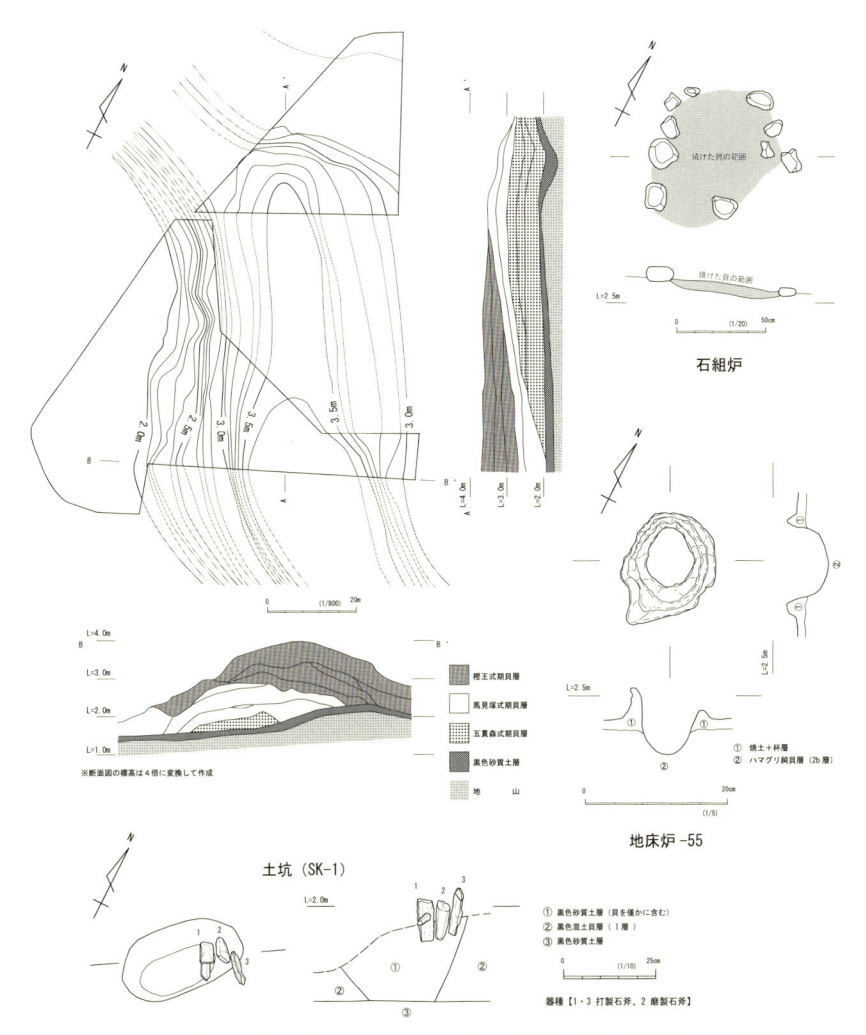

図12 愛知県大西貝塚の貝層・セクション模式図および炉・土坑 （岩瀬編1995より作成）

基・石組炉2基・地床炉109基など炉が数多く見つかった一方、土坑60基のうち1基からは、打製石斧と磨製石斧が直立した状態で出土した。

　田原市吉胡貝塚は、三河湾に面した蔵王山の東山麓、台地の南緩斜面に貝塚が形成されている。清野謙次により300体以上の埋葬人骨が検出されたことで有名な貝塚であるが（清野1949）、近年の調査により、貝層の分布は3ヵ所

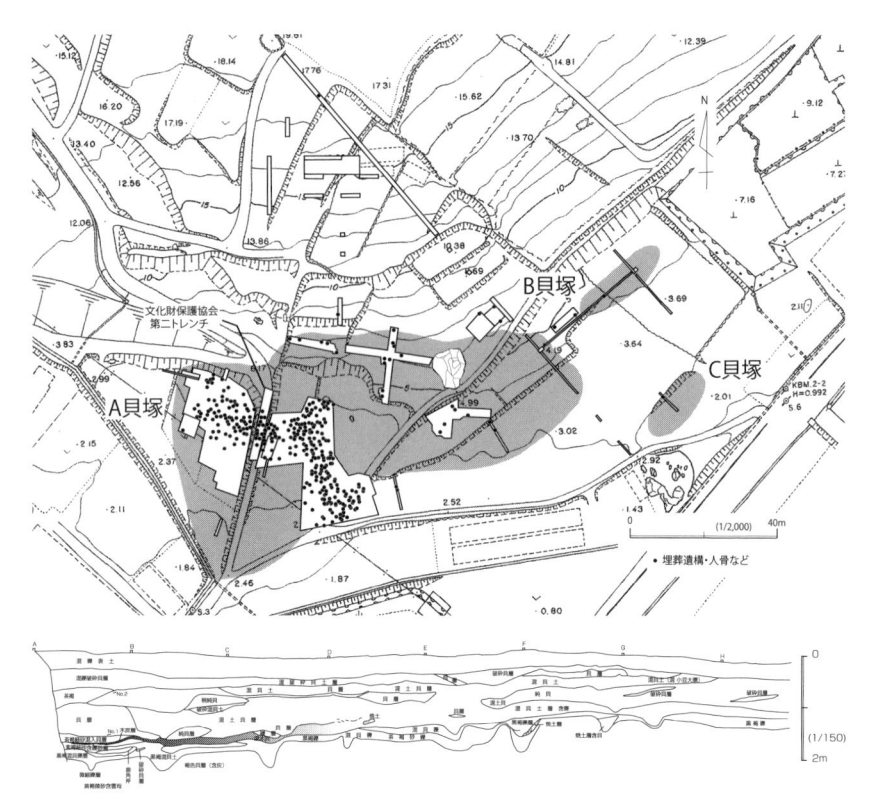

図 13　愛知県吉胡貝塚の貝層範囲と文化財保護委員会第二トレンチセクション
（斎藤ほか 1952、清野 1969、増山ほか 2003 より作成）

に認められ、約 140×60m の範囲に及ぶことが明らかとなった（増山ほか 2003）。貝層は後期末から晩期全般にかけて形成されており、最大厚で約 1.5m の堆積が確認されている。文化財保護委員会による第二トレンチの調査では、貝層中や下位に焼土・灰層・石の配列などが確認されている（斎藤ほか 1952）。貝層の貝種はハマグリが最も多く、オキシジミ・アサリ・マガキなどを含む。近年の報告によると、魚骨ではサメ類・エイ類・ウナギ・フグ科・クロダイ属のほかマイワシなど、獣骨ではシカ・イノシシ・埋葬犬を含めたイヌ・キツネ・タヌキ・アナグマ・イルカ類・クジラ類の出土がある（増山ほか 2003）。狩猟具・漁具では、石鏃・根挟み・ヤスや銛などの骨製刺突具のほかに、逆棘付の刺突具やアグのある釣針の存在など、東海地域の他遺跡では認められないものが確

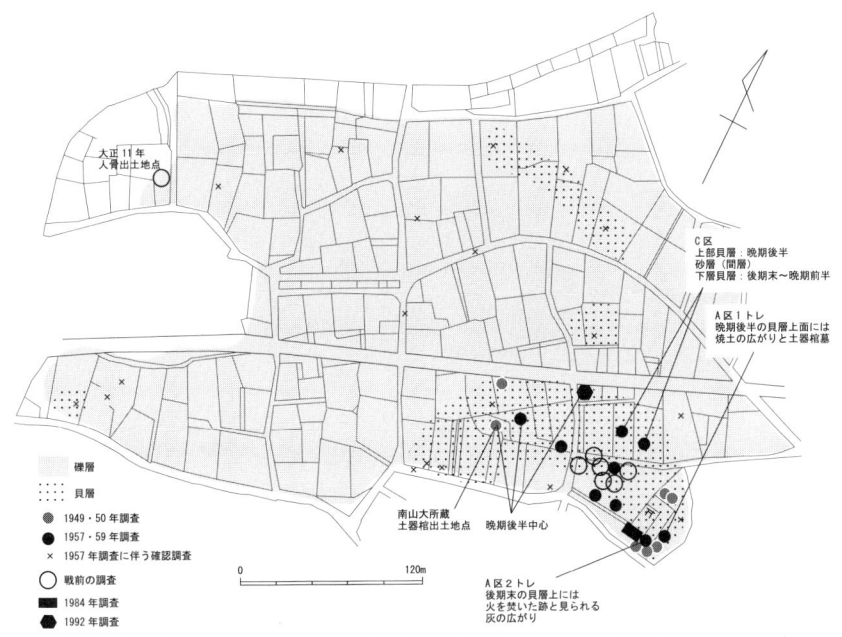

図 14 愛知県伊川津貝塚の貝層範囲（久永ほか 1972、小野田ほか 1988・1995 より作成）

認されている（清野 1969）。

　田原市伊川津貝塚は、台地末端の約 400×250m にわたる礫堆積層上に形成されている遺跡で、とくに濃密な南西端では後期末から晩期後葉の貝層が、幅約 50m・径約 150m の半円状に確認されている（久永ほか 1972）。この遺跡も戦前以来、多くの調査が行なわれ、埋葬人骨は計 191 体検出され（渡辺ほか 2002）、晩期後半の住居も見つかっている（小野田ほか 1995）。貝層は一部定量分析も行なわれている（小野田ほか 1988）。貝層の貝種はアサリ・スガイを主体とするもので、魚骨ではクロダイ・マダイ・スズキ属・フグ科のほか、サメ・ウナギ属・カタクチイワシなどがある。獣骨では、シカ・イノシシが多く、タヌキ・アナグマ・ニホンザル・ウサギなども認められる。狩猟具・漁具では、石鏃や骨製ヤスも多く認められるが、根挟みが 150 点以上と現在のところ最もまとまって出土していることは注目できよう。

　田原市保美貝塚は、渥美半島先端付近の台地縁辺に立地しており、晩期後半を中心とした晩期の貝層が認められている。貝層は台地を巡る形で A・B・C

と3地点が確認されており、その範囲は約120×100mである。これまでに出土した埋葬人骨は100体を越えているという。C貝塚付近からは、ピット群が多数出土しており、平地式住居が想定されている（小野田 1991）。近年、貝層形成の認められない遺跡の中央部の調査が行なわれ、円形を呈する木柱列群の検出があった（増山 2010）。貝層の貝種はアサリが主体で、マガキ・ハマグリも多い。魚骨では、マダイ・クロダイ・フグが多く、スズキ・エイ・ブリ・マグロなどもあるという。獣骨では、シカ・イノシシが多いなか、ニホンアシカなどの海獣骨も出土している。狩猟具・漁具では、ヤス・鏃などの骨角製刺突具・根挟み・釣針・海獣骨製のヘラなどが見つかっている。とくに、釣針では軸部のみで10cm以上を測る資料がある。また、清野謙次によって石鏃が2000点以上採集されたことでもよく知られている（清野 1969）。

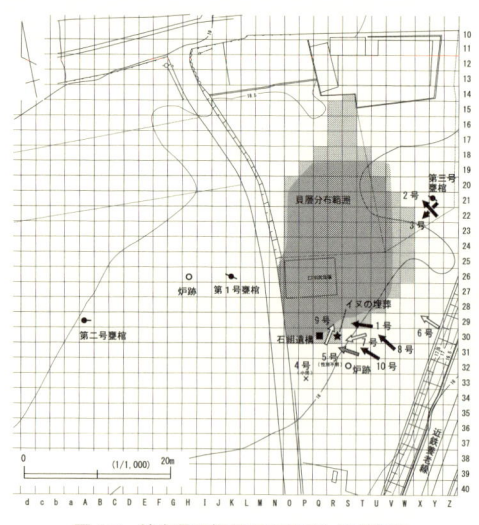

図15　岐阜県羽沢貝塚の貝層と遺構配置
（渡辺編 2000 より作成）

　岐阜県海津市羽沢貝塚は、養老山脈と揖斐川との間にある扇状地上に立地する遺跡で、縄文時代前期～後期中葉の包含層と、晩期後葉の貝層が見つかっている（渡辺編 2000）。晩期後葉では、埋葬人骨や埋葬犬、土器棺墓があり、時期不詳であるが炉も3基見つかった。遺跡の範囲は、約50×30mほどの範囲であるが、この中に貝層が約23×16mの範囲に、端部側にやや弧状を呈する形で確認できた。貝層は定量分析も行なわれている。貝層の貝種では、ヤマトシジミが圧倒的多数を占め、マガキ・ハマグリも若干含まれる程度である。魚骨では、スズキ・マダイのほかに、マイワシ・マハゼ・ウナギなどがある。獣骨では、シカ・イノシシが多く、ニホンザル・ホンドキツネ・ツキノワグマ・テンなどがある。

　三重県鳥羽市大築海貝塚は、大築海島南東の半島部に所在する貝塚で、古墳

時代初頭の貝層下に縄文時代晩期末の貝層が見つかった（立教大学 1966）。貝層の貝種では、イガイ・サザエ・アワビが多いとある。海獣骨・魚骨が著しく多いとして、イルカ・マグロ・サメ・カンダイ・マダイがあり、さらにアホウドリなどの骨が極めて多いとある。狩猟具・漁具では骨角製の刺突具がある。

そのほか、生業関係の遺構として、貯蔵穴・水晒し場など、植物利用に関する事例を挙げることができる。後期前葉の清須市朝日遺跡、後期後葉の豊田市中村遺跡、晩期中葉の瀬戸市上品野遺跡・東海市トドメキ遺跡などが知られているが、いずれも1～数基のピットが検出されるのみであった。近年、豊田市寺部遺跡では、後期前半の湿地式の貯蔵穴群が多数検出された。駿東地域では、静岡市蛭田遺跡では後期後葉から末の水晒し場が、同市清水天王山遺跡でも後期前半期ないしは後期中葉とされる湿地式の貯蔵穴群が16基見つかっている。掛川市メノト遺跡でも後期末～晩期の湿地式貯蔵穴群が10基以上確認されている。一方、名古屋市白川公園遺跡では晩期中葉に属する乾地式の貯蔵穴が調査された。

第3章　東海地方の貝塚と生活・生業施設のまとめ

第1節　貝塚と生活・生業施設に関する諸問題

以上、貝塚を中心に、生業関連の遺構・遺跡を概観した。これに関して、次の3点の問題について触れてみたい。

(1) 貝層形成・非形成と貝類採取活動との相関関係

東海地域は、貝塚が集中する地帯として知られているが、各時期通じて、均一に貝塚が認められるわけではなく、地区によっては貝塚が認められないなど、いわば分布の偏りが著しい。具体的には、三重県側、伊勢湾東岸域には貝塚の分布が希薄である。また、縄文時代早期の渥美半島の奥部、さらには縄文時代後期中葉以降の知多半島南半分では、現状では貝塚分布が希薄となっている。以上に関して、若干の私見を述べる。

貝層の分布が認められない現象については、①貝類の採取を行なわなかった、あるいは積極的利用がなかった、②貝類の採取・利用はしたが残らない形での

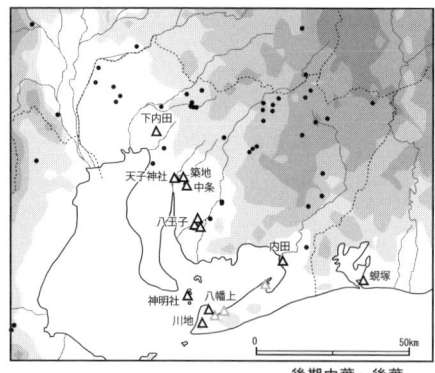

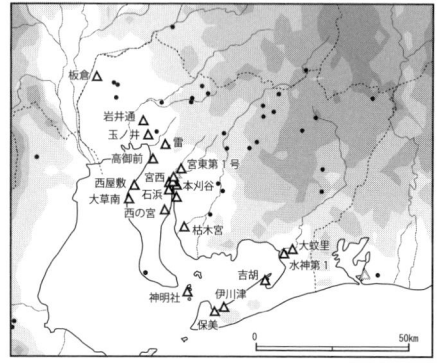

廃棄を行なった、③地形的変化により、貝塚が埋没・削平されてしまった、などが考えられる。①②は当時のヒトたちの活動行為によるもので、③は自然環境的な変化に伴うものといえる。③について言及するならば、早期前半の先苅貝塚の事例は、縄文海進により遺跡が埋没したことを示しており、旧地形の復元などが大きな課題となっている。

ここでは、遺跡数が多い縄文時代後期中葉から晩期の事例について取り上げたい。この時期は、遠江・三河・尾張地域で著しい貝塚形成が認められる時期であり、地区によっては遺跡の分布も密になる傾向がある。伊勢湾西岸域では貝塚形成が著しいのに対して、伊勢湾東岸域（三重県側）は島嶼部の大築海貝塚を除いて、現状では貝塚および貝層が形成された遺跡の存在が明確ではない。図16が示すように、縄文時代晩期後半になると遺跡の分布が低地部分にも広がり、かつ密になる傾向が認められる。この問題について、近年、田村陽一は、地形的要因や貝類の生息環境条件などの自然環境的要因にのみ求めることはできず、何らかの文化・社会的要因が大きく関与していたのではないか、という見解を

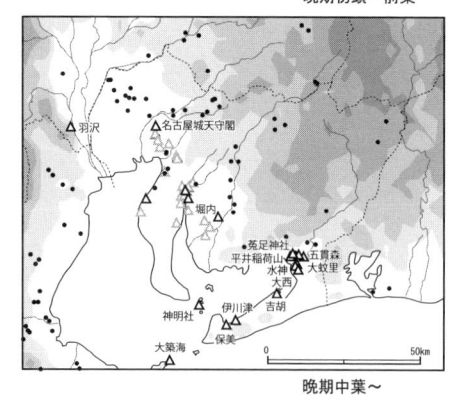

△ 貝塚および貝層形成の認められる遺跡
● 貝塚および貝層形成の認められない遺跡

図16　縄文時代後期中葉から晩期末の遺跡分布図（川添 2008 を改変）

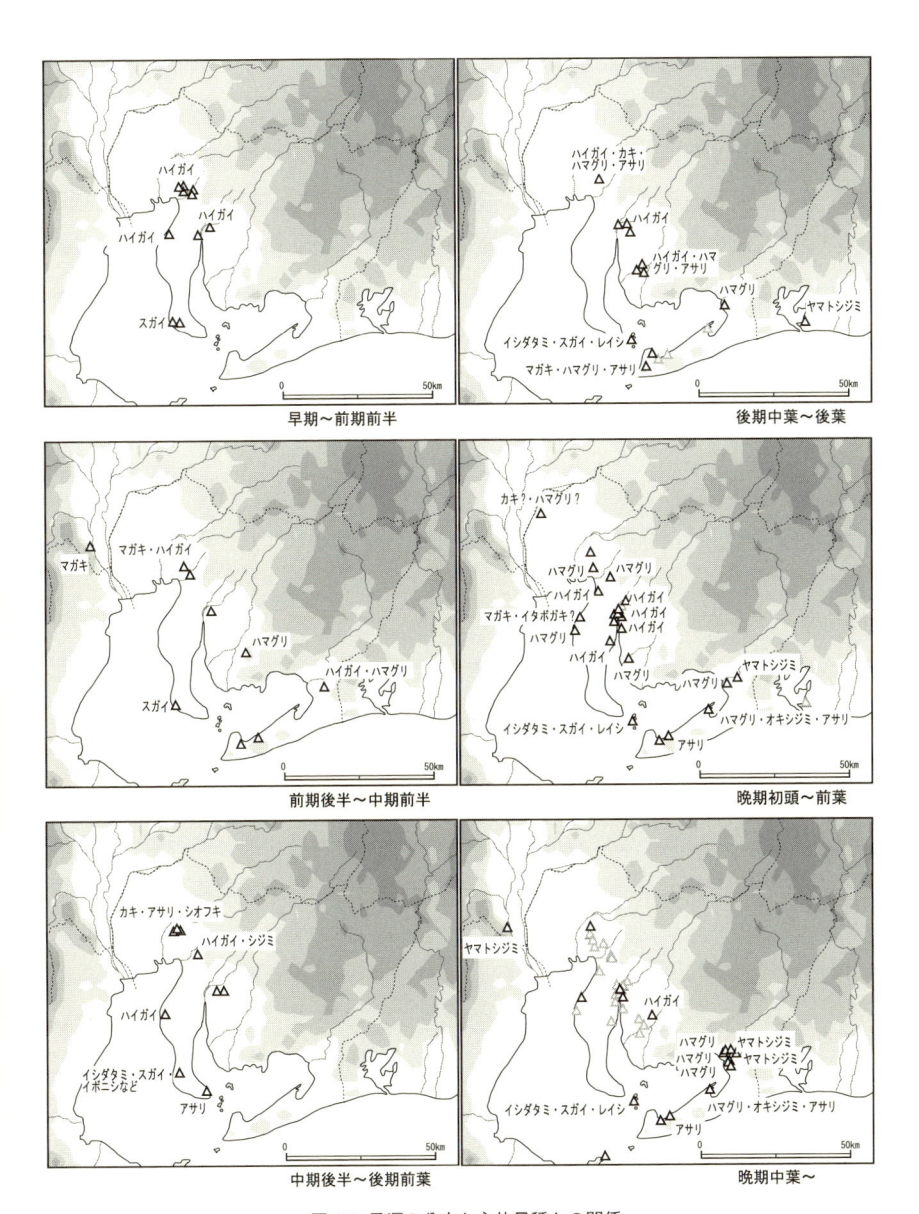

図 17 貝塚の分布と主体貝種との関係

提示した（田村 2008）。

　これについて、筆者は2つの点を提示したい。第1点目は、時期・地域は異なるが、富士周辺遺跡群の特徴として、貝塚がないことと、配石遺構が多いことを対にして言及した、小野真一の指摘である（小野 1975）。この富士周辺遺跡群の中には、高い標高に立地する遺跡が多いものの、静岡県伊東市宇佐美遺跡など海岸にほど近い立地で配石遺構が認められる遺跡もありながら、このような遺跡でも貝層形成の状況が確認されていない。この配石遺構群の形成と貝層の形成とが、縄文時代の大まかな傾向としていわば背反的な事象であったとするならば、松阪市天白遺跡・下沖遺跡など三重県南伊勢地域におけるやや低地での配石遺構群の存在と、貝塚の未確認状況とは関連があるかもしれない。第2点目は貝（貝層）が残存する条件についてである。時代は大きく異なるが、愛知県朝日遺跡では、弥生時代の貝層が腐植などで土壌化していく状況を観察することができ、もともと貝層が薄く形成されたところでは貝層の堆積が乱れた土壌状に変化した形で確認できる。日本列島のような酸性土壌では貝層の残存は、カルシウム分がある一定量存在することで飽和状態になった結果、はじめて残存しうるのではないのかと、筆者は考えている。したがって、集約的に遺跡内に廃棄された場合にのみ残存しやすいと考えるならば、散発的な廃棄であれば状況によっては、土壌化し、痕跡のみか痕跡もなくなる場合もあろう。つまりは、貝層の残存には、集約的な廃棄というあり方が問題になるのであって、海岸部の遺跡において貝層の形成が認められなかった場合に、すぐに貝類の利用がなかったと想定するのは、やや早計ではないのかとも思われる。

　また、縄文時代早期についていえば、貝塚形成のある名古屋台地から知多半島域と、形成の認められない渥美半島域の状況は対照的である。文中で簡単に触れたが、近年、遠江地域から東三河地域では煙道付炉穴が検出される遺跡が多く見つかっている。東海地域においてのみ言及すれば、現在までのところ、貝層の形成と煙道付炉穴との重複が認められないようであり、広範囲での生業の様相を考える上で注目すべき点といえよう。

　以上、貝塚分布の偏差については、考慮すべき課題が多いといえる。人為的な活動結果などを検討する際には、周辺の自然貝層のデータの参照が極めて重要になるであろう。

(2) 貝塚の遺跡構造について

　縄文時代の遺跡構造として、環状集落という言葉のとおり、関東地域など東日本では環状を呈する遺跡形成が顕著であり、一方、西日本では環状を呈さない集落が多いということが、しばしば指摘されている。東海地域がこの場合の東・西とした二項対立のいずれに当たるのかは筆者には分からない。

　今回、貝塚を概観したところ、遺跡形成の平面プランが環状あるいは馬蹄形を基にしていたり、その可能性が考えられる遺跡が意外と多く認められることが明らかとなった。また、一見、帯状を呈する貝層でも、吉胡貝塚のように環状を呈する構造のものが複数重なっていると考えられるものもある。さらに台地縁辺部で貝層が形成されれば、自然と三日月形を呈する場合もあろう。換言すると、遺跡全体の貝層形成が環状あるいは馬蹄形となっているものと、個々の小単位が環状あるいは馬蹄形を基本として、貝層全体としては帯状などを呈するものなどが認められる、という点である。貝層の広がりが環状になっているのみならず、保美貝塚のように貝層形成の認められない中心部に円形木柱列が存在するなど、環状を基にした遺跡構造がより鮮明に認められる事例もある。

　一方、大西貝塚など牟呂貝塚群では、帯状の貝層の堆積が、上に連続して累重する垂直方向、あるいは海側に向かって水平方向に形成されている。小貝層が点的に存在して環状になるか否か不明瞭な状態とは異なり、大規模な遺跡形成が行なわれていることから、環状を基にしていない遺跡形成が行なわれたことが考えられる。

(3) 加工場型貝塚について

　東海地域の後晩期貝塚の特徴は、古くから埋葬人骨の多さなどが指摘されてきたが、近年、大西貝塚など牟呂貝塚群の調査が進むにつれて、それとは様相が異なる貝塚の存在が明らかになった。これらを加工場型貝塚と称し、①海浜部の低地に立地、②食料残滓の動物遺体が希少、③日用品（石器・骨角器など）が極めて少ない、④住居などの生活関連施設が認められないことを設定条件とし、そのほか、貝層規模が大きい点、貝種は同一種の割合が非常に高い点、貝層中に地床炉が存在する点、埋葬人骨が認められない点を特徴とした（岩瀬2003：191頁）。

貝を煮沸、むき身にして干物にするなど、貝加工場としての性格は、極めて濃厚であることは疑いなく、この点は筆者も認める点である。しかしその側面のみが強調されすぎて、繰り返し同一場所に貝の廃棄を行なった意義や、打製石斧・磨製石斧埋納土坑のような遺構のあり方を等閑視する傾向にはならないであろうか。また、大西貝塚では、縄文時代の貝層中から人骨の出土の報告があるが、帰属時期が明確になっていない。後世の混入の可能性もあるが、その場合は別に分析提示が必要かもしれない。今後は、単に貝の処理という側面以外の要素についても併せて総合的な評価が必要となってくるであろう。また、牟呂貝塚群の加工場型貝塚に対して、吉胡貝塚・伊川津貝塚・稲荷山貝塚などのそれ以外の貝塚は、居住地型貝塚といわれている。この用法から明らかなように、加工場型貝塚と居住地型貝塚の区分は、牟呂貝塚群の特殊性を際立たせるために準備された分類であり、吉胡貝塚・伊川津貝塚・稲荷山貝塚などの遺跡の特性は居住地型貝塚のなかの多様性として論じる結果となってしまった（樋泉 2008：70頁など）。

　東海地域の縄文時代晩期前半では、尾張・三河・美濃・西遠江地域という地域的まとまりはあるものの、より小地域単位で土器の様相が異なることに加え、貝類採取・狩猟および漁労の採捕、さらには埋葬人骨数の偏差や埋葬形態の要素に至るまで、その中で小地域性の特性が強く、いわば各地域が個性を表出しているといえる。さらに、晩期中葉の稲荷山式期を境にそれまでその小地域で表出していた遺跡の特性がより特化する傾向が強まり、晩期後半の突帯文期へと続くようである。牟呂貝塚群でも晩期後半の大西貝塚の様相はこの個性が特化した結果と考えることができ、干し貝の流通にとどまらず、ベンケイガイなどの貝輪製作・流通、さらには麻生田大橋遺跡などの多量の磨製石斧製作・流通と、軌を一にする現象と考えられよう。

第2節　貝塚と生活・生業施設のまとめ

　生業関連の遺跡として、貝塚を中心に本稿では言及してきた。東海地方の貝塚研究は、近代考古学がはじまって以来の長い研究の蓄積がありながら（あるいはそれがあるために）、とくに縄文時代晩期においては、渥美半島域など特定地域の事例のみが、切り取られ論じられることが多かった。東海地方の貝塚の

様相を貝層形成の認められない遺跡を含めて、遺跡間関係などから尾張地域・西三河地域をも含めた検討を行なうことも必要である。

　本稿では、遺跡の構造を中心として、動物遺存体・狩猟具および漁具を併せて概観した。貝層の形成には、遺跡によって状況・程度が異なるものの、場の利用の原理として環状という側面が意外と多く認められることに言及した。東海地方では、小地域別に貝種の主体が異なっていることが従来からいわれており、これが貝類採取における小地域の様相差として反映している。また、伊勢湾西岸域など貝塚が形成されていない状況については、活動様相の違いの可能性が考えられよう。

　また、当時のヒトの活動痕跡を追究するに際して、遺跡形成論を考える上で、貝層の存在は理解を助けるものといえる。とくに縄文時代晩期に言及すれば、貝層の形成が確認できない、いわゆる内陸部の遺跡において、土器・石器など遺物を多量に含み、住居や土器棺墓などの埋葬遺構を多数包含する、遺物包含層が形成されていることがある。名古屋市牛牧遺跡のように、このような遺跡の多くは台地端など小高いところに立地することが多く、垂直方向あるいは水平方向に向かって累積する遺物包含層の形成は人為的活動結果によるものと考えられる。このような遺物包含層の形成を検討するには、貝層での分析が極めて参考になると考えられるのである。

　このことに関連して少し補足をしたい。東海地域の貝塚では、以上概観したように、竪穴など住居の検出例が少なく、とくに後晩期についていえば、埋葬人骨数の顕在化とは極めて対照的な状況である。住居が検出されている事例には大きな共通点があり、遺跡形成過程のうちでも人間活動が主体的になるはじめの頃の段階、つまりはいわゆる地山層付近に対して痕跡が認められる場合が圧倒的に多いようである。貝層中あるいは包含層中から検出の報告があるのは、蜆塚貝塚と敷石住居の林ノ峰貝塚の事例など限られた事例のみである。すべての貝塚が蜆塚貝塚のような状況になっていたとは到底考えられない。しかし一方で、貝層中および包含層の中に、焼土・炭化物層の面的な広がりが認められることがしばしばある。それを実際に記録に取ることができる状況は限られると思われるが、本稿でも、吉胡貝塚第二トレンチ断面でその様子が表れている。このような焼土・炭化物の存在について、その評価は今後の課題である。貝層

中あるいは包含層中に、調査でも検出が難しい住居が実は存在している可能性は常に考慮すべきであろう。

　付記
　　貝層の残存問題については、石黒立人氏と鬼頭　剛氏との議論の中で形成された賜物であることを明記しておく。

　引用・参考文献
安藤雅之 2010『縄文時代早期を中心にした煙道付炉穴の研究』
岩瀬彰利 2001「愛知県の概要(1)〜貝塚を中心に〜」『関西縄文時代の生業関係遺構（第3回関西縄文文化研究会発表要旨集）』関西縄文文化研究会、9-22頁
岩瀬彰利 2003「縄文時代の加工場型貝塚について—東海地方における海浜部生業の構造—」『関西縄文時代の集落・墓地と生業 関西縄文論集Ⅰ』関西縄文文化研究会、189-205頁
岩瀬彰利 2008「東海の貝塚」『日本考古学協会2008年度愛知大会研究発表資料集』47-68頁
小野真一 1975「富士周辺の配石遺構」『千石』加藤学園考古学研究所、278-365頁
樋泉岳二 2008「動物遺体（貝・骨）」『日本考古学協会2008年度愛知大会研究発表資料集』69-76頁
川添和暁 2008「狩猟具・漁具」『日本考古学協会2008年度愛知大会研究発表資料集』77-93頁
清野謙次 1949『古代人骨の研究に基づく日本人種論』
清野謙次 1969『日本貝塚の研究』
斎藤弘之 1998『企画展　東海の貝塚』安城市歴史博物館
田村陽一 2008「伊勢湾西岸の貝塚について」『日本考古学協会2008年度愛知大会研究発表資料集』95-105頁
筒井　京 2006「炉穴考　東海地区における炉穴の分布と形態研究—静岡県を中心として—」『研究紀要』12、㈶静岡県埋蔵文化財調査研究所、13-24頁
渡辺　誠 2002「貝塚」『愛知県史　資料編1　旧石器・縄文』愛知県、712-721頁

Ⅶ　近畿地方の縄文集落の生活と生業

松　田　真　一

第1章　近畿地方の生活・生業施設の研究の現状

　近畿地方という範囲で地域を括って縄文集落の生活と生業の特徴を捉えるのは至難である。何故なら、広域的には南部と北部は外海との繋がりが密接な太平洋沿岸地域と、日本海沿岸地域であり、中部は大阪湾と伊勢湾に面した湾岸地域、瀬戸内海沿岸地域に分けられ、内陸地域に目を転じると南部の紀伊山地と北部の中国山地東部地域が広く横たわり、これらの間を埋めるように、近畿中部の平野部や内陸盆地などが複雑に入り込んでいて、地勢や環境に極めて多様な面をもっているからである。

　近畿地方における生活と生業活動に関連する遺構の研究に目を向けると、府県単位を基本とした集成や、それぞれの地域の特徴を抽出した研究が最近盛んとなってきているが、多様な環境をもつ近畿地方を横断的に扱った研究はそれほど多くはない。早期前半を対象とした生産活動については、片岡肇が当該期の遺跡の分布や遺構の把握に加えて、石器や骨角器など主に遺物の分析から、この時期の特徴を見出している（片岡 1970）。同時期の集石遺構や煙道つき炉穴を取り扱った論考も目に付く。集石遺構の構造も一様ではないが、多くは焼礫が土坑内に充填しているもので、屋外炉として調理施設という理解が大方を占める。調理施設とみるのは民族資料などを参考に、石蒸し調理方法などが想定されているが、炉以外の施設とする考えもあり証拠の検出や検証が必要だろう。煙道つき炉穴については検出例が集中している三重県で積極的な発言がある（伊藤 2009 など）。炉穴の時期と分布を踏まえて、草創期に九州に発生し列島南辺を近畿、東海、関東へ波及したと想定する。詳しい構造の比較が必要なほか、空間的・時間的乖離も存在し、周辺地域の資料の蓄積も待って慎重な検証が望まれる。実験的取り組みも踏まえて、この種の炉穴を肉類の燻製用施設とする

見方があるが、用途を限定することができるか検討が必要だろう。

　生活・生業の拠点ともいえる住居については、縄文時代を通した近畿およびその周辺を含めた集成が行われている。もともと住居の資料は必ずしも豊富とはいえないなか、近年扇状地や沖積地における調査で検出される事例が次第に増加し、竪穴住居の形態、規模、構造、施設など属性ごとの整理も可能となり、住居の消長の大枠が整えられつつある。また竪穴以外の構造の掘立柱建物や平地式住居などの存在も明らかにされ、この地域の特徴として指摘されてきたが、遺構の残存状態や柱穴の取り合いなどが検証困難なケースも多く、住居構造の認定に対する解釈について議論がある。

　近畿地方においても、近年発掘調査対象地域が集落から距離を置いた場所にも及び、貯蔵穴や落し穴の検出事例が増加している。近畿地方の貯蔵穴は西日本一帯に広く普及した湿地式が主体だが、主に貯蔵された堅果類が残存する事例や、貯蔵穴にともなう施設の存在が窺える資料などが得られてきた。落し穴は報告事例が増加しているものの、伴出遺物の僅少さや単独で出土した土坑の扱いなどの問題を抱え、構造だけでは落し穴と認定しがたいケースも少なくなく、資料の扱いには慎重さが求められる。近畿地方では隣接する伊勢湾東岸や瀬戸内地域などと比較した場合、貝塚の存在はかなり限定的である。兵庫県円山川下流域の沖積地縁辺部、古河内湾周辺、和歌山県紀ノ川河口周辺などの貝塚において発掘調査や研究が進められてきたが、琵琶湖底で発見された粟津第３貝塚は、内水面の貝塚として特徴ある成果をあげた。水没した環境下で良好に保存された貝塚の堆積状態や出土遺物の総合的な分析によって、湖岸を生活基盤とした生業活動が明らかにされている。

　近畿地方の生活と生業に関連する考古学的な資料は、他地域に比べ必ずしも恵まれているとはいえない。近年これまで知られていなかった特徴ある遺構の発見があるが、時間軸を基本にすえた関連施設の盛衰とともに、環境を異にする各地域の活動の特色が抽出できることで、縦横の関係が読みとれるような研究に期待がかかる。

第2章　近畿地方の生活・生業施設の変遷

第1節　草創期～早期の生活・生業施設

　草創期に遡る遺構としては2010年に発見された、滋賀県東近江市相谷熊原遺跡の5軒の住居がある（図1-1・2）。多くは平面が不整円形で最大規模の住居は直径約8ｍ、最深の竪穴では検出面から床面まで1ｍを測り、この時期としては床面積、深さともに破格といえる。住居内に炉はなく調査面積は限定的だが周辺でも炉は未確認である。土器は少量の爪形文と厚手無文が多数を占め草創期中葉から後半だろう。三重県松阪市粥見井尻遺跡でも、建替えが確認できる草創期の住居4軒が検出されている。直径3～5ｍの円形ないし楕円形の形状を呈し、掘り込みは鍋底状で屋内に炉はない。隆起線文や無文土器などが出土している。奈良県山添村桐山和田遺跡では、隆起線文中段階の石鏃や尖頭器のほか矢柄研磨器などが出土する遺物ブロックが確認されている。同遺跡からはサヌカイト剥片を小穴に納めた遺構も検出されている。

　早期に入ると各地で生活・生業施設の確認される遺跡が増加し、中国山地東部にあたる兵庫県但馬一帯の山間地では、早期から前期の遺跡で集石遺構の検出例がある。養父市別宮家野遺跡では、押型文前半期の被熱した礫を土坑内に充填した11基の集石遺構が検出されている。ここでは柱穴をひろって8軒の平地式住居に復元しているが、柱穴の位置や大きさなどから住居とみなしてよいか躊躇する。同県香美町和地大澤遺跡では早期後半から前期初頭の地床炉をもつ方形の竪穴住居と平地式住居が接するように2軒検出されている。竪穴住居は壁柱穴が並び、平地式も小穴が不整円形に巡り浅い掘り込みの竪穴住居の可能性もある。同町上ノ山遺跡からも早期後半の住居4軒と、隣接して直径1ｍの貯蔵穴1基が検出されている（図1-5）。住居は長径が3.8～4.9ｍ程度の不整円形を呈し、いずれの住居にも地床炉とみられる焼土が確認でき、壁柱穴が巡る点で共通している。六甲南麓の複合扇状地に立地する神戸市雲井遺跡では、焼礫が詰まった押型文前半期の集石遺構10基が検出されている。多くは直径1ｍ前後の円形や楕円形だが、長径2.7ｍもある大きい規模の集石遺構も含まれ、土坑底に大形の礫を敷き並べたものがある。京都府京都市北白川廃寺遺跡では押型文後半期の炉のない小規模な住居1軒と、焼礫のほか磨石や

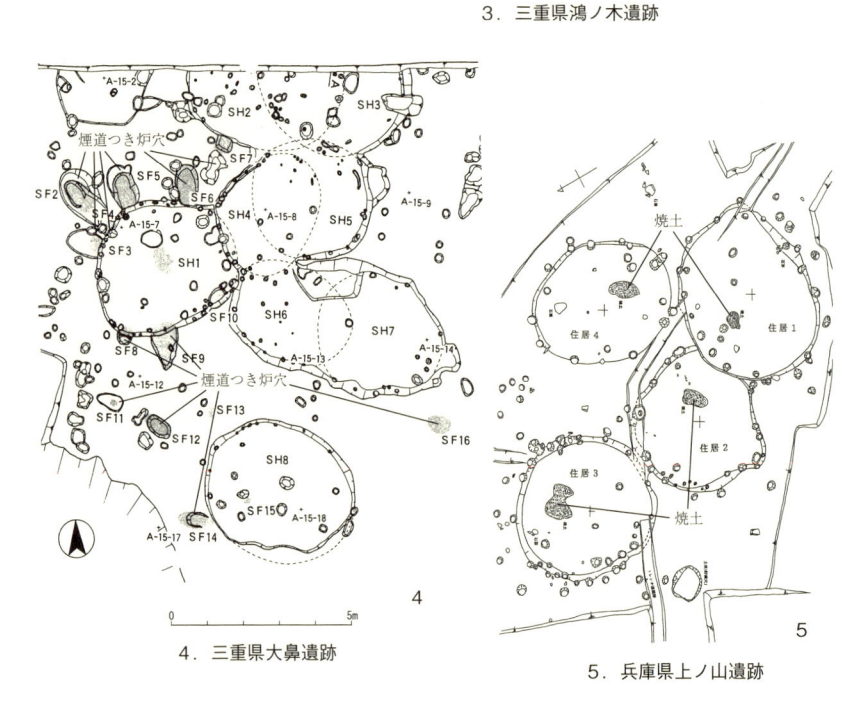

204 Ⅶ 近畿地方の縄文集落の生活と生業

1・2. 滋賀県相谷熊原遺跡

3. 三重県鴻ノ木遺跡

4. 三重県大鼻遺跡

5. 兵庫県上ノ山遺跡

図1　草創期～早期の住居（鴻ノ木と大鼻の住居には煙道つき炉穴が重複している）

叩石が入った集石遺構8基が確認されている。中国山地東端の低丘陵端部に立地する同府与謝野町いななきの岡遺跡では、押型文後半期としては数少ない落し穴7基が検出されている。

琵琶湖周辺では滋賀県大津市粟津湖底遺跡で、早期初頭の流路とその南肩で確認されたクリ塚と呼称された植物遺体層からオニグルミやクリなどの堅果や、ブドウ属やキイチゴ属などの食用植物遺体が出土している。瀬田川に接する同市蛍谷遺跡や同市石山貝塚では早期後半の貝塚が確認されていて、石山貝塚では集石遺構と焼かれた貝が集められ面をなす遺構が検出されている。同県守山市赤野井湾遺跡でも早期後半に属する3基の集石遺構があり、ここではコイやナマズなどの魚類骨が出土していて、この種の遺構が食物調理施設であることを示している。

生駒山地西麓の大阪府交野市神宮寺遺跡や同府東大阪市神並遺跡および同府能勢町地黄北山遺跡からは、押型文前半期の焼礫を充填した集石遺構や焼土の詰まった土坑が確認されている。神宮寺遺跡の集石遺構（図2-3）は直径1mの浅い土坑底中央に大形の礫を配し、上部に300個以上の小礫を充填しており、周囲から木炭や灰を含む炉を4ヵ所で確認している。

大和盆地東方一帯の山間部も早期の遺跡が集中して存在し、奈良県山添村大川遺跡、同村鵜山遺跡、同村上津大片刈遺跡などで押型文前半期の住居や、焼礫を充填した集石遺構が確認されている。大川遺跡では炉をもたない直径3～4m前後の不整円形の住居3軒と、15基の集石遺構が検出されている。焼礫が詰まった集石遺構は屋外炉と考えられ、直径1m前後が一般的だが、長径約2.8m、深さ約0.8mで詰まった焼礫が約1,000個にも及ぶ規模のものも存在する。鵜山遺跡では8軒の住居と2基の集石遺構が、上津大片刈遺跡でも直径約2.8mの規模をもつ住居と11基の集石遺構を確認している。桐山和田遺跡と対岸の山添村北野ウチカタビロ遺跡（図2-2）では、直径0.6～1mの円形の土坑をともなう押型文前半期の集石遺構が、それぞれ28基と8基検出されている。土坑内には焼礫や細かい炭化物が詰まり、底に大形礫を敷いた構造をもつものもある。奈良県吉野町宮滝遺跡や同県川上村宮の平遺跡でも、押型文前半期の集石遺構が確認されている。宮の平遺跡では、河岸段丘上から集石遺構のほかに住居が検出されている。なお、紀伊半島の分水嶺を越えた同県上

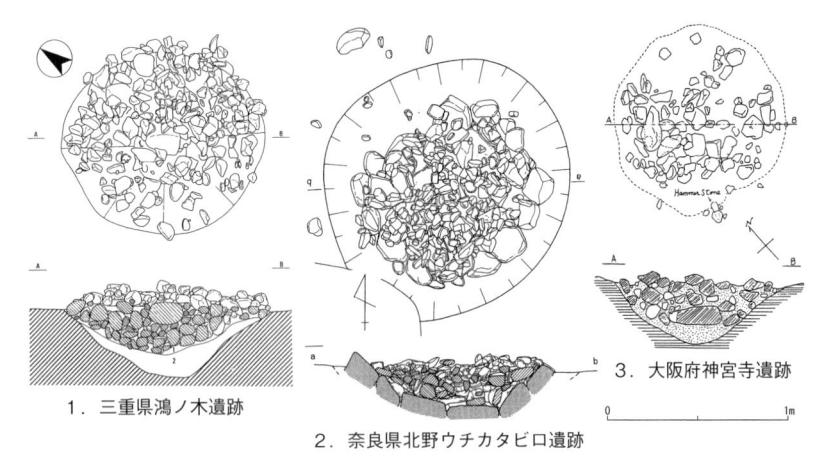

1. 三重県鴻ノ木遺跡
2. 奈良県北野ウチカタビロ遺跡
3. 大阪府神宮寺遺跡

図2　早期の集石遺構

北山村向平遺跡でも、押型文後半期の集石遺構が検出されている。奈良盆地の扇状地に立地する同県天理市布留遺跡豊井地区でも、押型文前半期と後半期の14基の集石遺構が検出されている。焼礫が詰まった直径1ｍ前後の規模が多いが、2ｍを超える規模の集石遺構も存在する。また押型文後半期のサヌカイト剥片貯蔵施設が見つかっている。

和歌山県田辺市高山寺貝塚では、内湾に面した丘陵斜面に堆積した3ヵ所の貝層が確認されている。高山寺式の段階に貝塚が形成され、弥生時代以降に再堆積した可能性がある。貝層からサザエ、マガキ、ハイガイなどの貝類、スズキ、マダイなどの魚類、シカ、イノシシ、ツキノワグマなどの哺乳類が出土している。

三重県中部からは早期の住居が数多く確認されている。三重県亀山市大鼻遺跡（図1-4）からは、建替えが認められる不整円形の押型文前半期の住居8軒と、煙道つき炉穴16基が検出されている。同県明和町西出遺跡でも建替えがある押型文前半期の住居20軒が確認され、住居に接して煙道つき炉穴が検出されている。櫛田川流域の同県松阪市鴻ノ木遺跡（図1-3、図2-1）では住居が18軒、煙道つき炉穴が22基、焼土坑8基、集石遺構9基が、また同県多気町坂倉遺跡でも住居4軒、煙道つき炉穴19基が確認されている。同県松阪市井之広遺跡においても、同時期の住居14軒と集石遺構1基を検出している。住居は不整長円形や円形で、直径は2.5〜4ｍの範囲にある。同県津市西相野

遺跡からは、底面に杭痕が残る早期終末から前期初頭の落し穴35基が検出されている。

第2節　前期～中期の生活・生業施設

　兵庫県豊岡市神鍋(かんなべ)遺跡からは前期の住居1軒、集石遺構3基、貯蔵穴2基が検出されている。住居は3.5×3.0mの方形で隅付近に柱穴をもつ。集石遺構は土坑の上部に被熱した礫が詰まり、周辺から炭化したカシやクルミが出土している。貯蔵穴は不整円形で、直径約1.4mと2cmの規模があり縦断が袋状を呈する。同県養父市外野波豆(とのはず)遺跡では前期終末から中期の土坑群が検出され、円形の貯蔵穴と底面に小孔が穿たれている隅丸方形落し穴とに区分されている。同県加美町熊野部遺跡では中期後半の不整方形の住居があり、主柱4本に加えて外側にも補助的な4本の柱穴が検出されている。

　同県たつの市片吹(かたぶき)遺跡（図4-1・2・3）では中期終末の住居が3軒、後期初頭が1軒、後期後半が1軒検出されている。住居は円形もしくは楕円形でいずれも地床炉を備える。中期終末と後期初頭の住居は直径が4m前後だが、後期後半の住居はやや大きく直径が5mを超える。同県太子町平方(ひらかた)遺跡でも中期終末から後期初頭の円形と隅丸方形の住居4軒が検出され、そのなかの2軒は地床炉をもつ。

　同県高砂市日笠山(ひがさやま)遺跡では標高約3mの丘陵斜面に形成された貝塚が確認されており、貝層は長さ約40m、幅10m、厚さ1mの規模をもつ。貝層の形成は中・後期が中心で貝類はハマグリを主体とし、クロダイ、マダイ、イノシシ、ニホンジカなどの動物遺存体も出土する。同県三田市梶下ヶ谷(かじしもがやつ)遺跡では、谷を挟んだ東西の台地上に中期初頭の落し穴28基が確認されている。落し穴の一部は2基が対になって配されたようにも見え、長さが1.5～2m、深さ1m弱の規模で、不整円形や楕円形を呈し底に小孔が穿たれたものが多い。六甲の扇状地に立地する神戸市篠原中町遺跡では、中期終末の住居に隣接して、土坑5基のほか集石遺構1基、土器溜、礫溜などが検出されている。集石遺構は約1.2mの円形土坑底に被熱した礫が敷かれていた。

　由良川自然堤防上の京都府舞鶴市志高(しだか)遺跡では、前期初頭から前期前半の地床炉5基と、前期後半の一辺が2.8mの方形住居と、直径が8mの楕円形住居

がそれぞれ1軒のほか、地床炉2基を検出している。京都市北白川追分町遺跡と北白川上終町遺跡からは中期後半の住居が3軒検出され、うち2軒が方形プランで石囲炉を備えている。

琵琶湖湖底の滋賀県大津市粟津貝塚は、セタシジミが主体を占める淡水産としては規模の大きい貝塚で、中期前半を中心とした第3貝塚ほか3ヵ所の貝塚が存在する。貝塚からはフナ、スッポン、コイなどの魚類、イノシシやシカなどの獣骨、イチイガシ、ヒシ、トチノキなどの植物遺存体が出土している。同県栗東市下鈎遺跡からは前期後半の竪穴と平地式とみられる住居と、8基の貯蔵穴を含む多数の土坑が検出されている。貯蔵穴は直径1m前後、深さ70cm前後の規模をもち、多くが円形で縦断面が袋状の形態である。同県近江八幡市上出A遺跡（図3-1・2）では前期後半6軒、中期後半3軒の住居と、3基の石囲炉が確認されている。前期の住居には炉がなく、直径は4mに満たない円形ないし楕円形を呈し、4～6本の主柱穴のほか壁に沿って小穴が並ぶものがある。米原市起し又遺跡では円形、楕円形、隅丸方形を呈する中期後半の住居5軒が検出され、屋内には地床炉ないし石囲炉がある。

大阪府寝屋川市讃良川遺跡からは、中期前半の4基の貯蔵穴が検出されている。規模の大きい1基を除き、直径が2m前後、深さ0.6～1.3mで円形袋状ないし円筒状を呈する。貯蔵穴下層からクリとマガキが、上層からはセタシジミが検出されている。貯蔵穴の外側には幅約1.2m、高さ0.2m程度の土手状の高まりをめぐらす。奈良県大淀町桜ヶ丘遺跡で検出された前期の住居は床面積が極めて狭く、住居内から獣骨とヤマグリが出土している。ほかに石器製作遺構があるが、長細く掘り下げた形態で類例を聞かない。

和歌山市の紀ノ川河口に近い丘陵裾部には、前期から中期に属する禰宜貝塚、吉礼貝塚、鳴神貝塚がある。禰宜貝塚は南北約80mと40mの規模をもつ東西2ヵ所の貝層が形成され、東貝層では前期中葉から前期終末のハイガイを主体としマガキ、ヤマトシジミなどからなる純貝層からイノシシとシカなどの動物骨が出土している。吉礼貝塚は前期前半に貝塚を形成し中期後半まで継続し、ハイガイが圧倒するが汽水と淡水産の貝種も含まれている。鳴神貝塚は中期前半と晩期後半の貝塚が確認されている。貝層はハマグリが最も多くを占め殻長も8cmを超える個体が多く、ハイガイがそれに次ぐ。動物遺存体にはイノ

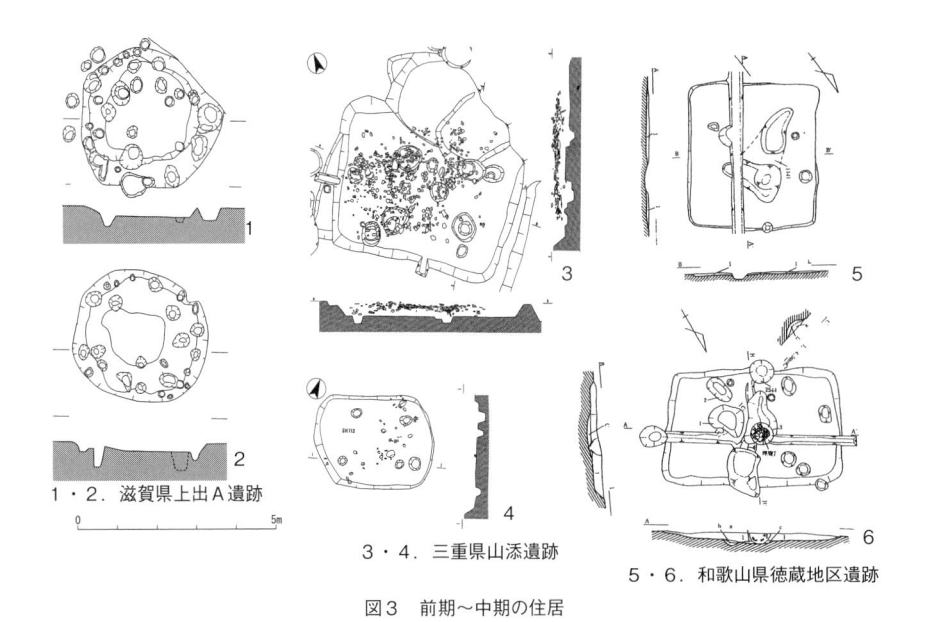

1・2. 滋賀県上出A遺跡
3・4. 三重県山添遺跡
5・6. 和歌山県徳蔵地区遺跡

図3　前期～中期の住居

シシとシカが相半ばするほか、ツキノワグマやイヌなどの哺乳類やクロダイ、マダイ、エイなどの魚類がある。海産物の供給地とする意見があるが陸獣の遺存体の方が多い実態がある。和歌山県みなべ町徳蔵地区遺跡（図3-5・6）では、希少な中期前半の集落が確認されている。馬蹄形に並ぶ集落には、一辺が4m前後の規模の長方形ないし方形で、屋内炉をもつ住居が13軒あるほか掘立柱建物も確認されている。

　三重県いなべ市北野遺跡や松阪市山添遺跡では、前期後半の住居が検出されている。北野遺跡では不整円形を呈し中央に地床炉をもつが、山添遺跡（図3-3・4）の住居4軒は隅丸方形や楕円形だが炉がない違いがある。同県松阪市追上遺跡の中期後半の住居は地床炉をもち、4本の主柱穴と竪穴の輪郭に沿って外側に多数の小穴を備える。同県松阪市王子広遺跡からは、中期前半と推定される底に杭穴が残る6基の落し穴が検出されている。志登茂川上流の段丘上にある同県津市所在の石切山遺跡でも、土坑底に杭穴が穿たれた中期後半の落し穴23基が検出されている。多くは縦断面が逆台形で直径が1～2m、深さ40～70cmの規模である。

第3節　後期～晩期の生活・生業施設

兵庫県　淡路市佃遺跡は島東岸に発達した扇状地末端に立地する後期中葉に盛期がある遺跡で、小柱穴を住居の輪郭とした直径6～10mの炉のない住居と認定した平地式住居6軒を検出している。低湿地には後期後半の貯蔵穴57基が営まれ、下層で検出した18基の貯蔵穴の多くは1m前後だが、中層の39基は大半が1m以上で1.5mを超えるものも目立つ。大半が円形を呈し縦断形は下層で逆台形が、中層ではU字形が優勢で、いくつかの貯蔵穴底にはイチイガシの堅果が残され、埋没土中からは石材が出土している。同遺跡からはヤマグワ、オニグルミ、クリなどの木本類、ニワトコ、アカザ、ゴボウなどの草本類が出土し、動物遺存体はイノシシとニホンジカが9割以上を占め、魚骨はスズキやマダイなどが少量検出されている。動植物遺存体残滓の情況は同遺跡出土人骨による炭素窒素同位体の分析結果から導かれた、植物質食糧に依存した食性傾向とも整合的だとされる。なお貯蔵穴に隣接して木道、中期中葉の住居、晩期中葉の掘立柱建物、土坑墓、土器棺墓、サヌカイト集積遺構なども検出されている。

　同市老ノ内遺跡では後期中葉の貯蔵穴11基が、河川を臨む低位段丘末端の比較的狭い範囲に集中して設置され、直径が1m前後の円形や楕円形の規格性の高い貯蔵穴である。太子町東南遺跡では後期中葉の住居7軒、掘立柱建物2棟が検出され、不整円形が多いが直径が3m未満と5mを超える規模の住居とがある。神戸市長坂遺跡は沖積地に立地し中期終末から後期前半の住居1軒、埋設土器3基、土坑墓2基とともに貯蔵穴が見つかっている。住居に隣接した4基の貯蔵穴は、縦断が袋状を呈するものと、比較的浅いU字形を呈するものとがある。六甲南麓の同市楠・荒田町遺跡や同市本庄町遺跡でも貯蔵穴が検出されている。前者の後期後半4基と後期終末1基の貯蔵穴は、直径0.8～2mの規模でいずれも円形を呈する。後者は後期前半の貯蔵穴6基で、直径1m前後の円形ないし不整円形をなし、深さは30～60cmで円筒状ないしは袋状を呈している。両遺跡の貯蔵穴内からイチイガシやアカガシなどの堅果が出土している。

　円山川沿いの沖積地には数ヵ所の貝塚が存在する。豊岡市中谷貝塚は後期

前半頃には海進によって干潟のような内湾を臨む汽水環境にあり、貝層からはヤマトシジミが主体の貝類と、クロダイやマダイなどの魚類、イノシシやニホンジカなどの哺乳類、トチやドングリ類の植物遺存体が出土している。その南方には中期終末から後期前半の同市長谷貝塚が立地し、ヤマトシジミが優勢な貝層を確認している。貝層からはタイ類やフグなどの魚類、ニホンジカやイノシシ、トチノキやノブドウなどの動植物遺存体が出土している。同市香住荒原貝塚は中期後半から後期前半に形成された貝塚で、厚さ約1.9mの自然貝層の上部には、堅果や獣骨が出土する貝層が堆積し、そこでは貝類の97％の割合を占めるマガキはすべて殻が破砕されており、魚骨はほとんど出土していない。

福崎町を南流する市川流域の段丘面に立地する八千種庄北狭遺跡と八千種庄古屋敷遺跡からは、合わせて126基の後期の落し穴がみつかっている。落し穴は長径が0.9〜1.3m、深さ最大で85cmの規模で、平面は長方形のものもあるが多くは長円形ないし円形を呈す。規模や形態のほかどれも底面に小孔があり規格性が高い。

京都府 由良川の自然堤防上に立地する福知山市三河宮の下遺跡からは、後期の一辺ないし直径4〜5mの方形、隅丸方形、楕円形の住居4軒が検出されている。炉は石囲炉と地床炉があり、柱穴の数や配置も住居ごとに異なる。城陽市森山遺跡（図4-13）は後期後半の集落で、地床炉をもつ円形の住居6軒が検出されている。直径が5m未満の住居と、9m以上の大型住居に2分できる。京都市上里遺跡（図4-14）では晩期中葉の墓地に隣接して、地床炉を有するものも含む9軒の住居があり、それとは別に石囲炉2基が検出されている。福知山市菖蒲池遺跡では晩期終末の重複した3軒の住居が確認され、直径が3m前後の小規模な隅丸方形を呈している。舞鶴市桑飼下遺跡では後期中葉の炉が48基確認され、内訳は集石炉とされた粘土塊と礫をともなう炉が35基、粘土塊と敷いた土器片からなる炉が1基、地床炉が11基で、どれも住居にともなう炉とみなされる。遺跡からは集積された打製石斧が4ヵ所で見つかっているほか、イノシシやシカなどの哺乳類に加えて、コイ、アユ、サメ、マダイなどの魚類の残滓が出土している。

京丹後市平遺跡で晩期中葉の屋外の石囲炉2基が検出され、周辺から動物遺存体が出土している。比叡山西麓扇状地に立地している京都市北白川追分町遺

跡からは、晩期中葉の貯蔵穴や集石遺構が検出されていて、貯蔵穴からはトチノミ約2,000個が充填した状態で検出されている。隣接地で確認された埋没林は、トチノキやアカガシなど広葉樹の中にカヤなどが混じる樹種で構成されている。宇治市寺界道（てらかいどう）遺跡では晩期後半の直径約2m、深さ約50～80cmの大型袋状貯蔵穴が2基検出され、炭化したシイの種子が出土している。大堰川の段丘上にある南丹市天若（あまわか）遺跡では、規格性のある後期中葉の32基の落し穴がみつかっている。直径と深さとも1m前後で多くは楕円形を呈し、ほとんどの底面に小穴が確認できる。京丹後市浜詰（はまづめ）貝塚は後期前半の8本柱をもつ長方形プラン住居の北と南側に、3ヵ所の貝塚が形成されている。ハマグリやマガキなどの貝類やイノシシ、ニホンジカ、フグ、マグロなどの動物骨が出土している。

滋賀県 犬上川扇状地に立地する甲良町小川原（おがわら）遺跡（図4-8・9）では、後期中葉の平地式住居48軒が検出されている。多くが直径4～5mの円形で主柱穴は一定しないが、いずれも壁柱穴と地床炉を備え規格性が高い。ほかに貯蔵穴、サヌカイト集積遺構、石器製作ブロックを検出している。大津市穴太（あのう）遺跡では後期後半の隅丸方形と円形の住居6軒が、河道に近接した同じ場所に重複ないしは極近接して建てられている。周辺から石斧集積遺構や旧流路から貯蔵穴2基が確認され、アカガシ、トチノキ、ヤブツバキなどの樹根も遺存していた。また、晩期後半の地床炉をもつ一辺5mの隅丸方形の住居も検出されている。近江八幡市後川遺跡でも後期後半の平地式住居が4軒確認され、壁柱穴で規模は4～5m前後で、すべての住居が地床炉を備える。守山市吉身西（よしみにし）遺跡では、後期終末の住居5軒と焼土8基が検出されている。円形ないし楕円形住居は、長径4～5mで1軒からは地床炉が確認されている。能登川町正楽寺（しょうらくじ）遺跡は愛知川に近い微高地に立地する後期前半から中葉の集落遺跡で、地床炉を備えた2軒を含む不整円形の住居5軒、掘立柱建物14棟、それに並行して配置された貯蔵穴群、環状木柱列などが検出されている。高島市日置前（ひおきまえ）遺跡では、河岸段丘上に一部は列をなすように集中して設けられた晩期の落し穴41基を検出している。

大阪府 生駒山西麓の扇状地に立地する東大阪市縄手（なわて）遺跡では、後期初頭から後期前半前後の12軒の住居が発掘されている。長方形と楕円形が混在し、

規模は長辺ないし長径が4〜6mの範囲にあり2軒が地床炉を備え、別に住居以外から石囲炉を検出している。箕面市徳大寺遺跡では晩期の地床炉をもつ楕円形の住居が1軒と、地床炉をもつ規模の小さい2軒の住居が検出されている。和泉市仏並遺跡（図4-4・11・12）では3ヵ所の微高地に分かれて、中期終末から後期中葉の住居6軒と掘立柱建物2棟が検出されている。住居の多くは不整円形を呈し地床炉ないし石囲炉をもち、壁溝に多数の小穴がある直径4m前後の住居と、6mを超えるやや大きい住居とがある。掘立柱建物は1間ないし2間四方の規模である。岬町淡輪遺跡では後期中葉の住居5軒が確認され、地床炉をもつ円形や楕円形の住居は重複し建替えを繰り返している。大阪市長原遺跡では、晩期終末の住居3軒が貯蔵穴1基とともに検出されている。住居は直径7m前後のやや大型の2軒と、直径が3.5mの小型の1軒からなり3軒とも炉はもたない。

　高槻市芥川遺跡は扇状地末端に立地し、後期前半のイチイガシとアラカシの堅果が残る直径約1.1m、深さ0.3mの貯蔵穴と、アベマキかクヌギの炭化果実を集積した遺構が検出されている。埋葬遺構が多数検出された阪南市向出遺跡ではイノシシ、シカ、鳥類動物骨が入った、後期終末から晩期初頭の直径約1mの土坑6基を検出し、中に礫を積み上げたもの、中央に柱痕跡をもつ特殊な遺構がある。生業には関わらないと考えるほうがよいだろう。

　大阪市森の宮遺跡は古河内湾岸に立地した貝塚で、下層の後期中葉に活動のピークをむかえる貝塚は南北約66m、東西約45mの規模で、マガキが大半を占めクロダイ、マフグ、アカウミガメ、スッポン、イノシシ、ニホンジカなどが出土する。上層はセタシジミが主体で晩期に形成され南北約30m、東西約100mの規模で、スズキ、クロダイ、コイなどの魚骨や陸獣が出土する。水域環境は鹹水・汽水から淡水に変化し、植生もアカガシなど照葉樹優勢の環境からモミやスギ林が拡大したことを示唆する。古河内湾の東に立地していた東大阪市日下遺跡は、晩期前半を中心に数ヵ所の貝塚を形成する。貝層はセタシジミが主体だが鹹水産の貝類も交え、イノシシ、シカ、マダイ、フグなどの動物遺存体も出土する。後期終末の石囲炉をもつ4本柱の楕円形竪穴住居も検出されている。日下遺跡の西方には東大阪市宮ノ下遺跡や鬼虎川遺跡があり、2m〜-2mの標高で晩期終末から弥生時代前期のセタシジミを主体とし

た貝塚が確認されている。

奈良県 山添村大川遺跡と同林広瀬遺跡では、後期前半の住居と土坑が検出されている。大川遺跡の住居は石囲炉をもち長辺約4mの不整方形で、広瀬遺跡の住居は長辺が5mを超える不整方形を呈し石囲炉を設け、6ヵ所の太い柱穴をもつ。天理市布留遺跡堂垣内地区では、後期初頭の石囲炉を備えた長径3.3mの住居が1軒と、2基の貯蔵穴と見られる土坑が検出されている。奈良盆地南西部の橿原市と御所市にまたがる観音寺・本馬遺跡では晩期中葉の墓地に接して、地床炉を有する平地式住居や石囲炉が検出されている。13軒確認された平地式住居は柱穴が円形に並ぶものと、太い柱を用いた特殊な構造の建物とが存在する。川上村宮の平遺跡では、河岸段丘上から中期終末から後期の住居5軒を確認している。隅円方形や円形のほか、柄鏡形など特殊な形態の住居がある。

布留遺跡三島地区で検出された晩期前半の7基の貯蔵穴は、直径約2m、深さ約1mの円形を呈し、コナラ亜属の堅果などが出土している。隣接して焼土坑が2ヵ所存在する。広陵町箸尾遺跡で検出された10基の晩期の土坑は、直径が1〜2m、深さは約1m、縦断面が袋状を呈し貯蔵穴と判断できる。奈良市平城京下層からもイチイガシの堅果が残る直径1.7mの後期終末の貯蔵穴や、クヌギ節の堅果が出土した晩期前半の貯蔵穴が確認されている。宇陀市本郷大田下遺跡では埋没した河川跡に沿うように、後期中葉から晩期前半の貯蔵穴42基が設置されていた。大半が直径1.5m前後の円形を呈し縦断面は逆台形を呈している。蓋材とみられる割材や板状の加工材が残存し、蓋の上や貯蔵穴の肩から大型の礫が出土している。36基の貯蔵穴から合計30,000個のカシ、クヌギ、シイなど堅果類が出土している。明日香村稲淵ムカンダ遺跡では炉と考えられる焼土坑の周囲から、炭化した2,000個のドングリが出土して、炉上に保管した火棚の存在を指摘している。既述の観音寺・本馬遺跡では集落北方の自然流路中央付近から、36本の丸材や割材を用いた杭を直径約1.8mの環状に打ち込んだ晩期中葉の遺構を検出している。上流部側は杭の間隔が広く、内側にも杭が打ち込まれ迷い込んだ魚を捕獲する仕掛けである。流路の岸辺からは板材を横木として方形に組み合わせた長辺約1.4m、短辺1.1mの木組遺構を検出していて、植物質食材などの洗い場や加工処理施設とみられる。

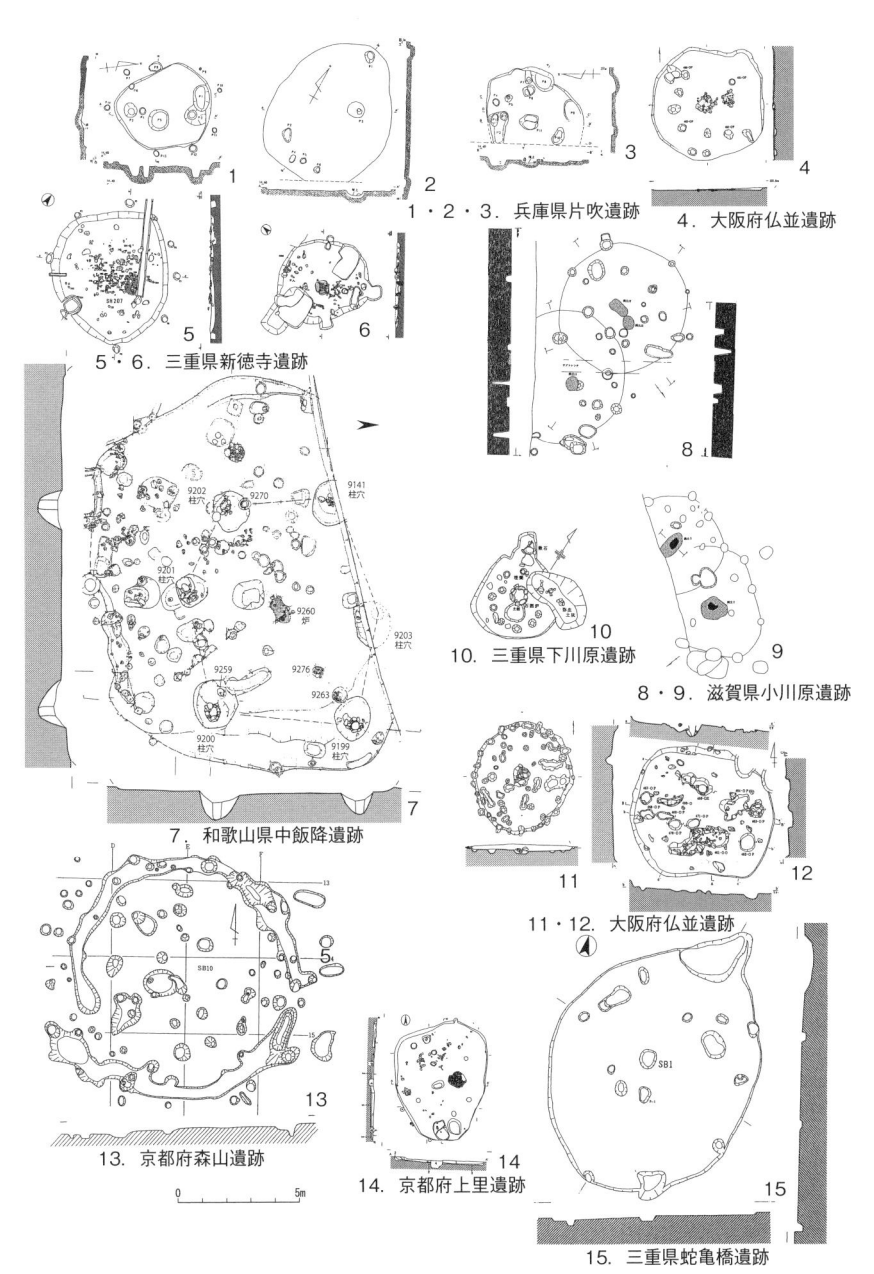

1・2・3. 兵庫県片吹遺跡
4. 大阪府仏並遺跡
5・6. 三重県新徳寺遺跡
7. 和歌山県中飯降遺跡
8・9. 滋賀県小川原遺跡
10. 三重県下川原遺跡
11・12. 大阪府仏並遺跡
13. 京都府森山遺跡
14. 京都府上里遺跡
15. 三重県蛇亀橋遺跡

図4 中期終末・後期～晩期の住居

和歌山県 紀ノ川の段丘上に立地するかつらぎ町中飯降遺跡（図4-7）では、後期中葉の大型住居4軒、普通規模の住居3軒、掘立柱建物1棟が検出されている。大型住居は円形で地床炉をもち、4軒はごく近接するか重なり合う。1軒は直径約19mで主柱穴5本、もう1軒は直径約16mで主柱穴6本が長六角形に並び、主柱の太さは直径30〜40cmと推定される。貴志川の段丘上にある海南市溝ノ口遺跡では後期中葉の円形の住居が2軒検出され、住居内の直径約40cmの円形土坑2基から、炭化したシイ・カシ類の堅果が出土している。和歌山市川辺遺跡では、直径7m前後の規模をもつ晩期中葉から後半の円形住居2軒が検出されている。同市岡崎遺跡では後期後半から晩期初頭のハマグリが大半を占める上層貝層と、それに先行するマガキ主体の下層貝層からなる貝塚が知られる。砂州に形成された白浜町瀬戸遺跡は岩礁性貝類を主体とした小規模な貝塚であるが、晩期後半の貝層からは多量の獣類や魚類が出土している。

三重県 多気町新徳寺遺跡（図4-5・6）では後期前半の2軒ずつで構成される3群の住居が検出され、1軒は石囲炉を備え竪穴の外側に接して柱穴がめぐる構造をもつ。後期前半の円形住居が6軒検出された名張市下川原遺跡（図4-10）では、石囲炉をもつ3軒の住居の中に、埋甕をもち敷石のある住居を含む2軒の柄鏡形住居が検出されている。いずれの住居も円形にめぐる7から8本の柱をもつ。度会町森添遺跡では後期後半から晩期初頭の住居12軒が確認され、後期終末の住居は円形で石囲炉や地床炉をもつ。晩期終末の松阪市蛇亀橋遺跡では長径約10mの大型の楕円形プランを呈する住居が検出されている（図4-15）。木津川右岸の微高地に立地する上野市森脇遺跡では、直径が1〜2mで縦断面が逆台形の晩期の貯蔵穴14基が検出されている。トチやカシの堅果が残され、足場や上屋を架けた構造物とされる木材が出土している。松阪市追上遺跡からは貯蔵穴とされる20基の土坑が報告されているが、同一尾根上の安濃町下箕内遺跡では13基の落し穴が確認されている。立地や類似した形態を考慮するとどちらも落し穴とみてよかろう。大築海島にある鳥羽市大築海貝塚は伊勢湾西岸では数少ない貝塚のひとつで、晩期終末の貝層が確認されイガイやサザエなどの貝類のほか魚類骨、鳥類骨、海獣骨や骨角器などが出土している。

第3章　近畿地方の生活・生業施設のまとめ
第1節　生活・生業施設に関する諸問題

住居数からみた人口の変動と生業活動　近畿地方では事例の乏しい草創期の住居資料に、最近になって相谷熊原遺跡の5軒の住居が加わった。同じ草創期の粥見井尻遺跡の住居と比較すると、掘り込みの深さや床面積に大きな隔たりがある。垂木穴がなく床面に比較的深い柱穴の存在は構造的にも注目できる。検出住居数が少ないこの時期の動向は、今後の新発見例によって解釈の変更もあろうが、相谷熊原の住居にみる投下労働力と広い屋内空間の確保から考えると、定住へ向けての過渡期とされるこの時期の居住実態について見直しも必要かも知れない。

　早期前半には近畿のいくつかの地域で、住居の検出数が増加するとともに、近接して数軒が建てられる住居があるほか、大鼻遺跡や西出遺跡のように繰り返し同じ場所での建替えも認められる。継続した居住ないしは回帰が可能な生活拠点を必要とした結果だろう。深い竪穴や互いに重なり合う住居があることから、集落が長期的に維持されていたことが想定できる。出土する土器量の増加や、時期はやや遅れるが容量の大きい土器の普及といった事実とも関係するであろうが、必要であるはずの磨製石斧や打製石斧の際立った増加はない。後述する中期終末の石斧の増加とは事情が異なる。

　住居の検出数は早期後半から前期前半にかけて著しく減少し、この地域の絶対人口が減少したことは確実だろう。前期中葉から後半にやや増加するものの、その後再び減少し検出数の低調な状態が中期後半まで引き継がれる。この長期に亘る住居数の少ない情況は、住居以外の生業施設などの動向とも整合的だが、早期前半の人口維持が不可能なほどの環境の変化は考えがたい。その後の列島規模の人口流動を考えると、社会的な要因も含めてこの地域の人口減少の原因分析も課題となろう。

　情況は中期終末にいたって大きく変化する。中部地方で中期後半の住居の急増傾向が一変し、その反動ともいえる急激な退潮を吸収するように、近畿地方ではまず東部から中期終末に住居の検出数もピークを迎える。従来から指摘されているように、中部地方からの人口の移動、流入をその主因と考えるべきだ

ろう。当然近畿地方の絶対的な人口の増加があったはずだが、貝塚や貯蔵穴など生業関係遺構の高揚期とは必ずしも一致しない。

　後期を通じ住居の検出数は徐々に減少に転じ、晩期初頭前後の検出住居数は極めて少なくなる。しかし後期から晩期にかけて、計画的な配置が窺える落し穴、仕掛け漁施設、後述する湿地式貯蔵穴の存在など、生業に関わる遺構は検出数が増加しかつ多様な内容をもつ。活動が盛んになった背景には増加した人口の維持も関わっていただろう。矢野健一は発見された住居数の推移について滋賀県などの事例を検証し、立地による遺跡発見率の違いなどの要素を考慮したうえで、近畿地方における時期別の住居数の推移は人口の増減の実態を反映したものとみている（矢野 2004）。中期終末に増加した近畿地方の住居数がその後急激に減少しないのは、もともと当該地域の人口密度が低いことによるとも想定する。検出数が落ち込んだ状態はその後も引き継がれるが、僅かに晩期終末に向け回復に向かう。晩期終末の住居数が遺跡数の増加に相関するほど急増しないのは、この時期に多い平地式住居の検出の困難さに起因するとした意見があるが、平地式住居は地域によっては早期から存在し、晩期終末の遺跡数の増加に見合うほど、この時期に限って平地式住居が増加したとは考えがたい。むしろ平地式住居の増加は後期から始まっていた現象と捉えるべきで、住居数と生業関連遺跡の増減が整合しない理由はその辺に求めるべきだろう。

　西日本の湿地式貯蔵穴　近畿地方で発見される貯蔵穴は東日本に通有の貯蔵穴とは異なり、その多くが集落周辺の沖積地のなかでも流路に近い場所や、河川跡など地下水位の高い場所を狙って、集中して設置されることの多い湿地式貯蔵穴である。埋没した旧自然流路跡の伏流水を狙って穿たれた、42 基の貯蔵穴を検出した本郷大田下遺跡の事例は典型的な湿地式で、カシなどの堅果類を貯蔵した方法が良くわかる。土坑内には蓋材とみられる枝や割材などの棒状材や、板状の加工材が残存していた。蓋材の上にはやや大型の礫が落ち込んだ状態や、土坑の肩に礫が置かれている事例もあり、蓋の重しや貯蔵穴の場所を明示する標しとされたのだろう。貯蔵穴は堅果類を取り出したあと放棄された状態とみられ、取り残された堅果類がわずかに残るものや、再利用のため掘りなおしが行われていることが確認されている。42 基のうち 36 基の貯蔵穴からは合計で 30,000 個の堅果類が出土しているが、各土坑の貯蔵可能な容量から

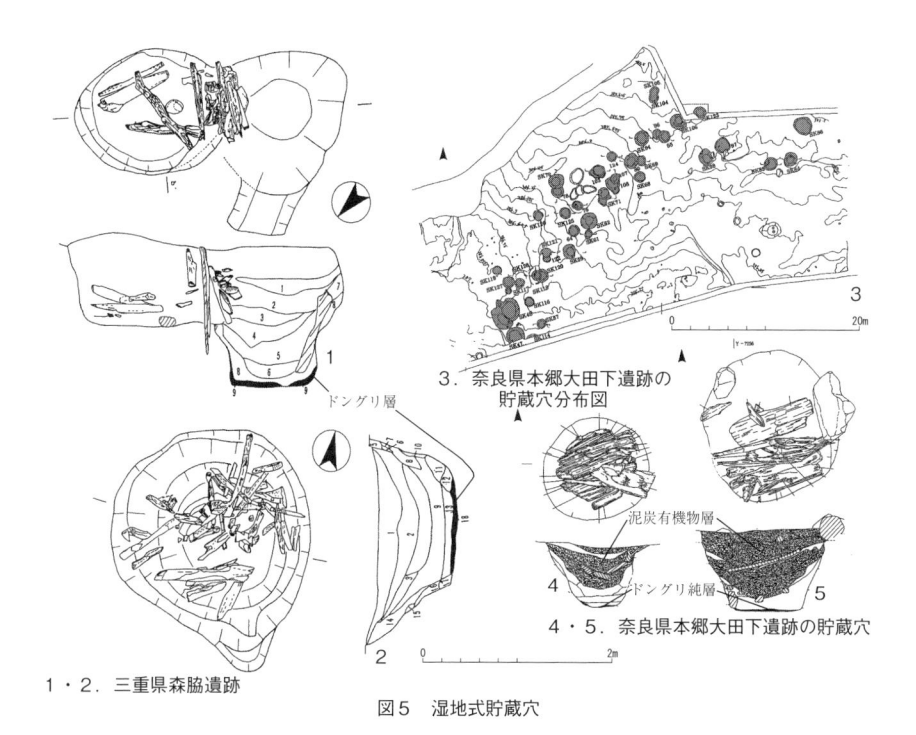

1・2. 三重県森脇遺跡
3. 奈良県本郷大田下遺跡の貯蔵穴分布図
4・5. 奈良県本郷大田下遺跡の貯蔵穴

図5　湿地式貯蔵穴

みて、これらはいずれも取り残されたものとみて間違いない。また堅果類が取り出されたあとは、次のシーズンまで棒状の材や割板材によって蓋をして管理していた実態もわかる。

　食糧貯蔵の意義を重視する瀬口眞司は、近畿地方の貯蔵穴データを比較処理し「縄文中期後葉～晩期前半に貯蔵経済が強化されている」と考えた（瀬口2003）。貯蔵穴データから指摘しうる食糧貯蔵の動向について瀬口の分析した結果は説得的である。兵庫県但馬地域などのいくつかの事例を除くと、近畿では大半が湿地式貯蔵穴で占められ、そこに西日本の縄文時代食糧貯蔵の特徴がある。ただ湿地式貯蔵穴による食糧管方法が中期終末以降に急速に敷衍したことは間違いないが、そのことをもって食糧の個人管理から集団管理に転換したとみるのは早計だろう。何故なら湿地式の貯蔵穴は何よりも設置する条件が優先するはずで、居住空間との関係や距離をもとに貯蔵穴の管理体制を議論すると、湿地式貯蔵穴の本質を見逃すことになる。坂口隆は住居と貯蔵域や墓域が

分散している事実を西日本縄文集落の特徴とし、北・東日本とは異なる居住形態と断じ、さらに越冬性や労働組織の違いにまで想像をめぐらす（坂口 2002）。これもまた同様に西日本の貯蔵穴の特徴と、設置場所の選定事情を理解していない解釈と推論で、それぞれの遺跡の実態を充分に把握すべきだろう。

このように近畿地方において確認される貯蔵遺構は、主に湿地式の植物質食糧貯蔵穴で、貯蔵された竪穴の種類を考慮すると灰汁抜き効果を期待するよりは、むしろ虫殺しや一時的保管も含めた備荒用としても利用されたと評価したい。また湿地式貯蔵穴以外に、稲淵ムカンダ遺跡の炉付近で確認された炭化ドングリの事例にみられるような保存や、動物質食糧の保存の問題も今後の検証課題とされる。

第2節　生活・生業施設のまとめ

住居の構造と変遷　住居の構造を考える上で比較材料が揃っているのは、住居の平面形態、規模、柱配置および炉であるが、近畿地方ではむしろこれら資料の揃っていない時期が多く、局地・時限的な住居構造の変遷は明らかにできても、近畿地方全体の動向は捉えがたいのが現状である。

近畿地方における草創期の住居については、相原熊谷遺跡で直径約8m、深さ約1mもの規模をもつ竪穴構造の建物が確認されたことに加えて、同時である確証はないものの、複数の住居が存在した意義も重要である。これまで当該地域では孤高の存在であった粥見井尻遺跡との比較も可能となった。一般的な竪穴住居と比較しても大型の部類に属し、長期間の居住が想定できる建物といえよう。早期前半の住居は三重県や奈良県の住居が、この時期の様相を良く示している。住居の規模は3～4m程度のものが多く、円形ないし不整円形を呈していて、確実に住居と認定できる竪穴にはその規模を超える住居はほとんど無い。柱は主柱穴をもつものと、壁柱穴が配された住居の両者がある。炉は屋内にはなく近接した場所に集石遺構や煙道つき炉穴がつくられる。前者は近畿地方でも普遍的に存在するが、後者は神並遺跡の焼土坑とされた同種の遺構以外は、すべて三重県北中部の遺跡から集中して発見されている。兵庫県の中国山地では早期後半の竪穴住居が数軒確認されていて、互いに接するように建てられた長径約4～5mの不整円形の住居は、壁柱穴が並ぶことや屋内か

ら地床炉や焼土が検出されていることで共通する。住居はやや規模を大きく確保し、前代とは異なる構造と設備をもつが、近畿地方に普遍的な住居形態であるかはわからない。

　前期には志高遺跡の住居のように小規模の住居とは別に大型住居が出現すること、神鍋遺跡や下鈎遺跡にみられる方形の竪穴住居や平地式住居が加わるなど、住居の多様性が現われ始めたと評価することができようか。下鈎遺跡の竪穴住居もしくは掘立柱建物は主柱穴4本から6本へ、また大型建物の出現への変遷があるとされる。上出A遺跡で検出された前期後半の6軒の竪穴住居には、円形ないし楕円形で4～6本の主柱穴をもち、壁に沿って小穴が並ぶものがある。直径は4mに満たない規模で、住居内にも炉をもつものはない。同時期の北野遺跡の住居は不整円形を呈し中央に地床炉をもつ。前期の住居例からは住居の構造や諸要素に地域色が顕著であることも窺える。

　中期の住居は終末を除いて極めて少ないが、徳蔵地区遺跡で発見された中期前半の10軒の住居は長方形ないし方形を呈し、主柱穴をもち屋内炉を備えている。近畿では中期終末の住居に大きな変化がある。この時期は方形ないし隅丸方形が主流となり、上屋を支える主柱穴は4本が基本だが、5本や6本のものもあり、柱穴は深くて太い明確なものが多い。これとは別に主柱2本の住居が播磨地域に分布する。この時期の住居形態や住居数の増加と同時に、周溝を備える住居が出現し住居内に石囲炉設置が普及する。ただし石囲炉についてはより遡る事例があるが、この時期の住居急増の事実は動かない。中期終末には三重県北部では隅丸方形に地床炉がともなう住居が主流を占めるが、中・南部ではこの時期に石囲炉を備えた円形住居へと転換を図り、対峙した様相が窺われる。その三重県北部も、いなべ市覚正垣内(かくしょうがいと)遺跡のように後期には住居は円形となる（田村1999）。近畿地方の中期終末の段階は各地域色をもちながらも、住居の構造においてそれまでの伝統を刷新するように変貌を遂げる時期である。

　後期前半には近畿地方全体で方形優位の傾向が消え、次第に円形や不整円形が取って替わる。横長の住居がみられなくなり、柱穴や配置も前代のようには明確でない住居が増加する。後期後半の森山遺跡で直径約10mの大型の住居が、平均規模の住居と併存する事実があり、長岡京下層の大型住居などのように後に引き継がれ、大型と小型住居に2分化される地域がみられる。晩期の事

例は多くないが、円形や不整円形住居が主流を占める情況は大きく変わらない。ただし、滋賀県など一部地域では、晩期後半に方形プランの住居がみられる。後期から晩期に大形材もしくは大形柱穴を巡らした住居があり、兵庫県佐用町安川如来田遺跡では８本ないし９本の柱をもつ直径約６ｍの住居が知られている。ほかに張出し部のある住居が三重・奈良・滋賀の東部３県で知られるが、下川原遺跡ではこの住居に石囲炉が据えられ、かつ敷石が備わり柄鏡形住居の系統下に出現したものとみなすことができる。東日本からの影響が住居の構造や形態に色濃く反映されたと考えられる。

　竪穴住居とは別に、平地式住居が後期前半以降になり検出例が増加する。平地式住居には構造上２つのタイプがあり、ひとつは方形ないし長方形のプランが想定される建物で、三重県王子広遺跡で後期の４間×１間の柱配置をもつなどの事例がある。柱穴だけでは掘立柱建物と区別しがたいこの種の建物は検出数自体が少なく、柱穴の規模が大きいものや、半截した太い材を用いる例があることなど、一般的な住居とは異なる性格を考えたい。もうひとつは床面を掘削しないほかは竪穴住居と違いないもので、小川原遺跡では後期中葉の平地式住居48軒を認定している。円形ないし楕円形に巡る壁柱小穴が存在し、焼土を屋内の地床炉とみて、遺物の出土状態から生活面が認識できるため、竪穴ではない平地式住居と認定している。佃遺跡でも後期中葉から晩期中葉にかけて、都合８軒の住居を平地式と認定しているほか、晩期中葉には別に掘立柱建物が存在する。長原遺跡でも晩期終末の平地式住居が竪穴住居と併存している情況などをみると、後期中葉頃から平地式住居が次第に普及し、建物群の一角を構成したのだろう。しかし平地式住居が一般の竪穴住居を補完する存在なのか、特別の役割を担った施設であるかは定かでなく、数は少ないものの掘立柱建物と認識されている建物の存在とも併せて検討の必要があろう。

　食糧貯蔵穴　近畿地方の貯蔵穴は早期後半の住居に隣接した場所から検出されているほか、中国山地に立地する前期の集落内から直径が１ｍ程度の規模の円形ないし不整円形を呈したものが存在する。低地に存在する貯蔵穴もあるが、多くは基本的に住居地区に隣接した場所に設置されることが特徴とみられる。前期後半ないし中期の貯蔵穴の発見は多くはないが、讃良川遺跡や大阪府四条畷市更良岡山遺跡などの貯蔵穴のように、クリやドングリなどの植物質食

糧を保存するため、沖積地に設置された事例が散見されてくる。

　後期に入り貯蔵穴の発見例は急増する。小川原遺跡のように平地式住居や石器剝片・砕片が集中する遺構とともに存在する乾燥地域の貯蔵穴ももちろんみられる。しかし特にこの時期の貯蔵穴は居住地区に存在する例もあるが、むしろ集落から離れた場所に集中して設置される事例が目につくようになる。佃遺跡では低湿地から後期後半に属する57基の貯蔵穴が営まれ、2時期に分かれる貯蔵穴は、下層に比べ中層で数が増加し、かつ個々の規模がより大きくなる。貯蔵穴に蓄えられた食糧は後期前半の本庄町遺跡でアカガシやイチイガシの堅果が、晩期中葉の北白川追分町遺跡では果皮を剥いたトチノミが、晩期終末の長原遺跡ではナラガシワの堅果が、芥川遺跡ではイチイガシとアラカシの堅果が出土し、布留遺跡三島地区の晩期前半の貯蔵穴7基からはコナラ亜属の堅果が出土している。後期中葉から晩期前半の間に営まれた本郷大田下遺跡は、貯蔵穴を営んだ集落は周辺調査でも未発見で、居住地区から離れた場所に設置した施設である。貯蔵穴はほぼ埋没した河川跡に沿うように42基が密集して分布する。本郷大田下遺跡や森脇遺跡で検出した湿地式貯蔵穴は、土坑の蓋設備や標識、および足場や上屋を架けた構造物と思われる木材などが出土しているほか、貯蔵穴の掘りなおし痕跡なども確認されていて、堅果類の管理の実態が良く理解できる事例といえる。

　落し穴　落し穴は近畿地方で早期から晩期までの事例が報告されているが、すでに旧石器時代に列島内では組織的に設置されたとみられる落し穴が確認されている。なかでも細石器文化の段階には、縄文時代に繋がる落し穴の諸形態が出現している。落し穴の遺構自体は、時期認定の難しい事例が少なくないが、このように仕掛け猟が前代以来行われていた状況をみると、近畿でも縄文草創期の落し穴もいずれは確認されるだろう。京都府では落し穴の規模は時期が新しくなるに連れて大きくなる傾向が指摘されるが、近畿地方で狩猟対象陸獣の代表であるイノシシとニホンジカの遺存体の比率が、時期によって変化したという報告には接しない。規模の違いには別の理由があるのだろう。落し穴の設置場所は丘陵に多く設けられるが、段丘平坦面に設置される例も少なくない。後期中葉の天若遺跡では急峻な山から平坦な場所に下りた付近で、水場にも近い場所が選定されている。また、日置前遺跡では落し穴41基が河岸段丘

上の一角に群を形成し、その一部は列をなすように並ぶ。また、中期初頭の梶下ヶ谷遺跡では緩斜面に2基が対となって配置されていて、東日本の縄文時代前半期にみられる落し穴の構成に通じる。八千種庄北挟遺跡と八千種庄古屋敷遺跡など隣り合う数ヵ所の遺跡で、段丘上に設置された落し穴は合計126基を数え、土坑底には逆茂木を仕掛けたらしい小穴があり、規模もある程度揃っているなど規格性がある。発見例は多くはないが、意図的な配置や構造に規格性が窺える事例は狩猟技術の向上として積極的に評価することができる。

貝塚と水産資源 近畿地方では、貝塚資料はとりわけ他地域ほど恵まれていない。貝塚の多い伊勢湾をみても、東岸とは対照的に、西岸の三重県ではほとんど貝塚は知られていない。海浜部の貝塚は後述する日本海に面した但馬北部の一部、古河内湾周辺に営まれた貝塚、および紀ノ川河口付近と紀伊水道や太平洋に面した数少ない貝塚に限られ、ほかに琵琶湖岸の淡水産貝塚など内水面の貝塚がこの地域の特徴といえる。

日本海に注ぐ兵庫県円山川流域には海岸線が深く浸入した時期に形成された数ヵ所の貝塚があり、当地の生業の実態を明らかにしている。後期前半に貝塚形成のピークがある中谷貝塚と時期的にやや先行する長谷貝塚はともに、ヤマトシジミを主体とする貝塚で、魚骨のほか哺乳類や植物遺存体なども出土している。これらの貝塚の西側には形成時期が重なる荒原貝塚が立地し、破砕された大量のマガキ殻が貝層を形成し、殻が付着した土器片なども出土する。専らマガキだけを処理加工した跡であると推定される。長谷貝塚に近接した場所では居住地区の存在が想定されており、内湾を臨むその集落では資源豊かな汽水海域周辺にいくつかの活動拠点を設け、貝類の捕採だけでなく漁労や狩猟など多様で広範な生業活動が行っていた実態がわかる。

琵琶湖付近では石山貝塚のほか蛍谷貝塚や赤野井湾遺跡の早期後半に形成された貝塚などによって、内水面の資源に目を向けたことが明らかにされている。また中期の粟津貝塚や、晩期の貝塚が確認されている滋賀県大津市滋賀里遺跡などが存在するが、いずれも琵琶湖南部に集中している。琵琶湖底で発見された粟津第3貝塚は、水没していた環境が遺跡の立地する周辺の環境も含め、湖畔に暮らした縄文人の生業活動の復元を可能にした。セタシジミなど貝類の分析によって、貝塚形成時の水温が現在より若干高いこと、微小貝類は丘

陵地に接しない環境であること、水域の底が砂質であったことなどを明らかにした。貝塚の堆積状態や出土遺物から夏季に貝類を捕採・処理し、晩秋に堅果類を採集・処理して廃棄したパターンが毎年繰り返されたことや、イノシシの歯の萌出状態から冬季の狩猟活動なども判明している。エゴマ、ヒョウタン仲間、アワ、ヒエ近似種など植物遺存体が検出され、栽培活動が行われていた可能性もある。食糧残滓によるカロリー分析では、約4割を占めるトチノキの果実に代表される植物質食糧が、動物質食糧をやや上回り、動物質食糧では貝類が最も多く魚類と哺乳類がそれに次ぐことなども明らかになっている。住居の遺構こそ発見されてはいないが、生業活動のため長く滞留していた可能性がある。しかし年間を通して湖岸に住いしたかどうかはわからない。

　同じ内水面でも河川の漁労の様子は、観音寺本馬遺跡の集落のはずれを流れる河川跡でその一端が窺える。河川の中央に敷設された杭列は複雑な構造ではないが、自然の流れを利用した巧みな仕掛けで、杭の種類などの違いから施設の補修の跡も確認でき、維持管理も行われていた。晩期中葉の生業施設として小魚を捕獲するのに適した魞のような仕掛け漁があったことがわかる。

＊脱稿後、三重県四日市市中野山遺跡で早期の住居4軒とともに、15基の煙道つき炉穴と11基の集石遺構が発見された。本文記載の押型文前半期に属する大鼻遺跡や鴻ノ木遺跡などに後続する時期の遺構とされる。

引用・参考文献
伊藤文彦 2009「『煙道付炉穴』の再検討」『研究紀要』18―1、三重県埋蔵文化財センター
大野　薫 2001「近畿・中国・四国地方における集落変遷の画期と研究の現状」『縄文時代集落研究の現段階』
片岡　肇 1970「押型文文化の生産活動について」『古代文化』22―11
関西縄文文化研究会 1999『関西の縄文住居』
関西縄文文化研究会 2001『関西縄文時代の生業関係遺構―獲得・加工・貯蔵・廃業の諸相―』
関西縄文文化研究会 2009『関西縄文時代の集落と地域社会』
坂口　隆 2002「西日本縄文時代狩猟採集民の住居構造」『物質文化』74

佐々木藤雄 1975「縄文時代集落論の現段階」『異貌』2
佐藤宏之 2004「日本列島の陥し穴」『九州における縄文時代のおとし穴状遺構』
瀬口眞司 2003「関西縄文社会とその生業」『考古学研究』50―2
田村陽一 1999「三重県の縄文時代住居について」『関西の縄文住居』
富井　眞 1999「京都府下の縄文時代住居集成から導かれる問題点」『関西の縄文住居』
中村健二 1996「滋賀県における縄文住居の変遷について」『人間文化』1
宮路淳子 2002「縄紋時代の貯蔵穴」『古代文化』54―3
矢野健一 2004「西日本における縄文時代住居址数の増減」『文化の多様性と比較考古学』
矢野健一 2006「関西地方の縄文後晩期住居」『弥生集落の成立と展開』
山本暉久 1996「柄鏡形（敷石）住居と石棒祭祀」『縄文時代』7
和田秀寿 1990「西日本における縄文早期の住居形態をめぐる2、3の特質と地域性」『考古学論集』3

Ⅷ　中国・四国地方の縄文集落の生活と生業

柳　浦　俊　一

第1章　中国・四国地方の生活・生業施設の研究の現状

　中国・四国地方では、戦前から瀬戸内地域の貝塚が注目されてきた。岡山県笹岡市津雲貝塚・広島県尾道市大田貝塚など、初期の調査では人骨の採集を主眼とし、その後の岡山県倉敷市福田貝塚、岡山市彦崎貝塚・倉敷市里木貝塚では土器編年の整備を主眼として発掘調査が行われた。一方、愛媛県久万高原町上黒岩岩陰遺跡・広島県庄原市・神石高原町帝釈峡遺跡群が相次いで発見され、山間部の洞窟遺跡の存在が知られるようになった。帝釈峡遺跡群は、1962年に馬渡岩陰で発掘調査が開始されて以来、現在に至るまで広島大学を主体として調査が継続されている。1975年以降、開発に伴う発掘調査が増加し、1980年以後は山陰地域・四国地方でも縄文遺跡の発見、発掘調査が続いた。
　この30年間の調査で、住居などの遺構資料も蓄積されてきたが、一遺跡での遺構検出状況は散発的である。当該地域では土器編年が未整備だったこともあるが、遺構論の低調さは集落の全体像が把握できないことに起因すると思われる。近年、ようやく遺構にも目を向けはじめた状況である。中四国縄文研究会では遺構の集成がなされ（中四国縄文研究会 2010）、考古学研究会では「西日本の縄文集落」と題してシンポジウムが行われている（考古学研究会 2010）。以下に、生活・生業関係の主だった論考を紹介しておく。
　住居については中国地方で山田康弘（山田 2002）が、徳島県域では湯浅利彦（湯浅 2009）が集成し、概観している。山田の研究以後、当該地での集落は小規模に展開したという認識が定着している。
　生業に関する遺構で、当該地が全国的に注目を浴びたのは、岡山県赤磐市南方前池遺跡での貯蔵穴の発掘であった（南方前池遺跡調査団 1956）。全国で初めて内容物が残存した貯蔵穴（いわゆるドングリピット）が検出され、堅果類

の貯蔵実態が明らかになった。また、潮見浩は山口県平生町岩田遺跡で低地性貯蔵穴を発掘し、貯蔵物の検討を行っている（潮見 1977）。柳浦は貯蔵穴の集成を行い、残存した貯蔵物の多くが取り残しの状態であることを指摘したうえで、貯蔵方法の復元を試みた（柳浦 2004）。

落し穴は、稲田孝司によって分析がなされている（稲田 1993）。これ以後の報告書では稲田の論に沿って分析・報告されている。分析は主に形態分類と、遺構の配列に関して行われている。後者は「けもの道」に落し穴が設営され、複数が同時に設営されることによって機能を果たすことを前提にしている。

富岡直人、石丸恵理子は動物遺存体から生業復元の研究を行っている。富岡は 2002 年までの動物・植物遺存体研究を概括し（富岡 2002）、研究の方向性を示した。石丸は、帝釈峡遺跡群の動物遺存体を分析し、拠点的な遺跡、キャンプ的な遺跡の存在を論じている（石丸 2010）。

動物・植物遺存体は、低湿地、貝塚、洞窟遺跡など限られた条件下でしか残存していない。とくに山間部の遺跡では低湿地遺跡が望めないことから、広島大学が継続して発掘調査を行っている帝釈峡遺跡群への期待が大きい。

なお、以上の情報を総合的に記述したものに、潮見浩（潮見 1999）、河瀬正利（河瀬 2006）などがある。これらは概説として記述されたものではあるが、参考にすべきことは多い。

第2章　中国・四国地方の生活・生業施設の変遷

第1節　草創期～早期の生活・生業施設

住　居　当該地域内では草創期の遺跡そのものが少なく、検討できる遺構はほとんどないのが実情である。わずかに高知県南国市奥谷南遺跡で1軒が検出されている（図1-1）が、平面形が不整形で住居とは断定しづらいようである。

早期の住居は、比較的古くから竪穴住居と平地式住居が併存していた可能性がある。鳥取県倉吉市取木（とりぎ）遺跡では、一辺約3ｍの竪穴住居（図1-2）の近隣に柱穴群が検出されており、平地式住居と推定されている。

竪穴住居は、岡山県真庭市中山西遺跡（図1-4）、島根県邑南町堀田上（ほりたうえ）遺跡、高知県香美市狩谷我野（かりやがの）遺跡などで無柱穴の竪穴状遺構が検出されている。早期

の竪穴住居は、無柱穴か柱穴の配列が不規則なものが一般的である。岡山県津山市大田西奥田遺跡（図1-3）、広島県三次市松ヶ迫遺跡、鳥取県米子市泉前田遺跡などで壁際に柱穴が並ぶが、このような住居は少数である。愛媛県砥部町土壇原Ⅱ遺跡（図1-5）は、主柱穴が5基配され、壁際に壁溝が、壁の外側には壁柱穴がめぐっている。早期でこのような規則的な竪穴住居はこれだけである。

　平地式住居は、広島県東広島市西ガガラ遺跡などで柱穴が円形に配される形で復元されている。西ガガラ遺跡（図2-5）では上記の竪穴住居とほぼ同規模だが、島根県邑南町郷路橋遺跡などで竪穴住居より大きな規模に復元されたものがある。平面形が楕円形の平地式住居は、岡山県鏡野町竹田遺跡（図2-8）で長径3.3～4.4m・短径2.6～3.4mを測るものが6軒検出されている（図2-9）。いずれも柱穴列が2重に配される特徴を持つ。同町立石遺跡（図2-7）で2×10間（3.4×16.6m）、総柱の長大な建物が検出されている。

　直接の住居遺構は検出されていないが、草創期以降に広島県庄原市・神石高原町帝釈峡遺跡群、愛媛県久万高原町上黒岩岩陰遺跡、高知県香美市飼古屋岩陰遺跡、南国市奥谷南遺跡、早期以降は愛媛県西予市穴神洞・中津川洞遺跡、徳島県加茂町加茂谷川岩陰遺跡群などで洞窟や岩陰が利用されている。洞窟・岩陰遺跡は中国山地では帝釈峡遺跡群に52ヵ所の洞窟遺跡が確認されており、四国地方では28ヵ所の洞窟・岩陰遺跡が発見されている。洞窟・岩陰遺跡は愛媛県西南部、徳島県西部、高知平野縁辺の山間部に集中している。

　炉跡・礫群　早期に比較的多く検出される遺構に、被熱した礫が集積した礫群がある。山口県以外の各県で検出されており、高知県四万十町十川駄場崎遺跡の9基を筆頭に、鳥取県取木遺跡2基（図3-4）、島根県邑南町今佐屋山遺跡2基など、一遺跡で複数検出されることもある。このほか、焼土（地床炉）が各地で検出されているが、群集することはほとんどないようである。

　落し穴　この時期の落し穴は徳島県・高知県以外の各県で検出されており、とくに鳥取県西部の大山山麓で多い。検出数が多い遺跡では、鳥取県琵浦町中尾遺跡で84基（早～前期）、島根県松江市渋山池遺跡（早期）で26基などであるが、多くは10基未満の検出である。中尾遺跡や渋山遺跡など、多数検出された遺跡を俯瞰すると、谷または尾根縁辺に列状に配されたようである。

貝　塚　早期の貝塚は瀬戸内海東部に集中しており、早期の貝塚は岡山県で6ヵ所、香川県で3ヵ所が発見されている。瀬戸内海の貝塚は、ヤマトシジミなど汽水域に生息する貝で構成される貝塚と、ハイガイなど海水域に生息する貝で構成される貝塚の2者があり、瀬戸内海の成立を解明する重要な手掛かりとなっている。香川県三豊市小蔦島貝塚は、ハイガイ・ハマグリ主体と早期前半での海水域拡大傾向が窺える。一方で、香川県土庄町礼田崎貝塚、香川県直島町井島大浦遺跡（10区）、岡山県岡山市犬島貝塚、瀬戸内市黒島貝塚はヤマトシジミが主体で、早期前半では未だ汽水域が広がっていたと考えられる。同市黄島貝塚では下層がヤマトシジミ主体、上層がハイガイなどを主とした層序で、早期中葉に汽水域から海水域へと転換したと思われる。

　石器製作跡　広島県東広島市ぶどう池遺跡、鳥取県伯耆町長山馬籠遺跡、高知県十川駄場崎遺跡などで早期の石器製作跡が検出されている。いずれも剥片石器を製作している。

　その他　以上のほか、高知県刈谷我野遺跡（早期前半）では、石皿が並んだ状態で出土しており（図3-2）、堅果類の集中的な加工が窺える

第2節　前期〜中期の生活・生業施設

　住　居　この時期の住居数は少なく、前期の竪穴住居は、鳥取県長山馬籠遺跡2軒、島根県益田市中ノ坪遺跡1軒、愛媛県松山市谷田I遺跡1軒、中期では同県愛南町茶堂II遺跡1軒などで検出されているにすぎない。平面形は円形に近いものが多く、前期初頭・長山馬籠遺跡（図1-6）では径3.5〜4.5m、前期後葉・中ノ坪遺跡（図1-7）では径4.5m、中期前葉・茶堂II遺跡（図1-8）では径4.6mを測るが、絶対数が少ないのでこれがこの時期の一般的な規模かどうかはわからない。茶堂II遺跡は壁際に壁溝がめぐり、壁柱穴が配されている。中ノ坪遺跡では床面に大きな柱穴3基が規則的に配され、壁外側に壁柱穴が並んでいるように見える。

　平地式住居は、鳥取県伯耆町代遺跡（図2-6）、島根県飯南町板屋III遺跡（図2-10）などで検出されている。平面形が円形に近いものもあるが、代遺跡、板屋III遺跡などのように平面形が長楕円形を呈すものがよくみられる。板屋III遺跡では柱穴が2重に配されるものが2軒復元されており、規模は違うものの

早期・竹田遺跡（図2-8）の構造とよく似ている。

炉跡・礫群　礫群は、島根県雲南市北原本郷遺跡で6基、山口県宇部市月崎遺跡で5基が群集しているが、全体としては散発的である。これらはいずれも前期前葉のもので、中期の礫群は未検出である。地床炉は岡山県彦崎貝塚で17基、島根県飯南町下山遺跡で28基など、前期で群集する遺跡も見られる。

貯蔵穴　残存物が出土した確実な貯蔵穴は、今のところ島根県郷路橋遺跡（前期後葉）を最古とするが、鳥取県米子市陰田第1遺跡が前期前葉の可能性もある。中期には島根県松江市佐太講武貝塚など、山陰側で散見されるようになり、鳥取県米子市目久美遺跡では中期前葉に48基の貯蔵穴が群集しているのが注目される。貯蔵物は、郷路橋遺跡でトチの実が出土しているが、そのほかはドングリ（カシ類？）を中心としているようである。

落し穴　この時期の落し穴は鳥取県、島根県で主に検出されているが、そのほかの地域では前・中期に限定できそうな落し穴は検出されていない。鳥取県琴浦町化粧川遺跡（中期）の104基が最多検出数で、そのほかの遺跡では10基未満の検出が多い。早期同様、丘陵または台地の縁辺部に列状に設置されることが多いようである（図4）。

貝塚　前期では、岡山県で瀬戸内市大橋貝塚、倉敷市羽島貝塚ほか16遺跡、そのほかは広島県福山市大門貝塚、山口県下関市神田遺跡、香川県三豊市南草木貝塚、同観音寺市院内貝塚、島根県佐太講武貝塚、鳥取県北栄町島遺跡などで貝塚が形成される。早期と同じく岡山県東部で集中する傾向にあり、ほかの地域では散漫で、四国ではこの時期に貝塚は形成されていない。瀬戸内の貝塚では、基本的には海産性の貝類を主としている。島遺跡でもこの時期海産性の貝主体とするが、佐太講武貝塚では汽水性のヤマトシジミを主とした構成で、これは遺跡が潟湖縁辺に立地していたここに起因する。

中期の貝塚は、里木貝塚、倉敷市船元貝塚など岡山県東部で前期から引き続き形成される一方で、広島県尾道市大田貝塚、福山市馬取貝塚、同市下迫貝塚など、中期に西部瀬戸内でも貝塚の分布が拡大する傾向が窺える。また、山口県下関市潮待貝塚、愛媛県今治市江口貝塚でも中期に貝塚が形成されている。この時期、山陰側では島遺跡が唯一の貝塚例である。中期では汽水性のヤマトシジミを主体とする構成で、前期が海水性貝類が混じることと対照的である。

石器製作跡　鳥取県長山馬籠遺跡（前期初頭）で、2軒の竪穴住居で石器製作が行われた痕跡がみられる。ともに、隠岐産出の黒曜石を主に利用した剥片石器を製作したと考えられている。また、島根県浜田市岩塚Ⅱ遺跡（前期中葉）では隠岐産黒曜石のほか、香川県産サヌカイト、姫島産黒曜石が利用され、剥片石器が作られている。

第3節　後期〜晩期の生活・生業施設

住　居　中期末・後期初頭以降、当該地域の住居は増加するものの、その検出状況は散在的である。鳥取県智頭市智頭枕田遺跡では11軒（中期末〜後期初頭）、徳島県徳島市矢野遺跡では3時期に渡り31軒（同）、同阿南市宮ノ本遺跡では11軒（晩期）の住居が密集するが、これらは当該地域東辺における特異な例といえよう。

中期末から後期の竪穴住居は、岡山県備前市長縄手遺跡（図1-11）、鳥取県大山町大塚遺跡（図1-13）のように平面形が円形または楕円形を呈すものもあるが、鳥取県倉吉市津田峰遺跡（図1-12）のように多くは方形または隅丸方形プランである。島根県飯南町五明田遺跡（図1-15）、同益田市前田中遺跡では円形プランの一部に突出して施設が付され、柄鏡形の平面形を呈すものもある。また、四国地方では長方形プランの住居が特徴的で、岡山県長縄手遺跡、山口県山口市宮の前遺跡（図1-14）など中国地方でも散見される。中期末〜後期初頭では径または一辺が4mを超えるものが多いが、以後は島根県松江市面白谷遺跡のように4m未満の小型が増加する傾向にある（図1-10）。柱穴は島根県松江市勝負遺跡などで規則的に配列されたものがあるが、不規則か無柱穴のものが多い。智頭枕田遺跡、長縄手遺跡では、中期末〜後期初頭に炉を挟んで2本の主柱穴が配される住居が特徴的である（図1-9・11）。ほかに、大塚遺跡、五明田遺跡のように壁柱穴が並ぶものもある（図1-13・15）。壁溝は設けられないものが多く、智頭枕田遺跡（図1-9）は稀な例である。これらの竪穴住居は、焼土（地床炉）や浅い土坑が床面に作られ、これらが炉跡と考えられる。このほか、石囲炉が中期末に登場する。石囲炉は、鳥取県東端の智頭枕田遺跡では中期末、島根県東部奥出雲町林原遺跡（図3-5）では後期前葉、同西部津和野町大蔭遺跡では後期中葉と、時期が下るに従って西進する様相が

みられる。ただし、石囲炉が優勢になる状況にはなく、地床炉が一般的である。
　晩期の竪穴住居は、円形または楕円形プランで径４m超の比較的大型の竪穴住居が一般的となる。無柱穴や柱穴が不規則に並ぶものが多い（図２-２）が、鳥取県大山町久古第３遺跡（図２-３）のように柱穴の配列が整然としたものがみられる。壁溝は岡山県新見市佐藤遺跡（図２-２）など少数にみられる。屋内に炉跡が設置されることは少ないが、徳島県徳島市庄遺跡では石囲炉が設置されている。
　平地式住居は、後期では島根県勝負遺跡、同北原本郷遺跡、鳥取県米子市喜多原遺跡、晩期では山口県下関市吉永遺跡、鳥取県日野町上菅荒神遺跡などで検出されている。柱穴が楕円形または円形にめぐるものが多く、吉永遺跡（図３-１）のように２間×２間と規則的に柱穴が配されるものは少ない。また、喜多原遺跡（図２-11）、上菅荒神遺跡では長軸約11mの長大な平地式住居が検出されているが、これは鳥取県に限られるようである。
　愛媛県鬼北町岩谷遺跡では後期の敷石住居が検出されている（図２-１）。中国・四国地方では唯一の例だが、導入の経緯などは不明である。
　帝釈峡遺跡群は、洞窟・岩陰が草創期以降利用され続けている。名越岩陰遺跡では、後期層で柱穴列や貯蔵穴など（図３-３）、居住の痕跡が検出されている。

炉跡・礫群　焼土（地床炉）は、岡山県岡山市津島岡大遺跡（後期）で38基、島根県奥出雲町原田遺跡（晩期）で25基、徳島県矢野遺跡（後期）で54基と、群集する遺跡がみられるとともに、５～10基程度集中する遺跡も増加する。礫群は、島根県益田市水田ノ上遺跡、愛媛県宇和島市犬除遺跡で検出されているが、早・前期の礫群とは性格が違う可能性がある。

貯蔵穴　貯蔵物が残存する確実な貯蔵穴は、中期末以降晩期にかけて群集する遺跡が増加する。後期では、鳥取県鳥取市栗谷遺跡37基や岡山県津島岡大遺跡21基などが、晩期では山口県平生町岩田遺跡33基、島根県出雲市三田谷Ⅰ遺跡20基、岡山県真庭市宮の前遺跡41基などが、群集した貯蔵穴の代表的遺跡である。高知県奥谷南遺跡は８基で構成される中期末の貯蔵穴群でいわゆる袋状土抗である。貯蔵穴全体で見ると、土坑の形状は円筒形または皿状が多数を占め、上面での規模は最大で径220cm、最小で径40cm程度を測る。

落し穴　鳥取県での検出が多いが、岡山県真庭市旦山遺跡などでも検出され

ている。鳥取県米子市青木遺跡では228基もの落し穴が検出され、50基以上の検出例も散見されるが、一遺跡では10基未満の検出例が多い。

貝塚 後期には、岡山県で福田貝塚、津雲貝塚、彦崎貝塚、広島県で福山市洗谷貝塚、馬取貝塚、山口県で潮待貝塚、神田遺跡、徳島県で徳島市城山貝塚、愛媛県で愛南町平城貝塚、高知県で宿毛市宿毛貝塚など、西日本で著名な貝塚が形成される。やはり岡山県東部に貝塚が集中するが、後期では山陰地方以外で貝塚が形成されている。とくに広島県での増加が目立つ。

晩期では貝塚の数は減少し、新たに形成されるのは広島県広島市中山貝塚、高知県四万十市中村貝塚など少数である。このうち、中山貝塚は晩期終末である。

後晩期の貝塚は、いずれも海水性の貝類を主体としており、汽水性の貝類を主としたものはない。

石器製作跡 島根県林原遺跡（後期）などで剥片石器製作が、徳島県徳島市三谷遺跡（晩期）で石棒製作が行われている。林原遺跡では隠岐産黒曜石、香川産サヌカイトが主な石材として利用されている。三谷遺跡の石棒製作は、吉野川流域産の結晶片岩を利用している。また、島根県津和野町高田遺跡（後晩期）、愛媛県今治市馬島亀ヶ浦遺跡（晩期）では打製石斧を製作した形跡がある。

このほか、林原遺跡、広島県洗谷貝塚、岡山県津島岡大遺跡、同岡山市百間川沢田遺跡、香川県高松市六つ目遺跡、山口県上関町田ノ浦遺跡（以上後期）、愛媛県馬島亀ヶ浦遺跡（晩期）などでは、石器母材を集積した遺構が検出されている（図3-8）。林原遺跡、洗谷遺跡では土坑内に集積されていた。林原遺跡では隠岐産黒曜石が、田ノ浦遺跡では姫島産黒曜石が、洗谷貝塚、六つ目遺跡では香川産サヌカイトが集積されている。

石器集積 島根県五明田遺跡（後期）で10個、林原遺跡で10個と11個の石錘が集積された状態で出土した（図3-9）。一網の石錘使用単位が窺われる資料である。また、徳島県東みよし町大柿遺跡（中期末〜後期初頭）では打製石斧が集積された状態で出土しているが、これは廃棄の状態であるという。

235

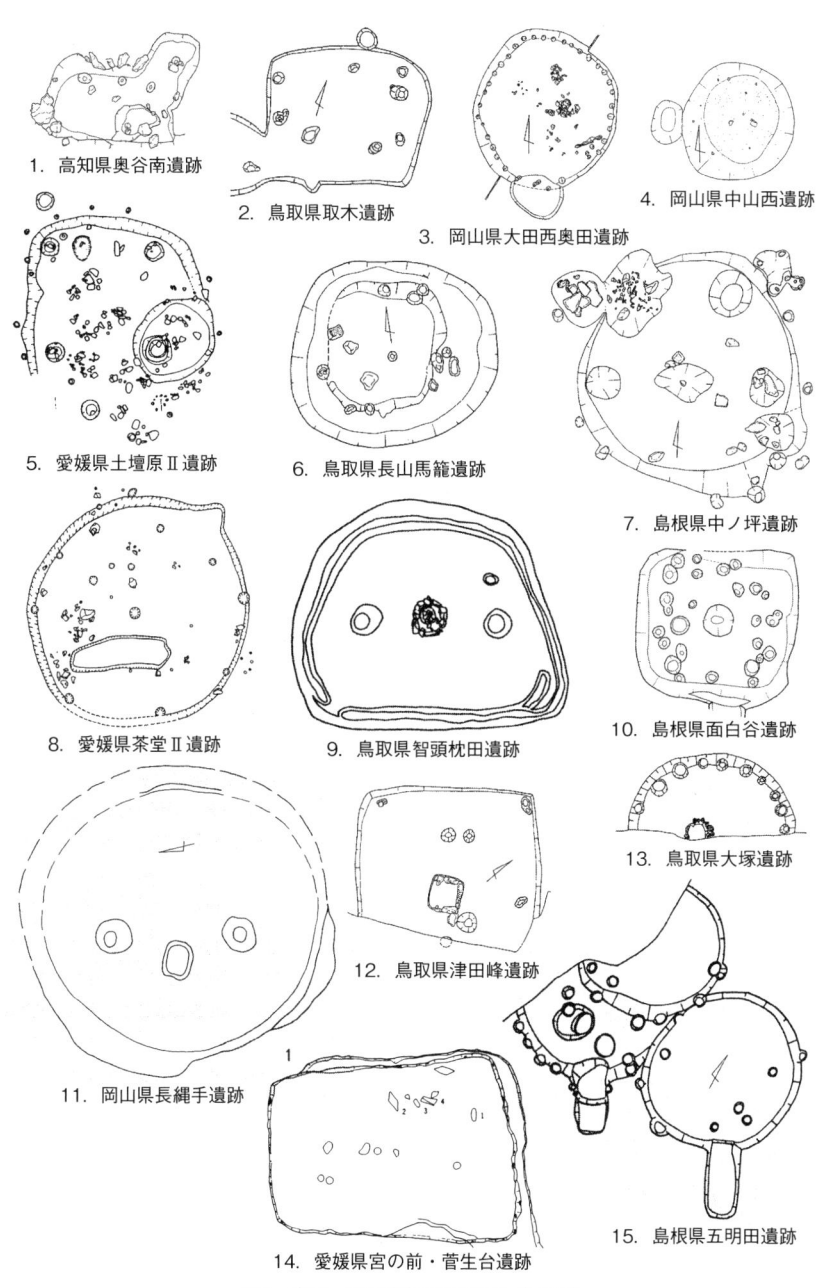

1. 高知県奥谷南遺跡
2. 鳥取県取木遺跡
3. 岡山県大田西奥田遺跡
4. 岡山県中山西遺跡
5. 愛媛県土壇原Ⅱ遺跡
6. 鳥取県長山馬籠遺跡
7. 島根県中ノ坪遺跡
8. 愛媛県茶堂Ⅱ遺跡
9. 鳥取県智頭枕田遺跡
10. 島根県面白谷遺跡
11. 岡山県長縄手遺跡
12. 鳥取県津田峰遺跡
13. 鳥取県大塚遺跡
14. 愛媛県宮の前・菅生台遺跡
15. 島根県五明田遺跡

図1　中国・四国地方の竪穴住居（1/150）

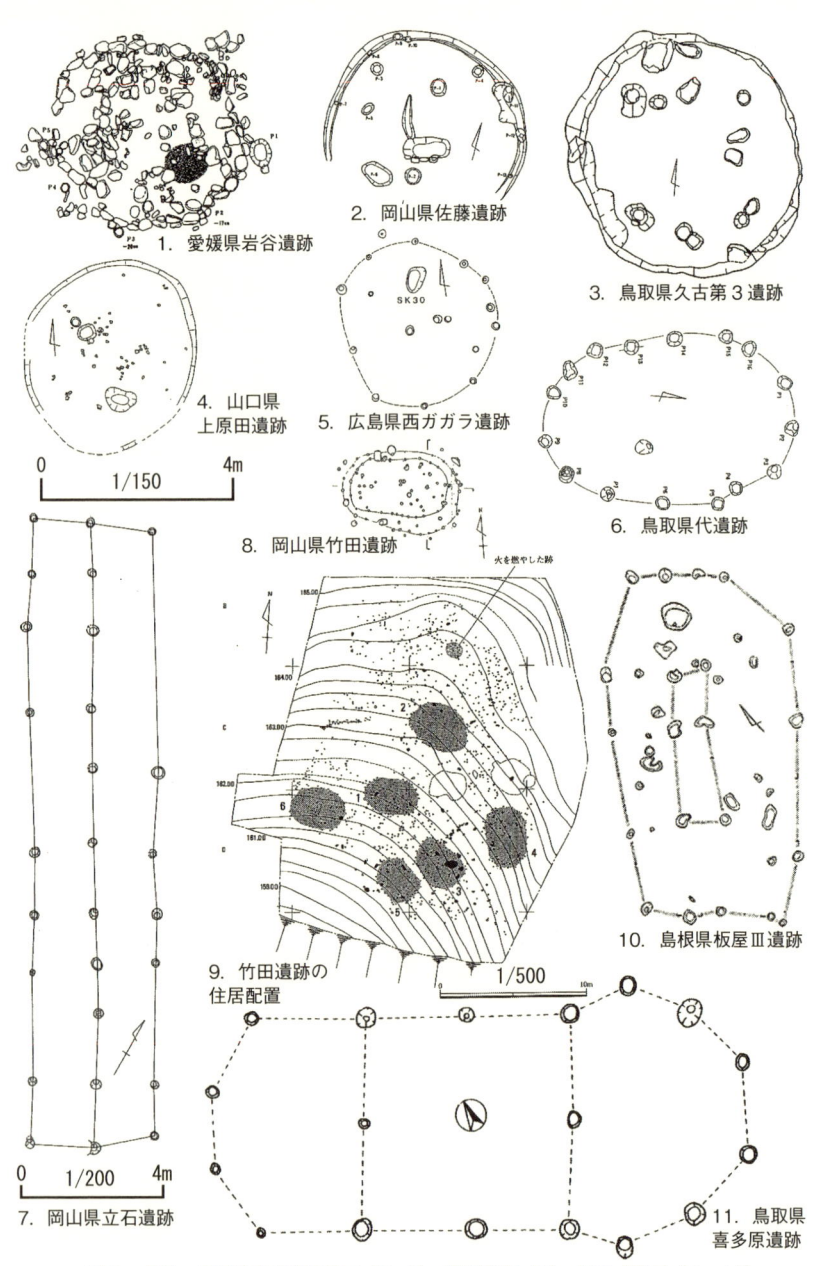

236 Ⅷ 中国・四国地方の縄文集落の生活と生業

1. 愛媛県岩谷遺跡
2. 岡山県佐藤遺跡
3. 鳥取県久古第3遺跡
4. 山口県上原田遺跡
5. 広島県西ガガラ遺跡
6. 鳥取県代遺跡
8. 岡山県竹田遺跡
9. 竹田遺跡の住居配置
10. 島根県板屋Ⅲ遺跡
7. 岡山県立石遺跡
11. 鳥取県喜多原遺跡

図2　中国・四国地方の竪穴住居（2・3）・敷石住居（1）・平地式住居（4〜11）
（7：1/200、9：1/500、その他：1/150）

第3章　中国・四国地方の生活・生業施設のまとめ
第1節　住居・貯蔵穴・落し穴・貝塚

　竪穴住居は、早期では規模は概して長軸4m以下の小型で、平面形は円形が多い（図1-4）。中期末から後期初頭にかけて、住居は4mを超えるもの（図1-7～9・11）が多く、それ以降は再び4m以下の小型住居（図1-10・13）が増加する。平面形は、中期末・後期初頭では方形と円形または楕円形プランがほぼ1：1であるが、それ以降は方形プランが多数を占める。晩期では、4m以上の大型住居（図2-2～4）が増加し、方形プランのものは見られなくなる。住居はおおむね以上の変遷をたどるが、中期末から後期初頭、および晩期に大型なものが増加するという傾向がある。主柱穴は、早期の土壇原Ⅱ遺跡（図1-5）で規則的に並ぶものの、全期を通じて不規則か無柱穴の竪穴住居（図1-14・15など）が多数を占める状況である。壁溝も設置されないものがほとんどである。

　平地式住居は、柱穴が円形に配されるものが早期以来、多く検出されている。竪穴住居と並存している遺跡も多い。平面形は円形またはやや楕円形を呈すものが多いが、竹田遺跡（図2-8）、板屋Ⅲ遺跡（図2-10）などのように2重の柱穴列がめぐる、楕円形の平地式住居が早期・前期にみられる。また、立石遺跡（図2-7）のように全長16mの長大な建物も早期に存在する。現状では、検出数は少ないものの早期・前期でロングハウス的な建物が目立つ。

　平地式住居は柱穴の配置から円形に復元されるものが多いが、柱穴列が整然と長方形に並ぶのは、山口県吉永遺跡（図3-1）など晩期の事例に限られる。これは平面形、規格性など、後期以前の平地式住居と様相が大きく違う建物跡である。平地式住居は地理的に当該地域の西端にあることから、西方からの影響が考えられるが、縄文時代のうちに東部地域に伝播した形跡は窺えない。長楕円形の平地式住居は、喜多原遺跡（図2-11）、米子市岡成第9遺跡など、鳥取県の後期遺跡に少数みられる。これは柱穴配置が整然としており、早期・前期の長楕円形平地式住居と趣を異にしている。これが早期・前期の建物と同じ系譜にあるのか、周辺地域の影響で突発的に登場するのか、不明である。今のところ、後期では鳥取県の局地的な分布にとどまっているので、突発的な現象と思われる。

住居内の炉については地床炉が一般的であるが、中期末・後期初頭に石囲炉が出現する。石囲炉は中期末に鳥取県智頭枕田遺跡など東部域で出現し、後期中葉に島根県西端部の大蔭遺跡に伝播する。時期が下るにつれて西進する状況が窺えるが、当該地に石囲炉が定着する様相はない。近畿地方から伝播したものの、当該地域で在地に埋没した状況を想定したい。

屋外炉は、早期・前期では集石炉が設営される。とくに早期の事例が多い。集石炉は前期では減少し、山口県月崎遺跡が前期中葉～後葉と比較的新しい事例である。地床炉は早期以来一般的であるが、島根県下山遺跡や徳島県矢野遺跡など、前期から群集する遺跡がある。地床炉の群集状態は、時期的な累積の可能性もあるものの、近接して群集した状態は単独の炉跡と違った意味が見いだせる可能性がある。この状態を集中的に熱加工または処理作業が行われたと考えたいが、対象物や加工方法など検討されたことはなく、具体的な作業状況が想定されていない。石皿・磨石などの調理具を含めて、食物の加工・調理体系を複合的に考察すべきかもしれない。

貯蔵穴のうち、貯蔵物が残存する湿地式貯蔵穴は目久美遺跡など中期前葉から出現する。ただし、佐賀県東名遺跡などの例を考えると、将来当該地域でも早期の湿地式貯蔵穴が発見される可能性は高い。

湿地式貯蔵穴は、後晩期に増加する傾向にある。岡山県南方前池遺跡（図3-6）では、全国で初めて貯蔵物が残存した状態で検出された。とくに図3-6では貯蔵状態がわかる状況で検出され注目されたが、このような良好な状態で検出されるのは稀で、西日本の湿地式貯蔵穴の多くは貯蔵物の取り残し状態である（柳浦 2004）。貯蔵物は主に堅果類で、貯蔵穴内に直接保管されたと思われる。稀に土器内に入れられた例がある（図3-7）。なお、南方前池遺跡では樹皮によって閉塞された状態で検出された（図3-6）。同様な閉塞状況には、山口県岩田遺跡、島根県三田谷Ⅰ遺跡などがある。

貯蔵穴そのものは円形の土坑で、内容物が残存しない場合、遺構の性格を把握することは困難である。とくに丘陵地など乾燥地に立地するものは貯蔵物が残らず、貯蔵穴と判断することは難しいが、島根県郷路橋遺跡・雲南市家の後Ⅱ遺跡などでは炭化した堅果類が出土し、貯蔵穴が低湿地にばかり立地するものではないことを示している。家ノ後Ⅱ遺跡などは、整った円形で、ほかの土

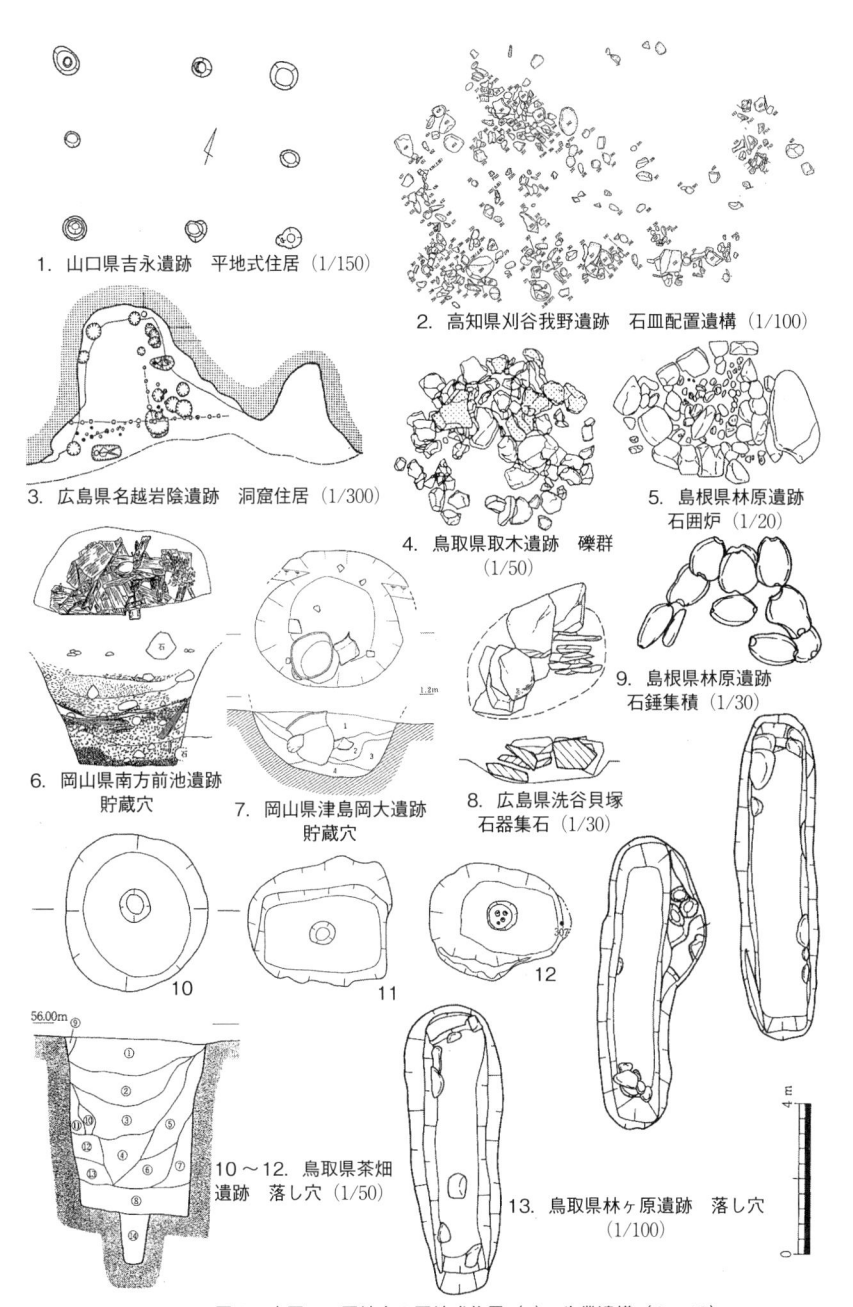

1. 山口県吉永遺跡　平地式住居（1/150）
2. 高知県刈谷我野遺跡　石皿配置遺構（1/100）
3. 広島県名越岩陰遺跡　洞窟住居（1/300）
4. 鳥取県取木遺跡　礫群（1/50）
5. 島根県林原遺跡　石囲炉（1/20）
6. 岡山県南方前池遺跡　貯蔵穴
7. 岡山県津島岡大遺跡　貯蔵穴
8. 広島県洗谷貝塚　石器集石（1/30）
9. 島根県林原遺跡　石錘集積（1/30）
10〜12. 鳥取県茶畑遺跡　落し穴（1/50）
13. 鳥取県林ヶ原遺跡　落し穴（1/100）

図3　中国・四国地方の平地式住居（1）　生業遺構（2〜13）

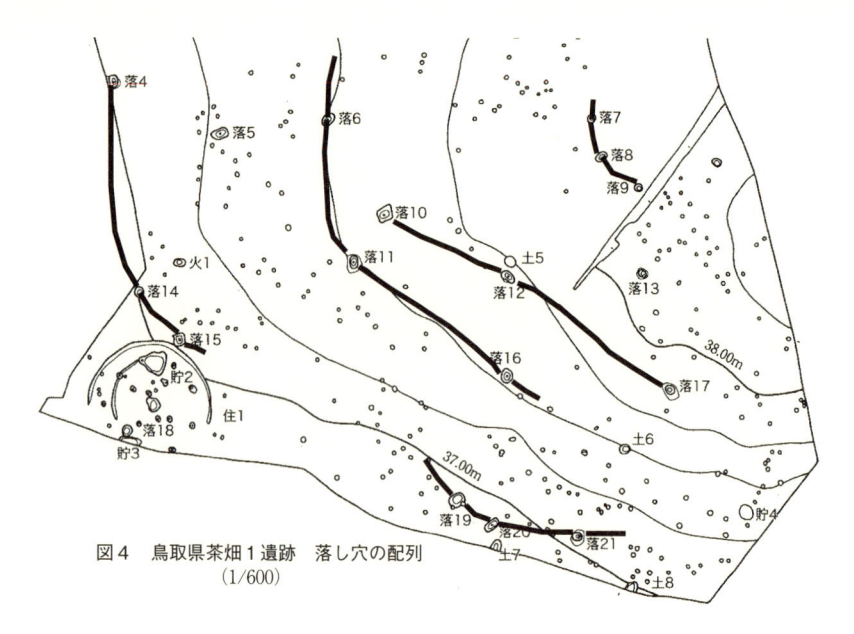

図4　鳥取県茶畑1遺跡　落し穴の配列
(1/600)

坑より大きい印象がある。やや大きめの円形土坑は、ひとまず貯蔵穴と疑ってみる必要があるのかもしれない。

　落し穴は、遺物がほとんど出土しないため時期判定が難しいが、早期から晩期まで設営されているようである。当地の落し穴は、平面形が円形または長方形で径または長軸1.2〜1.5m程度の規模のもの（図3-10・11）がほとんどで、図3-13のような長軸4m近くの細長い落し穴は少ない。前者の底面には小ピットが設置されるものがほとんどで、同図12のように複数のピットが設置されるものもある。鳥取県で非常に多く検出され、鳥取県米子市・大山町妻木晩田遺跡では724基、伯耆町越敷山遺跡では344基、青木遺跡では228基を数える。このほかの地域では検出数が少なく、鳥取県の多さが際立っている。鳥取県では大山山麓での検出が多く、ここが猟場としてとくに適していたことを示しているのかもしれない。

　落し穴は、妻木晩田遺跡など一遺跡で多数検出された事例が鳥取県で多くみられるものの、数百もの落し穴が一時期に作られたとは考えにくい。これらは、長期間の累積の結果と考えるべきであろう。一遺跡で1基のみ検出された例も多いが、この遺構を「罠」と考えた場合、単独の設置では効果は薄いよう

に思われる。複数基を計画的に配置することによって、期待される効果が発揮できるのではなかろうか。これは、列状に配された落し穴群から窺うことができよう（図4）。1～2基だけ検出された遺跡を除外すると、一遺跡中3～5基の検出例がもっとも多く、次いで6～11基検出された遺跡が多い。一方、15基以上検出された遺跡は激減するので、多数検出の遺跡は一般的とはいいがたく、一遺跡で15基以上検出された場合は時期的累積の可能性が高いと思われる。鳥取県伯耆町林ヶ原遺跡では同規模・同形の落し穴3基が配列している（図3-13）ことからも、一時期に設置された落し穴の数は3～11基が適正と考えられる。

　貝塚は、岡山県で44ヵ所、広島県で12ヵ所発見されているが、そのほかの県では1～6ヵ所の発見にとどまっている。瀬戸内海では、早期中葉・黄島式の下位層ではヤマトシジミが多く、上位層からはハイガイ、ハマグリ、カキが多く出土するという。早期中葉～後葉の間に、瀬戸内海が汽水域から海水域に変わったという見解は、定着しつつある（河瀬2006、遠部ほか2007）。これ以後の貝塚は、岡山・広島・山口県では海浜砂泥性の貝類が主体となるが、岡山県大橋貝塚・岡山市沼貝塚・倉敷市矢部奥田貝塚などで汽水性のヤマトシジミが主体で、河口域での生活が想定されている。

　一方、山陰の鳥取県島遺跡、島根県佐太講武貝塚（前期後半）ではヤマトシジミ主体の貝層が検出されており、山陰沿岸では潟湖を基盤とて貝塚が形成されたと思われる。なお、山陰ではハイガイはあまり出土していない。

第2節　採集・狩猟・漁労と狩猟・漁労具

堅果類　貯蔵穴から出土した堅果類は渋抜きが必要なドングリ類が多く、山陰ではアカガシが、山陽ではシラカシ、アラカシなどが優勢である。イチイガシやスダジイなどの生食可能なドングリは少なく、クルミやクリも限定的である。トチは全体的には少ないものの、三田谷I遺跡のように一つの貯蔵穴にまとまって出土した例があり、ほかのドングリと分けて貯蔵された可能性がある。このほかヒシ、クリ、カヤなどの可食植物種子が出土しているが主体的ではない。

　花粉分析の結果を参考にすると、中国・四国地方は遅くとも縄文時代前期に

は照葉樹林帯の植生となったと考えられる。貯蔵穴の貯蔵物はこれを反映しており、堅果類の同定結果もこれを支持している。

貯蔵穴からは、量は少ないもののトチが出土する例が多い。トチは現在では沿岸部に自生しないとされるが、花粉分析では平野部でも一定量トチの花粉が含まれており、当時は沿岸部でも自生していた可能性が高い。このことから、沿岸部から山間部への収穫遠征などを考える必要はないと思われる。

堅果類の調理に関連して、島根県飯南町貝谷遺跡では炭化したドングリが付着した土器片が出土している。ドングリは殻が付いたままの状態である。ドングリの種同定はされていないが、アカガシ・アラカシ・シラカシなどと思われる。カシ類ドングリは、民俗事例では製粉→水さらしの工程を経てアク抜きが行われるが、後期土器に付着した殻付きドングリの例は製粉前に加熱処理されていたことを示している。アク抜きの方法として、殻つきのまま水に浸したものを加熱する、加熱した後に製粉して水さらしする、などの方法があったように思われる。民俗事例とは別のアク抜き方法を検討すべきかもしれない。このほか、鳥取県目久美遺跡では前期土器にニワトコの実が炭化して付着した例がある。

沿岸部の漁労・狩猟対象　魚類では、スズキ・クロダイ・マダイ・フグが主な魚種である。瀬戸内側ではこれにエイが加わる。山陰側の佐太講武貝塚ではコイ・フナ類が多数を占める。彦崎貝塚など水洗選別された遺跡では、イワシ、サッパなどの小魚も検出されており、これらも主な漁労対象となっていたと思われる。いずれの遺跡でも、マグロなどの大型魚種は出土数が少ない。

貝類は、岡山県・広島県沿岸の遺跡ではマガキ、ハイガイ、ハマグリなどが主であるが、愛媛県や山陰沿岸ではアワビ、サザエなど岩礁性の貝類が一定量含まれている。また、矢部奥田貝塚、佐太講武貝塚、島遺跡などではヤマトシジミが主体である。これは、当時の海浜地形を反映している。島根県小浜洞穴遺跡では、ウミニナ、スガイ、コシタカガンガラ、イシダタミなどの小型の巻貝が主体である。イシダタミは現在食すことはないが、漁師たちの間では出汁として利用されるという。ウミニナほかも殻が破砕された様子が窺えないので、出汁用として利用された可能性がある。

海棲の哺乳類は、江口貝塚でイルカ、彦崎貝塚でスナメリ、小浜洞穴遺跡で

アシカ、津雲貝塚・島遺跡でクジラの一種、などが少数出土している。

　陸棲哺乳類は、イノシシ、シカ、タヌキ、アナグマ、ノウサギなどを中心に、ネズミ、ムササビなどの小型動物の骨も出土している。鳥類、爬虫類、両生類は、出土量が少ない。出土した遺存体からは、他地域同様、イノシシ、シカが主要な捕獲対象であったことがわかるが、帝釈峡遺跡群の哺乳類18種に比べて、沿岸部では11種と少ない傾向にある（石丸 2010）。

　山間部の漁労・狩猟対象　魚類では、帝釈峡遺跡群では、コイ、ナマズなどの淡水性魚類が出土しているほか、カニ類の出土が目立つ。帝釈峡・弘法滝洞窟など、水洗選別が行われた遺跡では、サケ科の魚骨が出土しており、サツキマスの可能性が指摘されている。サツキマスは、昭和初年には広島県・太田川で約10tの漁獲量があったという（石丸 2006）。貝類は、帝釈峡遺跡群でカワシンジュ、カワニナが主に出土している。

　哺乳類はイノシシ・シカを中心として、帝釈峡遺跡群では18種、上黒岩岩陰遺跡では17種の哺乳類が出土している。これらには、少数ながらカモシカやクマも含まれている。ネズミ類・モグラ類などの小動物をはじめ、カエル類・オオサンショウウオ・カメ類・ヘビ類の両生類・爬虫類が多いことが特徴的で、鳥類も沿岸部に比べ種類が多い。

　漁労具・狩猟具　石錘、石鏃、槍先などの石器、ヤス状の刺突具、釣針などの骨角器が出土している。骨角器ではこのほかに、上黒岩岩陰遺跡で槍先が出土しているが、1点にとどまっている。釣針は帝釈峡観音堂洞窟、津雲貝塚などで全長5cmを超えるものがあるものの、出土数は限られている。骨角器を見る限り、釣漁は低調だったようである。それに対してヤス状の刺突具は小浜洞穴遺跡など、出土例は多い。石錘は、島根県五明田遺跡、同林原遺跡で10個前後が集積状態で検出されており、この程度が一網の使用単位だったと考えられ、比較的小さな網を使用していたと思われる。

第3節　中国・四国地方の漁労・狩猟

　漁労は沿岸域での小規模な網漁、刺突漁が中心だったと思われ（富岡 2002、石丸 2010）、遺跡から出土する主な魚類は沿岸魚である。動物遺存体からは、外洋域での積極的な漁労は窺えない。クジラ・イルカ・マグロなどの大型種は、

沿岸に打ち上げられた時に捕獲される程度だったのではなかろうか。

　陸棲哺乳類は、山間部・沿岸部ともにイノシシ・シカを中心とした狩猟であるが、帝釈峡遺跡群、上黒岩遺跡での種類の多さは潮見浩がいうように「食べられる動物は、手当たり次第に捕獲した」（潮見 1999）状況を示しているように思われる。沿岸部では、魚種の多さがそれに対応すると考えられる。

　イノシシ・シカは、遺跡によって部位に偏りがみられる。帝釈峡遺跡群では、観音堂・弘法滝・名越で全身部位が出土しているのに対し、穴神・白石・猿穴などでは末節骨や小骨片が中心である。また、瀬戸内沿岸の福田貝塚彦崎貝塚・彦崎貝塚などは前者に近く、江口貝塚・萩ノ岡貝塚などは後者に近い組成であるという（石丸 2010）。石丸は観音堂・弘法滝・名越を拠点的集落、穴神・白石・猿穴などを狩猟キャンプと想定している。

　山陰地域の目久美遺跡や小浜洞穴遺跡ではイノシシ・シカは四肢骨が主な組成だが、島根県松江市西川津遺跡では全身部位が出土している。目久美遺跡・西川津遺跡は両者ともに拠点的集落と呼ぶにふさわしい内容を備えているが、イノシシ・シカの出土部位には著しい違いが見られる。

　また、小浜洞穴遺跡では骨角器・貝輪製作が行われている。骨角器の未成品や素材と考えられるものは 100 点以上にのぼり、キャンプ地での補修・補充とは思われない数である。貝輪もキャンプ地で製作される可能性は低いのではなかろうか。小浜洞穴遺跡も臨時的なキャンプ地ではないと考えたい。

　目久美遺跡などの出土部位の偏りは、四肢などの有用部位が選択的に集落外から持ち込まれたことを示すと思われる。その場合、直接的な遠隔地での狩猟か、集落間の交流、が想定される。

　遠隔地から搬入されたことがわかる資料は、帝釈峡遺跡群のハマグリ、アワビ、サルボウほか、上黒岩洞窟のハマグリ、ハイガイなどがある。帝釈峡遺跡群から出土した貝輪などの貝製品は大部分が海産である（稲葉・河瀬 1979）。帝釈峡から瀬戸内海までは約 60 km、上黒岩洞窟から瀬戸内海まで約 40 km と、日常的に往来できる距離ではなく、これらの遺物は沿岸部との交流の結果と考えられる。

*

　縄文遺跡が少なかった中国・四国地方でも、1980 年代以降、多くの遺跡が

発掘調査されてきた。この30年間に蓄積された情報量は少なくない。新たな事例が期待しづらくなってきた現在、今までに蓄積された資料を再吟味し、改めて縄文時代像を考察する時期にきているように思われる。

　生業研究において動物考古学に期待するのは、筆者だけでないだろう。本稿で使用した情報は部分的にとどまるが、綿密な資料操作を行えば具体的な生業像に迫ることが可能と思われる。動物遺存体を多く包含する貝塚も、新たな発掘調査が期待できる状況にない。水洗選別されていない遺跡が多々存在するが、限られた資料を用いてどこまで生業が復元できるのか、という問題があるものの、これらを過去のものとはせず、積極的に活用する必要があろう。

挿図出典

図1：1．高知県埋蔵文化財センター1997　2．倉吉市教育委員会1984　3・4．岡山県史編纂委員会1986　5．中村2001　6．溝口町教育委員会1989　7．匹見町教育委員会1999　8．中村2001　9．智頭町教育委員会2006　10．島根県教育委員会2006　11．岡山県教育委員会2005　12．倉吉市1997　13．名和町教育委員会1991・1994　14．中村2001　15．飯南町教育委員会2010　図2：1．中村2001　2．岡山県教育委員会1978　3．鳥取県教育文化財団1984　4．山口県教育委員会1995a　5．広島大学2004　6．溝口町教育委員会1990　7．岡山県教育委員会2002　8・9．岡山県史編纂委員会1986　10．島根県教育委員会1998　11．米子市教育委員会1990　図3　1．山口県埋蔵文化財センター1999　2．香北町教育委員会2005　3．潮見1999　4．倉吉市教育委員会1984　5・9．島根県教育委員会2007b　6．山陽町教育委員会1995　7．岡山大学埋蔵文化財調査研究センター1995　8．福山市教育委員会ほか1976　10・11．鳥取県教育文化財団2004b　13．鳥取県教育文化財団1984　図4：鳥取県教育文化財団2004b（挿図は筆者一部改変）

参考文献

石丸恵理子 2006「上帝釈地域における動物遺体の様相」『帝釈峡遺跡群発掘調査室年報XX』

石丸恵理子 2010「動物遺存体からみた縄文集落」『シンポジウム記録7　西日本の縄文集落・古墳跡での首長居館をめぐる諸問題・吉備のムラと役所』考古学研究会

稲田孝司 1993「西日本の縄文時代落し穴猟」『論苑　考古学』

稲葉明彦・河瀬正利 1979「帝釈馬渡岩陰出土の貝製品」『帝釈峡遺跡群調査室年報Ⅱ』

犬島貝塚調査保護プロジェクトチーム 2009『犬島貝塚の発掘 2008』
遠部　慎ほか 2001「黄島貝塚採集資料の紹介」『利根川』24・25
遠部　慎ほか 2005「広島県立歴史博物館所蔵資料紹介　岡山県瀬戸内市黒島貝塚の資料」『広島県立歴史文化博物館紀要 8』
遠部　慎ほか 2007「瀬戸内海最古の貝塚　豊島礼田崎貝塚の再評価」『LAGUNA（汽水域研究）』14、島根大学汽水域研究所
河瀬正利 2006『吉備の縄文貝塚』
考古学研究会 2010『シンポジウム記録 7　西日本の縄文集落・古墳時代の首長居館をめぐる諸問題・吉備のムラと役所』
山陰考古学研究集会 2000『山陰の縄文時代遺跡』
潮見　浩 1977「縄文時代の食用植物─堅果類貯蔵庫群を中心に─」『考古論集』
潮見　浩 1999『吉備考古ライブラリー 3　帝釈峡遺跡群』
竹広文明 2003『サヌカイトと先史社会』
中四国縄文研究会 2002『生業をめぐる諸問題』
中四国縄文研究会 2010『遺構から見た中四国地方の縄文集落』
富岡直人 2002「瀬戸内の先史時代生業の論点と課題」『第 13 回中四国縄文研究会資料』
富岡直人・石丸恵理子 2008「彦崎貝塚出土の動物遺存体」『彦崎貝塚 3』
中村　豊 2001「四国地方における縄文時代集落の諸様相」『列島における縄文時代集落の諸様相』
松崎寿和編 1999『帝釈峡遺跡群』
南方前池遺跡調査団 1956「岡山県山陽町南方前池遺跡」『私たちの考古学』
柳浦俊一 2004「西日本縄文時代貯蔵穴の基礎的研究」『島根考古学会誌』20・21
柳浦俊一 2012「松江市美保関町・小浜洞穴遺跡の出土遺物」『古代文化研究』20、島根県古代文化センター
山田康弘 2002「中国地方の縄文集落」『島根考古学会誌』19
湯浅利彦 2009「徳島県域における縄文時代住居遺構の様相」『考古学と地域文化』

Ⅸ 九州地方の縄文集落の生活と生業

雨宮瑞生・桒畑光博・金丸武司・相美伊久雄

第1章 九州地方の生活・生業施設の研究の現状

　縄文時代の集落形成は主食となる堅果類の採集との関連性がうかがわれており、南九州では、堅果類を多産する温帯森林が発達する草創期後半から早期前半にかけて、堅果類の貯蔵と長期利用にともなう定住化が進み、竪穴住居からなる集落が発達する。草創期後半の越冬定住と越夏定住を経て早期前半には通年定住となり、貯蔵堅果類が増加して定住生活がより安定するとみられる。北部九州でも、類似の様相が草創期末から早期前半にうかがわれている。堅果類貯蔵穴は九州で各時期に認められ、南九州では草創期にさかのぼる。

　縄文時代の生業には狩猟・採集・漁労の多様性が指摘されており、九州でも貯蔵穴出土の各種堅果類に加えて、根茎類の採掘痕まで検討されている。貝塚からは、狩猟対象となった多様な獣鳥類、周辺水域による違いもあるが漁労対象となった多様な魚介類が出土している。

　遺構の遺跡間変異によるセトルメント・パターンについて、北部九州の早期における遺跡対比で論議が始まり、資料の多い南九州の早期で論議が活発になっている。拠点集落には竪穴住居・炉穴・集石の施設がそろい、竪穴住居を欠く遺跡には拠点集落から派出しての狩猟キャンプなどの可能性があり、石器や土器の組成あるいは集石の構造差に連動することが論じられている。

　九州の炉穴は、南九州の草創期後半のものが形態・構造や脂肪酸分析などから燻製施設として認められており、早期になると類似遺構が南九州から関東にまで分布することから、炉穴の広域伝播論も出されている。

　狩猟関連の遺構について、九州でも生活状況や狩猟形態とからめた論議が進んでいる。草創期後半から早期前半には貯蔵堅果類の増加と生活の安定化が推定され、逆に炉穴による燻製肉の保存性は低下することが指摘されている。落

し穴も資料が蓄積して類型化が進み、待ち罠的な猟のほかに追いこみ猟に対応するものまであるかどうかも検討されている。

　縄文時代の安定した生業による生活の余裕は、装飾・祭祀行為を盛行させると考えられている。それに関連する埋設土器や配石・立石などは別巻のテーマとなるが、単なる集落形成にとどまらないスペースデザインも論じられており、早期後半では土器群の環状分布が指摘され、後期になると施設群の環状分布構造の可能性が検討されている。

　南九州では、早期末・前期初頭にあたる時期に鬼界カルデラが大爆発する。火山災害直後の南九州の特殊な環境における生業について、堅果類調理用石器はわずかで狩猟具である石鏃を主体とする石器組成が指摘され、生業の偏りは集落規模の低調さにも関連することが論議されている。

　後期後半から晩期にかけての九州では石鍬とされる扁平打製石斧が盛行し、根茎類・クリの半栽培や雑穀・陸稲農耕の可能性が検討されている。晩期末になると、水田遺構の検出から水田稲作農耕の導入が明らかにされている。農耕は朝鮮半島から北部九州を経て南九州へと伝播してきたとされ、水田遺構の地域的な特性について南北九州での比較も行われている。

（雨宮瑞生）

第2章　九州地方の生活・生業施設の変遷

第1節　草創期〜早期の生活・生業施設

　草創期後半の鹿児島市掃除山遺跡では、住居（竪穴住居：以下同じ）・炉穴（機能は図1-1）・集石といった早期にみられる施設がすでにそろっており、住居の平面形は楕円形で、草創期に特有な船形や円形の配石炉も伴っている（図1-2）。同時期の鹿児島県南さつま市栫ノ原遺跡でも、炉穴・集石・配石炉がそろっているが、住居は伴っておらず掃除山遺跡とは対照的である。早期前半の鹿児島市加栗山遺跡では、隅丸方形の住居・炉穴・集石が出土しており、掃除山遺跡の住居出土総数が2軒なのに対して加栗山遺跡では17軒となっている。同じ早期前半の同県霧島市上野原第四工区遺跡では住居総数が52軒にもなり、住居・炉穴・集石に加えて道状の遺構まで検出され、施設の整った古い時期の集落で多数の住居が残された遺跡として有名となった。

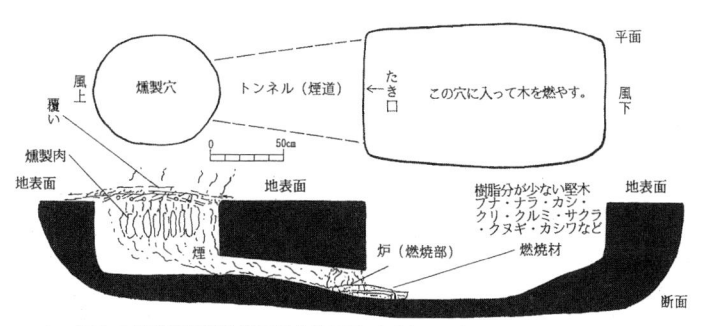

1. 炉穴の祖形草創期後半例推定復元図（雨宮 1997）

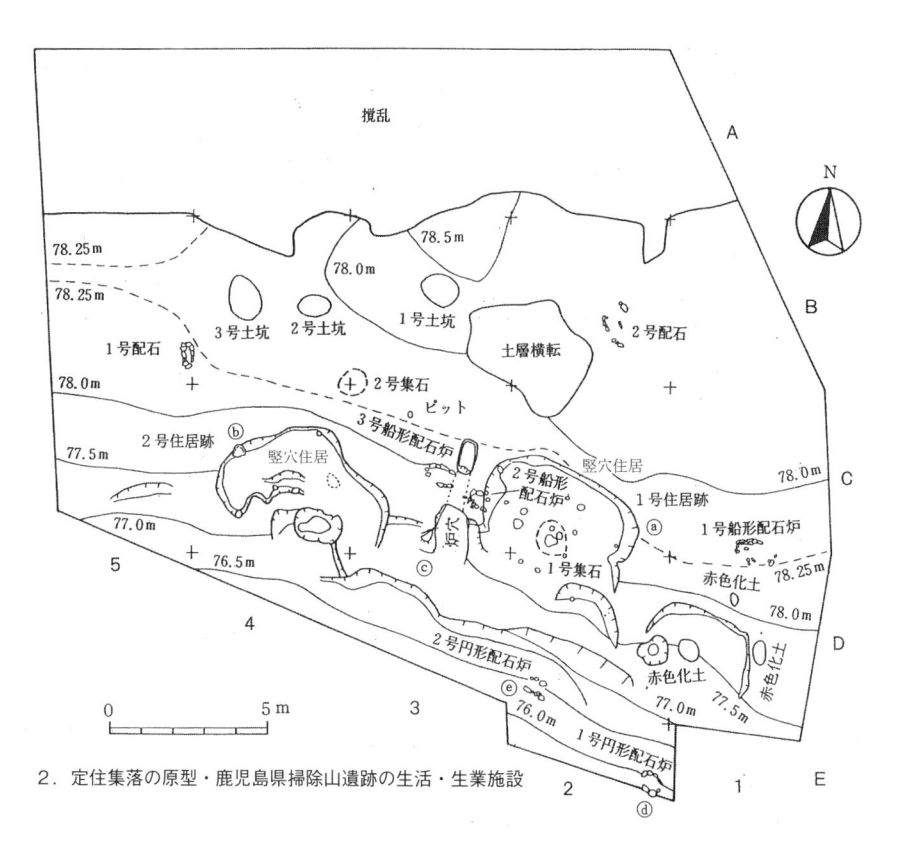

2. 定住集落の原型・鹿児島県掃除山遺跡の生活・生業施設

図1　九州地方草創期～早期の生活・生業施設

草創期末の福岡市大原D遺跡や早期の同市柏原E遺跡では、円形・楕円形の住居や土坑が出土しており、住居総数は大原D遺跡が2軒だが、柏原E遺跡では104軒と古い時期の集落としてはかなり多い。早期前半の長崎県諫早市鷹野遺跡では、不整形の住居4軒のほか炉穴や集石も出土している。早期前半の大分県宇佐市中原遺跡では、隅丸方形・楕円形の住居2軒のほか集石も出土している。早期前半の大分市野田山遺跡では炉穴や集石が出土し、早期初頭までさかのぼる可能性のある炉穴がある。
　早期前半の熊本県山江村狸谷遺跡では、隅丸方形の住居・土坑・集石が出土し住居総数は8軒となる。早期前半の同県大津町瀬田裏遺跡では、小判形の住居・炉穴・集石が出土し、住居総数は2軒であるが炉穴は41基で集石は231基と多い。早期前半の宮崎県日南市坂之上遺跡では住居総数12軒となり、早期前半の同県西都市別府原遺跡では隅丸方形の住居が2軒出土しているが、炉穴の盛行ぶりがうかがえ出土総数307基となる。早期前半の宮崎県では鹿児島県のように草創期後半における施設の充実がうかがえ、清武町上猪ノ原第5地区遺跡では楕円形・円形・方形の住居が総数14軒出土しており、配石炉を伴うものもある。
　草創期後半の堅果類（コナラ属）の貯蔵穴が、鹿児島県志布志市東黒土田遺跡で発見され、台地上の遺跡にもかかわらず堅果類が炭化のため残存していた。調査面積は狭いが船形配石炉も出土している。低湿地遺跡に分類されている早期後半の佐賀市東名遺跡では、160基におよぶ集石とともに総数70基もの堅果類貯蔵穴が出土している。編籠が伴った例や近くに木棒が立てられた例もあり、堅果類はアクの少ないイチイガシがもっとも多くアクのあるクヌギもみられる。草創期は南九州でも照葉樹林と落葉広葉樹林の混交帯にあるが、早期後半になると北部九州も照葉樹林化が進んだとされ、東名遺跡では花粉分析から周辺がカシ・シイからなる照葉樹林帯にあったとされる。
　貝塚について、早期前半はいまだ海水面が低かったため現在は海中にあるともいわれ、内陸部で貝層小ブロックが稀に発見される程度で、早期中葉の鹿児島県霧島市平栫貝塚も山腹の貝層小ブロック群である。温暖化で海水面高まる早期後半の貝塚が発見されている。宮崎県延岡市大貫貝塚では大瀬川下流に面して混土貝層が確認され、早期末の鹿児島県霧島市宮坂貝塚は海岸線から3km入ったところにあるが、貝層小ブロックが5ヵ所発見され、貝層はハマグリ

を主に少量のマガキ・ハイガイ・ヒメアカガイ・アカニシなどからなる。

　早期後半の東名遺跡は洪積台地から沖積平野への移行点にあるが、当時は海岸線が入りこんでいたため河口付近の立地が推定されている。早期としては西日本最大級の貝塚の存在も明らかにされ、6地点で貝塚が確認されており総面積約1,250㎡・厚み0.5～1.5mとなる。貝類は内湾・河口のものが主で、ハイガイ・ヤマトシジミ・アゲマキ・スミノエガキ・マガキなどがあり、獣類はイノシシ・ニホンジカをはじめカモシカ・タヌキ・ノウサギなどがある。

　焼いた石を使用する炉となる集石は、拳大の石を多数集めただけのものが一般的で、石を入れる掘り込みが伴うものもある。早期中葉には土坑を設けて底石を敷く石組み炉的な集石も現れることが知られており、祭祀的遺構・遺物の発達した鹿児島県霧島市上野原第三工区遺跡では好例が出土している。　　　（雨宮瑞生）

第2節　前期～中期の生活・生業施設

　前期～中期の生活・生業施設の検出例は他時期に比べると少ない。とくに竪穴住居はきわめて少なく、その中でも前期～中期前半は少ない。その理由として、気候の温暖化による高温多湿な気候条件から平地式建物や掘立柱建物を利用した可能性のほかに、平野部の地下深くに遺構が存在するなどの地形的要因（師富 2008）も考えられている。今よりも気温が高く、強い日射や照り返しがあり、湿度も高く、そして激しい降雨が考えられる自然環境に適した、床下が開放的な高床式建物を使用した可能性を考えたい。

　前期前半（轟B式期）の大分県由布市かわじ池遺跡では楕円形の竪穴住居が1軒（図2-1）、前期前半（曽畑式期）の佐賀県唐津市中尾二ッ枝遺跡では楕円形・不整形の竪穴住居が3軒検出されている。前期の竪穴住居は楕円形・円形を呈するものが多く、住居が群をなして検出される例はあまり認められない。

　この傾向は中期初頭（鷹島式期・深浦式期）まで続き、熊本県菊池市岡田遺跡で円形の竪穴住居が1軒確認されているのみであり、深浦式期の南部九州では竪穴住居は検出されていない。ところが、中期前半（船元式期）になると北部九州や東九州で竪穴住居が増加する。中尾二ッ枝遺跡では7軒、宮崎県高鍋町下耳切第3遺跡では9軒検出されている（図2-2）。中期後半～末（春日式期～大平式期）になると南部九州でもみられるようになり、鹿児島県志布志市前

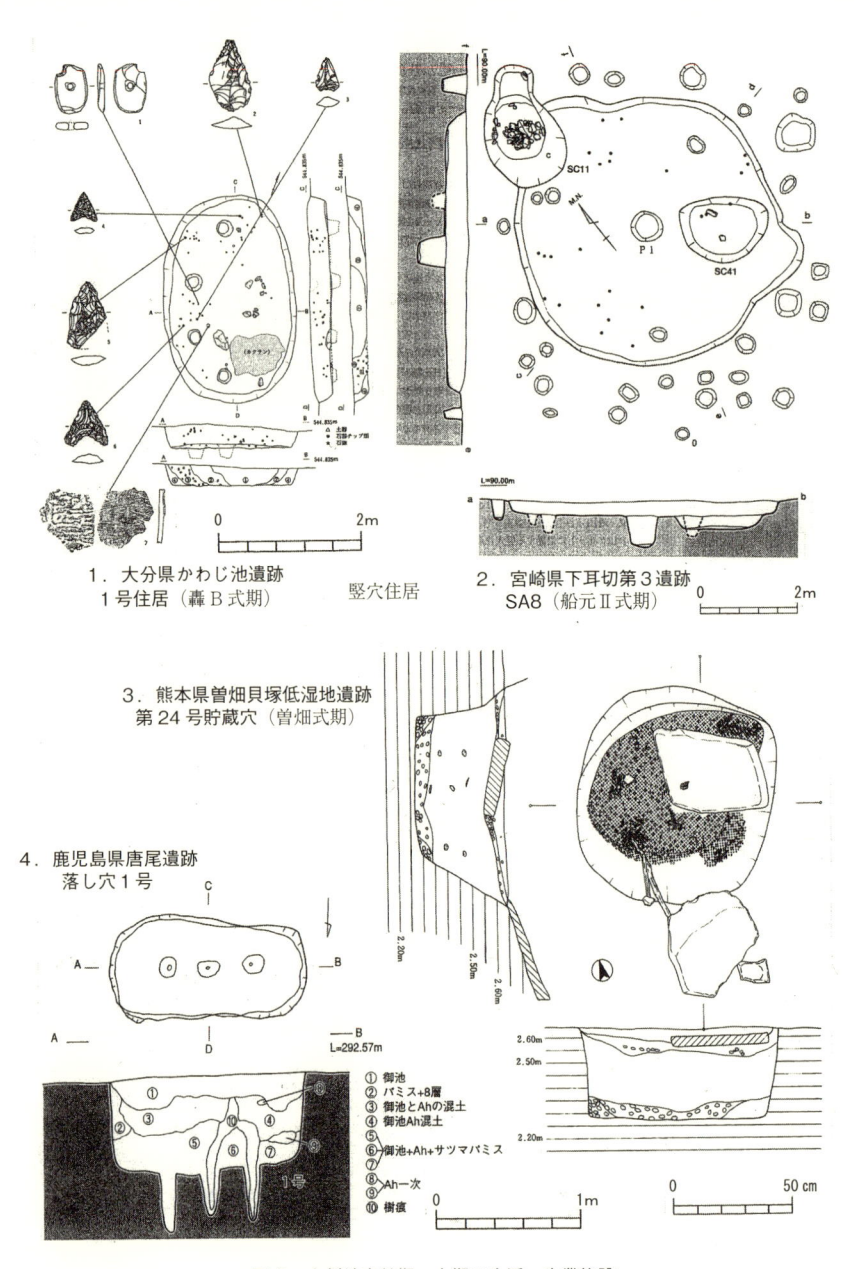

252 Ⅸ 九州地方の縄文集落の生活と生業

1．大分県かわじ池遺跡
1号住居（轟B式期）　　竪穴住居

2．宮崎県下耳切第3遺跡
SA8（船元Ⅱ式期）

3．熊本県曽畑貝塚低湿地遺跡
第24号貯蔵穴（曽畑式期）

4．鹿児島県唐尾遺跡
落し穴1号

① 御池
② パミス+B層
③ 御池とAhの混土
④ 御池Ah混土
⑤
⑥ 御池+Ah+サツマパミス
⑦
⑧ Ah一次
⑨
⑩ 樹痕

図2　九州地方前期〜中期の生活・生業施設

谷遺跡では5軒、宮崎市上の原第1遺跡では31軒検出されている。竪穴住居の平面形態は、前期と同じく楕円形・円形を呈することが多い。

下耳切第3遺跡では竪穴住居以外に、平地式建物が32軒検出されている。これは、報告者が円形に並ぶピット列を平地式建物に伴う柱穴列と積極的に評価したことによるものである。ただし、壁面が削平された竪穴住居の柱穴であった可能性にも触れている。

集石は、竪穴住居に比べると検出例が多い。前期〜中期では一遺跡内での検出例が数基となることが多いものの、前期前半のかわじ池遺跡では49基、中期後半（春日式期）の鹿児島県南さつま市上水流遺跡では33基、中期末（並木式期）の佐賀県鳥栖市平原遺跡では45基など、突出して多い遺跡も存在する。

掘り込みや配石をもたず礫が散漫に広がる形態が多いものの、上水流遺跡や平原遺跡では掘り込みをもち、礫がまとまっているものも存在する。

なお、上水流遺跡では通常の集石よりも規模の大きな「大型集石」が9基検出されている。小さいもので4m四方、大きいものでは長径約8mを測り、約2,000個程の総礫数となる。「大型集石」については、集石の断続的な使用により形成された可能性が指摘されている。

前期になると貝塚が増加し、その規模も大きくなる。福岡県芦屋町山鹿貝塚や大分市横尾貝塚、熊本県宇土市曽畑貝塚・轟貝塚など有名な貝塚も多い。遠賀川河口付近の砂丘上に立地する山鹿貝塚では、前期の貝種はハマグリやイソシジミが多く、中期前半ではイソシジミが姿を消し、ハマグリとマガキの割合が同じになる。海岸線から約7km遡った河岸段丘上に立地する横尾貝塚では、前期前半はヤマトシジミが、中期前半はハマグリが主体を占めている。

低湿地における貯蔵穴の検出例も多くなり、前期前半の長崎県諫早市伊木力遺跡では22基、前期後半の曽畑貝塚低湿地遺跡では57基（図2-3）、前期の熊本県宇土市西岡台貝塚では5基検出されている。これら貯蔵穴は円形・楕円形を呈し、編み物が伴うものや編み物の中に堅果類が入ったものもある。曽畑貝塚低湿地遺跡では、イチイガシ・クヌギ・アベマキ・アラカシなどの堅果類が確認されている。57基中56基がイチイガシ主体であることから、短期の生貯蔵が目的であったと考えられている。

ところで、標高約90mの台地上に位置する下耳切第3遺跡では、多量の炭

化種子（イチイガシ）を埋土に含む土坑が２基検出されている。その機能として廃棄土坑、あるいは乾地式貯蔵穴が考えられている。

　落し穴はその性格上、正確な時期認定を行うことは難しい。しかし、多くの火山噴出物が存在する南部九州では、火山噴出物と落し穴の埋土の検討から時期推定が可能となっている。霧島御池テフラ（約4,600年前）が掘り込み面の最上面に堆積した落し穴が、鹿児島県霧島市永磯遺跡や曽於市唐尾遺跡などで検出されており、それらは中期に位置づけられている（図2-4）。

　前期〜中期の落し穴は隅丸長方形を呈し、底面に数個の杭痕が認められるもので、２〜３基の組配置の可能性が指摘されている（宮田2007）。**（相美伊久雄）**

第３節　後期〜晩期の生活・生業施設

集落・集石　九州の後期は、磨消縄文土器の東から西への伝播とともに幕を開ける。しかし文化伝播の影響をより強く受けたと考えられる東北部九州の集落は東日本に比べて小規模であり、地床炉を伴う円形の竪穴住居が数軒確認される程度である。これからは、短期間で積極的に移動を行った様子がうかがえる。

　その中、南九州では後期前葉から中葉にかけて、営続期間が長く竪穴住居の軒数の多い集落が発生する。宮崎市丸野第２遺跡（図3-1）、同市本野原遺跡、鹿児島県屋久町横峯遺跡はその代表例である。検出される竪穴住居は、方形を呈し、中央に浅い土坑をもち、土坑の両脇には２本の小規模な柱穴が中央土坑を挟む。これらの特徴は朝鮮半島の松菊里型住居に似ているが、同様の竪穴住居は中期末の瀬戸内地方でも確認されているため、瀬戸内地方から九州へ伝播したと考えられる。この中央土坑埋土の焼土や炭などの堆積は希薄であり、火の使用が積極的に考えられない。なお、南九州の竪穴住居の平面形は後期中葉になると円形が多くなる傾向にあるが、局地的に構築と埋没を繰り返すことが多いためか、柱穴が曖昧で、屋内構造も不明瞭なものが多い。

　北部九州の集落は、後期中葉に大きな展開を遂げる。周防灘沿岸では集落の集中が顕著であり、福岡県豊前市中村石丸遺跡、同市狭間宮ノ下遺跡、同県上毛町東友枝曽根遺跡、同町上唐原遺跡（図3-2）など、尾根ごとに大規模な集落が連なる。当地域の竪穴住居は、円形・方形を呈し、石囲炉が地床炉と同程度伴うようになる。こうした竪穴住居はその後西北九州をはじめ九州全土へと拡散する。

後期後葉から晩期初頭は内陸部に集落が形成される傾向にあるが、西北九州、中でも阿蘇山西麓において増加傾向が顕著である。竪穴住居はほとんどが円形、地床炉が多く、石囲炉の割合は中葉の周防灘沿岸より低下する。しかしその中には埋甕炉も含まれる。また、福岡平野外縁の微高地や河岸段丘では後期後葉から晩期に集落が増加を続け、弥生時代に至る。晩期の竪穴住居は、隅丸方形または方形を呈し、炉も地床炉が大半を占める。
　なお近年、本野原遺跡、宮崎市高野原(たかのばる)遺跡の事例から、縄文時代後・晩期の掘立柱建物について注目が集まりつつある。同様の検出例は、晩期の鹿児島でも確認されている。
　集落構造に目を転じると、福岡県嘉麻市アミダ遺跡や熊本市鶴羽田(つるはた)遺跡、丸野第2遺跡の竪穴住居の配置について、環状集落との指摘がされている。中央広場は径20m程度と小さいが、それが九州の特徴とも考えられてきた。しかし本野原遺跡(図3-3)では、環状に巡る掘立柱建物の内側に人為的に削平された窪地が形成されており、中央には配石、その周囲には立石土坑と、竪穴住居以外の遺構で環状構造の連続を見ることができる。類似した掘立柱建物群は高野原遺跡でも確認されており、さらに鹿児島県南種子町藤平(とうへい)小田(おだ)遺跡や福岡市有田(ありた)・小田部(こたべ)遺跡(図3-4)からも可能性が指摘されるなど、集落構造を考える上で掘立柱建物群の配置は鍵になると予想される。それだけに、縄文集落で検出される柱穴の取り扱いは重要である。また、居住、貯蔵、儀礼など、掘立柱建物が集落の中で果たした役割についても検討を進める必要があろう。
　九州では、最近の南九州例を除けば、これまで小規模集落が主体とされてきており、それは集落の規模以前に営続期間の短さが原因である。比較的集落の多い後・晩期でさえも、集落遺跡の分布は時期による偏りが大きく、後期～晩期という時期の中で空白期を置くことなく居住施設が認められる集落は数えるほどである。背景として、そもそも縄文時代集落には「定着性」の低い居住形態も多かったであろうが、当該期における生業の激しい変化(とくに晩期には雑穀・陸稲農耕の導入が推定されている)が原因と思われる。「短期集落」であることが、九州の縄文時代後・晩期集落における最大の特徴と考えられる。そして弥生文化は、そのダイナミズムを通して最終的に集落の集中した福岡平野から現れることになる。
　集石遺構については、後・晩期における検出はさほど多くない。しかし、丸

256　Ⅸ　九州地方の縄文集落の生活と生業

1．宮崎県丸野第2遺跡
竪穴住居
2．福岡県上唐原遺跡

3．宮崎県本野原遺跡

集落　土坑・掘立柱建物　竪穴状遺構　中央配石　竪穴状遺構　立石土坑　土坑・掘立柱建物
窪地遺構

掘立柱建物群
4．福岡県有田・小田部遺跡

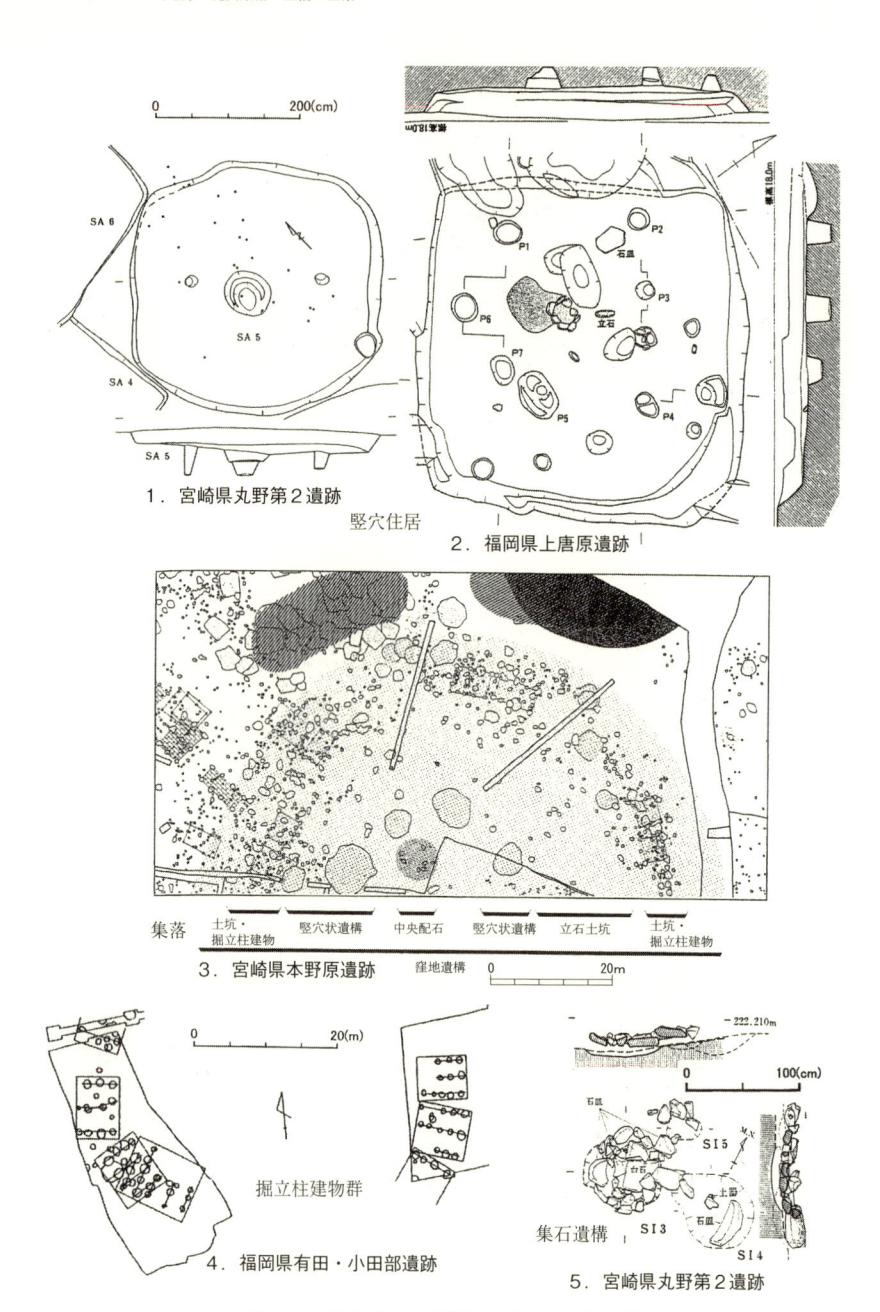

集石遺構
5．宮崎県丸野第2遺跡

図3　九州地方後期〜晩期の生活・生業施設（1）

野第2遺跡（図3-5）から30基が検出されている。石表面の赤化が認められることから、これは火を使用した施設つまり調理施設と考えられる。集石遺構は居住域から離れた場所に集中しており、集落内における場の機能の発達をうかがわせる。しかし、集石遺構の検出は後・晩期集落の中で普遍的とは言えず、限られた遺跡で特徴的に見受けられるに過ぎない。　　　　　　　　（金丸武司）

貝塚・貯蔵穴・水田　九州における貝塚形成は、縄文時代後期以降に一つの画期をなしていると指摘される（山崎1975）。また、貝塚に残された充実した食料残滓からは、九州各地域の多様な海洋・水域環境に適応した食料資源獲得のようすを垣間見ることができる。

　貝塚の分布を概観すると、北部九州の古遠賀湾・洞海湾周辺をはじめ、島嶼部を含む西北九州、有明海沿岸部を中心とする中九州など、いくつかの貝塚密集域が認められるが、個別貝塚の立地と出土遺物などを考慮すると、奥湾性貝塚、内湾性貝塚、内湾性と外洋性の両方をあわせもつ貝塚、外洋性貝塚という具合におおむね4つに類型化することができる（木村1994、澤下・松永1994）。

　奥湾性の貝塚は、貝種は汽水性のヤマトシジミが大半を占め、鹹水産のマガキ・ハマグリもみられる。魚種は内湾性のスズキ・クロダイが主体を占める。前期から営まれる福岡県鞍手町新延貝塚（後期前葉）のほか、同県北九州市寿命貝塚（後期中葉）などが代表例である。

　内湾性の貝塚は、貝種は岩礁性小巻貝が少なく、マガキ・ハイガイ・オキシジミなど鹹水産の砂泥性貝類が主体を占める。魚種はクロダイ・マダイ・ボラ・スズキなどが多い。福岡県北九州市黒崎貝塚（後期中葉）や中期末から営まれた熊本市黒橋貝塚（後期前半）などがある。

　内湾的性格と外洋的性格の両方をあわせもつ貝塚は、古遠賀湾の湾口部に位置する福岡県芦屋町山鹿貝塚（後期前半）をはじめ、同県宗像市鐘崎貝塚（後期中葉）・同県糸島市天神山貝塚（後期前葉）・長崎県諫早市有喜貝塚（後期前半）などがある。

　西北九州の貝塚の多くは外洋性の貝塚であり、貝種は岩礁性小巻貝類が主体を占め、イルカ・クジラ類やアシカなどの海棲哺乳類、サメ類・カジキ類などの大型魚、マダイ・カンダイ・マハタ・イシダイなどの魚種が出土し、大型結合釣針・大型石鏃・石銛・石鋸・ヤス・開窩式回転銛などの漁具が共伴している。後期中葉の長崎県対馬市志多留貝塚・同市佐賀貝塚・同県五島市宮下貝塚

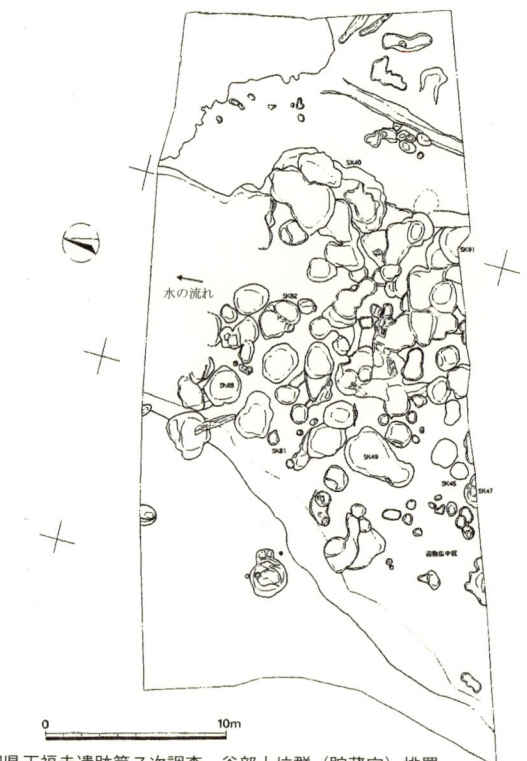

258　IX　九州地方の縄文集落の生活と生業

1．福岡県正福寺遺跡第7次調査　谷部土坑群（貯蔵穴）配置

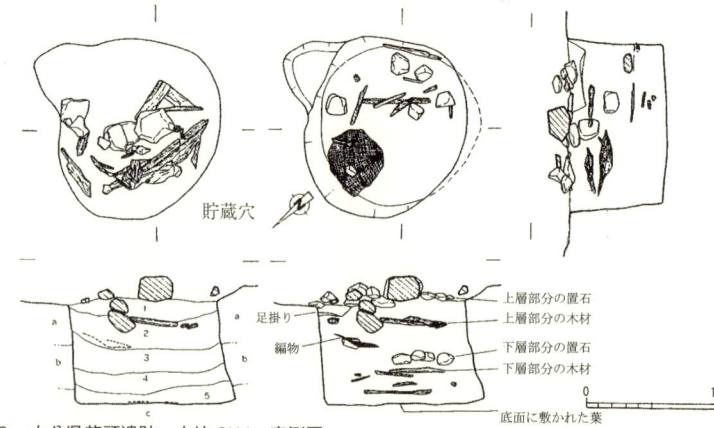

2．大分県龍頭遺跡　土坑SK4　実測図

図4　九州地方後期～晩期の生活・生業施設（2）

などがある。

　南九州では、後期前葉の鹿児島県出水市出水貝塚が内湾性貝塚であるが、中葉の鹿児島市草野貝塚・同市武貝塚と同県串木野市市来貝塚は内湾性と外洋性両方の性格をあわせもち、鹿児島県川内市麦之浦貝塚はヤマトシジミやクロダイといった内湾性のものが主体を占めつつも、サメ類・クジラ・イルカ・アシカなどの外洋性のものも認められる。

　後期後葉以降は九州全般に貝塚形成が低調となるなかで、熊本市御領貝塚は後期後葉から晩期前半に営まれた貝層（貝種の98％以上がマシジミ）の形成が大規模となる。このほか、日向灘に面した海岸砂丘上に立地する宮崎市松添貝塚や鹿児島湾に面した鹿児島県垂水市柊原貝塚も後期後半から晩期前半にかけて営まれた貝塚であり、貝塚を形成する貝種は御領貝塚と比べて多彩であるが、いずれも比較的大規模である点は共通している。

　低湿地遺跡の堅果類貯蔵穴は、福岡県久留米市正福寺遺跡（図4-1）・大分県杵築市龍頭遺跡（図4-2）・大分市横尾遺跡などで見つかっている。いずれも谷部の湧水を利用した低地型の貯蔵穴である。扇状地の末端部に位置する正福寺遺跡では、谷底面において後期初頭から中葉にかけて営まれた約60基の土坑が検出され、大量のイチイガシ・クヌギ・ナラガシワをはじめとする種子や編物・木製品（木鉢・杓子状木製品・直柄石斧・加工木）・枝材などが見つかっている。河岸段丘上に立地する龍頭遺跡は、後期前葉に営まれた60基の貯蔵穴が検出され、多数の木材や9点の編物も出土した。出土した堅果類の約9割がイチイガシである。土坑の底面付近に堅果類を入れ、その上部を葉や木材で覆い、さらにその上を石や礫で重しをした後に土や粘土で密閉するという貯蔵方法が看取されている。

　北部九州では遺跡の分布状況と石器組成などから焼畑農耕の存在が想定されている（山崎 2007）。その中で、福岡市大原D遺跡では、北東向き傾斜面において縄文時代晩期包含層の下に畝状遺構が土層断面で確認され、晩期包含層からは黒川式土器のほか、刃部の磨耗した打製石斧が多く出土し、部分的に炭化材（暖温帯針葉樹のマキ属）が塊で検出された。同層の植物珪酸体分析結果からは、樹木の少ない比較的開かれた環境であったと推定され、当該地においてエノコログサ属（アワを含む）が栽培されていた可能性も指摘されている。

北部九州では、縄文時代晩期末の刻目突帯文土器期における水田遺構の存在は確実なものであり、福岡市板付遺跡（図5-1）・同市野多目遺跡・佐賀県唐津市菜畑遺跡の事例が著名である。いずれも水田に水を引くための水路を完備しており、堰も検出されている。一方で、宮崎県内陸部に位置する宮崎県都城市坂元A遺跡（図5-2）で検出された最下層の刻目突帯文土器期の水田跡は、明確な水路を伴っておらず、水田の区画も狭く不整形なものである。　（桒畑光博）

第3章　九州地方の生活・生業施設のまとめ

第1節　生活・生業施設に関する諸問題

竪穴住居と定住　縄文時代は、氷河期終息後の日本列島温帯森林（落葉広葉樹林・照葉樹林）環境で展開し、秋に堅果類を大量に採集し長期にわたり貯蔵して主食とするため、定住集落が設けられ生活・生業施設が発達するといわれる。
　南九州では、施設・立地・堅果類調理具となる土器や石皿と磨敲石・二次植生などの検討から、定住化ならびに定住集落の原型が示されている（雨宮1993・2009）。草創期後半の鹿児島県掃除山遺跡では、冬の北風を避けた南向き斜面において竪穴住居を設けた越冬定住集落が形成され、炉穴や配石炉も伴い土器も多く石皿・磨敲石も装備している。ただし、竪穴住居は斜面地形を利用した簡易的なものである。同時期の同県栫ノ原遺跡では、対照的な北向き斜面に越夏定住集落が形成され、炉穴や配石炉が発達し土器も多く石皿・磨敲石も装備するが、竪穴住居はなく炉穴の向きは冬の北風を意識せず海陸風に対応した東西方向に限定されている。早期前半になると同県加栗山遺跡では、南北緩斜面に通年定住集落が形成され、竪穴住居は掘り込みが進み壁立ち構造もみられ、土器や石皿・磨敲石は多く、炉穴の向きは通年の風に対応するように各方向のものがみられ、集落植生も樹木の少ない開けた土地に生えるススキが卓越して長期間の人間の関与をうかがわせる。
　南九州草創期後半と類似の様相は北部九州でもうかがわれており、福岡県大原D遺跡・同県柏原E遺跡では草創期末～早期初頭の条痕文・撚糸文土器時期にさかのぼって、竪穴住居からなる集落が発見されている。植生分析によると、南九州の草創期後半は落葉広葉樹林・照葉樹林の混交帯にあり、早期には

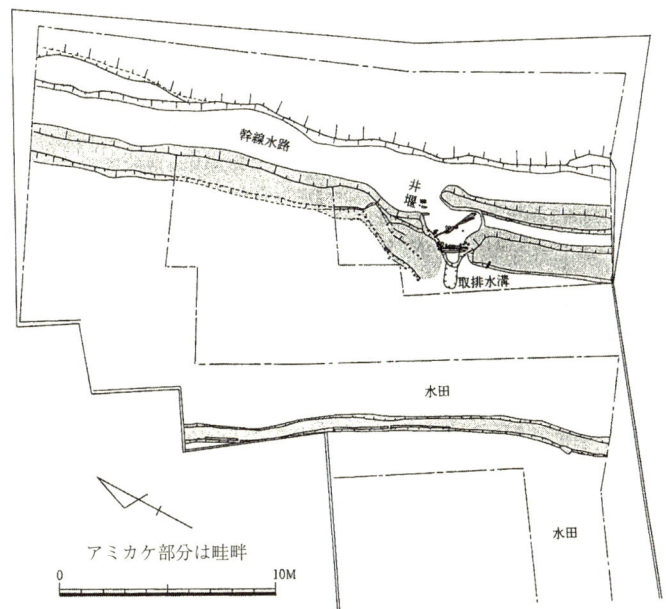

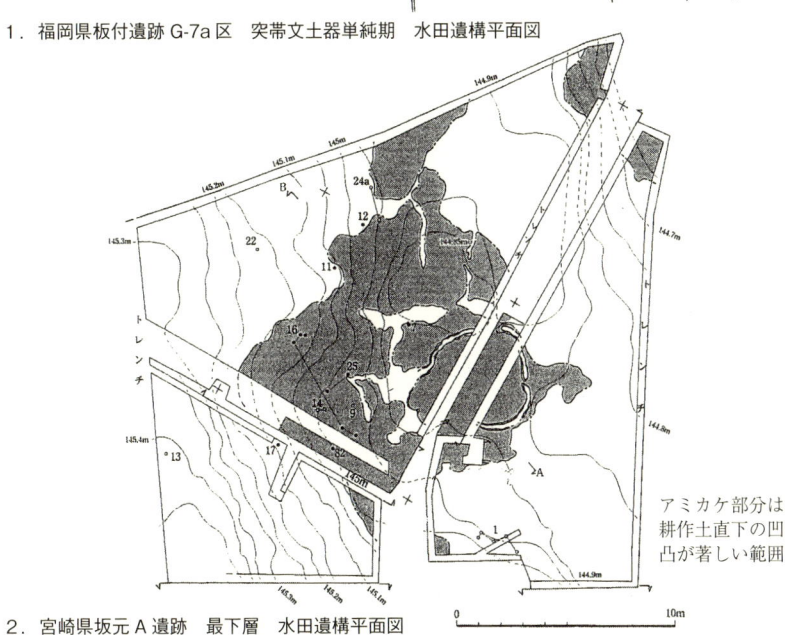

1. 福岡県板付遺跡 G-7a 区　突帯文土器単純期　水田遺構平面図

2. 宮崎県坂元 A 遺跡　最下層　水田遺構平面図

図5　九州地方後期～晩期の生活・生業施設（3）

九州全域へ照葉樹林が拡大するとされている。

炉　穴　九州では連穴土坑とも呼ばれて燻製施設説も出されていた（瀬戸口 1987）。南九州草創期後半の炉穴の祖形は、土坑底の炉部分から緩やかな傾きでトンネル状の煙道が長くのび、他方の土坑には火熱は伝わらず煙しか出ず脂肪酸が顕著なため、燻製施設の蓋然性が高まっている（雨宮 1997、上東・福永ほか編 1998）。草創期後半の炉穴は煙だけ使う冷燻用、早期前半のものは煙道が短く熱も上がる温燻用であり、冷燻の方がより保存に適するそうだ（上田 1993、佐多 1993）。早期前半の通年定住生活では、草創期後半の越冬・越夏定住に比べて貯蔵堅果類が増えて生活がより安定するため、燻製肉の保存性は低下してもすむのであろう。

炉穴は早期になると、南九州だけでなく九州・関西・東海・関東と広域に分布するため、北上伝播説が示されている（新東 1997）。南九州では草創期後半隆帯文土器時期に出現し、早期前半貝殻文円筒形土器時期にも存続、土器文化にも地域的系統が追える。早期前半の押型文土器時期には九州・関西・東海で認められ、東海では草創期末の多縄文土器時期にもあるという。関東での炉穴の盛行は早期後半とされ、同時期の南九州ではみられなくなっている。生活・生業施設は機能的な類似形態が時期や地域を越えて存在するため、様式的な土器などで伝播系統関係が認められ時期的地域的隔たりがない場合、施設の類似性にも伝播の可能性をうかがう程度の取り扱いとなる。また、南九州の炉穴の展開とは別個に、本州の回転施文系多縄文・押型文土器分布域でも炉穴が展開、これが北部九州に伝播という逆説さえ提出できる。生活・生業施設展開に係る方法論として本議論は昇華している（小林 1999、雨宮 2000）。

貯蔵穴　堅果類貯蔵穴が低湿地遺跡で数多く出土している。佐賀県東名遺跡の早期後半例、熊本県曽畑低湿地遺跡・同県西岡台貝塚の前期例、佐賀県西有田町坂の下遺跡・熊本県黒橋貝塚の中期後半～後期前半例、福岡県福岡市野多目拈渡（のためうちわたし）遺跡・同県正福寺遺跡・長崎県松浦市下谷遺跡・大分県横尾遺跡・同県龍頭遺跡の後期例、福岡県朝倉市長田（おさだ）遺跡・佐賀県唐津市徳蔵谷（とくぞうだに）遺跡・同市唐ノ川（とうのかわ）遺跡・長崎県大村市黒丸遺跡の晩期例などあり、一遺跡で 60～70 基出土した例もある。貯蔵穴は円形・楕円形をなし径は主に 1m 前後で 2m 程度のものもみられ、籠状の編み物を伴う例・蓋や仕切りに木材が使われた例・

粘土を貼り付けた例・木の葉や枝を敷くか被せた例・重石を伴う例・屋根用の杭跡が残された例などもみられる。出土した堅果類はイチイガシが多く、アラカシ・アカガシ・シラカシ・クリ・ナラガシワ・クヌギ・ツブラジイ・アベマキ・カヤノミ・チャンチンモドキなどもある（九州縄文研究会編 2006）。

東日本のトチノキ・クリなど特定種への集中に比べての西日本の多数種分散説に対して、西日本でもイチイガシという特定種集中はあって、これはアクが少なく調理が容易で味もよいことが指摘されている。また、湿地式貯蔵穴の堅果類水浸けは虫殺し・アク抜きに加えて保存にも適し、最長30年貯蔵の民族例もあり不作の年用の中長期的な貯蔵機能も論議されている（小畑 2006）。

貝塚出土自然遺物　九州の早期〜晩期の貝塚出土自然遺物から、狩猟・漁労対象動物の多様性がうかがわれている（木村 1987、松永・澤下ほか編 1994、九州縄文研究会編 2001・2009、西中川・久林 2004）。獣鳥類はイノシシ・シカのほか、カモシカ・タヌキ・アナグマ・ノウサギ・ムササビ・カモ・ガン・キジなどある。水域による相違も指摘されているものの、魚類・海獣類にはコイ・フナ・クロダイ・スズキ・マダイ・カツオ・サバ・ブリ・ハタ・マグロ・イルカなどあり、そのほかモズクガニ・ウニ・カメなどもある。貝類の水域による相違は大きいとされているが、アサリ・ハマグリ・ハイガイ・マガキ・バイ・スガイ・サザエ・ウミニナ・オキシジミ・ヤマトシジミ・カワニナなどある。

根茎類採掘痕　採集植物の多様性は、先の堅果類のほか早期前半炉穴出土のユリ科鱗茎、後期泥炭層出土のヤマグワ・ヤマモモ・野生イチゴやタラノキもあり（九州縄文研究会編 2006）、さらに遺構からもうかがえる。縄文時代に盛んな採集が予想される根茎類は自然遺物として残りづらいものだが、根茎類の採掘痕跡の可能性が抽出されている。直径1m前後の土坑の片端において、さらに深さ40〜70cmの小穴が掘られている特徴的なものがあって、集落および集落外縁部において主に日当たりのよい南向き斜面に残されている。ヤマイモといった根茎類を生育に適した場所で採掘した痕跡をうかがわせ、斜面に対して上位側に深い小穴が位置するものが多いことも可能性を高めている（東 2001）。

落し穴　落し穴について九州でも検討が進んでいる（九州縄文研究会編 2004）。一般に落し穴は、集落外から出土することもあり、土器を伴わない場合や別時期土器の混在の問題もあって、時期認定が難しいといわれるが、九州では火山

灰層に着目した時期認定法が採用されている。九州でも断面スライスによる土坑底の杭穴の検出法が重視されている（宮田 2004）。落し穴猟は、狩猟採集生活の縄文時代よりも農耕生活の弥生・古墳時代の方が盛んという大局的な見解もある（高橋 2004）。落し穴の分布について、多数の規則的な配列はみいだせず待ち罠的な狩猟が推定できる場合のほか、落し穴が多数列をなす場合さらには２基連結した落し穴が列をなす場合も示されている。後者について獲物を積極的に追いこむ猟という見方に対して、追いこみ猟に必要な落し穴間の潅木などの設置には間隔がありすぎることも指摘されている（林 2004）。なお、漁労用の魞(えり)状遺構も低湿地遺跡で発見され、九州でも福岡県北九州市貫川(ぬきがわ)遺跡の後晩期例がある（九州縄文研究会編 2006）。

遺跡間変異 縄文時代の生活・生業施設には同時期の遺跡間で変異があって、これは活動の差異の反映で道具＝石器の組成にも連動することが研究されている。典型的な変異には、竪穴住居をもち石皿・磨敲石も充実した生活拠点集落的な遺跡に対して、竪穴住居を欠き石皿・磨敲石も乏しく狩猟具の石鏃を主としたキャンプ地的な遺跡がある。北部九州早期例でも拠点集落的な福岡県那珂川町深原(ふかばる)遺跡とキャンプ地的な同県春日市原(はる)遺跡とが対比され、南九州早期例では鹿児島県加栗山遺跡と同県湧水町山崎Ｂ遺跡などとが対比されている（木村 1981、米倉 1984）。南九州草創期後半～早期前半の拠点集落的な遺跡には竪穴住居・炉穴・集石の３点セットが伴い（前迫 1991）、早期の集石について拠点集落的な遺跡では掘りこんだ穴に石をつめたものがみられるのに対して、キャンプ地的な遺跡では掘り込みがみられず簡易的なつくりが予想されている（八木澤 1994）。早期後半には深鉢形土器に壺形土器が加わる土器組成となるが、キャンプ地的遺跡では壺形土器が欠落する傾向も指摘されている（福永 1995）。

スペースデザイン 縄文時代の安定生業がもたらす生活の余裕は装飾・祭祀を盛行させ、前期以降には地域の複数集落から人々が集まって大規模祭祀を行う拠点が認められ、環状のスペースデザインが加わる場合も知られている。早期後半の鹿児島県上野原第三工区遺跡では、土器の累積分布が環状をなすことが認められている（八木澤 2003）。後期の宮崎県本野原遺跡では、土坑群・柱穴群などの環状分布構造やくぼ地を設ける土木工事が指摘され、竪穴住居や土坑だけでなく掘立柱建物も集落構成の重要な要素となる（森田・金丸編 2004）。

後晩期の各集落について住居型式に着目した住居配置の変遷が検討されており、本野原遺跡の課題として、くぼ地と竪穴住居との時期的関係・くぼ地底面と土坑出土の土器型式の取り扱い・掘立柱建物の認定・東日本例と対比できるだけの環状構造の説得性や時期的整合性などが挙げられている（水ノ江 2005）。

火山災害直後の様相 鬼界カルデラが早期末に大爆発し火砕流が南九州南半におよび、動植物は壊滅したとされている。森林回復には長い年月がかかり、火山災害直後の南九州では生業・生活も一般的な縄文時代のものとは異なっていたようで、堅果類調理具の石皿・磨敲石はわずかで狩猟具の石鏃を主体とする石器組成が指摘されている（雨宮 1993）。この時期の南九州では出土土器量がふるわず、遺跡ひいては集落が小規模であったことも論議され、生活・生業施設の充実した縄文時代の典型的集落も南九州南部ではみつかっていない（桒畑 2002）。

水 田 九州では後期後半～晩期に石鍬・扁平打製石斧が多数出土し、背景として根茎類やクリの半栽培あるいは雑穀・陸稲農耕が論じられている。プラントオパール分析や土器の種子圧痕分析などからも、晩期農耕の可能性は高まっている。晩期末になると、北部九州の福岡県板付遺跡や佐賀県菜畑遺跡での水田遺構の検出から水田稲作農耕の導入が明らかにされ（山崎 1982、中島 1982）、南九州内陸部の宮崎県坂元Ａ遺跡でも類例が検出されている（桒畑 2009）。平野の多い北部九州の水田遺構には井堰・水路などによる高度な灌漑システムを伴うが、平野の少ない南九州内陸部のものにはみられない。後者は自然の水利・土壌条件を最大限に利用したシステムであり、すでに晩期末以前に南九州でも稲作の受容がなされていた可能性が高く、南九州内陸部なりの地域的な特性とみなされている（桒畑 2009）。

松菊里型住居との類似性 後期の九州では竪穴住居内部に石囲炉や埋甕炉なども認められているが（九州縄文研究会編 2008）、後晩期の竪穴住居内部には土坑付近に２基の小穴をもつものもあって、これと朝鮮半島の松菊里型住居との類似性にも注意がはらわれている（第 10 回九州縄文研究会討論会 2000、中園 2000）。同時期の朝鮮半島では松菊里型住居は不在という指摘もあり（前掲討論会 2000）、住居様式の類似性は磨消縄文土器等の伝播でも認められている本州～九州の密接な交流のなかでの検討が優先されようが、朝鮮半島から九州への農耕伝播が論議される晩期例は問題となる[1]。

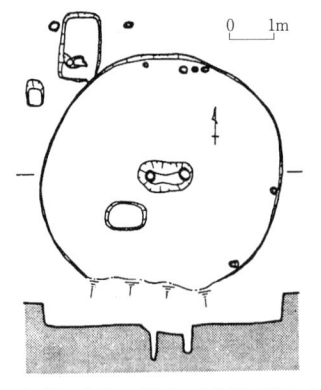

韓国松菊里遺跡55地区1号住居（縄文時代　　福岡県合田遺跡3号住居
晩期夜臼〜弥生時代前期板付Ⅱ式古併行期）　（弥生時代前期板付Ⅰ〜Ⅱ式古期）

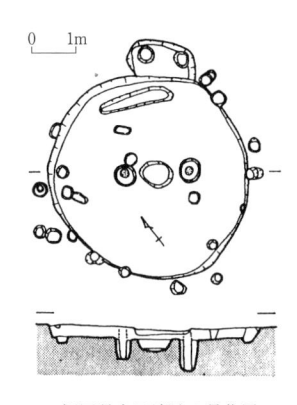

図6　松菊里型住居（中間1987より）

第2節　生活・生業施設のまとめ

　草創期後半〜早期前半に堅果類貯蔵に伴う定住集落が生まれ、竪穴住居や炉穴などが発達する。早期の炉穴の広域的な北上伝播は方法論的に再考されている。各時期の堅果類貯蔵穴から採集・貯蔵の詳細がうかがえ、さらには根茎類採掘痕まで示され、貝塚からは多様な狩猟漁労対象が出土、落し穴の類型と猟法も検討されている。施設の変異から生活拠点とキャンプの対照的様相が指摘され、安定した生業による生活の余裕が遺物や施設の環状分布を生むことも論じられている。一方、火山大爆発直後の被災地では生活・生業に異常がみられる。晩期末には水田稲作農耕の導入が明らかにされ、南北九州で地域的な比較もなされている。

　補遺　脱稿後2012年3月26日の宮崎県都城市教育委員会発表に係る新聞記事ならびに同教育委員会桒畑光博氏によると、縄文時代草創期（放射性炭素年代測定値の暦年較正年代で約13,000年前）の同市王子山遺跡では2011年3月に炉穴が検出され、付近から炭化した野生ネギ属の鱗茎および炭化したドングリ（コナラ亜属）の子葉が出土し、土器にはツルマメ（野生大豆原種）の圧痕も認められている。先述の栫ノ原遺跡出土炉穴は煙出口に脂肪酸が多く検出され燻製施設であるが、燃焼部側にも脂肪酸検出されたため火・熱も扱う兼用が示され、炉穴を含む縄文時代の

各種炉での火・灰・熱・煙による多様な動植物の調理・保存加工が民俗考古学的に論議されている。　　　　　　　　　　　　　　　　　　　　　　　（雨宮瑞生）

注
1）松菊里型住居は、韓国忠清南道の青銅器時代の松菊里遺跡で出土した円形を呈し中央土坑の両側に小穴をもつ住居例を標識とする。弥生時代の西日本でも普及しており環濠集落での設営も明らかにされ、これらは水田稲作と同様に朝鮮半島南部から日本列島へ伝播したといわれている（図6）。

引用・参考文献
雨宮瑞生 1993「温帯森林の初期定住―縄文時代初頭の南九州を取り上げて―」『古文化談叢』30下
雨宮瑞生 1994「南部九州の狩猟・漁撈活動」『北九州市立考古学博物館第12回特別展　九州の貝塚―貝塚が語る縄文人の生活―』
雨宮瑞生 1997「煙道付き炉穴の設計図」『南九州縄文通信』11
雨宮瑞生 2000「論評 もう一つの縄文文化論」『南九州縄文通信』14
雨宮瑞生 2009「定住化とその要因」『縄文時代の考古学』8
上田　耕 1993「博物館講座―燻製づくりに挑む―」『ミュージアム知覧紀要』3
小畑弘己 2006「九州縄文時代の堅果類とその利用―東北アジアの古民族植物学的視点より―」『九州縄文時代の低湿地遺跡と植物性自然遺物』
上東克彦・福永裕暁ほか編 1998『栫ノ原遺跡発掘調査報告書』
木村幾多郎 1981「九州地方における縄文時代集落研究の現状」『異貌』9
木村幾多郎 1987「縄文時代北部九州の漁撈活動」『Museum Kyusyu』24
木村幾多郎 1994「北部九州の狩猟・漁撈活動」『北九州市立考古学博物館第12回特別展　九州の貝塚―貝塚が語る縄文人の生活―』
九州縄文研究会編 2001『九州の貝塚』
九州縄文研究会編 2004『九州における縄文時代のおとし穴状遺構』
九州縄文研究会編 2006『九州縄文時代の低湿地遺跡と植物性自然遺物』
九州縄文研究会編 2008『九州の縄文住居Ⅱ』
九州縄文研究会編 2009『九州における縄文時代の漁撈具』
桒畑光博 2002「考古資料からみた鬼界アカホヤ噴火の時期と影響」『第四紀研究』
桒畑光博 2009「南部九州における刻目突帯文土器期の稲作の系譜」『古代文化』61―2

小林義典 1999「遺構研究 炉穴」『縄文時代』10
佐多正行 1993「燻製は保存食品だった」『ミュージアム知覧紀要』3
澤下孝信・松永幸男 1994「総論―九州地方の縄文時代貝塚―」『北九州市立考古学博物館第 12 回特別展　九州の貝塚―貝塚が語る縄文人の生活―』
新東晃一 1997「縄文時代早期の炉穴の復元」『南九州縄文通信』11
瀬戸口望 1987「連結土壙のもつ機能的性格について」『鹿児島考古』21
高橋信武 2004「九州の陥し穴」『九州における縄文時代のおとし穴状遺構』
中島直幸 1982「唐津市菜畑遺跡の水田跡・農工具」『歴史公論』1
中園　聡 2000「屋久島横峯遺跡における縄文時代後期住居の廃棄」『人類史研究会第 12 回大会予稿集』
中間研志 1987「松菊里型住居」『東アジアの考古と歴史　中』
西中川駿・久林朋憲 2004「九州の縄文遺跡出土の哺乳類遺体」『鹿児島考古』38
林　潤也 2004「福岡県内のおとし穴状遺構」『九州における縄文時代のおとし穴状遺構』
東　和幸 2001「地下茎植物採掘痕と考えられる掘り込み」『貝塚』57
福永裕暁 1995「石器組成からみた南九州縄文時代早期後半の壺形土器出土遺跡―土器様式の遺跡間変異に着目して―」『古文化談叢』34
前迫亮一 1991「縄文時代の竪穴住居―鹿児島県本土発見の資料集成―」『南九州縄文通信』5
松永幸男・澤下孝信ほか編 1994『九州の貝塚―貝塚が語る縄文人の生活―』
水ノ江和同 2005「九州の縄文後期集落」『西日本縄文文化の特徴』
宮田栄二 2004「鹿児島県のおとし穴状遺構について」『九州における縄文時代のおとし穴状遺構』
宮田栄二 2007「九州地方の陥し穴猟」『縄文時代の考古学』5
森田浩史・金丸武司編 2004『本野原遺跡発掘調査報告書』
師富国博 2008「熊本県の縄文時代竪穴住居」『九州の縄文住居Ⅱ』
八木澤一郎 1994「南九州の集石遺構」『南九州縄文通信』8
八木澤一郎 2003「上野原遺跡第 10 地点検出の「環状遺棄遺構」について」『縄文の森から』1
山崎純男 1975「九州地方における貝塚研究の諸問題―特に自然遺物（貝類）について―」『九州考古学の諸問題』
山崎純男 1982「福岡市板付遺跡の成立と展開」『歴史公論』1
山崎純男 2007「弥生文化の開始―北部九州を中心に―」『暦博フォーラム　弥生時代はどう変わるか―炭素 14 年代と新しい古代像を求めて―』
米倉秀紀 1984「縄文時代早期の生業と集団行動」『文学部論叢』13

Ⅹ　奄美・沖縄地方の縄文集落の生活と生業

盛　本　　勲

第1章　奄美・沖縄地方の生活・生業施設の研究の現状

第1節　生活・生業活動の舞台

　奄美・沖縄地方は、Ⅸまでの亜寒帯〜温帯区とは異なり、亜熱帯区に属する。
　このため、当該地方の縄文集落の生活と生業を述べるにあたって、Ⅸまでの地方との比較検討が可能なように、背景となる生物地理学的特徴について先述する。

　九州島〜台湾島に連なる島々のほぼ中間部に点在するのが奄美・沖縄地方である。当該地方を含む琉球列島が現形状になったのは、鮮新世末〜更新世前期頃である。形成の過程で中国大陸および島嶼間が陸化、離脱したことが、地質学や古脊椎動物学などから判明している。当該地方の西方には東中国海が、北のトカラ列島との間にはトカラギャップが形成され、生物地理境界線となっているが、北上する黒潮本流の分岐点にもなっているため、流れが激しく、航海術の未発達段階の航行には危険を伴ったものと推測され、文化交流の障壁になったであろうことは、考古学的研究成果からも明らかである。一方、年平均気温が20℃を越し、沿岸を黒潮が洗っている当該地方は、透明度の高い水域ゆえ、多種の造礁サンゴが生育し、裾礁タイプのサンゴ礁を形成している。
　また、当該地方は生物地理区境界の渡瀬線と蜂須賀線に包摂され、亜熱帯動物種が主体をなすうえ、固有種や固有亜種、遺存種も多い。完新世以降の出土陸獣の中で、出土量の多いリュウキュウイノシシもアジア系イノシシの特徴を有する一亜種とされ、ニホンイノシシに比べると、重量が半分程の小型イノシシである。小型化の要因は一元的ではない。更新世前期頃の琉球列島は、トカラギャップを境に南中国から台湾島を経て奄美・沖縄諸島に延びる地域と、

朝鮮半島から九州島を経て大隅諸島までに延びた地域より成り立っており、東洋区系の生物が棲息していた。そして、更新世中～後期頃になると島嶼化したため、南中国などからの移住動物は、島弧に分離されて孤立し、小島の限定された範囲での生息を余儀なくされた。侵入や定着にも限界があり、絶滅なども起こり得たという。植物相も一様ではない。新納義馬は、島の植生は島の成因の地史的流れなどに伴う気候要因に左右されることが大きいうえ、島嶼化した後の海進や海退時に移動してきたものも存在するなど、種々な要素が加わって生成されたとする（新納 1983）。総じてみれば、奄美大島や沖縄島、西表島などの高島（こうとう）は森林型で、西南日本と同様イタジイ林などの常緑広葉樹林が山地部の優占種をなし、沿岸のサンゴ礁や砂浜にはアダンなどが繁茂している。

　このように、当該地方の生物地理学的特徴は、地史や地形などと不可分な関係を示し、隔離された島嶼と亜熱帯、海洋性気候という条件下で多様な環境を創出しており、縄文人の生活や生業に深く関与してきたであろうことは想像に難くない。

第2節　生活・生業施設研究の現状

　主生業活動の狩猟・漁撈・採集および集落などの研究の現状を述べる。
　狩猟活動はリュウキュウイノシシを主体に、陸獣や鳥類などが対象である。
　シカ類は完新世以降の棲息がなく、縄文以降の出土例は皆無である。一般的な狩猟具である石鏃は、1遺跡あたりの出土数が10点前後と極少であることから、弓矢による狩猟法はウエイトが低かったと考える。陥穽猟を提唱する研究者もいるが、縄文遺跡での「落し穴」の発見例は皆無である。漁撈活動は、釣針やヤス、銛などの出土例が僅少であることから、釣漁や突き漁、銛漁は未発達で、主体的なのは網漁である。網漁の主要素である漁網錘の素材は底質がサンゴ礁の水域環境にあることから、土器片錘などの焼物では役立たないため、シャコガイ科やメンガイ科などの二枚貝の殻頂部に粗孔を穿った製品を使用している。
　主食の植物採集は、タロイモなどの根茎類の栽培を推定する考えもあるが、実証に至っていない。判然としているのは、オキナワウラジロガシやオキナワジイなどの堅果類を主とし、タブノキやノブドウなどの漿果類が加わることである。

集落の基本要素である住居は、計48遺跡が知られるが、内容が判然としているのは34遺跡である（九州縄文研究会2008）。

住居などに関する研究史を略記すると、戦前〜1950年代は琉球石灰岩台地下などの貝塚調査に主眼がおかれ、台地上は未調査のため、住居遺構の検出は皆無であったことから、住居様式は岩陰などではとの見方が支配的であった。1950年代中頃から奄美では奄美市宇宿貝塚や知名町住吉貝塚（国分ほか1959）、沖縄では国頭村宇佐浜A遺跡などで竪穴遺構の検出があるが、構造や規模などが不明であった。

竪穴遺構が住居跡として認識され始めるのは1972年頃からの記録保存調査の増加である。研究の初見は、晩期〜弥生初相当期の住居の構造や規模などの検討および今帰仁村西長浜原遺跡の竪穴の形態、深さなどを論じた宮城長信の論考である（宮城1978）。その後、金武正紀はうるま市宮城島シヌグ堂遺跡の住居などを分析し、形態や変遷などを述べている（金武1983）。奄美では白木原和美が喜界町ハンタ遺跡の住居の形態や規模などを分析し検討を（白木原1987）、堂込秀人は当該地方の晩期〜弥生相当期の住居を分析し、形態および時期的変遷などに（堂込1995）、杉井健は炉に着目し、住居形態の変遷と特質について論及している（杉井2002）。

時期的変遷をみた場合、草創期〜早期は人工遺物が未見で、前期〜中期も皆無で判然としないが、前期前半のうるま市藪地洞穴遺跡などをみる限り、岩陰などが居住空間であったであろう。後〜晩期になると、琉球石灰岩台地の発達した地域では台地上に居住空間を、崖下に貝塚を形成する例が多い。例えば、うるま市古我地原貝塚の台地上の居住区と崖下の貝塚、沖縄市馬上原遺跡と同市室川貝塚などである。他方、石灰岩台地が未発達な名護市以北や高島では、狭小な海浜砂丘上に居住区と貝塚が重複して形成される場合が多い。

形態としては竪穴住居、岩陰、礫敷遺構などがある。竪穴住居は、琉球石灰岩台地上では、岩盤を取り込んで構築しているため、整形をなさない。また、基盤が岩盤のため、竪穴の掘れる場所は自ずと限定され、重複例が多い。規模は一辺3〜5m前後が多く、略方形もしくは隅丸方形が主体をなすが、稀に楕円形も見られ、深さは30cm前後のものが主体をなす。柱穴の検出例は少なくないが、壁柱穴と外縁に掘られた例がある。また、竪穴の壁面に板状や塊状の

琉球石灰岩で壁面化粧されている例も少なくない。晩期に属するやうるま市シヌグ堂遺跡や仲原遺跡のように、比較的多数の竪穴住居が検出された遺跡での検討の結果、一時期の戸数は5～6軒前後と推測されている。礫敷遺構は、拳大程の礫が一定範囲の広がりを有した遺構である。シヌグ堂遺跡では遺構内からの炉や柱穴の伴出から、住居様式の一形態と捉えている（沖縄県 1985）。しかし、本部町屋比久原遺跡などでは礫の広がりは見られるが、炉や柱穴などが未伴出であった（本部町 1990）。一方、同町知場塚原遺跡では礫を除去後、下位よりの竪穴住居の検出から、竪穴を廃棄後に埋めた結果ではとの指摘もある。

また、うるま市田場小学校南方遺跡例のように（具志川市 1984）、単独例も存在することから、遺構認識に疑う余地をもたないが、住居に関与したものか否かという点に関してはなお議論が必要である。

第2章 奄美・沖縄地方の生活・生業施設の変遷

当該地方の縄文土器の編年研究は、他地方に比して研究史が浅いうえ、完形資料などの全形が窺える良好な資料に恵まれず、各期とも未だ流動的な様相が少なくない。戦前～戦後を通じて資料の蓄積などにより体系化した多和田真淳の編年（多和田 1956）、さらには多和田の研究を継承、発展させた高宮廣衞の暫定編年（高宮 1992）などがあるが、本稿では近年の研究成果が比較的体系化された高宮廣衞と堂込秀人の

表1　奄美・沖縄地方の縄文時代編年
（高宮1992、堂込2004をベースに追補）

時代	時期	奄美	沖縄
縄文時代	草創期		
	早期		（野国4群土器）
			（爪形文）
	前期	爪形文系土器	ヤブチ式
			東原式
		赤連系土器	室川下層式土器
		曽畑式土器	曽畑式土器
		神野A式土器	神野A式土器
		神野B式土器	神野B式土器
	中期	面縄前庭Ⅰ式土器	面縄前庭Ⅰ式土器
		面縄前庭Ⅱ式土器	面縄前庭Ⅱ式土器
		面縄前庭Ⅲ式土器	面縄前庭Ⅲ式土器
		面縄前庭Ⅳ式土器	面縄前庭Ⅳ式土器
		面縄前庭Ⅴ式土器	古我地原Ⅰ式土器
			古我地原Ⅱ式土器
	後期		古我地原Ⅲ式土器
			仲泊式土器
		嘉徳Ⅱ式土器	
			（下原Ⅲ遺跡）
		面縄東洞式土器（沈線）	面縄東洞式土器
		嘉徳ⅠB式土器	
		嘉徳ⅠA式土器	神野D式土器
			伊波式土器
			荻堂式土器
		（サモト・手広）	大山式土器
		面縄西洞式土器	室川式土器
	晩期	犬田布式土器	
			室川上層式土器
		喜念Ⅰ式土器	
		宇宿上層式土器	宇佐浜式土器
			仲原式土器

編年案（高宮 1992、堂込 2004）を基本としながら、若干の追補を行なった（表1）。

第1節　草創期〜早期の生活・生業施設

　草創期に関しては、遺跡自体が存在しないため、生活・生業に関する内容は不明である。

　早期も沖縄地域では野国4群土器が後半段階に位置づけられているが、嘉手納町野国貝塚群B地点最下層に若干の土器片が出土しているだけで、当該期に帰属する土器群か否かなど、判然としない部分が少なくなく、今後の資料の追加を俟つしかない。

第2節　前期〜中期の生活・生業施設

　前期は、爪形文土器と称されている草創期の爪形文土器に似て非なる土器群の時期で、現段階での当該地方における最古の土器群である。大別して、外器面に比較的整然と指頭痕を基本としたヤブチ式と、爪形文を基本とした東原式土器があるが、層位関係などから前者から後者への移行が判明しているものの、その系譜等については判然としない。

(1)　北谷町伊礼原遺跡
　　　（前期）（北谷町 2007）

　伊礼原遺跡は沖縄県北谷町南西部の東中国海に面し、遺跡東側の石灰岩丘陵に源を発するウーチヌカー（湧水）によって形成された低湿地区（標高2m）と、その南側に広がる海成の砂丘区（標高4m）から成る縄文時代前期〜晩期（貝塚時代前・中期）の4時期におよぶ集落跡である。

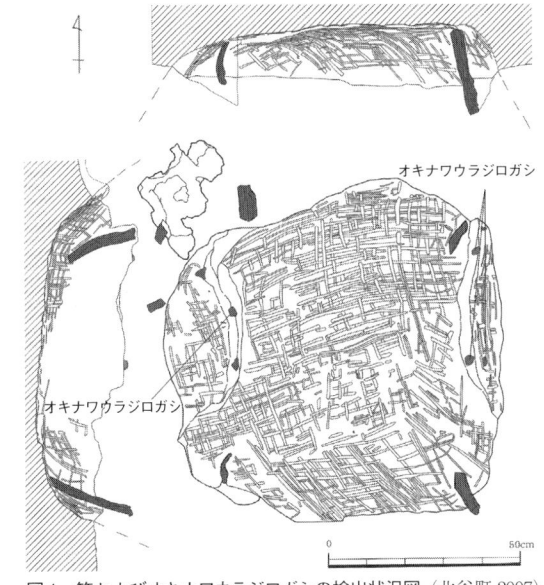

図1　筵およびオキナワウラジロガシの検出状況図（北谷町 2007）

低湿地区は、大別して三時期の文化層に区分され、最下層から爪形文土器（前期前半）が出土している。この爪形文直上の曽畑式土器（前期後半）の単純層より、ウーチヌカー（湧水）の流路に浅い掘り込みを設け、竹製の笊を敷いて四隅を木杭で固定し、オキナワウラジロガシ

図2　笊およびオキナワウラジロガシの検出状況（北谷町 2007）

を貯蔵した遺構が1基検出されている（図1・図2）。

(2)　知名町神野貝塚（上村ほか 1984）

　鹿児島県沖永良部島の南西部の太平洋に面した、臨海砂丘上に立地する縄文時代の貝塚である。貝塚が形成されている砂丘の北端は大津勘川によって切られており、川の上流では水流が認められるものの、下流では地下に潜っていくことから、遺跡付近では大雨時以外は水流をみることはない。

　Cトレンチ3区の南西隅の第11層（淡黄褐色砂層で厚さ20～30cm）の上部に、黒褐色砂層を埋土とする径1m、深さ20cmの掘り込み（貯蔵穴？）があり、埋土中より火を受けたゴホウラ貝輪とともに、多量の炭化種子が検出されている。

　出土種子を調査した渡辺誠によると、これらはすべてクスノキ科のタブノキの種子であることが判明している。

　これらの帰属時期は判然としない部分もあるが、出土土器の層位的出土状況を検討すると、奄美地域に分布の中心をもつ赤連系土器、あるいは沖縄地域に分布の中心をもつ室川下層式土器よりは新しく位置づけられている神野A式もしくは神野B式に帰属するとみられることから、前期後半頃に比定されよう。

第3節　後期～晩期の生活・生業施設

(1)　奄美市宇宿貝塚（中期～晩期、グスク時代）（国分ほか 1959、笠利町 1979）

　奄美島北部東海岸の奄美市笠利町宇宿の海浜砂丘（標高12～13m）に立地す

る、中期〜晩期とグスク時代が重複する複合遺跡である。縄文時代に限ってみると、晩期の石組み住居跡が特筆され、検出時の状態を覆屋で整備、公開している。1956年の九学会連合の奄美調査において、後期に帰属する貯蔵穴よりシイ、イチイガシ、コナラ属などの堅果類が検出されている。

(2) 宜野座村前原遺跡（めーばる）（後期）（宜野座村1999、知名2000）

沖縄島北部・宜野座村のほぼ中央部を、太平洋側へ向けて東流している宜野座福地川河口の東方、約300mの石灰岩丘陵台地に挟まれた入り江の奥部に形成された、縄文時代後期（標高0m前後）とグスク時代（中世）〜近代（標高7m）の複合遺跡である。

遺跡は、前原・ブルシ原石灰岩地帯の一角から海浜砂丘に延びた地形に形成されている。第9〜11層の後期中葉頃に位置づけられている伊波式〜荻堂式期を主体とした文化層より多様の生活および生業に関わる施設が検出されている（図3）。

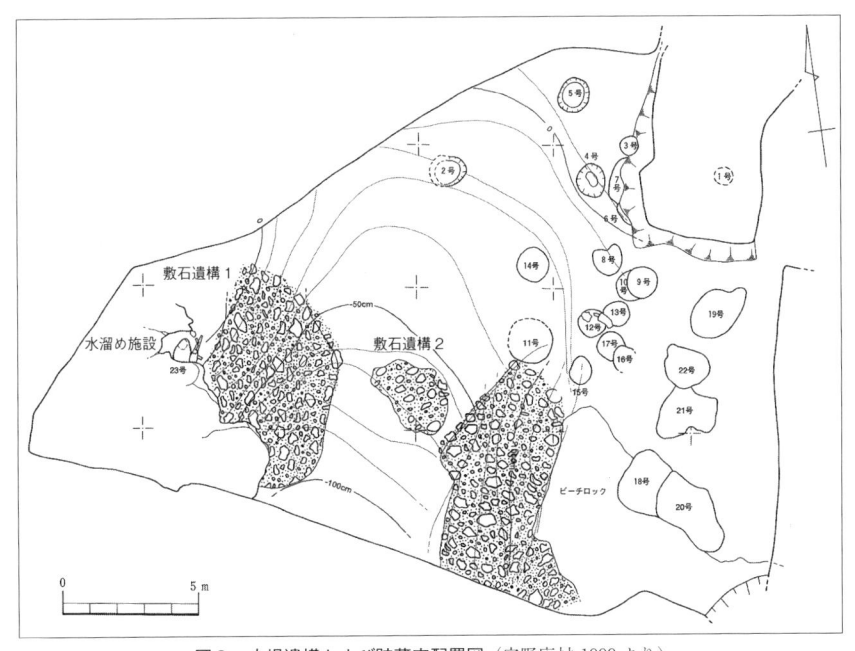

図3 水場遺構および貯蔵穴配置図（宜野座村1999より）

水場遺構 植物遺体砂利層（第9〜11層）：標高±0〜-1mの入り江の波打ち際に湧水を溜めるa.水溜め施設（遺構）と、これに付随したb.敷石遺構がある。

a．水溜め施設（遺構）

調査区西側に位置する斜面部で検出されている（図3）。琉球石灰岩（標高0m）の隙間から湧き出す水口（長径約1m）に砂礫層と粘土層を40〜50cm程掘り込み、敷石遺構側の側壁は石列と木材（丸木舟の船首部を転用）によって構築されている（図4）。

図4 水溜め施設（遺構）（宜野座村1999より）

b．敷石遺構

2基が検出されている。

1基は調査区西側の傾斜面に形成された水溜め施設に隣接し（図3）、約5×8mの範囲に珊瑚石灰岩や砂岩礫を石畳状に敷きつめた遺構である。

礫表面には磨耗が観察され、敷石を除去したところ、焚き火の薪が組まれた状態で検出されたことから、当該箇所で火を燃やしていたことがわかる。

他の1基は、調査区中央部の低地（標高-70cm）の検出遺構の中でも最も低い地点で検出され（図3）、西側の敷石遺構とは約2m離れた地点に位置している。

構造は、粘板岩や砂岩を3×2m程の楕円形状に敷き詰めている。両遺構からなる水場遺構の機能および用途としては、水溜め施設は水汲みを、敷石遺構では木の実をすり潰したり、イノシシやジュゴン、ウミガメ、魚などの解体および調理、木製品製作や火を燃やすなどの作業場と見なせよう。

貯蔵穴 植物遺体砂利層（第9〜11層）から23基検出されている（図3）。

これらの貯蔵穴の掘り込み時期の確定は容易ではないが、一部で後期中葉頃に比定され、奄美地域に分布の中心をもつ嘉徳IA式土器が第11層より検出されている。

籠（バーキ）の材片のBP3,800±50年（AMS法による測定年代）の測定値が

得られたカ-12の14号貯蔵穴は、標高0m〜-50cmを測り、現海岸線とほぼ同レベルである。

23基の貯蔵穴の平面形状は、略楕円形もしくは楕円形状をなすが、形態や構造的にみると、下記の6タイプの組み合わせがある。

図5　11号貯蔵穴出土のバーキ（籠）（宜野座村1999より）

なお、断面形状には、a.底面から縁に向かって広がる半月状、b.底面から上部へほぼ直行する鍋底状、c.最大径を中段ほどに有する袋状の3タイプがある。

構造　A. 石灰岩を掘り込んだタイプ　　　1. 周囲を石で囲んだタイプ
　　　B. 砂利を掘り込んだタイプ　　⇒
　　　C. 粘土を掘り込んだタイプ　　　　2. 石囲いのないタイプ
　　　［組み合せ］A1、A2、B1、B2、C1、C2

・貯蔵穴には第22号のように、オキナワウラジロガシの実が詰まった貯蔵穴（図6）と、第5号や第20号のように空になっている貯蔵穴がある。
・貯蔵穴内からはオキナワウラジロガシの実を入れた籠（バーキ）が出土しているが（図5）、中には、数個の籠が重なり合って出土した例もある。

特記されるのは、貯蔵穴内に意図的に棒が立てられているもの（図7）

図6　実が充満した22号貯蔵穴
　　　（宜野座村1999より）

図7　2号貯蔵穴の立て棒
　　　（宜野座村1999より）

があることである。
・貯蔵穴の掘り方に重複した例が少なくないことから、一度きりの使用ではなく、複数回にわたって使用する施設であったことが窺える。

(3) 今帰仁村西長浜原遺跡（沖縄県 2006）

今帰仁村の北西海岸の海岸汀線から100m未満の低平（標高5～6m）な琉球石灰岩の丘陵台地上に形成された、後期後半～晩期前葉（貝塚時代前期末～中期中葉）を主体とした集落跡である。

1977年と2004年に実施された発掘調査によって、P地区・S地区の隣接した調査地区より竪穴状遺構が52基、貯蔵穴と考えられる土坑2基などが検出されている。

竪穴の特徴としては、地山の赤土土壌（マージ）を掘り込んだ約2m四方の略方形を主とするが、中には8-2・9・14・P27号などのように、一辺が3m前後あるいはそれ以上の大型のものも含まれる。これらが他の一般規模の竪穴とはどういう配置関係にあったかということについては判然としない。

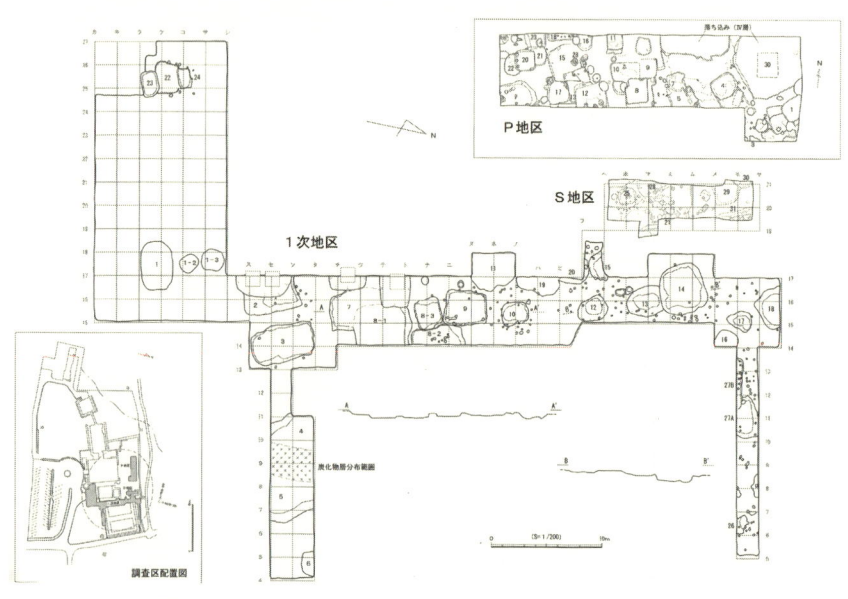

図8　西長浜原遺跡調査区および遺構配置図（沖縄県 2006 より）

これらの竪穴内出土の土器などを検討した結果、初期の段階は1次地区北西側に竪穴が営まれていたものが、次いで海岸寄りのP地区へ、さらにS地区・1次地区北側へ移動し、最終的にはより陸奥側の1次地区南側へ移動した変遷が窺えるとのことである。
　このうちの27B号竪穴住居より、ブナ科シイ属のオキナワジイの完形2点、半形108点、破片2点が検出されている。
　当該住居の帰属時期は、概ね晩期の終末期頃（貝塚時代中期後半）に位置づけられている宇佐浜式土器などが主体をなしている。

(4) **本部町屋比久原遺跡**（本部町 1990）

　沖縄県本部町のほぼ中央部を西流する満名川の右岸台地（標高53〜55m）に形成された、縄文後期〜晩期（貝塚時代前期〜中期）の荻堂式や大山式〜室川式、カヤウチバンタ式、宇佐浜式期を主体とする集落遺跡である。
　縄文時代の検出遺構としては、竪穴住居13軒、性格不明の礫敷遺構などがある。このうちの第3号竪穴住居内の3区よりブナ科シイ属オキナワジイの子葉の双方があるもの（種皮付）が5点、片側のみのもの（種子付）12点、破片5.77gが検出されている。ちなみに、出土住居および地点の帰属時期は、後期中葉（貝塚時代前期後葉）である。

(5) **うるま市古我地原貝塚**

（後期）（沖縄県 1987）

　沖縄本島中部のうるま市の中央部付近を東西に走る琉球石灰岩丘陵の、ほぼ中央部の台地崖上（標高62〜69m）に居住空間を、台地下（標高60〜62m）に貝塚が形成された遺跡である。台地上の居住空間からは竪穴遺構4基、土壙1基、廃棄土

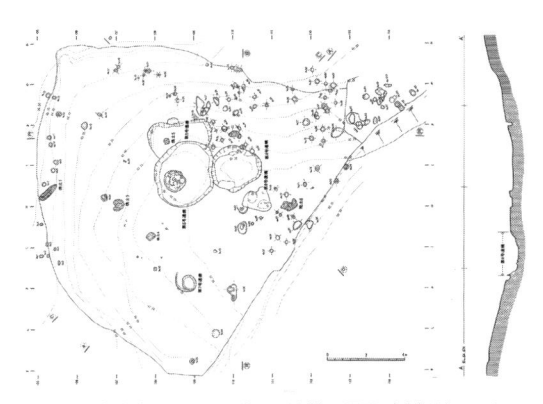

図9 古我地原貝塚22地区口遺構配置図（沖縄県 1987）

壙1基、屋外炉2基、焼土6基、ピット103基などが検出されている（図9）。
　出土土器は、古我地原Ⅰ～Ⅲ式土器が多く、中期後半～後期初頭の土器群が主体をなしている。
　台地上の5基（22-イ・ロ地区第1～3、4、6号）の竪穴住居内の小ピットから、オキナワジイやタブノキなどの堅果類が出土している。このうち、第1号住居内での出土量が最も多く、全体の89％を占めている。

（6）うるま市高嶺（たかみね）遺跡（晩期）（沖縄県 1989）

　沖縄本島中部の太平洋側に浮かぶ沖縄県うるま市宮城の東南部の琉球石灰岩を基盤とした赤土台地上（標高115～120m）に形成された、晩期（貝塚時代中期）前半頃の集落遺跡である。三次の調査で竪穴住居20軒と礫床遺構、屋外焼土と広場、土留め石積み遺構などが検出されている（図10）。竪穴住居は、形態、規模などが多様であるうえ、深さにも3タイプがある。第8号・10号のように、60cm以上の深い竪穴には一段のみではあるが、階段を構築している例もある。

　住居群が集中する地点の西側には広場的な空間を介し、南北方向に石積みが構築されている。当該石積みは、集落空間の確保を目途にテラス状に造成した縁の土留めとして築造したものである。

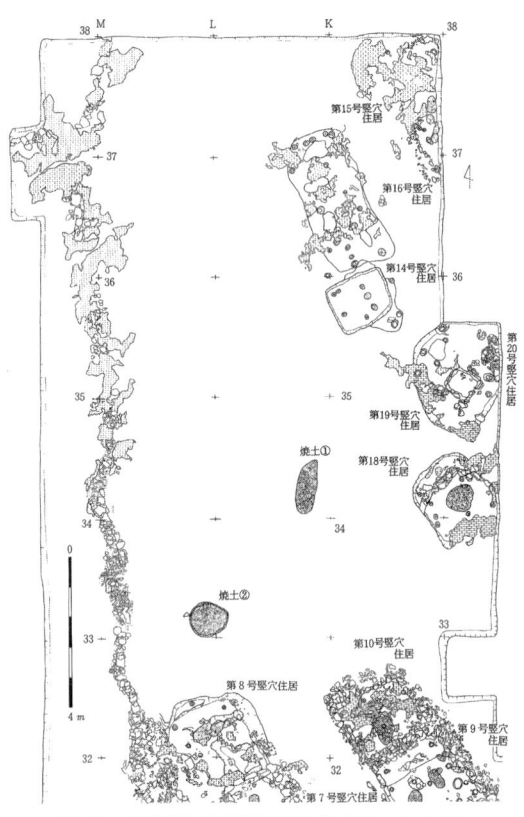

図10　高嶺遺跡の遺構配置図（沖縄県 1989 より）

類例は同市のシヌグ堂遺跡（晩期）にも見られるが、琉球列島最古の普請事業であろう。

J-30区、第6号竪穴住居内（図11）の埋土の第3層10-15cmより、クスノキ科タブノキの子葉が2点検出されている。

(7) うるま市苦増原遺跡
（晩期）（具志川市 1977）

沖縄本島中部のうるま市南部の琉球石灰岩を基盤とした赤土台地上（標高68m）に形成された、晩期（貝塚時代中期）の室川上層式や宇佐浜式、カヤウチバンタ式土器などを主体とした集落である。

検出遺構としては、1基の竪穴遺構と炉、柱穴、貯蔵穴、焼石などが検出されている（図11）。炉などが集中する1～3号遺構群や貯蔵穴（貯蔵穴No.2にて全体の3割強が出土）より比較的多量の植物遺体が検出されている。

貯蔵穴No.1（ピットNo.96：長径54cm×短径54cm×深さ31.5cm）の袋状のピットからクス科?、クサギ属?、コナラ属な

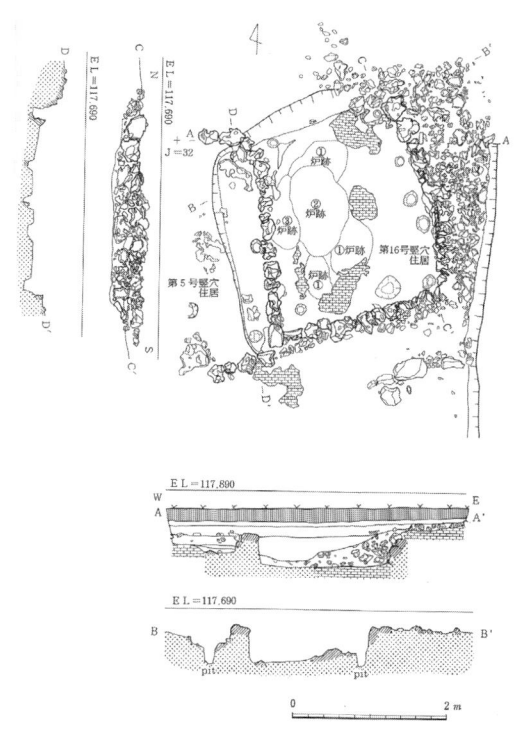

図11　高嶺遺跡第6号竪穴住居（沖縄県1989より）

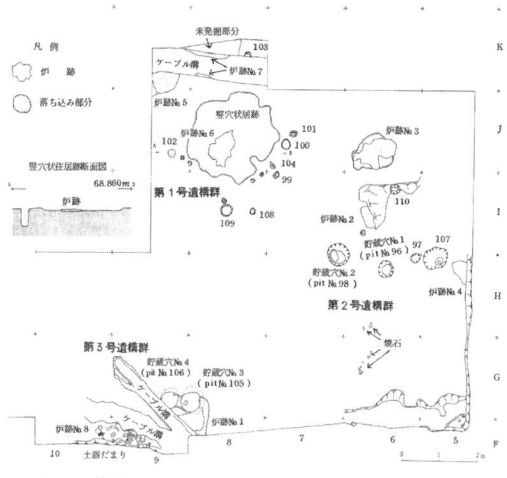

図12　苦増原遺跡の遺構配置図（具志川市1977より）

どの堅果類が21点出土。貯蔵穴No.2（ピットNo.98：長径53cm×短径42cm×深さ29cm）の筒状のピットからイタジイ、コナラ属などの堅果類が61点出土している。

　出土植物遺体を同定した粉川昭平によると、4科4属4種の判明種と若干の不明種が含まれているようである。判明種としてはクス科？、ブナ科のコナラ属のイタジイ、アラカシ、マメ科アズキ属のオオヤブツルアズキ、クマツヅラ科のクサギ属があり、計176点のうち153点の89%を占める。

　これらの炭化種子の調査を実施した渡辺誠によると、ツバキの破片殻は多いが、個体数からすれば1～2個体であるとともに、ノブドウも1粒のみのようである。

(8)　**宜野湾市ヌバタキ遺跡**（晩期）（宜野湾市1991）

　沖縄本島中部の宜野湾市北東部の、琉球石灰岩を基盤とした赤土台地上（標高72m前後）に形成された、晩期（貝塚時代中期）の室川上層式や宇佐浜式、カヤウチバンタ式などを主体とした集落遺跡である。計16軒以上の竪穴住居、屋外炉3基、土壙2基の遺構が検出されている（図13）。

　竪穴は第13号、第14号、第20号の一般的な竪穴の規模に比べ、約2.5～3倍の規模を有する大形の竪穴を中心にし、これを囲繞あるいは付随するように、一般の竪穴が数基程配置された集落構造をなしていたものとみられる。

　特記されることとして、大形に属する第14号竪穴内の内壁南側の土坑内から石棒形石器（細粒砂岩製）が出土している。

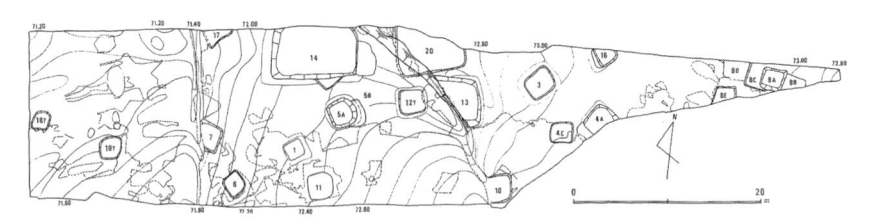

図13　ヌバタキ遺跡遺構配置図（宜野湾市1991より）

　第5A竪穴住居（炉）、第5B竪穴住居（焼土）、第8A号竪穴住居、第8号竪穴住居、第14A号竪穴住居、第1号土壙、第2号土壙の埋土より、オキナワジイ、ツバキ、ノブドウ、タブノキなどが出土している。

第3章　奄美・沖縄地方の生活・生業施設のまとめ

第1節　生活・生業関連施設に関する諸問題

　前章までにて奄美・沖縄地方の生活・生業施設研究の現状、および時期的変遷などについて述べてきた。ここでは、関連する問題などについて検討を行なう。

　はじめに、貯蔵施設とみなされている北谷町伊礼原遺跡の笊に入ったオキナワウラジロガシと、宜野座村前原遺跡検出の23基の多種、多様な形態や構造の貯蔵穴出土のオキナワウラジロガシのあり方について検討する。

　両遺跡は、前期と後期という異なった時期に属するものの、河川の流路、もしくは標高0m～-50cmの日常的に水に浸かる低地に構築されているという点では共通性を有している。

　検出基数の多い前原遺跡例を見た場合、むろんオキナワウラジロガシが充満している貯蔵穴も存在するが、空になっているものも少なくない。出土量や状況などからして、伊礼原遺跡例や前原遺跡2号、4号、13号、17～19号などの貯蔵穴のオキナワウラジロガシの出土状況は取りこぼし的あり方と捉えて差し支えないものと考える。

　このあり方をどう捉えるかということであるが、後述するように、筆者は検出状況などからして、貯蔵目的ではなく、加工法の一種と考えている。このことは、オキナワウラジロガシの調理法を検討するなかから抽出できよう。

　周知のように、オキナワウラジロガシはブナ科コナラ属アカガシ亜属の一種で、奄美諸島～西表島の非石灰岩地帯に分布する琉球列島固有のブナ科の常緑高木である。堅果本体のサイズは、日本列島産のドングリ類では最大級であるが（伊藤 2007）（図14）、他のカシ類同様、渋みすなわち灰汁（アク）があり、生食では食せない。

　食料対象としての観点から、生態学的手法を採り入れた民俗調査や民俗誌などに基づき、ドングリ類の分類を行なった渡辺誠の分類のC類に属すること

図14　オキナワウラジロガシの堅果（筆者撮影）

表2 ドングリ類の分類（渡辺 2008 より）

民俗分類	属		種（出土例のみ）	森林帯
A. クヌギ類 　製粉または加熱処理＋水さらし	コナラ属	コナラ亜属	クヌギ カシワ	落葉広葉樹林帯 （東北日本） （韓　国）
B. ナラ類 　製粉または加熱処理＋水さらし			ミズナラ コナラ	
C. カシ類 　水さらしのみ		アカガシ亜属	アカガシ・オキナワ ウラジロガシ アラカシ イチイガシ	照葉広葉樹林帯 （西南日本） （韓国南海岸）
D. シイ類など	シイノキ属		ツブラジイ・スダジイ	
	マテバシイ属		マテバシイ	

から（表2）（渡辺 2008）、水さらしのみではあるが、アク抜き処理を行なってはじめて食することが可能な種である。

　この状況からして、これらの貯蔵目的は長期保存か、短期貯蔵か、ということであるが、筆者は後者であろうと考えている。

　理由は、一元的ではないであろうが、まずもって長期の保存目的の貯蔵であれば、竪穴住居の屋根裏などのような乾燥した場所でなければならないはずである。両遺跡例のように、常時水に浸かった穴などの場合、例えば1年以上をも置けば腐敗してしまい、食料としての目的は果たせないのではと考える。

　このような理由などから、両遺跡の貯蔵状況からして長期保存を目的とした保存ではなく、3ヶ月もしくは半年前後ほどの比較的短期の貯蔵を目的としたものである可能性が高いと考える。このことは、前原遺跡の貯蔵穴の中に、実が充填したもの、空になったもの、重複したものなど、多様性がみられることからも首肯できよう。この多様なあり方は、詳細については判然としないが、あるいは3ヶ月もしくは半年前後ほどのサイクルで入れ替えを行なっていることを示唆しているのではないであろうか。

　このように捉えると、これらは保存目的の貯蔵とみなすより、アク抜きを目的とした加工技術の一種とみなすことも可能かと考えるが、いかがであろうか。

　なお、時代や地域、ドングリの種類等は異なるが、参考に資するに値する事例として、長崎県対馬市樫ぼの遺跡の近世・江戸期のアカガシ亜属のアカガシもオキナワウラジロガシと同様に、アク抜きを目的として、用水路に浸している報告事例がある（厳原町 1992）。

第2節　生活・生業関連施設のまとめ

　奄美・沖縄地方において、集落などの縄文時代の生活・生業関連施設が明確となってくるのは前期以降で、それ以前の草創期〜早期に関しては土器をはじめとした人工遺物の存在すら明らかでないことは、すでに述べた通りである。

　前期後半段階になって、はじめて北谷町伊礼原遺跡で貯蔵目的の笊の出土が知られるが、当該遺跡の居住空間は明らかではない。遺跡の周辺部を含めた調査結果などから東側の高まりを呈した台地上が居住空間であったであろう、との推測なされているものの、当該地を含めた一帯は1955年頃からの米軍の陸軍病院（後に海軍に移管）や宿舎などをはじめとした種々の施設建設によって削平され、今となっては想定の域は脱しえない。

　そして、計23基の貯蔵穴と調理などに関連した水場遺構等が検出された後期前半段階の宜野座村前原遺跡例であるが、当該遺跡も居住空間との関連は判然としないが、遺跡周辺一帯の調査の進展によって発見される可能性は低くない。なお、近隣において、ほぼ同時期の遺跡で竪穴遺構が検出されている例として、当該遺跡の南西約0.7kmに所在し、宜野座福地川を挟んだ対岸に所在するクジチ原遺跡（B地区）が知られる。ただし、クジチ原遺跡は前原遺跡に比して、遺跡の存続期間が長く、晩期後葉（貝塚時代中期後半頃）まで続いている。

　限られた事例ではあるが、このような観点に立脚してみた場合、台地上に居住空間を構え、台地下の沢あるいは常時水分の含んだ低地にアク抜きなどを目的とした短期間の貯蔵を行なっていたのであろう、と考える。

　拙稿をまとめるにあたって、北谷町教育委員会および宜野座村教育委員会より伊礼原遺跡、前原遺跡検出遺構の写真画像の提供を受けるとともに、呉屋義勝、田里一寿、東門研治から遺跡などに関する教示を受けた。銘記して謝意を表するしだいである。

引用・参考文献
伊藤ふくお 2007『どんぐりの図鑑』
上村俊雄ほか 1984『南西諸島の先史時代に於ける考古学的基礎研究』
九州縄文研究会 2008『第18回九州縄文研究会 熊本大会　九州の縄文住居Ⅱ』

金武正紀 1983「解説 Ⅱ-6 住居跡の形態と変遷」『沖縄歴史地図 考古編』
国分直一ほか 1959「奄美大島の先史時代」『奄美—自然と文化』所収
白木原和美 1987「喜界島半田の住居址」『東アジアの考古と歴史 中 岡崎敬先生退官記念論集』
杉井 健 2002「第2章 生業をめぐる諸問題 第5節 沖縄諸島における居住形態の変遷とその特質」『先史琉球の生業と交易—奄美・沖縄の調査から—』
高宮廣衞 1992「縄先史時代土器文化の名称「縄文時代」・「うるま時代」の提唱について」『南島考古』12
多和田真淳 1956「琉球列島の貝塚分布と編年の概念」『沖縄文化財報告』
知名定順 2000「前原遺跡の水場遺構と貯蔵穴」『季刊考古学』73
堂込秀人 1995「南西諸島における竪穴住居—縄文時代晩期から弥生時代相当期の変遷—」『古代文化』47—1
堂込秀人 2004「南九州・奄美・沖縄の旧石器から縄文時代の考古学の課題」『第5回沖縄考古学会・鹿児島県考古学会合同学会研究発表会資料集 20年の歩みと今後の課題』
新納義馬 1983「考古編 解説 Ⅰ-1・2 沖縄をとりまく自然・現存植生 琉球列島の植生の地域性」『沖縄歴史地図』
宮城長信 1978「沖縄先史時代「中期」の住居遺構について」『南島史論㈡—冨村真演教授退官・城間政雄教授還暦記念論文集』
渡辺 誠 2008『目からウロコの縄文文化—日本文化の基層を探る』

遺跡関連文献

　　北海道

旭川市教育委員会 2000『神居古潭15遺跡』
厚真町教育委員会 2004『厚幌1遺跡』
厚真町教育委員会 2010『厚幌1遺跡(2)・幌内7遺跡(1)』
網走市教育委員会 1992『嘉多山3遺跡・嘉多山4遺跡』
池田町教育委員会 1994『池田3遺跡―続―』
石狩町教育委員会 1979『SHIBISHIUSU Ⅱ』
岩内町教育委員会 2004『岩内町東山1遺跡』
浦幌町教育委員会 1971『平和遺跡　浦幌町平和遺跡発掘調査報告書』
江差町教育委員会 1989『茂尻C遺跡』
恵庭市教育委員会 1981『柏木B遺跡』
恵庭市教育委員会 1989『ユカンボシE8遺跡』
恵庭市教育委員会 1992『中島松1遺跡・南島松4遺跡・南島松3遺跡・南島松2遺跡』
恵庭市教育委員会 1992『ユカンボシE3遺跡A地点・ユカンボシE8遺跡B地点』
恵庭市教育委員会 1993『西島松14遺跡・西島松15遺跡』
恵庭市教育委員会 1998『カリンバ2遺跡第Ⅲ・Ⅳ・Ⅴ地点』
恵庭市教育委員会 2001『カリンバ1遺跡―A地点―』
恵庭市教育委員会 2003『カリンバ3遺跡(1)』
恵庭市教育委員会 2004『柏木川7遺跡』
恵庭市教育委員会 2005『カリンバ1遺跡C・E地点』
恵庭市教育委員会 2005『カリンバ2遺跡第Ⅶ地点』
江別市教育委員会 1982『元江別3・大麻6』
江別市教育委員会 1983『大麻6・旧豊平河畔』
長万部町教育委員会 2002『栄原2遺跡(2)』
小樽市教育委員会 1990『塩谷3遺跡』
音更町教育委員会 2007『共進2遺跡』
乙部町教育委員会 1980『オカシ内・元和15遺跡』
帯広市教育委員会 1990『帯広・八千代A遺跡』
帯広市教育委員会 2006『帯広・大正遺跡群2』
上磯町教育委員会 2004『押上1遺跡』
木古内町教育委員会 1974『札苅遺跡』

木古内町教育委員会 1990『鶴岡2遺跡Ⅱ』
木古内町教育委員会 1995『釜谷5遺跡』
木古内町教育委員会 1999『木古内町釜谷遺跡』
木古内町教育委員会 2003『泉沢2遺跡A地点』
木古内町教育委員会 2004『蛇内遺跡』
北檜山町教育委員会 2001『北檜山町豊岡6遺跡』
北広島市教育委員会 2001『北海道北広島市北の里3遺跡』
釧路市教育委員会 1968『釧路市東釧路遺跡発掘調査概報』（東釧路遺跡第Ⅱ地点）
釧路市立郷土博物館 1974『釧路市貝塚町1丁目遺跡調査報告—第4次調査—』
釧路市立郷土博物館・釧路市埋蔵文化財調査センター 1978『釧路市東釧路第3遺跡発掘報告』
釧路市埋蔵文化財調査センター 1987『釧路市桜ヶ岡1・2遺跡調査報告書』
釧路市埋蔵文化財調査センター 1988『釧路市材木町2遺跡調査報告書Ⅱ』
釧路市埋蔵文化財調査センター 1988『釧路市桜ヶ岡2遺跡調査報告書』
釧路市埋蔵文化財調査センター 1989『釧路市材木町5遺跡調査報告書』
釧路市埋蔵文化財調査センター 1998『釧路市武佐川1遺跡調査報告書』
釧路市埋蔵文化財調査センター 2001『釧路市大楽毛1遺跡調査報告書1』
釧路市埋蔵文化財調査センター 2005『釧路市幣舞2遺跡調査報告書Ⅰ』
釧路市埋蔵文化財調査センター 2009『釧路市幣舞2遺跡調査報告書Ⅱ』
札幌市教育委員会 1998『N30遺跡』
札幌市教育委員会 2002『C143遺跡』
札幌大学埋蔵文化財展示室・小清水町教育委員会 2003『小清水町アオシマナイ遺跡』
鹿追町教育委員会 2002『鹿追高校遺跡』
静内町教育委員会 1982『駒場7遺跡における考古学的調査』
標茶町教育委員会 1976『釧路川中流域の縄文早期遺跡—飯島遺跡—』
標茶町教育委員会 1998『元村遺跡—釧路川中流域の遺跡—』
標津町教育委員会 1990『伊茶仁チシネ第3竪穴群遺跡』
標津町教育委員会 1992『伊茶仁チシネ第1竪穴群遺跡』
斜里町教育委員会 1988『谷田遺跡発掘調査報告書』
斜里町教育委員会 1994『シュマトカリペツ9遺跡発掘調査報告書』
斜里町教育委員会 1999『ポンシュマトカリペツ13遺跡・ポンシュマトカリペツ11遺跡・峰浜海岸1遺跡・ポンシュマトカリペツ9遺跡発掘調査報告書』
斜里町教育委員会 2000『大栄1遺跡』
斜里町教育委員会 2001『大栄6遺跡』

斜里町教育委員会 2004『アキベツ11遺跡発掘調査報告書』
斜里町教育委員会 2006『来運1遺跡』
斜里町教育委員会 2010『オライネコタン3・4遺跡』
知内町教育委員会 1975『森越―縄文前・中期の竪穴住居遺跡―』
千歳市教育委員会 1981『末広遺跡における考古学的調査(上)』
千歳市教育委員会 1982『末広遺跡における考古学的調査(下)』
千歳市教育委員会 1986『梅川3遺跡における考古学的調査』
千歳市教育委員会 1990『イヨマイ6遺跡における考古学的調査(2)』
千歳市教育委員会 1994『丸子山遺跡における考古学的調査』
千歳市教育委員会 1996『末広遺跡における考古学的調査Ⅳ』
戸井町教育委員会 1988『釜谷2遺跡Ⅰ』
戸井町教育委員会 1988『釜谷2遺跡Ⅱ』
戸井町教育委員会 1991『浜町A遺跡Ⅱ』
東京大学文学部考古学研究室 1972『常呂』(栄浦第二)
常呂町 1982『岐阜第二遺跡』
常呂町教育委員会 1993『ところ遺跡の森整備事業報告書』(常呂竪穴群)
常呂町教育委員会 1995『栄浦第二・第一遺跡』
常呂町教育委員会 2000『常呂川河口遺跡(2)』
苫小牧市教育委員会・苫小牧市埋蔵文化財調査センター 1992『静川37遺跡』
苫小牧市教育委員会・苫小牧市埋蔵文化財調査センター 1992『苫小牧東部工業地帯の遺跡群Ⅴ』(静川21遺跡)
苫小牧市教育委員会・苫小牧市埋蔵文化財調査センター 1995『苫小牧東部工業地帯の遺跡群Ⅴ』(柏原18遺跡)
苫小牧市教育委員会・苫小牧市埋蔵文化財調査センター 1998『柏原27・ニナルカ・静川5・6遺跡』
苫小牧市教育委員会・苫小牧市埋蔵文化財調査センター 1998『美沢東遺跡群』
苫小牧市教育委員会・苫小牧市埋蔵文化財調査センター 2002『苫小牧東部工業地帯の遺跡群Ⅷ』(静川遺跡)
苫小牧市教育委員会・苫小牧市埋蔵文化財調査センター 2002『苫小牧東部工業地帯の遺跡群Ⅸ』(静川22遺跡)
七飯町町教育委員会 1999『桜町6遺跡・7遺跡』
根室市教育委員会 1966『北海道根室の先史遺跡』(トーサムポロ遺跡L1区)
根室市教育委員会 1986『根室市別当賀一番沢川遺跡発掘調査報告書』
登別市教育委員会 1982『札内台地の縄文時代集落址』(千歳6)

函館市教育委員会 1977『函館空港第4地点・中野遺跡』
函館市教育委員会 1981『権現台場遺跡発掘調査報告書』（1次）
函館市教育委員会 1987『函館市豊原1遺跡』
函館市教育委員会 1989『陣川町遺跡』
函館市教育委員会 1990『権現台場遺跡』（2次）
函館市教育委員会 1994『豊原2遺跡』
函館市教育委員会 1999『函館市石倉貝塚』
函館市教育委員会 2003『函館市豊原4遺跡』
函館市教育委員会 2010『豊原2遺跡』
函館市教育委員会・市埋蔵文化財事業団 2006『函館市臼尻小学校遺跡』
函館市教育委員会・市埋蔵文化財事業団 2007『臼尻C遺跡』
函館市教育委員会・市埋蔵文化財事業団 2009『函館市臼尻小学校遺跡・豊崎C・D・F・O遺跡』
函館市教育委員会・市埋蔵文化財事業団 2010『函館市豊崎B・P遺跡』
美幌町教育委員会 1989『豊岡4遺跡』
美幌町教育委員会 1991『みどり1遺跡』
美幌町教育委員会 2006『福住12遺跡』
福島町教育委員会 2004『豊浜遺跡』
富良野市教育委員会編 1999『無頭川遺跡―富良野工業高等学校地点―Ⅰ』
北海道教育委員会 1978『美沢川流域の遺跡群Ⅱ』（美沢1・美沢2）
北海道教育委員会 1979『美沢川流域の遺跡群Ⅲ』（美々5・美々7）
北海道文化財保護協会 1996『千歳市オサツ15・16・18遺跡』
北海道文化財保護協会 1997『千歳市オサツ16遺跡(2)』
北海道文化財保護協会 1997『千歳市ポンオサツ遺跡(2)・オサツ18遺跡(2)・ケネフチ5遺跡(2)』
北海道文化財保護協会 1998『千歳市オサツ16遺跡(3)』
北海道文化財保護協会 1999『長万部町オバルベツ2遺跡』
北海道文化財保護協会 1999『長万部町富野5遺跡』
北海道文化財保護協会 2000『長万部町オバルベツ2遺跡(2)』
北海道埋蔵文化財センター 1981『美沢川流域の遺跡群Ⅳ』（美沢1）
北海道埋蔵文化財センター 1986『美沢川流域の遺跡群Ⅸ』（美々2）
北海道埋蔵文化財センター 1987『木古内町建川2・新道4遺跡』
北海道埋蔵文化財センター 1987『新千歳空港用地内埋蔵文化財発掘調査報告書第4分冊ペンケナイ川流域の遺跡群Ⅰ』（美沢10遺跡）

北海道埋蔵文化財センター 1988『新千歳空港用地内埋蔵文化財発掘調査報告書第3分冊　ペンケナイ川流域の遺跡群Ⅱ』(美沢11遺跡)
北海道埋蔵文化財センター 1988『木古内町新道4遺跡』
北海道埋蔵文化財センター 1988『新千歳空港用地内埋蔵文化財発掘調査報告書第2分冊　美沢川流域の遺跡群Ⅺ』(美々8)
北海道埋蔵文化財センター 1988『函館市石川1遺跡』
北海道埋蔵文化財センター 1988『函館市桔梗2遺跡』
北海道埋蔵文化財センター 1989『深川市納内6丁目付近遺跡』
北海道埋蔵文化財センター 1990『深川市納内6丁目付近遺跡Ⅱ』
北海道埋蔵文化財センター 1991『美沢川流域の遺跡群ⅩⅣ』(美々3)
北海道埋蔵文化財センター 1991『余市町フゴッペ貝塚』
北海道埋蔵文化財センター 1992『函館市中野A遺跡』
北海道埋蔵文化財センター 1993『函館市中野A遺跡(2)』
北海道埋蔵文化財センター 1993『芽室町北明1遺跡(2)・音更町西昭和2遺跡・池田町十日川5遺跡』
北海道埋蔵文化財センター 1994『千歳市ユカンボシC2遺跡』
北海道埋蔵文化財センター 1994『七飯町鳴川右岸遺跡』
北海道埋蔵文化財センター 1995『ペンケナイ川流域の遺跡群Ⅲ』(美沢15)
北海道埋蔵文化財センター 1995『千歳市オサツ2遺跡(1)・オサツ14遺跡』
北海道埋蔵文化財センター 1995『千歳市キウス5遺跡・キウス7遺跡(2)・ケネフチ8遺跡』
北海道埋蔵文化財センター 1996『千歳市オサツ2遺跡(2)』
北海道埋蔵文化財センター 1996『千歳市キウス7遺跡(3)』
北海道埋蔵文化財センター 1996『滝里遺跡群Ⅵ　芦別市滝里4遺跡(2)』
北海道埋蔵文化財センター 1996『函館市中野B遺跡』
北海道埋蔵文化財センター 1996『函館市石倉貝塚』
北海道埋蔵文化財センター 1999『函館市中野B遺跡(Ⅳ)』
北海道埋蔵文化財センター 1999『恵庭市ユカンボシE7遺跡』
北海道埋蔵文化財センター 1999『長万部町富野3遺跡』
北海道埋蔵文化財センター 1999『千歳市キウス4遺跡(3)』
北海道埋蔵文化財センター 2000『千歳市キウス7遺跡(5)』
北海道埋蔵文化財センター 2000『千歳市キウス4遺跡(6)』
北海道埋蔵文化財センター 2001『千歳市キウス4遺跡(7)』
北海道埋蔵文化財センター 2001『千歳市キウス4遺跡(8)』

北海道埋蔵文化財センター 2001『白老町虎杖浜2遺跡』
北海道埋蔵文化財センター 2001『鵡川町米原3遺跡・宮戸3遺跡・米原4遺跡』
北海道埋蔵文化財センター 2002『八雲町山崎5遺跡』
北海道埋蔵文化財センター 2003『八雲町野田生1遺跡』
北海道埋蔵文化財センター 2003『根室市穂香竪穴群(3)』
北海道埋蔵文化財センター 2004『恵庭市柏木川13遺跡』
北海道埋蔵文化財センター 2004『根室市穂香竪穴群(3)』
北海道埋蔵文化財センター 2005『根室市穂香川右岸遺跡』
北海道埋蔵文化財センター 2006『北斗市矢不来6遺跡・矢不来11遺跡・館野4遺跡』
北海道埋蔵文化財センター 2006『北斗市矢不来7遺跡・矢不来8遺跡』
北海道埋蔵文化財センター 2006『森町森川3遺跡(2)』
北海道埋蔵文化財センター 2007『北斗市館野遺跡(1)』
北海道埋蔵文化財センター 2008『千歳市キウス9遺跡』
北海道埋蔵文化財センター 2010『千歳市梅川4遺跡(2)』
北海道埋蔵文化財センター 2010『富良野市学田三区2遺跡・学田三区3遺跡』
松前町教育委員会 1983『白坂』
松前町教育委員会 1988『寺町貝塚』
松前町教育委員会 2005『東山遺跡』
南茅部町教育委員会 1978『臼尻B遺跡発掘調査概報』
南茅部町教育委員会 1978『ハマナス野遺跡発掘調査概報』
南茅部町教育委員会 1979『臼尻B遺跡発掘調査報告』
南茅部町教育委員会 1980『臼尻B遺跡』
南茅部町教育委員会 1982『ハマナス野遺跡Ⅷ』
南茅部町教育委員会 1983『ハマナス野遺跡Ⅸ』
南茅部町教育委員会 1984『ハマナス野遺跡Ⅹ』
南茅部町教育委員会 1986『臼尻B遺跡 vol.Ⅵ』
南茅部町教育委員会 1990『ハマナス野遺跡 vol.Ⅻ』
南茅部町教育委員会 1994『豊崎N遺跡』
南茅部町教育委員会 1995『ハマナス野遺跡 vol.ⅩⅤ』
南茅部町教育委員会 1996『磨光B遺跡』
南茅部町教育委員会 1998『大船C遺跡』
南茅部町教育委員会 2000『安浦B遺跡』
南茅部町埋蔵文化財調査団 1990『川汲遺跡・川汲D遺跡』
南茅部町埋蔵文化財調査団 1992『八木B遺跡』

南茅部町埋蔵文化財調査団 2002『垣ノ島B遺跡』
南茅部町埋蔵文化財調査団 2004『垣ノ島A遺跡』
女満別町教育委員会 1992『女満別町豊里石刃遺跡・住吉C遺跡』
森町教育委員会 1985『御幸町』
森町教育委員会 2006『鷲ノ木4遺跡』
森町教育委員会 2008『鷲ノ木遺跡』
門別町教育委員会 1989『エサンヌップ2遺跡・エサンヌップ3遺跡』
門別町教育委員会 2002『ピタルパ遺跡』
八雲町教育委員会 1983『栄浜―八雲町栄浜1遺跡発掘調査報告書―』
八雲町教育委員会 1991『浜松2遺跡』
八雲町教育委員会 1998『栄浜1遺跡Ⅳ』
八雲町教育委員会 2005『浜松2遺跡Ⅲ』
羅臼町教育委員会 1978『トビニウス川南岸遺跡』
羅臼町教育委員会 1991『オタフク岩遺跡（第Ⅰ地点・第Ⅱ地点・洞窟）』
礼文町教育委員会 2000『礼文町船泊遺跡発掘調査報告書』

　青森県

青森県 2002『青森県史別編　三内丸山遺跡』
青森県教育委員会 1983『鶉窪遺跡』
青森県教育委員会 1991『中野平遺跡』
青森県教育委員会 1993『野場(5)遺跡』
青森県教育委員会 1994『三内丸山(2)遺跡Ⅱ』
青森県教育委員会 1996『三内丸山遺跡Ⅵ』
青森県教育委員会 1999『十腰内(1)遺跡』
青森県教育委員会 1999『三内丸山遺跡ⅩⅢ』
青森県教育委員会 1999『櫛引遺跡』
青森県教育委員会 2003『上野尻遺跡Ⅳ』
青森県教育委員会 2003『三内丸山遺跡22』
青森県教育委員会 2004『岩渡小谷(4)遺跡Ⅱ』
青森県教育委員会 2006『東道ノ上(3)遺跡』
青森県教育委員会 2006『近野遺跡Ⅸ』
青森県教育委員会 2008『水上遺跡Ⅱ』
青森県立郷土館 1976『小田野沢　下田代納屋B遺跡発掘調査報告書』
青森市教育委員会 1999『小牧野遺跡発掘調査報告書Ⅳ』
青森市教育委員会 2000『小牧野遺跡発掘調査報告書Ⅴ』

青森市教育委員会 2002『小牧野遺跡発掘調査報告書Ⅶ』
青森市教育委員会 2006『小牧野遺跡発掘調査報告書Ⅸ』
青森市蛍沢遺跡発掘調査団 1979『蛍沢遺跡』
児玉大成・遠藤正夫 2000「小牧野遺跡における環状列石と水場遺構」『季刊考古学』73
市浦村教育委員会 1983『五十女笵遺跡』
天間林村教育委員会 1997『二ツ森貝塚—平成8年度二ツ森貝塚発掘調査報告書』
十和田市教育委員会 1984『明戸遺跡発掘調査報告書』
野辺地町教育委員会 2004『向田(18)遺跡』
二本柳正一ほか 1955「青森県上北郡早稲田貝塚」『考古学雑誌』43—2
階上町教育委員会 2000『滝端遺跡発掘調査報告書』
八戸市教育委員会 1988『八戸新都市区域内埋蔵文化財発掘調査報告書Ⅴ—田面木平遺跡(1)—』
八戸市教育委員会 2005『是川中居遺跡4』
八戸市教育委員会 2008『風張(1)遺跡Ⅵ』

岩手県

一戸町教育委員会 1993『御所野遺跡Ⅰ』
一戸町教育委員会 2004『御所野遺跡Ⅱ』
岩手県埋蔵文化財センター 1982『御所ダム関連遺跡発掘調査報告書 雫石町塩ヶ森Ⅰ・Ⅱ遺跡』
岩手県埋蔵文化財センター 1982『御所ダム関連遺跡発掘調査報告書 盛岡市莇内遺跡』
岩手県埋蔵文化財センター 1982『二戸バイパス関連遺跡発掘調査報告書 二戸市長瀬B遺跡』
岩手県埋蔵文化財センター 1983『上村遺跡・下村A遺跡・下村B遺跡発掘調査報告書』
岩手県埋蔵文化財センター 1983『赤坂田Ⅰ・Ⅱ遺跡発掘調査報告書』
岩手県埋蔵文化財センター 1985『岩手の遺跡』
岩手県埋蔵文化財センター 1986『馬場野Ⅱ遺跡発掘調査報告書』
岩手県埋蔵文化財センター 1988『大久保・西久保遺跡発掘調査報告書』
岩手県埋蔵文化財センター 1988『馬立Ⅰ・太田遺跡発掘調査報告書』
岩手県埋蔵文化財センター 1992『本郷遺跡発掘調査報告書』
岩手県埋蔵文化財センター 1992『石曽根遺跡発掘調査報告書』
岩手県埋蔵文化財センター 1997『上八木田Ⅰ遺跡発掘調査報告書』
岩手県埋蔵文化財センター 1997『平沢Ⅰ遺跡発掘調査報告書Ⅲ』
岩手県埋蔵文化財センター 1998『大日向Ⅱ遺跡発掘調査報告書—第6次〜第8次調査—』
岩手県埋蔵文化財センター 2000『休場遺跡発掘調査報告書』

岩手県埋蔵文化財センター 2001『長谷堂貝塚発掘調査報告書』
岩手県埋蔵文化財センター 2004『大中田遺跡発掘調査報告書』
岩手県埋蔵文化財センター 2004『高畑遺跡発掘調査報告書』
岩手県埋蔵文化財センター 2006『大橋遺跡発掘調査報告書』
岩手県埋蔵文化財センター 2008『力持遺跡発掘調査報告書』
岩手県埋蔵文化財センター 2009『川目A遺跡第6次発掘調査報告書』
岩手県立博物館 2000『気仙郡住田町小松洞穴発掘調査報告書』
大船渡市教育委員会 2002『岩手県大船渡市宮野貝塚緊急発掘調査報告書』
大船渡市教育委員会 2004『岩手県大船渡市大洞貝塚 平成13・14・15年度内容確認調査報告書』
北上市教育委員会 1978『八天遺跡 図版編』
北上市教育委員会 1979『八天遺跡 本文編』
北上市教育委員会 2010『八天遺跡（2008年度）』
滝沢村教育委員会 1992『湯舟沢Ⅱ遺跡』
遠野市教育委員会 2002『新田Ⅱ遺跡』
花巻市教育委員会 2001『稲荷神社遺跡発掘調査報告書』
花巻市博物館 2005『上台Ⅰ遺跡発掘調査報告書(1)』
宮古市教育委員会 1995『崎山貝塚』

　秋田県

秋田県教育委員会 1979『梨ノ木塚遺跡発掘調査報告書』
秋田県教育委員会 1988『東北横断自動車道秋田線発掘調査報告書Ⅱ―上ノ山Ⅰ遺跡・館野遺跡・上ノ山Ⅱ遺跡―』
秋田県教育委員会 1991『東北横断自動車道秋田線発掘調査報告書Ⅸ―太田遺跡―』
秋田県教育委員会 1992『曲田地区農免農道整備事業に係る埋蔵文化財発掘調査報告書Ⅱ―家ノ後遺跡―』
秋田県教育委員会 1994『白坂遺跡発掘調査報告書』
秋田県教育委員会 1996『東北横断自動車道秋田線発掘調査報告書XXⅡ―岩瀬遺跡―』
秋田県教育委員会 1997『池内遺跡　遺構篇』
秋田県教育委員会 1999『池内遺跡　遺物・資料篇』
秋田県教育委員会 2000『根下戸道下遺跡』
秋田県教育委員会 2004『菖蒲崎貝塚』
秋田県教育委員会 2005『上谷地遺跡・新谷地遺跡』
秋田県教育委員会 2005『柏子所Ⅱ遺跡』
秋田県教育委員会 2008『鹿渡渉Ⅱ遺跡・樋向Ⅰ遺跡・樋向Ⅱ遺跡・樋向Ⅲ遺跡・大

沢Ⅰ遺跡・大沢Ⅱ遺跡』
秋田県埋蔵文化財センター 2003『平成 14 年度秋田県埋蔵文化財発掘調査報告会資料』(漆下遺跡)(脱稿後、2011 年に報告書刊行)
秋田市教育委員会 1992『上新城中学校遺跡』

  宮城県

一迫町教育委員会 1985『山王囲遺跡　調査図録』
塩釜女子高等学校社会部 1972『二月田貝塚』
七ヶ浜町教育委員会 1982『鬼ノ神山貝塚・野山遺跡』
仙台市教育委員会 1987『山田上ノ台遺跡』
仙台市教育委員会 1990『下ノ内遺跡』
仙台市教育委員会 1992『沼遺跡』
仙台市教育委員会 1995『六反田遺跡』
仙台市教育委員会 1996『野川遺跡』
東北歴史資料館 1983『里浜貝塚Ⅱ』東北歴史資料館資料集 7
東北歴史資料館 1984『里浜貝塚Ⅲ』東北歴史資料館資料集 9
東北歴史資料館 1985『里浜貝塚Ⅳ』東北歴史資料館資料集 13
東北歴史資料館 1986・1987『里浜貝塚Ⅴ・Ⅵ』東北歴史資料館資料集 15・19
東北歴史資料館 1988『里浜貝塚Ⅶ』東北歴史資料館資料集 22
東北歴史資料館 1991『里浜貝塚Ⅷ』東北歴史資料館資料集 32
東北歴史資料館 1994『里浜貝塚Ⅸ』東北歴史資料館資料集 36
宮城県教育委員会 1978『東北自動車道遺跡調査報告書Ⅰ』(上深沢遺跡)
宮城県教育委員会 1978『東北自動車道遺跡調査報告書Ⅶ』(菅生田遺跡)
宮城県教育委員会 1978『東北自動車道遺跡調査報告書Ⅸ』(二屋敷遺跡)
宮城県教育委員会 1985『七ヶ宿ダム関連遺跡群発掘調査報告書Ⅰ』(大倉遺跡)
宮城県教育委員会 1986a『今熊野遺跡』
宮城県教育委員会 1986b『田柄貝塚』
宮城県教育委員会 1986c『新浜遺跡』
宮城県教育委員会 1987『中ノ内 B 遺跡』
宮城県教育委員会 1987『小梁川遺跡』
宮城県教育委員会 1987『中ノ内 B 遺跡』
宮城県教育委員会 1988『大梁川遺跡、小梁川遺跡』
宮城県教育委員会 1990『摺萩遺跡』
宮城県教育委員会 2003『嘉倉貝塚』
宮城県教育委員会 2007「山居遺跡ほか (縄文時代編)」『三陸縦貫自動車道建設関連

遺跡調査報告書Ⅸ』
本吉町教育委員会 1979『前浜貝塚』
　山形県
長井市教育委員会 1981『長者屋敷遺跡』
山形県教育委員会 1988『吹浦遺跡第 3 次、第 4 次』
山形県教育委員会 1990『押出遺跡　発掘調査報告書』
山形県教育委員会 1991『西海渕遺跡　第 1 次発掘調査報告書』
山形県教育委員会 1992『西海渕遺跡　第 2 次発掘調査報告書』
山形県教育委員会 1993『山形西高敷地内遺跡第 5 次発掘調査報告書』
㈶山形県埋蔵文化財センター 1994『西ノ前遺跡発掘調査報告書』
㈶山形県埋蔵文化財センター 2001『小山崎遺跡第 4 次発掘調査報告書』
㈶山形県埋蔵文化財センター 2005『高瀬山遺跡（HO 地区）発掘調査報告書』
㈶山形県埋蔵文化財センター 2009『下叶水遺跡』
米沢市教育委員会 1995『一ノ坂遺跡』
米沢市教育委員会 1996a『一ノ坂遺跡　発掘調査報告書』
米沢市教育委員会 1996b『台の上遺跡発掘調査報告書』
米沢市教育委員会 2006『台の上遺跡発掘調査報告書』
　福島県
会津若松市教育委員会 2001『本能原遺跡』
飯野町教育委員会 2003『和台遺跡』
飯野町教育委員会 2005『和台遺跡』2
いわき市教育委員会 1993『久世原館・番匠地遺跡』
いわき市教育委員会 2007『弘源寺貝塚』
小高町教育委員会 2005『浦尻貝塚』1
郡山市教育委員会 1992「鴨打 A 遺跡」『郡山東部』12
福島県教育委員会 1975「塩沢上原遺跡」『東北自動車道遺跡調査報告』
福島県教育委員会 1975「田地ヶ岡遺跡」『東北自動車道遺跡調査報告』
福島県教育委員会 1990「中胄遺跡、上胄 A 遺跡、胄宮西遺跡、三十刈遺跡、水上遺跡」
　『国営会津農業水利事業関連遺跡調査報告Ⅷ』
福島県教育委員会 1992「高木・北ノ脇遺跡」『阿武隈川右岸地区遺跡調査報告』3
福島県教育委員会 1992「高木遺跡」『阿武隈川右岸地区遺跡調査報告』5
福島県教育委員会 1993「高木遺跡」『阿武隈川右岸地区遺跡調査報告』4
㈶福島県文化センター 1988「羽白 C 遺跡（第 1 次）」『真野ダム関連遺跡発掘調査報
　告Ⅻ』

㈶福島県文化センター 1989a「羽白C遺跡（第2次）、宮内A遺跡（第1次）、宮内B遺跡（第2次）」『真野ダム関連遺跡発掘調査報告書XIII』
㈶福島県文化センター 1989b「仲平遺跡」『三春ダム関連遺跡発掘調査報告書』1
㈶福島県文化センター 1990「宮内A遺跡、上ノ台B遺跡、上ノ台C遺跡、上ノ台D遺跡、日向遺跡（第2次）、日向南遺跡（第4次）」『真野ダム関連遺跡発掘調査報告XV』
㈶福島県文化センター 1991a「柴原A遺跡」『三春ダム関連遺跡発掘調査報告書』4
㈶福島県文化センター 1991b「法正尻遺跡」『東北横断自動車道遺跡調査報告』11
㈶福島県文化センター 1996「西方前遺跡」『三春ダム関連遺跡発掘調査報告書』5
㈶福島県文化センター 1996「越田和遺跡」『三春ダム関連遺跡発掘調査報告書』8
㈶福島県文化センター 2003「前山遺跡」『常磐自動車道遺跡調査報告』35
福島市教育委員会 1995「弓手原A遺跡」『摺上川ダム関連発掘調査報告書』
福島市教育委員会 1995「下ノ平D遺跡・弓手原A遺跡（1次）」『摺上川ダム関連発掘調査報告書』
福島市教育委員会 1996『宮畑遺跡（岡島）』
福島市教育委員会 1997「弓手原A遺跡（第2次）」『摺上川ダム関連発掘調査報告書』
福島市教育委員会 1997「獅子内遺跡」『摺上川ダム関連発掘調査報告書』
福島市教育委員会 1997『宮畑遺跡』2
福島市教育委員会 1998a「弓手原A遺跡（第3次）」『摺上川ダム関連発掘調査報告書』
福島市教育委員会 1998b「下ノ平E遺跡・西ノ前遺跡」『摺上川ダム関連発掘調査報告書』
福島市教育委員会 2001「大枝館跡・入トンキャラ遺跡（2次）」『摺上川ダム関連発掘調査報告書』
福島市教育委員会 2004「西ノ向D遺跡・戸上向遺跡」『摺上川ダム関連発掘調査報告書』
三島町教育委員会 1990『荒屋敷遺跡II』

茨城県

西村正衛 1984「茨城県行方郡潮来町狭間貝塚―縄文早期文化の研究―」『石器時代における利根川下流域の研究』早稲田大学出版部
西村正衛 1984「茨城県稲敷郡浮島貝ヶ窪貝塚―縄文前期後半文化の研究―」『石器時代における利根川下流域の研究』早稲田大学出版部
西村正衛 1984「茨城県稲敷郡美浦村興津貝塚―縄文前期後半文化の研究―」『石器時代における利根川下流域の研究』早稲田大学出版部
西村正衛 1984「利根川下流域における縄文時代主要貝塚一覧表」『石器時代における利根川下流域の研究』早稲田大学出版部
宮内良隆ほか 1995『中妻貝塚』取手市教育委員会

栃木県
江原　英ほか 1998『寺野東遺跡Ⅳ』栃木県文化振興事業団　埋蔵文化財センター
埼玉県
青木義脩ほか 1967『大谷場貝塚・一ツ木遺跡―第2次・第3次―』浦和市文化財調査委員会
青木義脩ほか 1968『大谷場貝塚・一ツ木遺跡―昭和42年度―』浦和市文化財調査委員会
青木義脩ほか 1983『井沼方遺跡』浦和市遺跡調査会報告書 26
青木義脩ほか 1984『大古里遺跡（第5地点）』浦和市遺跡調査会報告書 38
青木義脩ほか 1985『大古里遺跡（第6地点）』浦和市遺跡調査会報告書 48
青木義脩ほか 1986『井沼方遺跡（第8次）』浦和市内遺跡報告書 59
青木義脩ほか 1991『大古里遺跡（第9・10・11・12地点）・稲荷原遺跡』浦和市内遺跡報告書 15
青木義脩ほか 1993『細谷北遺跡・大古里遺跡』浦和市内遺跡報告書 19
青木義脩ほか 1994『井沼方遺跡（第12次）』浦和市内遺跡報告書 185
上尾市史編纂室編 1991『平方貝塚』上尾市史編纂室報告書
荒井幹夫 1975「谷津遺跡」『富士見市文化財報告　Ⅸ』富士見市教育委員会
荒井幹夫ほか 1978『打越遺跡』富士見市文化財調査報告 14
荒井幹夫・小出輝雄 1983『打越遺跡』富士見市文化財報告 28
新屋雅明ほか 1988『赤城遺跡』埼玉県埋蔵文化財調査事業団報告書 74
岩槻市教育委員会 2000『真福寺貝塚調査報告書』1
岩槻市史編纂室編 1990『岩槻市史』考古編
浦和市史編纂室編 1974『浦和市史』第1巻　考古資料編
奥野麦生 1987『黒浜貝塚群　宿上貝塚・御林遺跡』埼玉県埋蔵文化財調査報告 16
桶川市教育委員会 2003『後谷遺跡　第一分冊』
金子直行 1992『子母口貝塚資料・大口坂貝塚資料』山内清男考古資料5、奈良国立文化財研究所
金箱文夫 1996「埼玉県赤山陣屋跡遺跡―トチの実加工場の語る生業形態―」『季刊考古学』55
川口市教育委員会 1989『赤山・本文編』川口市教育委員会
黒坂禎二 1992『上福岡貝塚資料』山内清男考古資料3 奈良国立文化財研究所
埼玉県 1980『新編埼玉県史資料編1』
佐々木由香・山崎真治 2001「川口市石神貝塚（第十四次）の調査」『第三十四回遺跡発掘調査報告会　発表要旨』埼玉県考古学会

下村克彦・金子浩昌 1970『花積貝塚発掘調査報告書』埼玉県遺跡調査会報告 15
庄野靖寿 1974『関山貝塚』埼玉県埋蔵文化財調査報告 3
田中和之ほか 1991『天神前遺跡』蓮田市文化財調査報告 17
早川智明・井上　肇 1987「第 1 章　原始社会と荒川　第 2 節　荒川流域の貝塚と出土品」『荒川　自然　荒川総合調査報告書 1』
早坂廣人ほか 1995『水子貝塚』富士見市教育委員会
富士見市史編纂室 1986『富士見市史　資料編 2　考古』
　千葉県
植月　学ほか 1997『庚塚遺跡代地点』市川市教育委員会
宇田　敦ほか 1997『南羽鳥遺跡群 II』財団法人印旛郡市文化財センター発掘調査報告書 133
岡崎文喜ほか 1982『古作貝塚』船橋市遺跡調査会古作貝塚調査団
岡崎文喜ほか 1983『古作貝塚 II』船橋市遺跡調査会古作貝塚調査団
岡田光広 1989『関宿町飯塚貝塚』千葉県埋蔵文化財センター
岡本東三ほか 1994『城ノ台南貝塚発掘調査報告書』千葉大学文学部考古学研究室
小川和博 1983「祇園原貝塚」『上総国分寺台発掘調査概要 IX』上総国分寺台遺跡調査団
忍澤成視 1999「祇園原貝塚」『上総国分寺台発掘調査報告 V』市原市教育委員会
上守秀明ほか 2000『千葉県幸田貝塚資料』山内清男資料 12 奈良国立文化財研究所
後藤和民 1982『千葉県史　原始古代編』
子和清水貝塚発掘調査団編 1976「子和清水貝塚―遺構図版編―」『松戸市文化財調査報告書』7
子和清水貝塚発掘調査団編 1978「子和清水貝塚―遺物図版編 1―」『松戸市文化財調査報告書』8
子和清水貝塚発掘調査団編 1985「子和清水貝塚―遺物図版編 2―」『松戸市文化財調査報告書』11
清藤一順・岡田誠造 1981『千葉市矢作貝塚』千葉県文化財センター
高橋康男 1985『草刈貝塚』市原市文化財センター
千葉市加曽利貝塚博物館 1970『加曽利貝塚』III
千葉県文化財センター 1999『研究紀要 19』
鶴岡英一ほか 2007『市原市西広貝塚　III』市原市教育委員会
寺門義範ほか 1997『千葉市園生貝塚―平成 5 年度・平成 6 年度発掘調査報告書―』千葉市教育委員会
西野雅人 1998『有吉北貝塚 1（旧石器・縄文時代）』千葉県文化財センター

西村正衛 1984「千葉県香取郡神崎町西之城遺跡—縄文早期文化の研究—」『石器時代における利根川下流域の研究』早稲田大学出版部

西村正衛 1984「千葉県香取郡佐原市鴇崎遺跡—縄文早期文化の研究—」『石器時代における利根川下流域の研究』早稲田大学出版部

西村正衛 1984「千葉県香取郡神崎町植房貝塚—縄文前期前半文化の研究—」『石器時代における利根川下流域の研究』早稲田大学出版部

西村正衛 1984「千葉県香取郡小見川町阿玉台貝塚—縄文中期文化の研究—」『石器時代における利根川下流域の研究』早稲田大学出版部

西村正衛 1984「千葉県香取郡小見川町内野貝塚—縄文中期文化の研究—」『石器時代における利根川下流域の研究』早稲田大学出版部

西村正衛 1984「千葉県成田市荒海貝塚（第1次・2次調査）—縄文晩期文化の研究—」『石器時代における利根川下流域の研究』早稲田大学出版部

西村正衛 1984「千葉県成田市荒海貝塚C地点（第3次調査）—縄文晩期文化の研究—」『石器時代における利根川下流域の研究』早稲田大学出版部

船橋市教育委員会 2009『船橋市最古の貝塚—取掛西貝塚速報展—』

古里節夫 1978『幸田貝塚　第7次（昭和52年度）調査概報』松戸市文化財小報12

古里節夫 1978『幸田貝塚　第8次（昭和53年度）調査概報』松戸市文化財小報13

古里節夫 1985『島崎遺跡・幸田貝塚（第10次調査）』松戸市文化財調査報告10

古里節夫 1978『幸田貝塚（第11次調査）殿平賀貝塚（第4次調査）』松戸市文化財調査報告12

堀越正行 1976『曽谷貝塚C地点発掘調査概報』市川市教育委員会

堀越正行 1977『曽谷貝塚D地点発掘調査概報』市川市教育委員会

堀越正行 1976『曽谷貝塚E地点発掘調査概報』市川市教育委員会

安井健一ほか 2005『市原市西広貝塚Ⅱ』市原市教育委員会

八幡一郎ほか 1971『高根木戸』船橋市教育委員会

八幡一郎ほか 1973『貝の花貝塚』松戸市教育委員会

米田耕之助ほか 1978「祇園原貝塚」『上総国分寺台発掘調査概要Ⅴ』上総国分寺台遺跡調査団

米田耕之助ほか 1979「祇園原貝塚Ⅱ」『上総国分寺台発掘調査概要Ⅵ』上総国分寺台遺跡調査団

　東京都

品川区品川歴史館編 2008「東京の貝塚遺跡地名表」『東京の貝塚を考える』

　神奈川県

赤星直忠・岡本　勇 1957「茅山貝塚」『横須賀市博物館研究報告（人文科学）』1

赤星直忠・岡本　勇 1962「横須賀市吉井城山第一貝塚調査概報」『横須賀市博物館研究報告（人文科学）』6
秋田かな子 1991「王子ノ台遺跡西区―1990年度調査概要」『東海大学校地内遺跡調査報告2』東海大学校地内遺跡調査団
上原正人 2003「平塚市真田北金目遺跡群―縄文時代後期の水場遺構―」『第27回神奈川県遺跡調査・研究発表会発表要旨』神奈川県考古学会
上原正人 2010「平塚市真田北金目遺跡群の水場遺構」『公開セミナー縄文時代の植物食と水場利用』かながわ考古学財団
岡本　勇 1953「相模　平坂貝塚」『駿台史学』3
小宮恒雄ほか 2001『茅ヶ崎貝塚』横浜市ふるさと歴史財団
坂本　彰 2003『横浜市　西ノ谷貝塚』横浜市ふるさと歴史財団
坂本　彰ほか 2007『北川貝塚』横浜市ふるさと歴史財団
杉原荘介・芹沢長介 1957『神奈川県夏島における縄文文化初頭の貝塚』明治大学文学部
武井則道ほか 2008『南堀貝塚』横浜市ふるさと歴史財団
寺田兼方ほか 1993『遠藤貝塚』藤沢市西部開発地域内埋蔵文化財発掘調査団
中村若枝 1994「神奈川県下の縄文時代貝塚を概観して」『考古論叢　神奈河』3
新山保和 2010「伊勢原市西富岡・向畑遺跡」『公開セミナー縄文時代の植物食と水場利用』かながわ考古学財団
松田光太郎 2002『稲荷山貝塚』かながわ考古学財団
領塚正浩 1984「神奈川県横須賀市平坂東貝塚の概要―縄文時代早期撚糸文系土器群を出土せる鹹水性貝塚の一様相―」『唐沢考古』4
和島誠一・岡本　勇 1958「南堀貝塚と原始集落」『横浜市史1』
　新潟県
板倉町教育委員会 1986『峯山B遺跡』
柏崎市教育委員会 1985『刈羽大平・小丸山』
佐藤雅一 2011「信濃川水系」『季刊東北学』26
新発田市教育委員会 2003『二夕子沢A遺跡発掘調査報告書』
長岡市教育委員会 1998『中道遺跡』
新潟県教育委員会 1990『関越自動車道関係発掘調査報告書　岩原I遺跡　上林塚遺跡』
新潟県教育委員会 1992『関越自動車道関係発掘調査報告書　五丁歩　十二木遺跡』
新潟県教育委員会・㈶新潟県埋蔵文化財調査事業団 2004『日本海沿岸東北自動車道

関係発掘調査報告書Ⅴ　青田遺跡』
新潟県教育委員会・㈶新潟県埋蔵文化財調査事業団 2005『磐越自動車道関係発掘調査報告書　北野遺跡Ⅱ（上層）』
新潟県教育委員会・㈶新潟県埋蔵文化財調査事業団 2008『一般国道116号出雲崎バイパス関係発掘調査報告書Ⅵ　寺前遺跡』
㈶新潟県埋蔵文化財調査事業団 2004『青田遺跡』
新潟市教育委員会 2010『大沢谷内北遺跡第3次調査』
新潟市教育委員会 2012『大沢谷内遺跡Ⅱ　第7・9・11・12・14次調査』
前山精明 1996「新潟県西蒲原郡巻町御井戸遺跡」『日本考古学年報』47
前山精明 2010「新潟市大沢谷内遺跡」『新潟県考古学会第22回大会研究発表・調査報告等要旨』
渡邊美穂子 2003「上車野E遺跡」『新潟県の縄文集落』

　富山県
小矢部市教育委員会 1994、1995『臼谷岡村遺跡』
小矢部市教育委員会 2007『桜町遺跡発掘調査報告書　縄文時代総括編』
町田賢一 2011「富山県小竹貝塚」『考古学ジャーナル』№613
南砺市教育委員会 2007『矢張下島遺跡調査報告』

　石川県
石川県立埋蔵文化財センター 1989『金沢市米泉遺跡』
石川県立埋蔵文化財センター 1990「押水町紺屋町ダイラクボウ遺跡」『石川県立埋蔵文化財センター所報』31号
㈶石川県埋蔵文化財センター 2004『田鶴浜町三引遺跡Ⅲ』
能登町教育委員会 1986『真脇遺跡』
能登町教育委員会 2002『真脇遺跡2002』
能登町教育委員会 2006『真脇遺跡2006』

　福井県
福井県教育委員会 1979『鳥浜貝塚』
福井県教育庁埋蔵文化財センター 2003『四方谷岩伏遺跡』
福井県立若狭歴史民俗資料館 1986、1987『岩の鼻遺跡、岩の鼻遺跡Ⅱ』
福井県立若狭歴史民俗資料館 1996、2000、2002『鳥浜貝塚研究1～3』

　山梨県
明野村教育委員会 1986『清水端遺跡』
明野村教育委員会 1993『屋敷添』

雨宮正樹・山下孝司・櫛原功一 1988「山梨県高根町青木遺跡調査概報」『山梨県考古学協会誌』2
伊藤修二 2001「銚子原遺跡の大型住居」『山梨県考古学協会誌』12
上ノ原遺跡発掘調査団 1999『上ノ原遺跡』
鵜飼幸雄 2010『シリーズ「遺跡を学ぶ」071 国宝土偶「縄文ビーナス」の誕生・棚畑遺跡』
大泉村教育委員会 1987『姥神遺跡』
大泉村教育委員会 1988『方城第1遺跡』
忍野村教育委員会 2003『笹見原遺跡 埋蔵文化財発掘調査報告書』
境川村教育委員会 1986『小黒坂南遺跡群』
佐野 隆 2006「梅之木遺跡の調査と成果」『山梨考古 2006 年度地域大会特集―梅之木遺跡から見た縄文のムラ―』
十菱駿武 1992「縄文水晶遺跡―山梨県牧丘町奥豊原遺跡・塩山市乙木田遺跡―の調査」『日本考古学協会第58回総会研究発表要旨』
新宿区民健康村遺跡調査団 1994『健康村遺跡』
鈴木治彦 1986「長坂町別当遺跡検出敷石住居址について」『丘陵』12
高根町教育委員会 1997『社口遺跡第3次調査報告書』
千葉 毅 2010「山梨県北杜市板橋遺跡」『考古学研究』56―4
長沢宏昌 2001「大月遺跡のドングリとその出土状況」『山梨県考古学協会誌』12
韮崎市教育委員会 1998『山梨県韮崎市三宮地遺跡』
白州町教育委員会 1993『上北田遺跡』
北杜市教育委員会 2008『山梨県北杜市梅之木遺跡Ⅶ』
山梨県 1998『山梨県史資料編1 原始・古代1』
山梨県 1999『山梨県史資料編2 原始・古代2』
山梨県 2004『山梨県史通史編1 原始・古代』
山梨県教育委員会 1986『一の沢西遺跡』
山梨県教育委員会 1986『釈迦堂Ⅰ 山梨県東八代郡一宮町塚越北A地区・B地区、勝沼町釈迦堂地区』
山梨県教育委員会 1987『釈迦堂Ⅱ 山梨県東八代郡勝沼町三口神平地区』
山梨県教育委員会 1987『釈迦堂Ⅲ 山梨県東八代郡一宮町野呂原地区』
山梨県教育委員会 1987『上の平遺跡』
山梨県教育委員会 1989『金生遺跡Ⅱ（縄文時代編）』
山梨県教育委員会 1992『甲ツ原遺跡概報Ⅰ（第1次調査～第3次調査）』
山梨県教育委員会 1994『天神遺跡』
山梨県教育委員会 1995『宮の前遺跡』

山梨県教育委員会 1997『大月遺跡―県立都留高等学校体育館建設に伴う発掘調査―』
山梨県教育委員会 1997『酒呑場遺跡（第３次）遺構編前編』
山梨県教育委員会 1992『甲ツ原遺跡概報Ⅳ（第１次・２次・３次・６次・７次調査）』
山梨県教育委員会 2000『桂野遺跡（第１～３次）・西馬鞭遺跡』
山梨県教育委員会 2001『塩瀬下原遺跡（第４次調査）』
山梨県教育委員会 2005『原町農業高校前遺跡（第２次）』
山梨県考古学協会 2002「縄文土器製作関連遺構・遺物」『土器から探る縄文社会』

長野県

上松町教育委員会 1995『お宮の森裏遺跡』
飯田市教育委員会 1998『美女遺跡』
飯田市教育委員会 2011『中村中平遺跡（遺物編）』
飯山市教育委員会 1990『小沼湯滝バイパス関係遺跡発掘調査報告書Ⅱ　上野遺跡・大倉崎遺跡』
飯山市教育委員会 1995『小泉弥生時代遺跡』
飯山市教育委員会 1995『須多ケ峯遺跡』
飯山市教育委員会 1998『東原遺跡―築堤地点―』
大桑村教育委員会 2001「万場遺跡・川向遺跡」『中山間総合整備事業地内埋蔵文化財発掘調査報告書』
大竹幸恵・宮坂　清 2009「縄文時代における黒曜石の採掘と流通―星ケ塔・星糞峠黒曜石原産地遺跡―」『月刊文化財』548
大町市教育委員会 1990『一津―内陸における縄文時代玉作り遺跡―』
大町市教育委員会 1995『藪沢―5,500年前の耳飾り製作ムラ跡の調査―』
岡谷市教育委員会 1974『扇平遺跡』
川上村教育委員会 1976『信濃大深山遺跡』
小林公明 1991「新石器時代中期の民俗と文化」『富士見町史　上巻』
小諸市教育委員会 1994『石神遺跡群石神』
佐久町教育委員会 1987『後平遺跡』
塩尻市教育委員会 1985『堂の前・福沢・青木沢』
塩尻市教育委員会 1988『向陽台遺跡』
茅野町教育委員会 1957『尖石』
茅野市教育委員会 1986『高風呂遺跡』
茅野市教育委員会 2006『塩之目尻遺跡』
戸倉町教育委員会 1990『円光房遺跡』
豊丘村教育委員会 1977『伴野原遺跡』

中野市教育委員会 1993『沢田鍋土遺跡　第Ⅱ地点発掘調査報告書』
長野県 1982『長野県史考古資料編全1巻(2)主要遺跡（北・東信)』
長野県 1982『長野県史考古資料編全1巻(3)主要遺跡（中・南信)』
長野県 1988『長野県史考古資料編全1巻(4)遺構・遺物』
長野県 1989『長野県史通史編第1巻原始・古代』
長野県教育委員会 1975『長野県中央道―諏訪市その3―「荒神山遺跡」』
長野県教育委員会 1982『長野県中央道―原村その5―「阿久遺跡」』
長野県埋蔵文化財センター 1993『中央道長野線11　―明科町内―北村遺跡』
長野県埋蔵文化財センター 1993『中央道長野線12　―東筑摩郡坂北村ほか―「向六工遺跡」』
長野県埋蔵文化財センター 1994『県道中野豊野線バイパス志賀中野有料道路―長野県中野市内―「栗林遺跡」』
長野県埋蔵文化財センター 1997「清水山窯跡」『上信越道24―小布施町内・中野市内その1・その2―』
長野県埋蔵文化財センター 1998『上信越道4―長野市内その2―松原遺跡縄文時代』
長野県埋蔵文化財センター 2000『上信越道16―信濃町内その3―「星光山荘B遺跡」』
長野県埋蔵文化財センター 2000『上信越道19―小諸市内3―「三田原遺跡群」・「岩下遺跡」・「郷土遺跡」』
長野県埋蔵文化財センター 2000『上信越道24―更埴市内その3―「屋代遺跡群」―縄文時代編―』
長野県埋蔵文化財センター 2003『国営アルプスあずみの公園2―大町市内その1―山の神遺跡』
長野県埋蔵文化財センター 2005『国道299号線バイパス―聖石遺跡・長峯遺跡（別田沢遺跡)』
長野県埋蔵文化財センター 2007『県道諏訪茅野線―茅野市内―駒形遺跡』
長野県埋蔵文化財センター 2009『長野荒瀬原線（四ツ屋バイパス）―飯綱町内―西四ツ屋遺跡・表町遺跡』
長野県埋蔵文化財センター 2010『国道474号（飯喬道路）4―飯田市内その4―川路大明神原遺跡』
長野市教育委員会 1988『宮崎遺跡』
永峯光一 1967「長野県石小屋洞穴」『日本の洞穴遺跡』
永峯光一・樋口昇一 1967「長野県唐沢岩陰」『日本の洞穴遺跡』
西沢寿晃 1982「栃原岩陰遺跡」『長野県史考古資料編全1巻(2)主要遺跡（北・東信)』
富士見町教育委員会 1988『唐渡宮』

藤森栄一・武藤雄六 1961「長野県富士見町信濃境大花第一号竪穴調査概報」『信濃』・13—2
藤森栄一・武藤雄六 1962「信濃境大花第一・第二号竪穴調査概報―耳栓製作者の家―」『信濃』Ⅲ・14—6
藤森栄一 1965「諏訪湖の貝塚」『信濃』Ⅲ・17—2
松井　章・水沢教子ほか 2011「遺構土壌の水洗選別法による屋代遺跡群の縄文中期集落における生業活動の再検討」『長野県立歴史館研究紀要』17
松本市教育委員会 1997『エリ穴遺跡　掘りだされた縄文後晩期のムラ』
丸山敵一郎 1967「長野県菅平陣の岩岩陰遺跡調査概報」『信濃』Ⅲ・20—5
御代田町教育委員会 1994『塩野西遺跡群塚田遺跡』
御代田町教育委員会 1997『塩野西遺跡群川原田遺跡―縄文編』
望月町教育委員会 1989『平石遺跡―緊急発掘調査報告書―』
山形村教育委員会 2009『下原遺跡・三夜塚遺跡Ⅳ』
山ノ内町教育委員会 1981『長野県下高井郡山ノ内町夜間瀬　伊勢宮』
綿田弘実 2005「Ⅰ原始　縄文時代」『信州高山村誌・歴史編』
　岐阜県
大野政雄・佐藤達夫 1967「岐阜県沢遺跡調査予報」『考古学雑誌』53－2
小川栄一 1933「第七　庭田及羽沢貝塚」『岐阜県史蹟名勝天然紀念物調査報告書』2、岐阜県、36-47頁
各務原市埋蔵文化財調査センター 1999『蘇原東山遺跡群発掘調査報告書』
岐阜市教育委員会 1987『寺田・日野Ⅰ』
岐阜市教育委員会 1989『椿洞遺跡』
岐阜県教育委員会 1991『小の原遺跡・戸入障子暮遺跡』
岐阜市教育委員会 1995『御望遺跡』
㈶岐阜県教育文化財団 2003『尾元遺跡』
㈶岐阜県教育文化財団 2006『いじま遺跡、櫨原神向遺跡』
㈶岐阜県文化財保護センター 1997『カクシクレ遺跡』
㈶岐阜県文化財保護センター 1997『西田遺跡』
㈶岐阜県文化財保護センター 2000『岩垣内遺跡』
㈶岐阜県文化財保護センター 2000『いんべ遺跡』
㈶岐阜県文化財保護センター 2000『上ヶ平遺跡Ⅰ』
㈶岐阜県文化財保護センター 2002『冨田清友遺跡』
下呂町教育委員会 2002『大林遺跡試掘調査報告書』
関市教育委員会 1989『塚原遺跡・塚原古墳群』

高山市教育委員会 1999『中切上野遺跡発掘調査報告書』
名古屋大学文学部 1956『九合洞窟遺跡』
日本考古学協会洞穴調査委員会 1967「岐阜県九合洞穴」『日本の洞穴遺跡』
原　寛・紅村　弘 1958「椛ノ湖遺跡略報」『石器時代』5号
宮川村教育委員会 1998『宮ノ前遺跡発掘調査報告書』
宮川村教育委員会 2000『塩屋金清神社遺跡（A地点）発掘調査報告書』
渡辺　誠編 1996『庭田貝塚範囲確認調査報告書』南濃町教育委員会
渡辺　誠編 2000『羽沢貝塚発掘調査報告書』南濃町教育委員会
　静岡県
麻生　優ほか 1961『西貝塚』磐田市教育委員会
麻生　優・市原寿文ほか 1962『蜆塚遺跡 総括編』浜松市教育委員会
市原寿文 1967「遠江石原貝塚の研究─縄文後期における地域性の問題をめぐって─」『人文論集』18、25-50頁
市原寿文編 1981『袋井市大畑遺跡』袋井市教育委員会
市原寿文・新井正樹ほか 2008『清水天王山遺跡第4次・5次発掘報告』静岡市教育委員会
後藤守一ほか 1957『蜆塚遺跡 その第一次発掘調査』浜松市教育委員会
後藤守一ほか 1958『蜆塚遺跡 その第二次発掘調査』浜松市教育委員会
後藤守一ほか 1960『蜆塚遺跡 その第三次発掘調査』浜松市教育委員会
後藤守一ほか 1961『蜆塚遺跡 その第四次発掘調査』浜松市教育委員会
向坂鋼二 1990「史跡　蜆塚遺跡」『静岡県史　資料編1　考古』静岡県、324-335頁
　愛知県
青木　修ほか 1991『二股貝塚』知多市教育委員会
磯部幸男・井関弘太郎・杉崎　章・久永春男 1960『咲畑貝塚』愛知県知多郡師崎町立師崎中学校
伊藤正人・川合　剛 1993『名古屋の縄文時代 資料集』名古屋市見晴台考古資料館
岩瀬彰利編 1995『大西貝塚』豊橋市教育委員会
岩瀬彰利編 1996『大西貝塚II』豊橋市教育委員会
岩瀬彰利編 1998a『さんまい貝塚』豊橋市教育委員会
岩瀬彰利編 1998b『水神貝塚（第2塚）』豊橋市教育委員会
大参義一・加藤安信・山田　猛・川合　剛ほか 1989『刈谷市史 第五巻 資料 自然・考古』刈谷市
大山　柏 1923「愛知県渥美郡福江町保美平城貝塚発掘概報」『人類学雑誌』38─1、人類学会、1-25頁

小栗鉄次郎 1941「名古屋市昭和区大曲輪貝塚及同下内田貝塚」『愛知県史蹟名勝天然紀念物調査報告』19
小野田勝一 1991『渥美町史 考古・民俗編』渥美町
小野田勝一・安井俊則ほか 1993『川地遺跡』渥美町教育委員会
小野田勝一・春成秀爾・西本豊弘 1988『伊川津遺跡』渥美町教育委員会
小野田勝一・芳賀　陽・安井俊則 1995『伊川津遺跡』渥美町教育委員会
加藤岩蔵・斎藤嘉彦ほか 1968『中条貝塚』刈谷市教育委員会
加藤岩蔵・斎藤嘉彦 1973『本刈谷貝塚』刈谷市教育委員会
加藤岩蔵 1978『天子神社貝塚』天子神社貝塚保存会
川崎みどり編 2009『堀内貝塚』安城市教育委員会
川添和暁・鬼頭　剛 2008「板倉遺跡の再評価　出土遺物・遺跡立地を中心に」『研究紀要』9、愛知県埋蔵文化財センター、1-10頁
木村有作編 1996『雷貝塚 第2次発掘調査報告書』名古屋市教育委員会
纐纈　茂編 2003『埋蔵文化財調査報告書44 玉ノ井遺跡（第3・4次）』名古屋市教育委員会
紅村　弘 1963『東海の先史遺跡 総括編』名古屋 名古屋鉄道
小金井良精 1923「日本石器時代人の埋葬状態」『人類学雑誌』38―1、人類学会、25-47頁
小林知生・高平修一・長谷部学・早川正一 1966『保美貝塚』渥美町教育委員会
斎藤　忠ほか 1952『吉胡貝塚』文化財保護委員会
酒詰仲男 1942a「愛知県鳴海町雷貝塚の人骨発掘に就いて」『人類学雑誌』57―5、日本人類学会、183-190頁
酒詰仲男 1942b「尾張国緒川宮西貝塚人骨発掘に就て」『人類学雑誌』57―9、日本人類学会、369-376頁
新海公夫ほか 1962『石瀬貝塚』常滑市教育委員会
杉崎　章ほか 1958『西屋敷貝塚』八幡公民館郷土史編纂室
杉崎　章ほか 1983『知多市誌』資料編2、知多市役所
杉浦　知編 1989『築地貝塚発掘調査概報』刈谷市教育委員会
杉原荘介・外山和夫 1967「豊川下流域における縄文時代晩期の遺跡―稲荷山遺跡・五貫森遺跡・大蚊里遺跡・水神平遺跡の調査―」『考古学集刊』2―3、東京考古学会、37-101頁
鈴木とよ江 1995『貝ス遺跡・新御堂遺跡』西尾市教育委員会
芳賀　陽編 1997『水神貝塚』豊橋市教育委員会
原田　幹編 1995『川地遺跡』愛知県埋蔵文化財センター

坂野俊哉編 2005『楠廻間貝塚』知多市教育委員会
久永春男・杉浦　知 1998『築地貝塚遺物概報』刈谷市教育委員会
久永春男ほか 1972『伊川津貝塚』渥美町教育委員会
中山英司 1955『入海貝塚』愛知県知多郡東浦町遺跡保存会
中村文哉・出口　剛 1992『平井稲荷山』小坂井町教育委員会
中村文哉 2002『平井遺跡群』小坂井町教育委員会
名古屋市教育委員会 1981『雷貝塚・呼読遺跡・NN-328 号古窯跡発掘調査報告書』
名古屋市見晴台考古資料館 1981『瑞穂陸上競技場内大曲輪遺跡発掘調査概要報告書』
　名古屋市教育委員会
増子康真 1976「名古屋市鳴海町鉾ノ木貝塚の研究―縄文前期前半土器群の編年を中
　心として―」『古代人』32、名古屋考古学会、1-30 頁
増山禎之ほか 2003『国指定史跡吉胡貝塚　平成 13・14 年度範囲確認調査の概要報告
　書』田原市教育委員会
増山禎之 2010「愛知県田原市保美貝塚における最新の発掘成果」『縄文時代の精神
　文化（第 11 回関西縄文文化研究会発表要旨集・資料集）』関西縄文文化研究会、
　37-43 頁
増山禎之・坂野俊哉・山崎　健ほか 2007『国指定史跡吉胡貝塚 I』田原市教育委員会
松井直樹 2000『八王子貝塚 I』西尾市教育委員会
松井直樹 2005a『八王子貝塚 V』西尾市教育委員会
松井直樹 2005b『枯木宮貝塚 I ―N 地点―』西尾市教育委員会
松井直樹 2006『枯木宮貝塚 II ―S 地点―』西尾市教育委員会
松井直樹 2007『枯木宮貝塚 III』西尾市教育委員会
松本泰典編 2010『内田貝塚 II・若宮遺跡 II』豊橋市教育委員会
山下勝利編 1980『先苅貝塚』南知多町教育委員会
山下勝利編 1983『林ノ峰貝塚 I』南知多町教育委員会
山下勝利編 1989a『林ノ峰貝塚 II』南知多町教育委員会
山下勝年編 1989b『神明社貝塚』南知多町教育委員会
山下勝年・杉崎　章・磯部幸男 1976『清水ノ上貝塚』南知多町教育委員会
吉田富夫・杉原荘介 1937「尾張天白川沿岸に於ける石器時代遺蹟の研究㈠」『考古学』
　8―10、東京考古学会、440-455 頁
吉田富夫・杉原荘介 1939「尾張天白川沿岸に於ける石器時代遺蹟の研究㈡」『考古学』
　10―12、東京考古学会、579-605 頁
吉田富夫・和田英雄 1971『名古屋市中区古沢町遺跡発掘調査報告書』名古屋市教育
　委員会

渡辺　誠ほか 2002『愛知県史　資料編1　旧石器・縄文』愛知県
　三重県
奥　義次・御村清治・田村陽一 2011『森添遺跡』度会町遺跡調査会
奥　義次 1992「縄文最後の小貝塚」『伊勢・志摩の歴史 上巻』郷土出版社
奥　義次 1992『多気町史』
角正淳子・穂積裕昌 2003「覚正垣内遺跡発掘調査報告」『三重県埋蔵文化財調査報告』186—6
陰山誠一 1994『北野遺跡第2次発掘調査報告』員弁町教育委員会
門田了三 1986『下川原遺跡』名張市遺跡調査会
河瀬信幸 1991『一般国道42号 松阪・多気バイパス埋蔵文化財発掘調査概報Ⅰ』三重県埋蔵文化財センター
小濱　学 1997『新徳寺遺跡』三重県埋蔵文化財センター
小濱　学 2007『山添遺跡（第4次）発掘調査報告』三重県埋蔵文化財センター
竹内英昭 1996『一般国道475号 東海環状自動車道 埋蔵文化財発掘調査概報Ⅱ』三重県埋蔵文化財センター
田中秀和ほか 1999「西相野遺跡発掘調査報告書」『安濃町埋蔵文化財調査報告』13
田村陽一 1998『鴻ノ木遺跡』三重県埋蔵文化財センター
中川　明 1997「粥見井尻遺跡発掘調査報告」『三重県埋蔵文化財調査報告』156
西田尚史 1990「追上遺跡」『中部平成台団地埋蔵文化財発掘調査報告』松阪市教育委員会
西田尚史 2005「王子広遺跡」『三重県史　資料編考古1』
新田　洋 1982「蛇亀橋遺跡」『昭和56年度県営圃場整備事業地域埋蔵文化財発掘調査報告』三重県教育委員会
堀田隆長・穂積裕昌ほか 1990「西出遺跡・井之広遺跡」『三重県埋蔵文化財調査報告』三重県埋蔵文化財センター
前川依久雄・田中秀和 1995『森脇遺跡発掘調査報告』上野市遺跡調査会
三重県埋蔵文化財センター 1998『鴻ノ木遺跡』
山口　格ほか 2000『石切山遺跡（第1・2次）発掘調査報告』津市埋蔵文化財センター
山田　猛・森川幸雄 1994『大鼻遺跡』三重県埋蔵文化財センター
立教大学博物館学講座 1966「3　大築海貝塚の発掘調査」『MOUSEION』12、46-50頁
　滋賀県
伊庭　功 1997『粟津湖底遺跡第3貝塚Ⅰ　琵琶湖開発事業関連埋蔵文化財発掘調査報告書Ⅰ』滋賀県教育委員会
今津町史編纂委員会 1997『今津町史 第1巻』

植田文雄 1996『正楽寺遺跡 能登川町埋蔵文化財調査報告書 第40集』
小島睦夫 1999『吉見西遺跡第70次発掘調査報告書』守山市教育委員会
近藤　広 1993『下鈎・狐塚・上鈎遺跡 栗東町埋蔵文化財調査1991年度年報Ⅱ』
滋賀県教育委員会 2010『相谷熊原遺跡発掘調査現地説明会資料』
鈴木康二 1999『上出A遺跡 長命寺広域河川改良事業に伴う発掘調査報告書』滋賀県教育委員会
田辺昭三ほか 1973『湖西線関係遺跡発掘調査報告書』
仲川　靖ほか 1994『一般国道161号線建設に伴う穴太遺跡発掘調査報告書Ⅰ』滋賀県教育委員会
中村健二 1993『小川原遺跡1』滋賀県教育委員会
濱　修 1992『瀬田川浚渫工事他関連埋蔵文化財発掘調査報告書Ⅰ　蛍谷遺跡・石山遺跡』滋賀県教育委員会
濱　修 1998『赤野井湾遺跡 琵琶湖開発事業関連埋蔵文化財発掘調査報告書2』滋賀県教育委員会
平安学園考古学クラブ 1956『石山貝塚』

京都府

泉　拓良・宇野隆夫 1985『京都大学埋蔵文化財調査報告書Ⅲ』京都大学埋蔵文化財研究センター
上村和直ほか 2007「長岡京右京二条三坊八・九町、上里遺跡」『京都市埋蔵文化財研究所発掘調査報告2006-34』
岡田茂弘 1958『浜詰遺跡発掘概報』網野町教育委員会・同志社大学考古学研究室
河野一隆　1994「嗚岡遺跡」『京都府遺跡調査概報』第57冊
河野一隆　1997「平遺跡」『京都府遺跡調査概報』第79冊
小泉裕司ほか 1997「森山遺跡発掘調査報告書」『城陽市埋蔵文化財調査報告書 第32集』
猿向敏一 1987『寺界道遺跡発掘調査概報』宇治市教育委員会
竹原一彦 1982「三河宮の下遺跡発掘調査概報」『京都府遺跡調査概報第2冊』京都府埋蔵文化財センター
肥後弘幸ほか 1989『京都府遺跡調査報告書第12冊　志高遺跡』京都府埋蔵文化財センター
前田豊邦ほか 1973『菖蒲池遺跡発掘調査報告書』夜久野町教育委員会
三好博喜 1994『京都府遺跡調査報告書第20冊　天若遺跡』京都府埋蔵文化財調査研究センター
渡辺　誠ほか 1975『桑飼下遺跡発掘調査報告書』平安博物館

大阪府

岩崎二郎・松尾信裕 1986『仏並遺跡発掘調査報告書』大阪府埋蔵文化財協会

堅田　直 1967『日下遺跡調査概要』帝塚山大学考古学研究室

片山長三 1971「遺構と遺物」『交野町史第2巻』交野町教育委員会

塩山則之 1991「讃良川遺跡の調査」『第9回近畿地方埋蔵文化財研究会資料』大阪文化財センター

下村晴文・芋本隆裕 1996『宮ノ下遺跡第1次発掘調査報告書』東大阪市教育委員会

菅原章太 1999「神並遺跡第11次発掘調査概要」『埋蔵文化財発掘調査概報集1998年度⑵』東大阪市文化財協会

中尾芳治ほか 1978『森の宮遺跡第3・4次発掘調査報告書』難波宮址顕彰会

永島暉臣慎 1983『大阪市平野区長原遺跡発掘調査報告Ⅲ』大阪市文化財協会

橋本久和 1995『芥川遺跡発掘調査報告書』高槻市教育委員会

原田　修ほか 1981「馬場川遺跡・上六万寺遺跡・山畑66号墳調査報告」『東大阪市埋蔵文化財包含地調査概報22』東大阪市教育委員会

藤井直正・原田　修 1971『縄手遺跡1』縄手遺跡調査会・東大阪市教育委員会

藤永正明 1987『淡輪遺跡発掘調査概要Ⅷ』大阪府教育委員会

前田豊邦ほか 1980『地黄北山遺跡・横町遺跡調査概報』能勢町教育委員会

宮野淳一 1992『四条畷市所在更良岡山遺跡発掘調査概要』大阪府教育委員会

山元　建 2000「向出遺跡」『大阪府文化財調査研究センター調査報告書第55集』

若林幸子・木村健明 1999『徳大寺遺跡』大阪府文化財調査研究センター

若松博恵 1997『水走遺跡第3次・鬼虎川遺跡21次発掘調査報告』東大阪市教育委員会

兵庫県

泉　拓良・玉田芳英 1985『片吹遺跡』龍野市教育委員会

伊藤宏幸 1999「老ノ内遺跡第2次調査」『津名郡埋蔵文化財発掘調査年報Ⅰ』津名郡町村会

岩根保重・藤岡謙二郎 1941「但馬豊岡盆地と中谷貝塚」『史前学雑誌』13号5

岡崎正雄 1988『長谷貝塚』兵庫県教育委員会

岡田章一・別府洋二ほか 1991『本庄町遺跡』兵庫県教育委員会

鎌木義昌 1992『兵庫県史考古資料編』

岸本一宏 2000『梶下ヶ谷遺跡』兵庫県教育委員会

喜谷美宣・河野通哉 1964『日笠山貝塚第1次調査報告』高砂市教育委員会

鐵　英記 2001『長坂遺跡』兵庫県教育委員会

潮崎　誠・岩見美和子 1996「香住荒原遺跡確認調査概要報告」『とよおか発掘情報』1、豊岡市教育委員会

篠宮　正 2009『東南遺跡』兵庫県教育委員会
下條信行・定森秀夫ほか 1984『神戸市篠原 A 遺跡』平安博物館
高松龍暉 1986『上ノ山遺跡』美方町教育委員会
日高町教育委員会 1970『神鍋山遺跡』
藤井祐介・阿久津久 1970『神鍋遺跡』日高町教育委員会
前田豊邦・高松龍暉 1972『別宮家野遺跡発掘調査報告書』関宮教育委員会
丸山　潔 1990『楠・荒田町遺跡Ⅲ』神戸市教育委員会
村上賢治・牛谷好伸・山本　誠 2000『外野波豆遺跡・外野柳遺跡発掘調査報告書』兵庫県教育委員会
安田　滋・藤井太郎 1994「雲井遺跡第 4 次調査」『平成 3 年度神戸市埋蔵文化財年報』神戸市教育委員会
吉田　昇・深井明比古ほか 1998「佃遺跡発掘調査報告書」『兵庫県文化財調査報告』170

奈良県
石井香代子ほか 2001「宮滝遺跡第 58・59 次発掘調査概報」『奈良県遺跡調査概報 2000 年度』奈良県立橿原考古学研究所
太田三喜・山内紀嗣 1989「奈良県天理市布留遺跡三島・豊田地区発掘調査報告」『考古学調査研究中間報告 16』埋蔵文化財天理教調査団
岡田憲一・田部剛士 2006「鵜山遺跡」『奈良県立橿原考古学研究所報告』第 93 冊
岡林孝作 2000「本郷大田下遺跡」『奈良県立橿原考古学研究所報告第 83 冊』
関西大学考古学研究室 1987「稲淵ムカンダ遺跡発掘調査概報」『関西大学考古学研究室紀要 5』
小島俊次 1960「大淀桜ヶ丘遺跡」『奈良県文化財調査抄報 13』
小島俊次 1962「東ノ川のあけぼの」『東ノ川　上北山村叢書 1』
坂詰仲男・岡田茂弘 1958「大川遺跡」『奈良県文化財調査報告第 2 集』奈良県教育委員会
末永雅雄 1961「橿原」『奈良県史蹟名勝天然記念物調査報告第 17 冊』
鈴木一義ほか 2009「観音寺・本馬遺跡（観音寺Ⅰ区）」『奈良県遺跡調査概報 2008 年度　第 3 分冊』奈良県立橿原考古学研究所
橋本裕行・南部裕樹 2003「宮の平遺跡Ⅱ」『奈良県立橿原考古学研究所報告第 86 冊』
松田真一 1982「広瀬遺跡発掘調査概報」『奈良県遺跡調査概報 1981 年度』奈良県立橿原考古学研究所
松田真一 1989『大川遺跡』山添村教育委員会
松田真一 1989「布目側流域の遺跡 5」『奈良県遺跡調査概報 1988 年度』奈良県立橿原考古学研究所

松田真一・近江俊秀 1991「布目側流域の遺跡6」『奈良県遺跡調査概報1990年度』奈良県立橿原考古学研究所

松田真一 1997『奈良県の縄文時代遺跡研究』由良大和古代文化研究協会

松田真一・守屋豊人 2002「桐山和田遺跡」『奈良県文化財調査報告書』第91集、奈良県立橿原考古学研究所

光石鳴巳 2000「箸尾遺跡第26次発掘調査概報」『奈良県遺跡調査概報1999年度第3分冊』奈良県立橿原考古学研究所

宮原晋一 1995「奈良市平城京1995年度調査概報」『奈良県遺跡調査概報1995年度』奈良県立橿原考古学研究所

山内紀嗣 1995「布留(堂垣内)地区の発掘調査」『布留遺跡三島地区発掘調査報告書』埋蔵文化財天理教調査団

米川仁一 2003「上津大片刈遺跡」『奈良県文化財調査報告第104集』奈良県立橿原考古学研究所

和歌山県

網干善教・丹信實 1965『紀伊有田地ノ島遺跡の調査』有田市教育委員会

石部正志・金子浩昌 1967『鳴神貝塚発掘調査報告』和歌山県教育委員会

浦　宏 1939「紀伊国高山寺貝塚発掘調査報告」『考古学10巻7号』

羯磨正信ほか 1955『紀伊考古図録』和歌山県教育委員会

渋谷高秀・佐伯和也 2005『徳蔵地区遺跡』和歌山県文化財センター

武内雅人 1997『溝ノ口遺跡発掘調査報告書』和歌山県文化財センター

巽　三郎 1971『襧宜貝塚調査報告』和歌山市教育委員会

冨永里菜 2010「中飯降遺跡の発掘調査」『関西縄文時代の集落と地域社会－関西縄文文化研究会第10回研究集会－』

中尾憲市・前田敬彦 1984『溝ノ口遺跡Ⅰ』海南市教育委員会

中村貞史 1979「縄文時代の遺跡と遺物」『和歌山の研究』1

丹羽佑一 1978「和歌山県瀬戸遺跡の発掘調査」『京都大学構内遺跡調査研究年報　昭和52年度』

松下　彰 1995『川辺遺跡発掘調査報告書』和歌山県文化財センター

森　浩一・藤井祐介 1965『岡崎縄文遺跡発掘調査報告』和歌山市教育委員会

＊近畿地方については、ほかに関西縄文文化研究会1999年『関西の縄文住居』と2001年刊『関西縄文時代の生業関係遺構』資料集の各分冊を参考とした。

鳥取県

会見町教育委員会・岸本町教育委員会 1992・1994『越敷山遺跡群』

大山町教育委員会ほか 2000『妻木晩田遺跡発掘調査報告Ⅰ～Ⅳ』

倉吉市 1997『新編　倉吉市史』
倉吉市教育委員会 1984『取木・一反田遺跡発掘調査報告書』
倉吉市教育委員会 1992『中尾遺跡発掘調査報告書』
智頭町教育委員会 2006『智頭枕田遺跡1』
鳥取県教育委員会 1976～1978『青木遺跡発掘調査報告書Ⅰ～Ⅲ』
鳥取県教育文化財団 1984『久古第3遺跡・貝田遺跡・林ヶ原遺跡発掘調査報告書』
鳥取県教育文化財団 1985『上福万遺跡・日下遺跡・石州府第1遺跡・石州府古墳群』
鳥取県教育文化財団 1994『泉中峰・泉前田遺跡』
鳥取県教育文化財団 1999『上菅荒神遺跡』
鳥取県教育文化財団 2004a『中尾第1遺跡』
鳥取県教育文化財団 2004b『茶畑遺跡群』
鳥取県教育文化財団 2005『化粧川遺跡』
名和町教育委員会 1991・1994『名和町内遺跡分布調査報告書』
福部村教育委員会 1990『栗谷遺跡発掘調査報告書Ⅲ』
北条町教育委員会 1983『鳥遺跡発掘調査報告書』
溝口町教育委員会 1989『長山馬籠遺跡』
溝口町教育委員会 1990『代遺跡』
米子市教育委員会 1984『陰田』
米子市教育委員会 1986『日久美遺跡』
米子市教育委員会 1990『喜多原第4遺跡発掘調査報告書』
米子市教育文化事業団 2003『岡成第9遺跡』

島根県

飯南町教育委員会 2010『五明田遺跡Ⅲ』
鹿島町教育委員会 1994『佐太講武貝塚発掘調査報告書2』
島根県教育委員会 1985『中国横断自動車道建設に伴う埋蔵文化財発掘調査報告書Ⅱ』
島根県教育委員会 1989『主要地方道浜田八重可部線特殊改良工事に伴う埋蔵文化財発掘調査報告書』
島根県教育委員会 1989『西川津遺跡発掘調査報告書Ⅴ』
島根県教育委員会 1991『中国横断自動車道広島浜田線建設予定地内埋蔵文化財発掘調査報告書Ⅲ』
島根県教育委員会 1992『中国横断自動車道広島浜田線建設予定地内埋蔵文化財発掘調査報告書Ⅳ』
島根県教育委員会 1997『渋山池遺跡・原ノ前遺跡』
島根県教育委員会 1998『板屋Ⅲ遺跡』

島根県教育委員会 2000『三田谷Ⅰ遺跡（vol.2）』
島根県教育委員会 2002『貝谷遺跡』
島根県教育委員会 2002『下山遺跡』
島根県教育委員会 2005『原田遺跡(2)―2区の調査―』
島根県教育委員会 2006『県道浜乃木湯町線（湯町工区）建設に伴う埋蔵文化財発掘調査報告書』
島根県教育委員会 2007a『家ノ後Ⅱ遺跡2（1区）・北原本郷遺跡2（4・5・7～9区）』
島根県教育委員会 2007b『林原遺跡』
島根県教育委員会 2007c『南外2号墳・勝負遺跡』
津和野町教育委員会 2010『大蔭遺跡』
日本考古学協会 1967『日本の洞窟遺跡』
匹見町教育委員会 1991『水田ノ上A遺跡・長グロ遺跡・下正ノ田遺跡』
匹見町教育委員会 1995『前田中遺跡』
匹見町教育委員会 1999『中ノ坪遺跡』

　岡山県

犬島貝塚調査保護プロジェクトチーム 2009『犬島貝塚第一次発掘調査概報』
岡山県史編纂委員会 1986『岡山県史　考古資料』
岡山県教育委員会 1976『中国縦貫自動車道建設に伴う発掘調査7』
岡山県教育委員会 1978『中国縦断自動車道建設に伴う発掘調査13』
岡山県教育委員会 1985～1993『百間川沢田遺跡2～4』
岡山県教育委員会 1993『山陽自動車道建設に伴う発掘調査6』
岡山県教育委員会 1995『中国縦貫自動車道建設に伴う発掘調査2』
岡山県教育委員会 1998『大田茶屋遺跡2　大田障子遺跡　大田松山久保遺跡　大田大正平遺跡　大田奥西田遺跡』
岡山県教育委員会 1999『旦山遺跡　惣台遺跡　野辺張遺跡　先旦山遺跡　旦山古墳群　奥田古墳群　水神ヶ峪遺跡』
岡山県教育委員会 2002『立石遺跡　大開遺跡　六番丁場遺跡　九番丁場遺跡』
岡山県教育委員会 2005『長縄手遺跡』
岡山県邑久町史編纂委員会 2006『邑久町史　考古編』
岡山市教育委員会 2008『彦崎貝塚3』
岡山大学埋蔵文化財調査研究センター 1995『津島岡大遺跡4―第5次調査―』
京都帝国大学 1920『京都帝国大学研究報告5　備中津雲貝塚発掘報告肥後轟貝塚発掘報告』
倉敷考古館 1971『倉敷考古館研究集報7　里木貝塚』

倉敷市埋蔵文化財センター 1999『船倉貝塚』
奈良文化財研究所 1989『山内清男考古資料2　福田貝塚資料』
山陽町教育委員会 1995『南方前池遺跡』
　広島県
帝釈峡遺跡群発掘調査団 1976『帝釈峡遺跡群』
日本考古学協会 1961『日本農耕文化の生成』
広島県教育委員会 1963『松永市馬取遺跡発掘調査報告』
広島県教育委員会 1971『広島県尾道市大田貝塚発掘調査報告』
広島県教育委員会 1981『松ヶ迫遺跡群発掘調査報告』
広島大学埋蔵文化財調査室 2004『広島大学東広島キャンパス埋蔵文化財発掘調査報告書Ⅱ』
福山市史編纂会 1963『福山市史　上巻』
福山市教育委員会ほか 1976『洗谷貝塚』
　山口県
宇部市教育委員会 1968『宇部の遺跡』
山口県 2000『山口県史　資料編考古1』
山口県教育委員会 1995a『上原田遺跡』
山口市教育委員会 1995b『宮の前遺跡』
山口県埋蔵文化財センター 1999『吉永遺跡（Ⅲ－東地区）』
山口県埋蔵文化財センター 2010『田ノ浦遺跡Ⅱ』
平生町教育委員会 1974『岩田遺跡』
　徳島県
徳島県教育委員会 1997『三谷遺跡』
徳島県教育委員会 2003『矢野遺跡Ⅱ』
徳島県教育委員会 2008『宮ノ本遺跡Ⅰ　大原遺跡　庄境遺跡』
徳島県埋蔵文化財センター 1999『大蔵省蔵本団地宿舎新鋭工事（第Ⅲ期）関連埋蔵文化財発掘調査報告Ⅲ』
徳島県埋蔵文化財センター 2004『大柿遺跡』
鳥居龍蔵 1923「徳島城山の岩窟と貝塚」『教育画報』16―5
三加茂町教育委員会・同志社大学文学部 1999『加茂谷川岩陰遺跡群』
　香川県
香川県教育委員会 1983『新編香川叢書』
香川県埋蔵文化財センター 1999『六つ目遺跡』

愛媛県
一本松町教育委員会 1994『茶堂Ⅱ遺跡発掘調査報告書』
岩谷遺跡発掘調査団 1979『岩谷遺跡』
愛媛県史編さん委員会 1986『愛媛県史　資料編　考古』
愛媛県教育委員会 1982『愛媛県総合運動公園関係埋蔵文化財調査報告書Ⅱ』
愛媛県埋蔵文化財調査センター 1999『馬島亀ヶ浦遺跡　馬島ハゼ浦遺跡』
愛媛県埋蔵文化財調査センター 2001『犬除遺跡2次調査』
愛媛大学考古学研究室 1991『江口貝塚第一次発掘調査』
愛媛大学考古学研究室 1993『江口貝塚Ⅰ』
愛媛大学考古学研究室 1994『江口貝塚Ⅱ』
愛媛大学法文学部考古学研究室 1993『江口貝塚Ⅰ』
御荘町教育委員会 1982『平城貝塚　第4次発掘調査報告書』
上浦町教育委員会・愛媛大学考古学研究室 1996『萩ノ岡貝塚』
久万町教育委員会 1990『宮ノ前・菅生台遺跡』
国立歴史民俗学博物館 2009『愛媛県上黒岩遺跡の研究』
城川町教育委員会 1975『城川の遺跡』
城川町教育委員会 1979『城川の遺跡』
永井数秋 1994『愛媛の考古学』
　高知県
木村剛朗 1987『四万十川流域の縄文文化研究』
高知県教育委員会 1983『飼古屋岩陰遺跡発掘調査報告書』
高知県教育委員会 1986『宿毛貝塚発掘調査報告書』
高知県教育委員会 1991『十川駄馬崎遺跡発掘調査報告書　第4次』
高知県埋蔵文化財センター 1997『奥谷南遺跡Ⅰ』
香北町教育委員会 2005『刈谷我野遺跡Ⅰ』
十和村教育委員会 1989『十川駄馬崎遺跡発掘調査報告書』
　福岡県
嘉穂町教育委員会 1989『アミダ遺跡発掘調査報告書』
北九州市教育文化事業団 1993『黒崎貝塚発掘調査報告書』
木村幾多郎ほか 1980『新延貝塚発掘調査鞍手町埋蔵文化財調査会報告書』
久留米市教育委員会 2006『日渡遺跡群　正福寺遺跡第7次調査概要報告書』
黒野　肇ほか 1970「福岡県・寿命貝塚調査報告」『九州考古学』39・40合併号
小池史哲・末永浩一 1999『東友枝曽根遺跡発掘調査報告書』
志摩町教育委員会 1974『天神山貝塚発掘調査報告書』

橘　昌信 1981『黒崎貝塚発掘調査黒崎貝塚調査会報告書』
田中幸夫 1936「北九州の縄文土器」『考古学雑誌』26—7
福岡市教育委員会 1987『柏原 E 遺跡発掘調査報告書』
福岡市教育委員会 1987『野多目遺跡群発掘調査報告書』
福岡県教育委員会 1996『上唐原遺跡発掘調査報告書』
福岡県教育委員会 1996『中村石丸遺跡報告書』
福岡市教育委員会 1996『有田・小田部遺跡発掘調査報告書』
福岡市教育委員会 1999『板付周辺遺跡調査報告書第 20 集』
福岡市教育委員会 2003『大原 D 遺跡発掘調査報告書』
豊前市教育委員会 2000・2001『狭間宮ノ下遺跡発掘調査報告書』
山鹿貝塚調査団 1972『山鹿貝塚発掘調査報告書』
　佐賀県
唐津市教育委員会 1982『菜畑発掘調査報告書』
唐津市教育委員会 1991『中尾二ッ枝遺跡発掘調査報告書』
佐賀県教育委員会 1993『平原遺跡発掘調査報告書』
佐賀市教育委員会 1996『東名遺跡発掘調査概要報告書』
　長崎県
厳原町教育委員会 1992『―長崎県下県郡厳原町豆酘所在―対馬・豆酘寺門樫ぼの遺跡』
諫早市教育委員会 1984・1988『有喜貝塚発掘調査報告書』
坂田邦洋 1986「志多留貝塚」『対馬の考古学』
富江町教育委員会 1998『宮下貝塚発掘調査報告書』
長崎県教育委員会 1986『鷹野遺跡発掘調査報告書』
長崎県教育委員会 1997『伊木力遺跡発掘調査報告書』
濱田耕作ほか 1926「肥前国有喜貝塚発掘報告（上下）」『人類学雑誌』41—1・2
水野精一ほか 1953「シタル貝塚」『対馬』
峰町教育委員会 1989『佐賀貝塚発掘調査報告書』
　熊本県
宇土市教育委員会 1985『西岡台貝塚発掘調査報告書』
大津町教育委員会 1993『瀬田裏遺跡発掘調査報告書』
熊本県教育委員会 1984『狸谷遺跡発掘調査報告書』
熊本県教育委員会 1988『曽畑貝塚発掘調査報告書』
熊本県教育委員会 1993『岡田遺跡発掘調査報告書』
熊本県教育委員会 1998『黒橋貝塚発掘調査報告書』
熊本県教育委員会 1998『鶴羽田遺跡発掘調査報告書』

坪井清足 1967「熊本県御領貝塚」『石器時代』8
濱田耕作・榊原政職 1920『肥後国宇土郡轟村宮荘貝塚発掘報告』
　大分県
宇佐市教育委員会 2002『中原遺跡発掘調査報告書』
大分県教育委員会 1982『横尾貝塚発掘調査概報告書』
大分県教育委員会 1998『かわじ池遺跡発掘調査報告書』
大分県教育委員会 1999『龍頭遺跡発掘調査報告書』
大分市教育委員会 1979『野田山遺跡発掘調査報告書』
大分市教育委員会 2008『横尾貝塚発掘調査報告書』
　宮崎県
清武町教育委員会 2006『上猪ノ原第5地区発掘調査報告書』
田中熊雄 1958「大貫貝塚の研究」『宮崎大学学芸学部紀要』4
田野町教育委員会 1990『丸野第2遺跡発掘調査報告書』
田野町教育委員会 2000・2003・2004『高野原遺跡発掘調査報告書』
田野町教育委員会 2004・2005・2006『本野原遺跡発掘調査報告書』
都城市教育委員会 2006『坂元A遺跡発掘調査報告書』
宮崎県埋蔵文化財センター 2000『上の原第1遺跡発掘調査報告書』
宮崎県埋蔵文化財センター 2002『別府原遺跡発掘調査報告書』
宮崎県埋蔵文化財センター 2006『下耳切第3遺跡発掘調査報告書』
宮崎市教育委員会 1974『松添貝塚発掘調査報告書』
　鹿児島県
出水市教育委員会 2000『出水貝塚発掘調査報告書』
泉　拓良ほか 1998『武貝塚発掘調査報告書』
市来町教育委員会 1991・1993『市来（川上）貝塚発掘調査報告書』
鹿児島県教育委員会 1958『出水貝塚発掘調査報告書』
鹿児島県教育委員会 1978『市来貝塚発掘調査報告書』
鹿児島県教育委員会 1981『加栗山遺跡発掘調査報告書』
鹿児島県立埋蔵文化財センター 2001・2002『上野原第3工区遺跡発掘調査報告書』
鹿児島県立埋蔵文化財センター 2002『上野原遺跡発掘調査報告書』
鹿児島県立埋蔵文化財センター 2003『永磯遺跡発掘調査報告書』
鹿児島県立埋蔵文化財センター 2008『唐尾遺跡発掘調査報告書』
鹿児島県立埋蔵文化財センター 2010『上水流遺跡発掘調査報告書』
鹿児島市教育委員会 1992『掃除山遺跡発掘調査報告書』
鹿児島市教育委員会 1988『草野貝塚発掘調査報告書』

加世田市教育委員会 1998『栫ノ原遺跡発掘調査報告書』
河口貞徳 1992「平栫貝塚」『鹿児島考古』26
川内市土地開発公社 1987『麦之浦貝塚発掘調査報告書』
島田貞彦等 1921「薩摩国出水郡出水町尾崎貝塚調査報告」『京都帝国大学文学部考古学研究報告』6
瀬戸口望 1981「東黒土田遺跡発掘調査報告」『鹿児島考古』15
垂水市教育委員会 1996・1999『柊原貝塚発掘調査報告書』
隼人町教育委員会 1999『宮坂貝塚発掘調査報告書』
松山町教育委員会 1986『前谷遺跡発掘調査報告書』
南種子町教育委員会 2002『藤平小田遺跡発掘調査報告書』
屋久町教育委員会 2004『横峯遺跡発掘調査報告書』

沖縄県

沖縄県教育委員会 1985『シヌグ堂遺跡―第1・2・3次発掘調査報告書―』
沖縄県教育委員会 1987『古我地原貝塚発掘調査報告書』
沖縄県教育委員会 1989『宮城島遺跡分布調査報告』
沖縄県教育委員会 2006『西長浜原遺跡―範囲確認調査報告書―』
笠利町教育委員会 1979『宇宿貝塚』
宜野湾市教育委員会 1991『ヌバタキ―都市計画街路2-1-1号建設に係る緊急発掘調査報告―』
宜野座村教育委員会 1999『前原遺跡発掘調査報告書』
具志川市教育委員会 1977『苦増原遺跡発掘調査報告書』
具志川市教育委員会 1984『田場小学校南方遺跡』
北谷町教育委員会 2007『伊礼原遺跡発掘調査報告書』
本部町教育委員会 1988『知場塚原遺跡―発掘調査報告』
本部町教育委員会 1990『屋比久原遺跡発掘調査報告書』

執筆者一覧（50音順）

雨宮　瑞生（あめみや　みずお）
1959（昭和34）年生まれ
筑波大学大学院歴史人類学研究科博士課程単位取得退学　博士（文学）
ドゥローイング代表社員
「温帯森林の初期定住―縄文時代初頭の南九州を取り上げて―」『古文化談叢』30下、1993
「定住化とその要因」『縄文時代の考古学』8、同成社、2009

新井　達哉（あらい　たつや）
1974（昭和49）年生まれ
明治大学大学院文学研究科史学専攻博士前期課程修了
福島市教育委員会文化課埋蔵文化財係　主査
「福島県における複式炉と集落の様相―中通り地方の集落の動態について―」『日本
　考古学協会2005年度福島大会シンポジウム資料集』日本考古学協会2005年度福
　島大会実行委員会、2005
『縄文人を描いた土器・和台遺跡』新泉社、2009

小川　岳人（おがわ　たけひと）
1968（昭和43）年生まれ
國學院大學大学院文学研究科考古学専攻　博士（歴史学）
公益財団法人　かながわ考古学財団　調査研究部
『縄文時代の生業と集落』未完成考古学叢書3、2001
「縄文時代中期の住居―勝坂式から加曽利E式へ―」國學院大学資料館紀要18、2002
「海進期の奥東京湾沿岸遺跡群」『縄文時代の考古学』8、同成社、2009

金子　昭彦（かねこ　あきひこ）
1964（昭和39）年生まれ
早稲田大学大学院文学研究科修士課程史学（考古学）専攻修了

（公財）岩手県文化振興事業団埋蔵文化財センター　主任文化財専門員
『遮光器土偶と縄文社会』同成社、2001
「大型遮光器土偶」『國華』1293、朝日新聞出版、2003
「北日本の祭りの施設と用具組成」『季刊考古学』107、雄山閣、2009

金丸　武司（かねまる　たけし）
1972（昭和47）年生まれ
別府大学文学部史学科卒業
宮崎市教育委員会文化財課　主査
「九州の縄文後期集落」『考古学ジャーナル』2009
「宮崎県田野盆地における縄文遺跡の変遷」『南九州縄文通信』18、2009

川添　和暁（かわぞえ　かずあき）
1971（昭和46）年生まれ
南山大学大学院人間文化研究科人類学専攻博士後期課程修了　博士（人類学）
公益財団法人 愛知県教育・スポーツ振興財団 愛知県埋蔵文化財センター 調査研究主任
『先史社会考古学―骨角器・石器と遺跡形成からみた縄文時代晩期―』六一書房、2011
「縄文時代後期注口土器の残存状況に基づく分析―豊田市今朝平遺跡出土資料より
　―」『研究紀要（愛知埋文）』12、2011

桒畑　光博（くわはた　みつひろ）
1963（昭和38）年生まれ
鹿児島大学法文学部人文学科考古・文化人類学専攻
宮崎県都城市教育委員会文化財課　主幹
「考古資料からみた鬼界アカホヤ噴火の時期と影響」『第四紀研究』41―4、2002
「南部九州における刻目突帯文土器期の稲作の系譜」『古代文化』61―2、2009

相美　伊久雄（さがみ　いくお）
1975（昭和50）年生まれ
鹿児島大学大学院人文科学研究科文化基礎論専攻

鹿児島県志布志市教育委員会
「深浦式土器」『総覧縄文土器』総覧縄文土器刊行委員会、2008
「九州南部における中期前葉土器の現状と課題」『九州縄文時代中期土器を考える』
　　九州縄文研究会、2010

鈴木　克彦（すずき　かつひこ）
1948（昭和23）年生まれ
國學院大學大学院文学研究科考古学専攻博士課程途中退学
弘前学院大学地域総合文化研究所　客員研究員　同大学　非常勤講師
『北日本の縄文後期土器編年の研究』雄山閣出版、2001
『注口土器の集成研究』雄山閣出版、2007

戸田　哲也（とだ　てつや）
1947（昭和22）年生まれ
成城大学大学院文学研究科考古学専攻博士課程満期退学
玉川文化財研究所　所長
「縄文」『縄文文化の研究5』雄山閣、1983
『縄文』光文社文庫、1991
『ムラと地域の考古学』（共著）同成社、2006

西脇　対名夫（にしわき　つなお）
1962（昭和37）年生まれ
北海道教育委員会事務局職員

前山　精明（まえやま　きよあき）
1954（昭和29）年生まれ
明治大学大学院文学研究科史学専修考古学専攻博士前期課程修了
新潟市文化財センター　副主幹
「石器組成と生業」『縄文時代の考古学5　なりわい―食料生産の技術―』同成社、2007

松田　真一（まつだ　しんいち）
1950（昭和25）年生まれ
明治大学文学部史学地理学科考古学専攻
天理大学附属天理参考館　特別顧問
「西日本に分布する石冠―石冠と土冠の関係について―」『勝部明生先生喜寿記念論文集』2011
『重要文化財　橿原遺跡出土品の研究』2011（編・共著）

盛本　勲（もりもと　いさお）
1955（昭和30）年生まれ
名古屋大学文学部史学地理学科考古学専攻研究生
沖縄県教育長文化財課　記念物班長
『考古資料大観　第12巻　貝塚後期文化』（共著）小学館、2004
『日琉交易の黎明―ヤマトからの衝撃』（共著）森話社、2008
『講座　日本の考古学　5　弥生時代　上』（共著）青木書店、2011

柳浦　俊一（やぎうら　しゅんいち）
1956（昭和31）年生まれ
國學院大學文学部史学科
島根県教育庁文化財課古代文化センター　専門研究員
「西日本縄文時代貯蔵穴の基礎的研究」『島根考古学会誌』20・21、2004
「山陰地方における縄文時代後・晩期の集落景観」『一山典還暦記念論集　考古学と地域文化』一山典還暦記念論集刊行会、2009
「各地域の編年　山陰」『西日本の縄文土器　後期』真陽社、2010

綿田　弘実（わただ　ひろみ）
1959（昭和34）年生まれ
立正大学文学部史学科考古学専攻
財団法人長野県文化振興事業団長野県埋蔵文化財センター　主任調査研究員
「千曲川水系における縄文中期末葉土器群」『縄文土器論集』縄文セミナーの会、1999
「郷土式・圧痕隆帯文・大木系土器」『総覧縄文土器』アム・プロモーション、2008

2012年5月25日　初版発行　　　　　　　　　　　　　　《検印省略》

●シリーズ　縄文集落の多様性Ⅲ●
生活・生業

編　者	鈴木克彦
発行者	宮田哲男
発行所	株式会社　雄山閣

　　　　〒102-0071　東京都千代田区富士見2-6-9
　　　　TEL 03-3262-3231　FAX 03-3262-6938
　　　　振替 00130-5-1685
　　　　URL　http://www.yuzankaku.co.jp
　　　　E-mail　info@yuzankaku.co.jp

印刷所	亜細亜印刷株式会社
製本所	協栄製本株式会社

Ⓒ KATSUHIKO SUZUKI 2012　　　　　　Printed in Japan
ISBN978-4-639-02196-4　C3021　　　　N.D.C. 210　326p　22cm